Le nouveau
désordre amoureux

Ouvrages de Pascal Bruckner

Fourier
essai, coll. « Écrivains de toujours », Seuil, 1975

Monsieur Tac
roman, Sagittaire, 1976

Allez jouer ailleurs
roman, Sagittaire, 1977
(prix de la littérature fantastique, 1979)

Nostalgie Express
récit, Éditions des Autres, 1978

Renaissance d'une nation : l'Inde d'Indira Gandhi
Éditions Rizzoli, Milan, 1981

Lunes de fiel
roman, coll. « Fiction et Cie », Seuil, 1981
coll. « Points Roman », 1982

Ouvrages d'Alain Finkielkraut

Ralentir : mots-valises !
coll. « Fiction et Cie », Seuil, 1979

Le Juif imaginaire
coll. « Fiction et Cie », Seuil, 1980

L'Avenir d'une négation
coll. « Fiction et Cie », Seuil, 1982

Ouvrages de Pascal Bruckner et d'Alain Finkielkraut

Le Nouveau Désordre amoureux
coll. « Fiction et Cie », Seuil, 1977

Au coin de la rue, l'aventure
coll. « Fiction et Cie », Seuil, 1979
coll. « Points Actuels », 1982

*Pascal Bruckner et
Alain Finkielkraut*

Le nouveau désordre amoureux

Éditions du Seuil

La première édition de cet ouvrage
a paru dans la collection « Fiction & Cie »

EN COUVERTURE : dessin de Blachon

ISBN 2-02-005219-9.
(ISBN 2-02-004582-6, 1re publication.)

© ÉDITIONS DU SEUIL, 1977.

La loi du 11 mars 1957 interdit les copies ou reproductions destinées à une utilisation collective. Toute représentation ou reproduction intégrale ou partielle faite par quelque procédé que ce soit, sans le consentement de l'auteur ou de ses ayants cause, est illicite et constitue une contrefaçon sanctionnée par les articles 425 et suivants du Code pénal.

*Conte du radis rose
et
de la crevasse rouge*

En premier lieu deux corps ou plutôt deux codes si puissamment tressés sur ces corps qu'ils se confondent avec eux : un corps masculin, un corps féminin, différemment contrôlés par la double loi, symbolique du phallus, érotique du pénis, en réalité même loi référée à la même instance. Deux corps qui n'en font qu'un et figés dans une même codification virile du plaisir, de l'amour, de la volupté c'est-à-dire dans la croyance religieuse d'une connivence innée du désir et de son objet.

En premier lieu l'homme, qui veut passer d'un privilège de pouvoir absolu à un privilège de jouissance, appelle cela « révolution sexuelle » et fait de son maigre capital (éjaculation, sperme) la marchandise suprême, le nouvel argent en quoi tous les trajets libidinaux devront se convertir, se comparer, se rattacher. L'homme qui prélève dans son corps l'image la plus spectaculaire, l'image génitale, la « libère » et donne cette libération pour celle de toute la société; qui remplace (ou redouble) l'assujettissement sur les femmes par son équivalence proclamée avec elles (le « Je suis meilleur que vous » s'effaçant devant le « Nous sommes tous pareils »). Et fait du même coup l'économie d'une répression ouverte en ce que loin d'interdire, il normalise, façonne des « besoins » nouveaux, forme les êtres à jouir dans ses procédés spécifiques (modèle génital de l'orgasme). Le nouveau corps érotique viril, comme on l'appellera (pour le distinguer à la fois du corps féminin et d'un autre corps masculin possible) se caractérise brièvement par ceci : il est fini, centralisé, géométrisable, hanté par une axiomatique du revenu (fût-ce à travers la perte); ne connaît que des hiérarchies, que des finalités, que des incompatibles, inscrit tout, opère un travail de liaison perpétuelle qui rattache des organes précis à des sensations déterminées; agit par quantités intentionnelles et non intensives; cherche toujours son unité, se colmate contre tout éparpillement. Corps de la mathématisation des affects qui s'apparente à celui du mâle en ce qu'il sélectionne et détache sur lui les traits les plus évidents de la sexualité masculine. Ces traits il les grossit, les transforme en un modèle de simulation de circulation susceptible d'imposer le vécu hédonique de l'homme à tous les sexes. Étrange distorsion de ce système binaire où le masculin ne s'affirme comme Un qu'à la condition de compter le féminin pour Zéro. Bref ne plus dire aujourd'hui « l'anatomie c'est le destin » mais plutôt « l'anatomie de l'homme est le destin sexuel de la femme ».

En premier lieu, toujours, un pouvoir polyglotte pour lequel il n'y a pas de langue ou de support privilégié et qui n'aurait même tendance à ne parler aujourd'hui que le langage de la libération. Un pouvoir qui a partiellement abandonné la « répression sexuelle » et trouve plus rentable de faire du génital masculin le nouveau standard des échanges érotiques et affectifs.

Nous vivons dans des sociétés dites démocratiques mais nous avons toujours des corps monarchiques, des corps constitués, rassemblés autour du nouveau souverain pontife : le dieu Pénis et ses deux assesseurs, les testicules qui ont volé la couronne de la transcendance à l'esprit et à l'âme. En ce sens obsédés sexuels, nous Occidentaux, nous le sommes bien tous, c'est-à-dire obsédés du centre. Encore cette divinité génitale n'est-elle qu'une abstraction qui rassure en ce qu'elle efface la différence des sexes (car alors rien de moins génital qu'une femme) et ne connaît pas d'événement, n'autonomise la sexualité que pour la vider de tout contenu, en faire un pur simulacre capable de fonctionner toujours et partout.

La ligne de partage ne passe plus entre le permis et le défendu mais entre la Norme et ses Écarts, régulation qui, loin de maintenir comme l'interdit les pulsions refoulées mais vivantes, contraint tous le corps à somatiser l'organisation génitale masculine. Ce pourquoi il n'y a pas (il n'y a peut-être jamais eu) de privilège révolutionnaire de la sexualité : cette dernière est déjà tout entière un dispositif préfabriqué avec une place assignée à l'avance, sous caution scientifique ; on aura beau politiser les perversions, en faire des idées, des slogans, on recommencera l'opération même du système qui est de modeler les flux d'énergie libidinale sur le corps viril comme étendard exclusif de tous les plaisirs.

En premier lieu, donc, une oppression par homologie, une technologie de la jouissance qui traite les organes comme des machines techniques agencées en vue d'un rendement, qui systématise et rationalise les formes fondamentales de la volupté et produit le désir génital comme nouvel impératif catégorique. Ce qui explique que la femme n'existe pas là où elle est représentée, qu'elle n'est jamais convoquée dans la fantasmatique masculine qu'à titre d'actrice sans possibilité pour elle de changer un mot du texte. Certes toutes les valeurs liées à la possession du phallus se sont effondrées sous le ridicule ou l'odieux ; l'homme lui-même les rejette partiellement mais c'est pour les remplacer par une suprématie concentrée autour de la seule chose qui lui reste : son sexe. Il ne se renverse (ou n'abdique) comme Maître que pour s'ériger aussitôt en principe de plaisir ; quittant les masques du Potentat ou du Père pour réapparaître sous le seul signe d'Eros : moins la phallocratie que la génitocratie, moderne démagogie du corps, dernière figure du misogynat. Mais cette promotion pénienne est tout aussi châtrante que l'ancienne car elle nous enferme dans la même alternative : en avoir ou pas. Nous souffrions, il y a encore peu, des obligations exorbitantes attachées à la condition masculine (honneur, courage, violence, dureté, etc.). Nous souffrons aujourd'hui du devoir de jouissance génitale, de la contrainte d'efficacité hédonique comprise en termes d'érection/éjaculation permanentes. Il y a une impropriété flagrante du mot « phallocratie » qui suppose les hommes maîtres des femmes ; alors que, s'il y a maîtrise, la femme est l'esclave d'un esclave. D'un esclave asservi à des images, à des simulacres, voué à l'imitation du code de la virilité, à la nécessité aveugle de toujours augmenter son rendement, de rentrer dans le jeu de la dette infinie. Il existe donc une hystérie masculine, aussi oppressante que l'hystérie féminine. Dans la nouvelle rationalité de la libération sexuelle, le pénis est devenu la détermination en dernière instance, qui transforme nos ruts onctueux en coïts programmés. Autrement dit, plus le sexe se perd comme différence, plus le génital s'impose comme référence, plus le corps s'exile comme profusion.

Parallèlement à cet ordre, inextricablement lié à lui, une multitude de petites altérations, de légers dérèglements qui le lézardent, l'infiltrent : le nouveau désordre amoureux. Moins neuf cependant — il ne prépare pas une alternative, un autre règne — que désordonnant, il défait un état, installe une crise, propage un désarroi. Désordre qui se met en place dans un monde qui n'est pas amoureux et sous l'effet d'un autre désordre qui lui est antérieur ou étranger (révolte des femmes, des minorités sexuelles, dissolution des valeurs, anarchie relative du capital dans sa phase la plus avancée) mais dont les capacités de perturbation dans la sphère sociopolitique ou symbolique sont elles-mêmes imprévisibles. Désordre qui ne se contente pas de prendre le contre-pied de l'ordre, mais, ce qui est beaucoup plus troublant, le désoriente, le prive de son axe : destituant ainsi le génital quand l'ordre élève ce dernier en vérité géographique des corps et des interprétations; ridiculisant l'idée même de finalité contre toutes les valorisations médicales, hygiéniques, politiques, subjectives de la libido; laissant entendre qu'il n'y a plus d'état vrai du désir quand tous les théologiens du salut se battent encore pour déterminer sa Terre Promise. D'où le retour subreptice — et à une autre place — de valeurs réputées désuètes : l'amour, les fumées sentimentales, l'idylle et les soupirs.

Le puritanisme ne prohibait que l'exercice sexuel hors statut, il n'avait le monopole que du refoulement. Le corps « viril », en se donnant comme vérité hédonique de tous les sexes, veut se doter d'un monopole de représentation érotique. Sa remise en cause est donc un progrès immense. Mais ce progrès se paye par une moindre clarté, une moindre résolution, une régression apparente, l'absence d'objectifs. C'est que tout devient incertain dès qu'il s'agit d'affronter dans son propre corps l'instance anatomique et voluptueuse à laquelle on avait été façonné et éduqué. Raison pour laquelle la sexualité masculine n'est riche aujourd'hui que de ses questions. Toutes les certitudes traditionnelles la concernant, elle les rejette. Elle résiste mal — et c'est un bien — à l'irruption des femmes sur la scène de l'amour parce que dans la femme la réalisation du désir déjoue le fantasme, nous fait entrevoir des scénarios auxquels nous ne pensions pas.

L'homme jadis mi-prince, aujourd'hui mi-valet, vit en interrègne; il n'a que des corps de régence ou de purgatoire, sa substance glorieuse s'est dissipée, il séjourne dans l'intervalle, effeuille des images qu'il ne peut incarner. Mais cette disgrâce est aussi une chance : en se détachant du code de la virilité, l'érotisme masculin peut enfin découvrir sa propre polymorphie, s'ouvrir à des plaisirs inconnus; les mouvements de femmes comme d'homosexuels, loin de s'adresser à sa culpabilité, ne requièrent que son désir : multipliant l'éventail des sexualités, ils instabilisent la sienne propre, la déstructurent, lui proposent un faisceau de tentations inépuisables et incompréhensibles. L'homme souffre de la castration, c'est-à-dire de l'attribution même du phallus, il ne supporte plus ce corps adamantin et incorruptible qu'on lui attribue, corps sans cul, sans merde, sans visage, sans viscère, pur levier érectile produisant du sperme. Aussi peut-il voir le désordre à la fois comme un déséquilibre qui l'angoisse et comme une invitation discrète à passer de la permanence du phallocentrisme à la mobilité des investissements multiples, des échanges fortuits.

Un texte sur l'amour est un texte de détails qui porte sur d'infimes écarts, ne parle pas de changer la vie (nous ne sommes pas assez unifiés pour nous doter d'une « vie »), n'appelle qu'à des révolutions minuscules, ne demande pas de prendre nos désirs pour la réalité mais de saisir en quoi d'autres réalités qui nous sont étrangères peuvent venir bouleverser nos désirs et les égarer.

Nous vivons actuellement l'érosion des trois modèles qui encombraient traditionnellement le champ amoureux : modèle conjugal pour le sentiment, modèle androgynal pour le coït, modèle génital pour le sexe. La sexualité n'a plus de finalités métaphysiques ou religieuses, n'a plus de sens ni de transgression, ni d'accomplissement ni d'hygiène ni de subversion. L'amour désormais méconnaissable devient sans repères : c'est peut-être cela le désarroi, qu'il ne puisse plus être un destin personnel mais le sort de chacun en tous. Dire ce dessaisissement engage une écriture forcément modeste qui prend le risque de la bêtise, abandonne l'ambition de tout dire, part de plusieurs références qui sont autant d'incertitudes, n'accumule pas des savoirs mais des perplexités. Un tel discours enfin impliquant autant de styles que de vécus amoureux est déjà lui-même cette instabilité en acte, le pressentiment de l'impouvoir et sa jubilation secrète. Un autre lieu nous revient aujourd'hui, un espace imprécis libéré par une assertion scandaleuse : il n'y a pas que l'hégémonie qui soit désirable, désinvestir le pouvoir, le narcissisme du propre, c'est même la seule chance qui soit donnée en amour, comme en tout événement, de vivre l'intensité.

I. Arithmétiques masculines

Visibles jouissances
ou
le contrat de l'orgasme

L'homme et la femme sont nus et allongés sur le lit. Ils viennent de se laver, de se sécher, de se masser mutuellement : ils se regardent, leurs lèvres tremblent, ils commencent à se caresser des pieds à la tête, puis l'homme engage son doigt dans le sillon charnu de sa compagne tandis qu'elle-même flatte ses bourses et glisse l'index vers son scrotum. Ces préliminaires ne durent pas moins d'une minute mais pas plus de sept, laps de temps qui leur a permis d'entrer tous les deux dans la première phase d'excitation. Ils ne rient ni ne parlent : quelquefois la femme fait Ah, l'homme fait Oh. Mais c'est que, malgré les interdictions strictes du professeur, il a un bonbon dans la bouche qui l'empêche de prononcer correctement. Puis vient le moment sacré et délicat de la pénétration : le catalogue qu'ils ont feuilleté avant l'amour indique que la position du jour est celle du Lotus. L'homme met en marche la machine : la machine est un assemblage de leviers et de pistons, disposé au-dessus du lit, et actionnant un bras terminé par une surface couverte de laine qui, à la manière d'une main, tape sur les fesses de l'homme et active son intromission dans sa partenaire. La femme s'applique maintenant à s'ouvrir, elle n'oublie pas les exercices de décontraction respiratoire qu'elle a répétés le mois dernier aux séances du GOG (Gros Organes Gonflés). La tension du couple monte, ils peuvent le vérifier par un léger coup d'œil au potentiomètre placé sur la table de nuit, 11, 8, 11, 9, 12, 3, 12, 5, 13, 13, 4... Le duo halète, leurs souffles s'enchaînent dans un crescendo inexorable, ils en sont au plateau déjà, déjà au plateau, oui, ils raconteront cela au professeur, il sera fier d'eux, leurs pulsations cardiaques sont à 99 coups par minute, l'homme de son côté compte lentement : 2 136, 2 137, 2 138, il règle la fréquence de la machine qui le fesse un peu plus rapidement ce qui accélère le va-et-vient de son pénis, la femme respire profondément selon la technique yoga, elle essaie d'anticiper les exercices de *concentration sensorielle qu'elle va suivre le mois prochain aux GAG.m-l (Groupe des Aérés Gâtés, masseurs-lubrificateurs), son vagin est intensément mouillé, elle fronce les sourcils, se concentre avec la plus grande attention quand soudain la première sonnerie du réveil retentit! Contrariété : ils n'ont pas encore joui, comment cela se fait-il, ils avaient pris de l'avance pourtant. L'homme ne comprend pas : il ne s'y est pas pris à la légère, il a bien tourné sept fois sa queue dans son caleçon avant de copuler. Quoi qu'il en soit, il continue ses mouvements et la femme les siens, les reins de celle-ci se rivent autour de la verge qui entre et sort de plus en plus vite, elle ferme les yeux, l'essentiel est de dépasser la phase du plateau, la deuxième sonnerie retentit à son tour, malheur, jouiront-ils dans les temps, il ne leur reste que quelques minutes, tant pis, ils ne connaîtront certainement pas cette fois-ci le ROI (Radical Orgasme Inassimilable), mais il leur faut décrocher à tout prix le PECUL (Plus Petite Essentielle Convulsion d'Urgence Limitée), ils vont mettre en marche le plan MASCOTE (Mamelons + Anus + Scrotum + Clitoris = Orgasme Terrific), maintenant l'homme stimule sa camarade par tous les bouts tandis que lui-même se fait fesser à une vertigineuse allure, il lui a mis son pouce dans le rectum, son index dans le nombril, son annulaire sur le capuchon clitoridien, son majeur sur les seins, son petit doigt dans la bouche et les doigts de l'autre main dans les narines du nez, les orbites des yeux et les trous des oreilles. Ainsi délicieusement enveloppée, la femme ne peut manquer de courir vers l'apothéose et c'est l'arrivée triomphale, le paroxysme, les amants sont pris de mouvements réflexes involontaires simultanés, tous leurs muscles se contractent rythmiquement, chaque contraction dure 8 secondes, la femme en éprouve 5, l'homme $3\frac{1}{2}$ pendant lesquels il expulse 10 cm^3 de semence blanche appelée spermatozoïdes. Hourra! ils ont réussi, ils sont restés dans les temps, ils ne chuteront pas dans la maladie mentale. Ils soufflent, rayonnent, se félicitent réciproquement. Maintenant ils n'ont plus de désirs, ils peuvent se rhabiller...*

Que viennent-ils de faire? L'amour selon le docteur Reich, ils ont accompli la sainte fonction de l'orgasme, ils ont échappé de justesse et dans l'ordre : 1) à la névrose, 2) à la cuirasse caractérielle, 3) à la stase, 4) au fascisme, 5) au stalinisme, 6) au cancer. Désormais, ce sont des êtres libres et fiers, ils ont vaincu deux mille ans de répression sexuelle judéo-chrétienne.

Les avatars du porteur d'obélisque.

> « Dans la mesure où l'idéologie qui menace aujourd'hui les libertés individuelles n'est pas religieuse mais médicale, l'individu doit être protégé non des prêtres mais des médecins. »
>
> Thomas Szaz [1].

Bizarrement, dans tous les discours de la modernité, la jouissance n'a pas de sexe; on parle d'elle indifféremment pour l'homme et pour la femme; le mot est neutre, il affecte les deux versants de l'humanité comme s'il allait de soi que tout ce qui vaut pour l'être masculin puisse ipso facto valoir pour l'être humain en général.

Depuis Freud (un peu), depuis Reich (surtout), on ne nous ressasse qu'une seule et même chose : nul n'échappe à l'orgasme. Ton émoi, tes fantaisies, tes instincts, si quelqu'un ne leur fixe pas un but génital à réaliser concrètement, ne sont que pathologie, perversions, enfantillages. Et tes enfantillages, s'ils ne sont pas articulés dans un programme de jouissance, n'émeuvent que les malades et les fous. Il n'est de plaisir intense que plaisir finalisé, adulte, génital. « La formule de l'orgasme est la formule même du vivant » (Reich) et si toi, petit homme, tu ne suis pas à la lettre ce processus orgastique en toi, c'est que tu n'es pas digne d'être vivant, c'est que la « peste émotionnelle » t'a déjà gagné.

Dans le domaine de l'érotisme, toutes les idéologies de la « libération » ne nous proposent qu'une chose : le réalisme orgastique, mainmise du génital sur le corps exactement comme le réalisme socialiste est la perversion totalitaire de l'art. Car enfermer sous la même appellation de jouissance les vécus pulsionnels du masculin et du féminin, si dissemblables l'un de l'autre, c'est, dans l'état présent de la situation, entériner la domination de l'homme sur la femme et continuer à faire de l'orgasme masculin (l'éjaculation) la volupté repère autour de laquelle s'ordonne tout le rituel amoureux. La femme se doit ainsi de mimer son compagnon tandis que

---

1. *Fabriquer la folie*, Payot, 1976.

lui-même est appelé à circonscrire toute sa polymorphie dans la maigre convulsion spermatique. Inévitablement, dès qu'on aborde le domaine libidinal, on transforme en programme historique les fables afférentes à la pratique sexuelle des hommes.

Wilhelm Reich marque ce moment où la sexualité réprimée se renverse en génitalité obsédante, omniprésente. Il inaugure la quête moderne de l'humanité occidentale pour l'orgasme, le culte magico-médical de l'homme blanc pour l'acmé voluptueuse. L'orgasme est aujourd'hui, dans tous les domaines, la parole dominante, le foyer et le point de convergence de toutes les pulsions : il est devenu le nouveau moyen du salut par le corps, le « supplément d'âme » indispensable de notre sexualité. Quand Reich propose une libération sexuelle, c'est donc à la libération de la génitalité masculine qu'il nous convie, c'est au discours du désert sexuel mâle qu'il veut donner la parole et à lui seul ; certes toute son œuvre ne se résume pas à cette apologie — ambiguë — de la capacité orgastique ; elle en reste cependant oblitérée jusque dans ses analyses les plus fines. Confondant soin et libération, réitérant le geste idéologique par excellence qui veut transformer en fait de nature ce qui n'appartient qu'à l'histoire, la sexologie reichienne gomme d'un même geste l'homosexualité masculine et la femme : ni l'une ni l'autre ne cadrant avec sa théorie, elles sont les déviants éternels d'une discipline qui a érigé un détail en norme et a incarné cette norme dans la vie, dans l'universel.

La relation sexuelle pour l'homme, c'est l'histoire toujours dramatique d'un être qui veut jouir du corps d'une femme, finit invariablement par jouir de ses propres organes (et se prive par là même des moyens de jouir encore de cette femme). Et du plaisir masculin, le moins qu'on puisse dire c'est qu'il est bref et faible. L'éjaculation est une promesse qui ne peut pas être tenue : l'homme a l'impression qu'il va s'envoler, éclater mais il s'écrase, il s'affale, il s'essouffle. Il meurt sans s'être même désintégré : il a pris pour un anéantissement ce qui n'était qu'un suicide. Déjà fini, pense-t-il : mais il avait à peine commencé à perdre la tête et maintenant tout est parti. L'éjaculation, c'est toujours le : « ce n'est pas ça ». Par rapport à ce qu'on attendait, ce n'est pas ça. Crise la plus intense et en même temps la plus insignifiante : facile à obtenir, rapide à assouvir, pauvre en sensations.

L'éjaculation n'est pas seulement précaire, elle est toujours précoce, en avance, prématurée; elle ne vient pas en son temps, ne dépend d'aucun mûrissement, soudaine, imprévisible. De toutes les façons catastrophique. Tout s'emporte en une fois : le flot de semence lâché, rien ne demeure en l'homme, tout est dit, il est « satisfait », en d'autres termes, il est mort, exténué, indisponible, inapte à toute continuation. Son corps, vidé de ses capacités de jouissance, est ramené à des fonctions purement animales : il est une chair froide, diaphane qui n'obéit plus qu'au principe d'autoconservation, une mécanique dépourvue de sensations, une pure utilité. Son sexe maintenant n'a plus de sens pour lui, il peut le toucher, le manipuler, l'étirer, il n'en éprouve ni plaisir ni déplaisir, il est revenu à une vie insensée, insignifiante. Pour celui qui voulait épuiser son existence dans la brève explosion d'une intensité, la chute est à l'égal du vertige ascendant auquel il s'était voué. « La puissance orgastique, dit Reich, est la capacité de s'abandonner au flux de l'énergie biologique sans aucune inhibition, la capacité de décharger complètement toute l'excitation sexuelle au moyen de contractions involontaires agréables au corps. » Ce que Reich nomme « puissance », il faut l'appeler fatalité : car on ne s'abandonne pas au flux de l'énergie biologique, on la perd, on la disperse, on l'égaye. L'angoisse d'orgasme, ce n'est pas tant la peur d'être terrassé par l'acmé génitale que la peur d'être atrocement déçu : tant de désordre pour si peu. La hantise de celui qui copule est l'écoulement (et donc l'écroulement), la crainte que cela ne s'enfuie, ne s'échappe de manière insidieuse, panique devant ce qui va s'ensuivre, la débandade, la détumescence, la fin du coït. Bref la joie suprême pour l'homme engage elle-même un tel désordre, une telle déperdition d'énergie que le bonheur dont il s'agit avant d'être un bonheur dont il pourrait jouir est si contradictoire qu'il est comparable au contraire à une souffrance. Après l'orgasme ce n'est pas le cœur mais le corps qui manque à l'homme, une grande dévastation l'a privé de sa puissance.

L'éjaculation est comme un espoir sans espoir : copulant, le mâle espère que sa jouissance sera forte, emportée parce qu'il en reçoit dans son corps les signes annonciateurs, violents; il n'espère pas trop cependant car il se souvient des fois précédentes, il connaît ses limites, sa contingence biologique (les 3 ou 4 contractions qui expulseront le liquide séminal de son logis, le tout n'excédant pas 30 secondes); pourtant il espère encore un peu trop, il s'imagine follement que tout va soudain changer, qu'en lui vont se déchaîner des forces identiques à celles qui bouleversent présentement sa compagne; il est donc partagé entre trois directions, trois espérances et désespérances qui mélangent leurs aléas jusqu'au dénouement final et résolution — évidemment déceptive — de l'intrigue. L'idée essentielle de notre érotique est peut-être celle de la prématuration de la jouissance masculine (la première chose qu'on enseigne au petit mâle, c'est à ne pas se laisser aller, à différer son plaisir, par tous les moyens, y compris les plus grotesques [1]). Dans l'éjaculation l'homme s'accorde à l'échéance d'une fin violente et unique : il y a dans le coït une sorte de précipitation apocalyptique née de l'imminence de l'ivresse; le plaisir est imminent, un rien l'éveille, le voilà déjà tout proche; l'homme se réserve mais c'est de justesse.

Voué à un orgasme minuscule, l'homme l'est à jamais à l'angoisse : condamné à jouir au-dessus de ses moyens et obligé pour ce faire de pallier son infirmité par toutes sortes de techniques. Dans ces conditions il ne peut y avoir sur le pénis qu'un investissement ambigu : il est à la fois le bon et le mauvais objet, l'ennemi et l'allié, gratifiant et frustrant, le siège des sensations les plus riches et l'organe qui dérobe au corps toute sa sensualité. Ce n'est pas l'impossibilité d'abolir toute lucidité qui attriste l'homme mais

---

[1]. Parmi ces méthodes, empruntées aux civilisations les plus variées, citons : les pensées tristes — l'homme s'imagine qu'il copule avec un laideron ou qu'un grand malheur vient de s'abattre sur sa vie —, la pression des doigts gauches entre scrotum et anus, la suspension du va-et-vient du pénis dans le ventre, les vaporisations anesthésiantes sous forme de spray ou aérosol sur le gland (l'application doit se faire environ vingt minutes avant les rapports), le contrôle de la respiration, les contractions du sphincter anal. Pour notre part, voici quelques-uns de nos moyens de contrôle préférés : le jour du rapport avec l'être convoité, tremper le pénis dans un bain d'amidon, environ une heure ou deux; rigidité garantie pour les vingt-quatre heures suivantes. Ou encore : faire un moule de la verge en érection et porter le moule à chaque rapport (on prendra soin de bien polir les parois afin de ne pas blesser la partenaire). Et encore : éjaculer par la bouche : le pénis berné continue à se dresser attendant cette semence qui n'arrive pas (cette méthode nécessite néanmoins une grande concentration et beaucoup de souplesse organique). Et puis : fermer le méat urétral avec un bouchon relié par une ficelle à la main du copulateur. Quand ce dernier veut éjaculer il tire sur la ficelle qui arrache le bouchon qui libère le sperme (les bouchons n'étant pas encore en vente, il est préférable de les confectionner soi-même). Rappelons cependant que de tous ces procédés, le plus efficace est tout de même celui qui consiste à ne pas copuler du tout — ce qui élimine à cent pour cent les risques d'éjaculation précoce —, chose que les sexologues, dans une terrifiante conspiration du silence, se refusent à avouer à leurs clients masculins.

de ne pouvoir appliquer sa lucidité qu'à des événements infimes qui n'emplissent ni ne dilatent sa conscience. Bataille assignait à l'érotisme comme but le renversement de toutes les barrières; or la caractéristique de l'être masculin c'est qu'il n'a rien à renverser, rien à mettre à bas et qu'à suivre son cours naturel, il se trouve tout de suite limité car il est lui-même la limite. Il veut accéder à l'au-delà mais ne peut franchir le pas et se maintient sagement en deçà (d'où chez Bataille, par exemple, le pressentiment, la nostalgie et le dégoût devant les transports voluptueux de la femme — traitée de « chienne », de « truie », de « cloaque » —, jalousie de mâle qui crache avec horreur sur ce qu'il convoite, fasciné).

Par-delà l'orgasme commence l'inconcevable que nous n'avons pas les moyens d'affronter. Cet inconcevable — que nous supposons atteint par la femme — est donc à la fois l'objet de notre envie et l'expression de notre impuissance. Nous maudissons cet épanchement séminal qui excède moins nos frontières qu'il ne les maintient, qui mime une sortie et n'effectue qu'un repli. L'éjaculation est censée nous jeter hors de nous, nous n'en pouvons plus, le mouvement qui nous porte exigerait que nous nous brisions. Mais la réalité de cette expulsion n'est en rien comparable à la volonté que nous avions d'excéder la vie en nous. Nous convoitions l'être aimé à la condition que peu à peu l'excitation en nous grandisse; or c'est le contraire qui advient; et nous sommes censés nous satisfaire d'un mécanisme qui en nous singe la mort et laisse nos confins apaisés. Les jouissances de la femme nous assignent sans délai aux bornes de notre désir. Non seulement nous ne pouvons nous pâmer mais l'éclatement de l'éjaculation nous laisse sans voix, privés de toute disponibilité; nous enrageons de constater que toute dépense pour nous exige réparation, attente, patience, repos et repas reconstituants. Et pour celui qui, suivant les conseils du docteur Reich, attendait tout de cette éjaculation (il allait se confondre avec le cosmos, pas moins!), le coït aura été un immense carrefour de désillusions charnelles.

Ennui profond de l'éjaculation : elle arrive sans obstacles, elle est facile, simpliste « et surtout entachée d'utilitarisme génésique (...), le plaisir personnel sacrifie à la continuation de l'espèce [1] ». L'orgasme viril n'est pas, comme l'extase féminine, une transmutation du corps profane, une exploration subtile, l'éveil

---

1. Zwang, *Le Sexe de la femme*, Éd. J.-J. Pauvert, p. 212.

lent et délicat des virtualités inouïes de la chair ; mais une évacuation, un soulagement, l'annulation immédiate d'une tension, toutes choses qui l'apparentent à la déjection : l'être masculin ne se déchire pas, il se vidange, il élimine le trop-plein de semence accumulé en lui. Ce bref soubresaut — et peu importe qu'on le répète 2, 3, 4 ou 5 fois — a-t-on le droit, comme le fait Reich, de l'ériger en phare de toute jouissance ?

Au moment où il va se répandre, l'homme est un sujet clivé, divisé ; il participe contradictoirement à l'hédonisme profond de toute force en exercice (il est au meilleur de sa puissance) et à la destruction de cette force : il jouit de la consistance extrême de son corps (toute son énergie est tendue) et de son vacillement, de sa perte prochaine (il va être descendu brutalement, le maximum de la force va coïncider pour lui avec le maximum de la faiblesse). L'éjaculation accrédite ce fait bizarre que la partie peut jouir pour le tout, le pénis être investi par l'organisme d'une délégation de jouissance et devenir le support capable de représenter un ensemble. Comme si la présence de zones érogènes plus ou moins sensibilisées se payait de la froideur et de l'apathie du reste du corps. Tous les sectateurs de l'orgasme ont la même nostalgie d'un Grand Tout Vivant dont la verge serait à la fois l'exutoire et le triomphe, tous exaltent l'idée d'un « besoin orgastique », métaphore organiciste de la dépendance irréversible et hiérarchique d'une partie à un centre.

L'éjaculation c'est, pour paraphraser Bataille, l'approbation de la mort dans son accomplissement même. L'homme ne jouit que pour en finir de jouir, sa volupté est une guillotine, quand son désir culmine, c'est qu'il est déjà retombé. La chute du potentiel amoureux après le coït, si elle existe, ne peut exister que chez l'homme ou la femme qui ont calqué leur plaisir sur le modèle masculin de la jouissance. L'amour viril tend à se ruiner dans la mesure où il poursuit sa réalisation même : l'ombre est tombée sur l'homme sans qu'il ait même connu l'explosion de la lumière ; il est devenu cendre et il ne s'est pas enflammé ; il a perdu son énergie et il n'a pas senti cet emportement. Il attendait une déflagration : il n'a eu que le feu d'un pétard. Si après le coït l'animal masculin est si triste, c'est bien d'avoir gaspillé tant d'énergie à propos de si peu de chose.

Dans la femme ce n'est pas sa propre éjaculation future que l'homme désire, mais bien un Autre, un étranger radical, l'orgasme ne venant que par hasard (et comme une sorte de prime de plaisir) contresigner cette possession. Car si la délivrance spermatique était vraiment la fin, la raison d'être, la voie suprême de la libido masculine, cela voudrait dire que dans le vagin, les lèvres, les seins, le clitoris, les fesses, les hanches, le visage, la chevelure, l'homme ne désire que sa propre organisation biologique, cela voudrait dire que dans la femme l'homme ne désire que lui-même, l'homme ne désire que l'homme. Or, le paysage féminin n'exerce sur lui une attraction si intense que parce qu'il y pressent un régime érotique absolument différent du sien, ce qu'il y convoite, c'est une dissymétrie absolue et non une similitude inversée [1]. L'homme ne veut pas l'éjaculation, il veut la désintégration, les transports sacrés, le déferlement inouï des sensations les plus diverses : ce dérèglement total, loin de le redouter, il l'appelle au contraire de tous ses vœux mais il n'a qu'un orgasme dérisoire et sans cesse son plaisir est affecté, banalisé, aplati par ce sentiment d'une limite irréductible qui non seulement le prive de son érection mais lui donne aussi l'impression — insupportable — d'être fondamentalement exclu de la jouissance. L'apologie de l'orgasme apparaît ainsi comme un découpage arbitraire imposé aux deux partenaires dans la relation sexuelle (et dont il est sûr que l'homme a autant à souffrir que la femme). L'éjaculation — envisagée comme scénario obligatoire — n'est finalement que la dernière des contraintes sexuelles (celle qui semble fonder et clore à la fois la relation), le mythe supérieur grâce auquel les deux membres du couple feignent de retourner à la nature, au sexe comme nature. « L'unanimité prouve de la conformité dans les organes mais rien en faveur de la chose aimée » (Sade).

Le coup de force de Reich est donc de ramener l'infini de l'univers pulsionnel à la finitude obligée du membre viril et de ses petites machines : sa simplicité ne s'exerce d'abord qu'au prix d'une réduction terroriste, réduction proprement « homosexuelle » qui rature sans sourciller toute altérité libidinale. Pour son malheur « porteur de germes » et donc soumis au quantitatif, l'homme veut y soumettre la femme et lui faire croire qu'ils partagent ensemble les mêmes fardeaux. La sexualité masculine compte et parle

---

1. Qu'on lise pour s'en convaincre le très beau texte d'Hélène Cixous dans *La Jeune Née* (« 10/18 », 1975), texte cernant dans la jouissance féminine une économie du renouvellement et de la profusion qui n'a strictement rien à voir avec l'orgasme selon Reich.

donc de gaspillage; privilégie la dilapidation et souligne a contrario la pitoyable langueur de son exercice; désire moins le plaisir que le chiffre, le nombre magique, moins la volupté que le pouvoir (elle qui ne peut « régner » qu'au prix d'une formidable supercherie); convoque les perversions les plus extrêmes pour contrecarrer sa monotone régularité; rêve d'une économie du don et de la dépense parce qu'elle souffre de parcimonie; cherche la mort et ne rencontre que l'essoufflement. Le mythe viril de l'orgasme est d'abord préjudiciable aux hommes eux-mêmes.

De quoi rêve l'homme tandis qu'il copule? Il rêve de pouvoir s'abandonner, sans que pour autant cet abandon au plaisir mette fin à son excitation, il rêve de jouir comme la femme, sans fin, sans trêve dans une déperdition inconditionnelle de son être. L'extase féminine devient ainsi son utopie, ce qu'il fantasme et ce qui lui est interdit mais aussi la menace inquiétante qui lui révèle son infériorité dans ses rapports avec l'espèce, l'histoire, la vie. Non seulement il se retient avec difficulté, guettant l'éjaculation comme une menace qui le privera de son érection mais il sait que cette menace, quand elle surviendra, ne lui procurera qu'un plaisir dérisoire (ou du moins d'une affligeante brièveté). Alors la mort de l'érection, la mort tout court est le désastre élémentaire qui met en évidence l'inanité du plaisir discontinu de l'homme.

Pourquoi ne pas imaginer une liste des 10 inconvénients du pénis : il pend, oscille entre les deux jambes comme un mouvement d'horlogerie, est vulnérable, passif, têtu, se redresse quand nul ne l'appelle, reste flasque dans les instants cruciaux, turgescent, empêche toute marche, au repos ballotte dans l'entrecuisse contre ses œufs, a une puissance d'arrosage limitée, etc. : « Cet aspect à la fois terrible, borgne, furibond et perpétuellement frustré, stupide de ces organes [1]. » Mais tous ces désagréments ne sont rien en comparaison de celui-ci : n'apparaître sur la scène qu'au coup par coup, et disparaître dans les coulisses après la projection.

La manière occidentale triomphante de faire l'amour traduit l'angoisse fondamentale de la classe masculine. Ce que l'athlète sexuel affiche de manière si spectaculaire, c'est avant tout sa propre faiblesse : quand il désigne son phallus comme l'appendice métonymique de son heureux propriétaire, quand il narre ses

---

1. Claude Simon, *Histoire*, Éd. de Minuit, p. 251.

performances en termes fébrilement quantitatifs et s'affirme contre tous les minables, les gagne-petit du zob, les essoufflés de la braguette, il ne fait encore que conjurer la précarité de son érotisme. « Bon sang, qu'est-ce que je lui ai mis à celle-là » : le dernier cri du conquérant est aussi un aveu. L'Hercule impudent bien infatué de son matériel est d'abord un enfant qui pleure sur sa propre simplicité.

Des émois étroitement surveillés.

A plusieurs reprises dans le livre qu'il consacre à Reich, Roger Dadoun cite triomphalement le slogan des Big Brothers du *1984* de Georges Orwell : « Nous abolirons l'orgasme » et il y voit *a contrario* la démonstration éclatante du génie de Reich. Il y a tout à parier qu'une dictature légiférant directement en ce domaine décréterait plutôt l'orgasme obligatoire. Dans son désir de faire de Reich à tout prix un penseur « subversif », absolument dérangeant, Dadoun en vient à soutenir que l'orgasme « demeure le non-dit le plus monumental de tout discours — point aveugle que visent, pour l'innommer, toutes les perspectives des représentations, toutes les lignes de fuite (...), acte premier qui fait interminablement parler autour de lui mais sur lequel, écrasant consensus, le noir doit être fait » (p. 341). Comment ne pas voir au contraire que l'orgasme est toujours la parole du pouvoir, qu'il n'est pas le point aveugle mais le point aveuglant, et que, réinsertion du désir — du dehors — dans le dedans calme des lois, il est le vœu même de l'institution.

La sexualité virile, avons-nous dit, est essentiellement asservie à la rareté : elle fonctionne au coup par coup, ignore la répétition immédiate et reste assujettie dans ses débordements les plus grands à de médiocres comptabilités. L'éjaculation, si on la compare au plaisir que la femme peut, dans le meilleur des cas, tirer du pénis, est évidemment un échange inégal : c'est le presque rien par rapport au presque tout; s'il y a proportion, ce n'est qu'à l'intérieur du système génital masculin, quand on mesure la décharge avec la tension qui l'a précédée : le Parfait Orgasme Génital a pour fonction essentielle d'annuler et d'emporter toute la fièvre, toute la passion qui habitaient le corps avant l'acmé : « seule, dans le plaisir final, la décharge de l'énergie égale la tension[1]. » L'éjaculation, c'est la fiction de l'échange paritaire égal, c'est le donnant/donnant, l'excitation semble y dire à l'évacuation : je te donne pour que tu me rendes, ici deux quantités équivalentes se résolvent en s'annulant. L'idéologie sexologique semble au fond ne redouter qu'une chose : qu'on laisse la chair en proie aux vertiges, livrée au trajet polymorphe des émotions les plus diverses; d'où sa prescription universelle : la décharge totale, l'épanchement de toutes les ardeurs, la révocation brutale de la passion (le critère du « bon » orgasme, répète Reich, c'est qu'il donne envie de dormir une fois qu'on l'a éprouvé : l'orgasme comme ersatz du Valium, il fallait y penser!). Double mise à mort dans ces recommandations : mise à mort du désir (auquel on a mis fin) et du plaisir (qu'on a oublié). C'est parce que la névrose, la maladie guettent à chaque instant qu'il faut toujours et, dès qu'elle se manifeste, libérer l'énergie sexuelle : comme si dans l'envie d'un être pour un autre grouillaient tous les crimes, toutes les horreurs dont l'humanité se soit jamais rendue coupable, comme si la convoitise était à elle seule un danger si grave qu'il faille d'urgence enseigner aux amants un moyen efficace de s'accoupler pour être ensuite mieux séparés les uns des autres. L'orgasme selon Reich est ainsi l'apothéose du fonctionnalisme, le plus utilitaire des mécanismes corporels : il n'est pas tant le point culminant du plaisir que la délivrance de la créature opprimée par un excès de poids et de tension dont il faut sans délai la soulager. Ce n'est plus la jouissance mais la rédemption, ce n'est plus Dionysos mais Jésus!

Et si l'éjaculation était la continuation par d'autres moyens du primat de la reproduction? Si l'incitation à jouir « par hygiène » remplaçait aujourd'hui l'ancien impératif chrétien de procréation qui pesait sur les œuvres de chair? L'émission séminale est le cercle des références, le grand Milieu, le livre des comptes, la génitalité moyenne qui reconstitue sur le corps des petits territoires, des petits coffres-forts qu'on ouvre à intervalles pour en libérer le trop-plein. L'éjaculation prônée comme unique et suprême technique sexuelle poursuit un même travail de détection des menaces, d'élimination des événements possibles, de bétonnage dans la circulation des énergies. A travers elle se poursuit le rêve

---

1. Reich, *Fonction de l'orgasme*.

d'un Grand Centre Phallique qui accapare à son profit toutes les intensités périphériques, en quoi tout le corps s'immobilise et retrouve son unité (toute excitation latérale, tout érotisme prégénital ne visant dans cette optique qu'à renforcer la satisfaction centrale). La propagande en faveur de l'orgasme ne répète au fond que ceci : toute attirance d'un être pour un autre met en danger les normes de vie raisonnables. En conséquence, la bonne relation sexuelle ne sera rien d'autre que la réparation d'une étrangeté, la domestication, sous tutelle génitale, d'une force indomptée que la décharge totale éliminera. L'amour est un patient travail de soulagement des tensions. Tout rapport sexuel qui maintiendrait dans les corps des parcelles de libido ou de convoitise serait déclaré néfaste, fauteur de troubles. L'érotisme est un désordre qu'il faut stabiliser. L'orgasme comme plaisir terminal est la restitution de ce dérèglement à l'ordre établi. Une bonne pulsion est une pulsion morte.

Réduire les préliminaires, les caresses, les jeux divers à l'approximation d'une jouissance, c'est très exactement entreprendre une opération de guérison et ne voir les plaisirs charnels que sous l'angle médical. C'est dénier que l'écart, l'attente, « la stase d'énergie » (Reich) puissent avoir un sens, une volupté en tant que tels (et non subordonnés à une convulsion centrale), c'est dénier qu'un plaisir différé puisse être aussi un plaisir différent, c'est les ramener en tant que prélude à l'ordre établi de l'épanchement obligatoire. L'éjaculation fonctionne bien alors comme remise au pas de ce qui, en deçà d'elle, la subvertit par avance ou plutôt l'élude. Dans cette optique les organes génitaux de l'homme et de la femme sont comme des territoires sous mandat qu'il faut savoir mener à l'indépendance c'est-à-dire affranchir de l'excitation qui les travaille. Ce que suppose l'orgasme ainsi envisagé, c'est la maturité sexuelle, en d'autres termes l'arrêt de développement de l'individu mis sous le joug des lois : « Des individus orgastiquement puissants — à l'exception de quelques mots tendres — ne parlent ni ne rient jamais pendant l'acte sexuel. Parler ou rire indiquent un grave désordre dans la faculté de s'abandonner [1]. » Avis aux éventuels bavards, la police du désir veille...

Est-il politiquement correct d'avoir un orgasme ? demande un particulier crétin des USA (in *Hello, je t'aime* de Jim Haynes).

---

1. Reich, *ibid.*, p. 88.

Mais oui, camarade, il n'y a que ça de correct au point de vue politique, l'orgasme, le soulagement des tensions! Car le rêve de toute « révolution sexuelle » est un équilibre introuvable entre le pouvoir et le désir, entre les aléas des pulsions et les contraintes sociales du travail. De ce point de vue, l'orgasme détient un rôle économique de première importance : il éponge les excédents, absorbe la plus-value d'excitation, garantit le roulement, le rendement voluptueux. En même temps, il est un principe de non-oisiveté : il conjure le péril du gaspillage de temps, le nomadisme érotique, faute morale au regard de la tâche à accomplir. C'est lui, par contrecoup, qui définit le génital comme nouvelle théâtralité, nouvelle représentation, rabattement de tous les courants sur une région, filtre qui doit avoir un pouvoir liant, attacher dans la gerbe du ventre les effets et flux perturbants, les forces qui s'introduisent dans le circuit et qu'il doit décharger. Il procède ainsi à un constant détournement de fonds qu'il régularise pour maintenir l'isothermie et l'isonomie du corps, véritable exsudation de jouissance destinée à préserver l'équilibre de l'organisme. Il faut savoir terminer une grève, disait le grand Thorez; même chanson entonnée par les sexologues : il faut savoir terminer un coït, vous n'allez pas me laisser ça inachevé et c'est pourquoi toute pulsion, toute source d'événement, devra, sous peine d'excommunication, en passer par le tribunal de l'orgasme.

Spontanément la volupté virile se pense sur le mode de l'accumulation primitive, de la profusion spermique : le plaisir semblant proportionnel à la quantité de sperme émis par le pénis, plus abondante la semence, plus continus (en principe) les émois : témoin cet homme qui en guise de masturbation se fixa une trayeuse électrique au sexe et mourut d'épuisement quelques minutes plus tard dans un bain de sang... (ou encore ce libertin sadien qui dans *Justine* se pend pour éjaculer plusieurs fois de suite et coupe la corde juste avant la strangulation totale). Et, inversement, premier geste de biens des pervers masculins : le refus de l'éjaculation, de la seule jouissance hétérosexuelle, normale, codée, régularisée, autorisée. Pour exemple ce cas extraordinaire rapporté dans *la Revue médicale*, n° 17, et repris par Michel de M'Uzan dans l'ouvrage *la Sexualité perverse*. Le sujet qui présente des tatouages et des mutilations en rapport avec des pratiques masochistes anciennes n'a pas épargné son appareil génital : « De nombreuses aiguilles de phonographe étaient fichées à l'intérieur même des testicules comme en témoignaient les radiographies. Le pénis était entièrement bleu, peut-être à la suite d'une injection d'encre de Chine dans un vaisseau. L'extrémité du gland avait été fendue avec une lame de rasoir, afin d'en agrandir l'orifice. Un anneau en acier, de plusieurs centimètres de diamètre, avait été placé à demeure à l'extrémité de la verge après qu'on eut fait du prépuce une sorte de coussin rempli de paraffine. Une aiguille aimantée était fichée dans le corps du pénis, c'était, si j'ose dire, un trait d'humour noir, car le pénis, démontrant ainsi sa puissance, avait le pouvoir de dévier l'aiguille de la boussole. Un second anneau, amovible celui-là, enserrait l'origine des bourses et la base du pénis (...). Le renoncement définitif au coït a été considéré par M. comme faisant partie intégrante de ses exigences masochiques [1]. »

La femme « bête de plaisir »? « Proie et servante de la volupté collective »? Et si ces lieux communs n'étaient que des illusions pesamment entretenues par l'homme sur ses propres capacités de jouissance? Il aurait asservi à des fins purement sensuelles la moitié de l'humanité, son appétit de délices serait si grand qu'il aurait besoin en permanence d'une classe d'esclaves qui s'y dévoue frénétiquement et sans relâche? Mais quand on sait les frontières que la physiologie impose à l'homme en matière de plaisir, on commence à soupçonner qu'il faut lire cet argument à l'envers : c'est peut-être moins pour jouir en toute liberté que l'homme assujettit la femme que pour étouffer en elle une volupté qu'il pressent si forte, si violente qu'elle périme et relativise à jamais la sienne propre. Se vérifierait alors l'hypothèse émise par une psychanalyste américaine selon quoi « une des pierres angulaires indispensables sur lesquelles toutes les civilisations modernes sont fondées est la suppression coercitive de la sexualité démesurée des femmes [2]... ».

« Je lâche ma purée », « je dégorge mon pruneau », « je fais mousser mon blaireau », « je vide mon jus de couilles » « je fais la vidange », « je jute ma morue », « je chie mon foutre », toutes expressions qui, dans leur crudité, ne sont pas plus laides que la cocasse « éjaculation » qui implique distorsion, dislocation, démantèlement mais de façon ridicule. Ce n'est pas le ravissement

1. Michel de M'Uzan, *La Sexualité perverse*, Payot, 1972, p. 16-20.
2. Mary Jane Sherffey, *Nature et Évolution de la sexualité féminine*, PUF, 1976.

qui terrasse et porte au comble de l'ivresse mais le petit rapt, la saccade qui fait à peine frissonner. Dans « éjaculation », j'entends surtout « jacot, jacot », un cri d'oiseau exotique comme un pépiement de perroquet et du perroquet j'en déduis la répétition grotesque, la caricature du langage comme l'éjaculation est la caricature mâle du plaisir féminin [1].

L'interrogation reichienne avance ainsi en arbitrant les rivalités, distinguant l'amour vrai, de son oppositionnel camouflé, la névrose, le sadisme, l'homosexualité, la pornographie. Ne divisant pas un genre en espèces mais sélectionnant des lignées, éliminant les déviations, triant les prétendants, distinguant le vrai du faux, dressant les gens à se conformer. Ainsi, quand ils se rencontrent, les corps ne créent-ils aucun sens nouveau, ils sont habités déjà par des vérités préétablies qu'ils se doivent d'accomplir s'ils ne veulent pas sombrer dans la folie ou la monstruosité. Le coït, selon cette version virilo-médicale, manque d'aliment et fait toujours figure de liquidateur. La substance du désir subit un appauvrissement réel et condamne l'esprit à des opérations simples de fonctionnement et de dysfontionnement. L'emmagasinement de nouvelles sensations, l'exploration de surfaces cachées ou lointaines n'est plus qu'une possibilité dont les amants se passent ou dont ils s'acquittent à contrecœur (« pour quoi faire? »). Le passif suscité par ces dérives deviendrait trop élevé par rapport au trajet simple du plai-

---

1. On peut se demander à ce propos quelle image du corps implique la notion de décharge sur quoi est basée aujourd'hui toute la théorie de l'orgasme. Historiquement on sait que l'idéologie de l'épanchement a essaimé, à partir des mêmes présupposés, en deux sens apparemment contraires : l'un qui désapprouve l'émission trop fréquente de la liqueur de vie (« Ce qui sert à donner la vie sert aussi à la conserver », Buffon); et l'autre qui la célèbre comme une délivrance [« Le médecin français Arnaud de Villeneuve (1235-1312) recommandait d'un point de vue hygiénique de faire sortir du corps par la masturbation la vieille semence qui après une longue rétention pouvait être toxique; c'était aussi le cas d'autres médecins : par exemple Johans von Wesel (XVe siècle), Paul Zacchias (XVIe siècle) et Ch.-H. Marc (1771-1841). Tissot lui-même qui encourageait la répression de la masturbation parlait en 1766 de la masturbation thérapeutique, il doutait que la chasteté totale soit bénéfique à tous et se ralliait à l'opinion de Gallien qui affirmait que la rétention de sperme provoquait parfois des maladies », Jos Van Ussel, *Histoire de la répression sexuelle*, Laffont, 1966, p. 196.] Parce que le plaisir masculin est essentiellement transitif (il produit de la semence), on en a déduit abusivement que toute sensation orgastique devait s'accompagner nécessairement d'une décharge. On notera que la même conception de l'épanchement des humeurs jouait autrefois dans le rituel pour l'exorcisme des sorcières. Tout Reich est en germe dans Hippocrate et Galien et nous manquons d'une histoire « archéologique » au concept de décharge.

sir génital : qui sait si les nouvelles formes d'étreinte que l'on inventerait couvriraient seulement les embarras et les frais du dérangement occasionné ? Il y a dans cette forme de copulation — universellement colportée aujourd'hui par la sexologie — une baisse tendancielle irréversible du taux de novation, de surprise, d'inventivité.

On comprend que le réalisme orgastique se laisse parfois percer par deux excès contraires : excès de force, de grandeur, d'héroïsme quand la verge se conformant à son destin social s'exacerbe de façon monumentale et réitère 6, 7 ou 10 fois ses exploits, ridicule compétition masculine, véritable culturisme de la bite dont le gland n'est plus que pectoraux saillants sous le slip, impatients de rouler, d'épater; ou bien lapsus inconscient, absence du pénis à sa fonction affleurant comme impuissance ou éjaculation précoce, secrète révolte de l'organe contre la tâche assignée, la prestation exigée, aveu, par la grève, du déni implicite de l'orgasme.

Une même métaphore laborieuse revient dans tous les manuels de sexologie : l'orgasme est un travail, les amants sont les bons ouvriers du sexe (y aurait-il donc là aussi de mauvais ouvriers?), ils doivent être complètement nus et s'appliquer. Calquée sur la théorie de la rationalisation industrielle, l'idéologie de l'orgasme est utilitariste; elle est l'adaptation des moyens à une fin, le minutage précis des plus petits gestes, tout y concourt au précieux résultat. L'apothéose orgasmique est le précipité chimique dont les savants attendent avec anxiété l'apparition et que les apprentis laborantins doivent doser avec soin. C'est que la sexologie reichienne rêve d'une relation sexuelle idéale, fonctionnant sans obstacles ni inconvénients, dans une perfection silencieuse des organes, de coïts oniriques où tous les mécanismes de l'excitation pourraient jouer à l'état pur, « naturel », sans être entachés d'aucun geste pervers, trouble psychique ou « peste sociale »; là tout ne serait qu'ordre et fonctionnalité, mesure exacte des sensations, pyramide organisée des caresses et des stimulations, crescendo subtil menant les deux partenaires à l'extase simultanée et unique — le meilleur possible de tous les mondes de plaisir. Et ces accouplements rationalisés, idéaux, entièrement calqués sur le « courant végétatif de la vie » (Reich), on rêve qu'ils soient définitifs : fermés au monde extérieur (ou plutôt fermés au monde social, mauvais, et ouverts au monde cosmique, éternel), se suffisant à eux-mêmes, vivant des seules ressources de la génitalité, dans un érotisme simple qui prévient le libertinage et dissipe les névroses. Ils formeraient alors, dans leur microcosme indépendant, une image améliorée, dynamisée de la vie en société : expansion, décharge, détente épurant pour ainsi dire comme en un miroir les rythmes plus irréguliers du travail, de la peine et de la satisfaction qui font le pain quotidien des hommes. L'orgasme est récompense : les amants ont été consciencieux, ils ont bien mérité leur jouissance. La vertu érotique est l'accomplissement d'une tâche en vue d'un but : c'est le désir seul qui est désirable ou plutôt le désir est l'objet que l'on pose comme à supprimer. (Mais la présupposition d'une « autorégulation naturelle de la sexualité » pervertie ensuite par la société, ce rousseauisme reichien que Lewinter, dans un petit ouvrage très dense [1], réfutait déjà, se dénonce de lui-même comme toute utopie de l'origine : car, ou bien le capitalisme est perversion du sexuel, de la bonne nature érotique éternelle de l'homme et alors il faut abattre la société bourgeoise, produit de l'histoire, pour retrouver le temps an-historique du bonheur, de la libre génitalité; ou bien le capital est lui-même un dispositif libidinal particulier, une formation sociale qui offre des jouissances spécifiques, le monde d'un certain désir et alors toute la perspective reichienne du politico-sexuel s'effondre comme un château de cartes.)

En tant que promoteur de plaisir (et de procréation) tous les pénis sont comparables entre eux parce qu'assignés au même dénominateur commun fonctionnel/rationnel : l'éjaculation comme équivalent général de tous les pénis. Ainsi l'homme copulateur n'apparaît jamais comme désir et jouissance mais force de besoin social abstrait. L'orgasme instruit dans le sexe toute une métaphysique de l'utilité. C'est la loi morale inscrite au cœur du pénis (donc par contrecoup au cœur du vagin) qui positive l'homme dans son essence et l'institue dans une relation finale à son plaisir : le plaisir c'est ce qui arrive à la fin ou plutôt ce qui marque la fin de l'acte (quel que soit le moment où il intervienne). Le code rationnel de l'éjaculation se fonde sur l'anéantissement de toute ambivalence au profit de l'équivalence excitation/décharge.

Pour Reich, c'est le désir même qui est une maladie, et c'est pourquoi le sexe érigé de l'homme doit être déjà le sexe éjacu-

---

1. *Groddeck et le Royaume millénaire de Jérôme Bosch*, Champ Libre, 1974.

lateur, le tuyau dressé. Un même *pattern* — représentable, mesurable — règle les orgasmes avec des déformations presque imperceptibles. La décharge devient susceptible d'une sorte de géométrisation qui utilise abscisses et ordonnées pour situer exactement les courbes d'excitation et de stimulation à l'intérieur du rapport sexuel : avec l'orgasme parlé apparaît l'orgasme mesuré, et donc l'orgasme contrôlable mesurable. Dans le désordre de l'étreinte, la satisfaction finale marque le principe de réalité à quoi nul ne peut échapper. Telle est donc l'apologie de l'orgasme : érigée en supériorité sociale, l'incroyable facilité d'assouvissement de l'homme prônée comme conduite bénéfique et salvatrice.

En réduisant le mâle à sa fonction éjaculatoire, on transforme le rapport sexuel en quelque chose de primitif, de vrai, de littéral par rapport à quoi tout le reste n'est qu'élucubration mystique ou dévergondage. Tout ce qui parasite ce plaisir simple, tout ce qui est allusions faites dans les marges à une autre jouissance n'est que gangrène et enfer de la débauche. Le fonctionnel marque la synthèse de la raison pure et de la raison pratique, il est le beau plus l'utile; l'utile étant lui-même à la fois ce qui est moral et ce qui est vrai. L'imaginaire sexologique rêve de rendre le sexe à sa véritable destination et de le soustraire à tout jamais aux inventions alambiquées de la rouerie et de la perversité qui obscurcissent et dégradent la narration naturelle du coït. De ce point de vue, une relation sexuelle parfaite est une mécanique sans lapsus, sans faille où rien ne vient compromettre l'interconnexion des éléments et la transparence du processus : grâce à quoi le regard social peut pénétrer jusqu'au fond des corps et des organes, en prévoir les commotions, en contrôler les dérives, en régler les écarts. De telle sorte que la lisibilité absolue de l'acte sexuel se confonde aussi avec sa surveillance absolue sous l'œil des spécialistes.

L'éjaculation, c'est un peu comme la vérité du rapport sexuel, sa couverture/or, sa convertibilité, son taux de change (ce qui empêche l'interrelation libre de jouissances flottantes). Le sperme répandu joue ainsi le rôle de Grand Référent Naturel; il marque que le rapport sexuel a été mené à bien et qu'il est donc conclu. Le sperme, c'est la signature du coït, la métamorphose d'un produit naturel en moyen de transaction : s'il n'y avait pas là, vomis par la vulve, ces petits amas de flocons granuleux et blancs, quelque chose à l'homme semblerait manquer. La semence, dans le contrat sexuel, joue comme moyen d'échange, monnaie érotique :

c'est elle et elle seule qui donne son sens à la relation et c'est d'elle encore que dépend peu ou prou la permanence ou la brièveté du marché sexuel : tant que le sperme n'est pas émis l'accouplement reste à faire, sinon à s'égarer dans l'absurde et l'indéterminé. (Mais si on refuse ce mode d'échange, on refuse aussi le stéréotype masculin de l'émission séminale. Si l'homme n'éjacule plus — ou du moins s'il ne fait plus de cet orgasme le but unique de son désir —, tout le paquet de motivations qui le poussaient s'effondre : hors de la sphère transparente de l'émission de semence où tout est clair puisqu'il suffit d'en vouloir pour son sperme, l'homme ne sait tout simplement plus ce qu'il veut. Hypothèse : la contrainte d'orgasme — pour l'homme comme pour la femme — est précisément là pour résoudre l'angoisse de ne savoir ce qu'on veut. La question de ce que l'on doit faire et ne pas faire pendant l'amour, cette question, le psychanalyste et le sexologue la suscitent, tout simplement en acceptant d'y répondre.)

L'orgasme masculin est de l'ordre des évidences : il est solide, visible, pondérable, flagrant, médié par la compétition sociale statutaire [1]. La semence est valorisée parce qu'elle se voit, se touche : d'où la prégnance du modèle masculin de volupté : si le sperme était microscopique, indicible, impalpable, si son émission n'était pas suivie de la détumescence de la verge, elle ne vaudrait rien, serait frappée de nullité (comme la jouissance de la femme qui, elle, imperceptible, n'est jamais certaine). La sexologie est aujourd'hui cette discipline qui témoigne, dans sa simplicité même, de son inaptitude à saisir les éléments de la sexualité féminine en leur radicale étrangeté. En particulier, la sexologie reichienne est atteinte depuis toujours d'une horreur de la femme comme Autre qui demeure Autre, d'une insurmontable allergie. Reich ne tolère la femme que soumise, calquée sur l'érotique masculine, doublet ou réplique creuse du phallus mâle. C'est pourquoi il lui donne les mêmes désirs que l'homme ou plutôt noie leurs convoitises divergentes sous la même appellation de l'orgasme. C'est au nom de l'orgasme, également, comble du comble, qu'est prononcée la condamnation de l'homosexualité : « On peut constater que la satisfaction sexuelle moyenne chez l'individu hétérosexuel sain est plus intense que la satisfaction chez l'homo-

---

1. Sur les scènes de tous les Life-shows, théâtres érotiques, etc., le mâle est souvent tenu d'éjaculer devant le public hors de sa partenaire, le sperme giclant jouant comme label d'authenticité.

sexuel sain. » L'essentiel pour les reichiens étant d'achever le rapport sexuel au sens où l'on dit en français « achever un blessé ». Il faut que l'orgasme soit le dernier instant, qu'il ait l'éclat funèbre d'une mise à mort, d'une fusillade. Il faut que les amants désirent en vue du silence, ne jouissent que pour faire taire en eux leur appétit de plaisir, ne commencent que pour finir, veuillent cela même qui va les faucher. Comme si la « formule de l'orgasme », le rythme expansion (tension, charge), contraction (décharge, détente), n'était pas qu'une formule masculine, propre seulement à une moitié de l'humanité!

La discipline de l'orgasme est si contraignante qu'elle exige le silence quasi total des sous-systèmes érogènes du corps (anus, mamelons, fesses etc.) pour les maintenir à leur place et dans leur spécialisation : tout cela fait de la copulation un système à « basse complexité » qui se caractérise par une même crispation, une même obsession du maintien de l'ordre, de l'ordre qui représente pour l'homme la finalité de son plaisir et le plaisir d'en finir une fois pour toutes avec sa concupiscence; ordre qui est tout autant mise en place que commandement si bien que le rapport sexuel conduit sous cette optique enferme les deux sexes dans un rapport de domination dont l'un et l'autre évidemment pâtissent. C'est parce que l'homme a quelque chose à « faire » dans l'amour (il doit « jouir ») qu'il ne laisse pas son plaisir bivouaquer dans tel ou tel endroit mais le hiérarchise, parce qu'il donne au résultat dernier une valeur suprême qu'il retire cette valeur à l'instant même (en ce sens l'érotique masculine est religieuse, eschatologique, tendue vers un but), c'est parce que tout mouvement de dérive ou de perversion ferait oublier la jouissance finale qu'il culpabilise et refuse la jouissance de l'instant (à moins qu'elle ne contribue à préparer le spasme terminal). C'est d'un même geste donc que l'homme étouffe la jouissance féminine (ou la réduit à l'unique orgasme qui est le sien) et réprime en soi sa propre polymorphie. Divisant l'acte sexuel en acmé et en préliminaires, il dévalorise automatiquement ces derniers, les contraint à n'être que les compagnons de route plus ou moins subordonnés d'une jouissance centrale immédiatement assouvie; bref, il transporte à l'intérieur même de l'hédonisme érotique le sinistre partage labeur/fête, peine/récompense, châtiment/punition; les « bons amants » prennent leur tâche à cœur, ils liment, ils besognent, ils s'appliquent, ils assument leurs responsabilités avec sérieux; grâce à quoi l'accouplement est ce patient travail dont l'orgasme est la dépense, la consumation instantanée.

Le roman canonique de l'orgasme.

> « La bêtise consiste à vouloir conclure. »
> Gustave Flaubert.

En somme l'orgasme masculin est ennuyeux parce qu'il est prévisible (l'aventure dans le coït est toujours du côté de la femme, ou du moins du côté du féminin; ce qu'il tue c'est le suspens, la surprise : il est une attente certaine d'elle-même, cela viendra sans aucun doute. Pour l'homme la fin est donnée dès le début; en ce sens c'est à peine s'il y a un début, l'érection c'est déjà presque l'éjaculation, le début est la fin, la fin se distingue à peine du commencement. Dans les premiers moments sont inscrits les tout derniers. L'érection est précaire qui porte en soi la détumescence comme son destin inéluctable; et les épisodes qui ponctueront l'acte sexuel ne seront que cette distance nulle entre une pseudo-entrée en matière qui est déjà un crépuscule et une abolition effective présente dès le premier instant. La conjonction érotique classique est une relation funéraire, morte : litanie amoureuse conjugale à laquelle on ne peut changer un mot. L'éjaculation est la facilité même mais c'est la facilité même qui devient une torture. Dans l'amour normal, codifié, les vivants font les morts; le stéréotype coïtal masculin raconte invariablement la même chose : « Je fais jouir ma femme puis je jouis à mon tour. » Mais, demandera-t-on, que peut-il bien se passer d'autre?

L'accouplement, selon son versant masculin, est ainsi achevé : il est même précisément ce rapport-là qui doit être achevé (comme la Phrase), immuablement structuré et indéfiniment renouvelable. Le mâle qui copule se fixe ainsi un double objectif : ne pas tomber dans l'acte bref par crainte de faire, si l'on peut dire, des phrases trop courtes mais aussi savoir terminer le coït puisque la bonne relation est la relation finie, celle qui a rassasié les deux partenaires. La maîtrise sexuelle parfaite consiste donc à savoir prolonger le rapport sexuel pour mieux l'achever (d'où les deux bêtes noires des hétéro-sexologues : l'éjaculation précoce — qui laisse les deux partenaires sur leur faim —, et la non-éjaculation, la réserve infinie — qui contrarie la « nature » et frappe d'absurdité l'accouplement).

De la sorte, par l'épanchement spermatique, nous avons une histoire : le rapport charnel n'aurait en effet point de réalité, il ne pourrait s'accomplir et se raconter s'il ne se référait à l'instant culminant qui, une fois pour toutes, donne à l'événement sa signification véritable, donne au coït un commencement et une fin et fait des choses du présent un passé pour l'avenir. La relation sexuelle « classique » est une histoire que l'homme connaît par cœur et dont il feint cependant d'ignorer la conclusion, dont il feint d'ignorer qu'elle se conclut toujours de la même façon.

Il est alors possible de soutenir cette proposition en apparence aberrante : la déception est le mouvement même de la jouissance masculine pénienne : l'homme jouit pour être déçu, jouissant il sait qu'il va être déçu et il finit par faire de cette déception l'unique mobile de sa jouissance (en réalité toute l'érotique masculine n'est qu'une suite de ruses, de stratagèmes pour contourner cet ultimatum). Au plus fort de la tourmente voluptueuse, l'homme garde la tête froide ; voudrait-il comme la femme s'emporter, atteindre la démence qu'il sombrerait sans délai dans la banalité la plus plate ; et sans doute peut-il devenir fou mais fou seulement de la folie de sa compagne. Il peut bien sûr donner tous les signes de la transe érotique mais les signes seulement ; l'homme ne peut désirer que le plaisir de la femme, ce Dieu qui sommeille en elle, et qui n'advient jamais dans son propre corps, ne peut que le regarder avec émerveillement, panique, terreur, après quoi il s'abandonne à sa propre volupté, s'abandonne à la déception comme à un mouvement librement consenti (là encore cet ensemble de pensées déprimées ne vaut que pour les hétérosexuels stricts — entendons ceux qui se cantonnent pendant l'acte d'amour aux plaisirs codés de leur sexe. On pourrait au contraire mesurer la force d'un accouplement à sa capacité de résistance à toute conclusion). Le pénis est avion, les spermatozoïdes, comme dans un film de Woody Allen, parachutistes, prêts à sauter de la carlingue au moment de l'éjaculation. Ainsi l'homme et la femme auraient de l'amour deux expériences contradictoires : tandis qu'elle s'envoie en l'air, au sens propre, lui redescend sur terre, jouissance du plongeon, de l'éboulement, expérience brève et atterrante d'une vacuité.

Le rapport sexuel codifié est un discours qui s'assure d'une vérité et d'une seule pour interdire qu'il en puisse surgir d'autres, imprévisibles, irréductibles. Face au point de l'excitation, la jouissance ultime ne peut pas ne pas apparaître comme le simulacre d'une réponse mortelle, réponse que l'homme invariablement finit par donner. Car c'est bien par cette grille, par cette guillotine que le rapport sexuel finit par se terminer à la fois comme relation et comme mise à mort du plaisir. Mais en même temps, il s'agit bien évidemment d'une fausse réponse, d'une fiction : quelle délivrance pourrait jamais épuiser tous les désirs, toutes les tensions présentes chez un homme et *a fortiori* chez une femme (la femme ne connaît pas l'orgasme au sens strict de ce mot : il n'y a pas de limites à son appétit érotique, aucune émotion voluptueuse, si forte soit-elle, n'est pour elle la dernière, l'aboutissement de sa voracité; le Grand Orgasme Vaginal est un mythe d'homme auquel les femmes sont tenues de croire) [1].

L'homme qui copule, c'est « Je sais bien mais quand même ». Je fais l'amour comme si cela devait durer toujours et ne prendre aucune direction particulière mais je sais bien que cela va finir incessamment. L'homme prend plaisir à écrire dans son corps et avec son corps une histoire dont il connaît la fin, il sait et ne sait pas, agit vis-à-vis de lui-même comme s'il ne pouvait jamais savoir : il connaît qu'invariablement il va par l'orgasme mettre fin au rapport sexuel; mais si tout de même autre chose se passait? Seule la jouissance de la femme, seul, en lui, ce qui veut jouir au « féminin » peut entraîner l'accouplement sur des voies divergentes; mais le vagabondage érotique doit à la fin cesser et s'annuler dans l'ordre suprême de l'orgasme, de l'apothéose et de la conclusion. Le dévoilement de la vérité a été progressif et le dénouement est cela même qui donne son prix à l'expectative, le contrat qui scelle et referme toute l'aventure coïtale. Pour l'homme l'attente, l'attente seule, a été magnifique.

L'orgasme rejette tout ce qui l'a précédé dans les limbes de

---

1. « La femme n'a pas un sexe — ce qui le plus souvent aura été interprété comme pas de sexe — et ne peut le subsumer sous un terme générique ni spécifique. Corps, seins, pubis, clitoris, lèvres, vulve, vagin, col utérin, matrice... et ce rien qui déjà les fait jouir dans/de leur écart déjouent leur reconduction à aucun nom propre, à aucun sens propre, à aucun concept. La sexualité de la femme ne peut donc s'inscrire comme telle dans aucune théorie sinon par le biais de son étalonnage à des paramètres masculins. » Luce Irigaray, *Spéculum de l'autre femme*, Éd. de Minuit, p. 289.

l'annexe, de l'informe, du marginal; l'orgasme sublime et magnifie tout ce que l'accouplement peut avoir d'obscénité constitutive; l'orgasme est la pureté naissant au sein de l'abjection, la mélodie délicate jaillie d'instruments indélicats, l'or dans l'ordure des chairs pâmées. D'où le conseil des bons docteurs : éjaculez, jouissez pour vous abstraire de la pesanteur de vos corps, jouissez pour repousser au plus vite les sordides matérialités de la conjonction amoureuse. L'orgasme est le rachat du corps, le passage de la matière à l'esprit, l'orgasme est une idée.

A la fois source de lumières qui éclaire toutes choses, et leur donne un sens, et lieu de convergence de toutes les caresses, baisers, inclinations. L'orgasme satisfait un double désir de contrôle et d'intelligibilité : d'où l'importance de l'emploi du temps, du quadrillage resserré de la durée qui permet, par l'élimination des troubles éventuels, de constituer un temps intégralement utile. Le temps mesuré, pour qu'il soit payant, doit être aussi un temps sans impureté ni défaut, un temps de bonne qualité et de tension croissante tout au long duquel les corps absents au monde extérieur restent appliqués à leur exercice. Ainsi se dessine une sorte de schéma anatomo-chronologique du comportement sexuel : l'acte est décomposé en ses éléments, la position des corps, des membres, des articulations est définie, à chaque mouvement, chaque glissement, chaque position sont assignées une direction, une amplitude, grâce à quoi le corps de volupté est indissociablement un corps discipliné pour acquérir cette volupté. Ce qui permet au pouvoir sexologique d'être à la fois absolument indiscret puisqu'il est toujours et partout en éveil du début à la fin du coït (et même au-dehors par l'entretien permanent de la « sensualité » du corps); et absolument discret car il s'exerce par l'intermédiaire des amants qui ont eux-mêmes intériorisé les normes des émancipateurs de service. Ainsi le souci d'orgasme devient-il un appareil d'examen ininterrompu qui double sur toute sa longueur la quête des voluptés.

Mais l'orgasme est plus encore : il ne devient efficace en tant que jouissance disciplinaire que s'il est, comme le Dieu de la religion juive, à la fois omniprésent et indéfinissable. Mystère prégnant dont on ne peut jamais se dire qu'on l'a touché mais qu'il faut s'efforcer d'approcher au plus près, phénomène qui ne culmine pas vers un au-delà mais tend vers un assujettissement qui n'a jamais fini de s'achever. Ainsi en va-t-il de la théologie orgastique comme de toutes les théologies : le bain purifiant de la crise voluptueuse est aussi inaccessible que l'absolu. Il faut le vouloir cependant comme cela même qui ne cessera de nous échapper : cette norme n'est que la plus floue des normes [1] : de telle sorte que nul n'en est le dépositaire garanti et que sa quête n'a pas de fin. L'essentiel étant que les corps restent hantés par une absence possible, et chevillés par la sourde inquiétude d'avoir manqué — qui sait — le Frisson Total, le Grand O...

Le prépuce-roi.

J.-L. Borges imagine dans le « Théologien » une hérésie d'histrions dont il écrit : « Ils pensent que le monde prendra fin quand s'épuisera le nombre de ses possibilités; puisqu'il ne peut y avoir de répétition, le juste doit éliminer (commettre) les actes les plus infâmes afin que ceux-ci ne souillent pas l'avenir et pour hâter l'avènement du royaume de Jésus » (*Aleph*, p. 55-56). Peut-être que l'actuelle hypererotisation de nos sociétés marque un paradoxe identique, le même désir de neutraliser le sexe par le sexe, la même impatience, le même espoir d'un compte à rebours, d'une fin déjà assignée dont la proximité abolirait enfin l'angoisse de la sexuation.

Ainsi la vénération de l'orgasme (inaugurée par Reich et reprise en chœur par tous les médicastres du zizipanpan) est corrélative de ce qu'on pourrait appeler la tyrannie du génital, c'est-à-dire la triple réduction et de la sexualité aux organes et aux plaisirs génitaux et de l'érotisme féminin à l'équipement sexuel mâle, et enfin du sexe masculin lui-même au seul pénis avec l'oubli concomitant de l'érogénéité anale. Certes Reich voit bien le désir comme libido anonyme mais cet anonymat il le rapporte encore au bas-ventre comme réalité suprême, dernier territoire privé de l'homme occidental; tout se passe comme s'il voulait se faire pardonner son plaidoyer en faveur de la sexualité en nous

---

[1] « Définir l'orgasme est certainement la tâche la plus ardue qui soit proposée à un sexologue » (*Union*, mars 1973), dit le docteur Meignant dans un aveu qu'on peut entendre de bien des manières.

disant : au moins ça ne sortira pas du petit carré génital, de la petite touffe des poils pubiens (analogue en cela à Freud qui enferme l'inconscient dans la famille et l'Œdipe). A défaut du grand large, l'éternel phallus et, puisque ce dernier ne va pas vers le monde, tout le monde viendra à lui, s'incarnera et se concentrera dans cette expérience unique, modèle de toute expérience : l'orgasme. Le génital, au nom de quoi est généralement mené le combat de l'émancipation des mœurs, marque une volonté de fixation de l'énergie libre, de son enfermement et de sa résolution, de sa résorption autoritaire en quelque lieu contrôlable. Il en va de l'amour comme en politique : nous ne passons pas des chaînes à la liberté, nous échangeons une orthodoxie contre une autre.

Du génital on peut dire ceci : qu'il est aujourd'hui le lieu où souffle l'Esprit, l'espace de la Sainte Trinité, la vivante attestation de l'humain sur notre corps. Nous n'avons pas cassé l'ancienne division tête/sexe, visage/cul, nous l'avons retournée, nous avons déporté le divin en nous de l'âme au ventre, nous avons donc gardé le divin, c'est-à-dire des corps centrés. Le privilège accordé au génital, on le comprend sans peine : c'est qu'il est, chez l'homme du moins, une jouissance localisée, ponctuelle qui permet mieux que toute autre de conclure des traités, de sceller des contrats parce qu'elle est une garantie effective : donnant son sexe, on offre alors un gage, on inaugure, on fonde, on épuise une relation. Ce faisant, on assimile le commerce galant à un régime hypothécaire, on fait du sexe la seule valeur d'échange authentique, celle qui, partagée entre tous, édifie d'emblée le véritable communisme. Le coït est ainsi toujours introduction à la vie égalitaire, l'acte édénique par excellence, l'équivalent païen de la communion chrétienne : plus révolutionnaire que l'égalitarisme matériel, plus profond que la simple fraternité, il ne cesse de sécréter des rapprochements, des osmoses, des compatibilités. Voilà donc le désir de révolution passé du verbalisme léniniste à l'activisme sexuel : mais déjà dans cette consécration quelle ignorance des organes génitaux eux-mêmes : car il n'y a pas deux sexes qui se ressemblent, jouissent de manière identique, s'emballent sur les mêmes fantasmes; pas deux vulves qui pleurent les mêmes larmes de joie, deux testicules assimilables, deux poils du cul semblablement frisottés, deux jets d'urine qui pissent dru avec la même gaieté, rien de plus varié que le rebondi d'un derrière, l'ourlet profond de deux lèvres, la typographie d'un pénis, l'avènement d'une volupté. Comment, sinon par terrorisme, introduire une parité, une mesure, un prototype dans toutes ces divergences?

Le génital, avons-nous dit, est dispositif de renfermement c'est-à-dire de délimitation qui définit les lieux intenses (zones érogènes) et leurs contraires (zones froides, désensibilisées), suppose donc un dedans toujours chaud, un dehors toujours neutre, en d'autres termes une sécurité de la jouissance là, une certitude de non-plaisir ici. Comme si l'intensité était assurée dès lors que le génital est convoqué, comme s'il ne pouvait y avoir froideur de la verge et du vagin et brûlure des mains, du torse, des lèvres ou de la nuque et aussi froideur et brûlure conjuguées, hyperesthésie et insensibilité liées de façon indiscernable, à la fois ceci et non-ceci. Car le couple génital/a-génital, il faut arriver à le penser comme dualité truquée, fausse, incertaine, imaginer un corps non pas duel mais duplice et que nous soyons dupes de cette duplicité pour notre plus grand bonheur. Et vouloir l'incandescence du visage, des paumes, des hanches autant que celle du sexe et de l'anus. Et voyager de l'un à l'autre. Glisser sur chacun, jouir aussi de ce glissement. Il n'y a pas d'organe qui ait le privilège de la véhémence sensuelle, pas de bonnes zones pour s'envoyer en l'air et de peu sûres régions qu'il faudrait déserter, tout est pâture pour les sens, et donc pas de parties qui, mises en commun, certifient la cohésion, la bonne entente, l'harmonie d'un groupe. La tête est un morceau de peau comme les autres, de même que le sexe n'est qu'une partie de la tête. Le corps tout entier est une machine à folie, y compris les coudes, les ongles, les dents, l'os iliaque, la luette, le tympan, le gros colon, le nombril, les bulbes capillaires, le cuir chevelu, les aisselles, le fémur, le talon d'Achille, l'annulaire et le petit quinquin y compris la motte et le pénis. Le pé quoi, vous dites? Kekçaikeça?

Le sexe de l'homme, par exemple, pour parler d'un objet qui a trop longtemps obnubilé les esprits, qu'il est bête de le voir simplement comme symbole de pouvoir ou appareil de jouissance, et de baptiser phallique tout ce qui ensuite sera pointu, érigé, glanduleux ou prépucial (pauvreté à cet égard de la métaphorique freudienne) car l'appendice des garçons, s'il les fait tant rire parfois, c'est qu'il évoque lui-même mille autres choses que son usage consacré; à l'état de repos on peut le peindre, le nouer en tire-bouchon, le tremper dans la confiture, l'attacher à une poulie, coudre la peau par-dessus le gland, arroser ses voisins, le faire disparaître derrière les cuisses; en érection, le transformer en marionnette, porte-serviette, baguette de tambour, petit cheval, corps de guitare, et les testicules eux-mêmes avec leur végétation fantasque et leur allure de carillons et l'anus avec ses talents musicaux, sa poire à parfums et les poils du pubis, que l'on peut coiffer, teindre, raser, tresser en nattes, tailler en barbiche, et les poils du cul où on laisse s'accumuler de petits paquets de merde pour la simple joie de les arracher après, que d'occasions de rire, d'inventer, d'imaginer, de traverser les régions génitales de mille autres occurrences et possibilités dont la copulation n'est qu'un aspect. Le visage, les hanches, s'ils donnent lieu à de grandes émotions, ce n'est pas en tant que lieu (ou rappel ou représentant) des métropoles génitales, il y a des intensités de regard, de distance, de verticalité comme il y a des intensités de décharge et de pénétration. Ne subordonnons rien à rien, ni le sourire sur l'orgasme, ni le mouvement sur la passivité, ni le chaste sur l'obscène ni le vêtement sur le nu. A la bipartition classique du haut et du bas, du noble et du bestial, sachons substituer un poudroiement où le sexe, la tête et les bras ne soient chaque fois jamais la même chose, transformons chaque configuration anatomique, chaque trait morphologique en occasion de plaisir, en support d'expériences inédites, dégageons-nous de la croyance au fonctionnel, au naturel (la bouche peut être un sexe, le sexe une bouche, le cul machine à avaler, dans le lavement par exemple, etc.), et plus de recentrement sournois mais une partialisation à l'infini. Coupons, coupons dans la belle totalité de l'organisme, il n'y aura jamais assez d'îlots, d'archipels, de lagunes, de morcellements, de continents à la dérive.

Tout dire sur le sexe, n'est-ce pas le rêve secret de la sexologie qui, de simple service thérapeutique ou correction de dysfonctionnements, tend de plus en plus à devenir encyclopédie de la sexualité, volonté gourmande d'englober tous les aspects de l'amour dans un savoir unique? Désir de dire la vérité sur le désir et constat de l'impossibilité relative de cette vérité, la sexologie — du moins la meilleure et nous y englobons Reich bien entendu — ne manque pas de ce fait d'une certaine démesure (toujours contrariée, hélas, par des simplifications hâtives, d'insipides réflexions), démesure caractéristique peut-être de toute écriture qui tente d'autonomiser le sexe comme sphère séparée. Car produire la somme totale des comportements, des mythes, des fantasmes amoureux, cela n'est possible que si l'on a au préalable circonscrit l'amour à un domaine bien délimité — le génital —, après quoi on y rapportera l'ensemble des êtres et des choses comme le ressort masqué de leur mouvement : opération retorse — et qui donne l'impression, devant ces ouvrages, de lire toujours la même chose sous des noms différents — puisqu'on présuppose cela même qu'on cherche, fausse infinitude qui mime la fuite et se contente de piétiner. Rien de plus censurant à cet égard que des expressions comme : Tout est sexuel, manière sournoise de dire que cela revient toujours au même, qu'il n'y a rien de nouveau sous le soleil, qu'un implacable destin génital nous dicte nos gestes de la naissance à la mort, bastion omniprésent à partir duquel psychanalystes, psychiatres, sexologues vont bâtir leur rengaine sur l'Ordre, le Phallus, la Castration, l'Orgasme. Toute la révolution sexuelle a consisté ainsi, ces dernières années, à promouvoir (et donc à imposer) quelques formes d'amour, généralement proches du modèle hétéro-génital, formes que l'on supposait si parfaites et universelles qu'avec leur généralisation, la sexualité, enfin ramenée à sa vocation authentique, ne poserait plus de problèmes. Désir d'harmoniser les désirs, de les fondre dans un même accord, d'arrêter l'histoire. Si notre époque « libère » un érotisme, un corps, c'est qu'elle les a d'abord inventés, forgés de toutes pièces, ou pour le dire autrement, la répression du génital est d'abord répression par le génital. D'où le caractère forcément terroriste de toute « libération » sexuelle : parce qu'elle poursuit un rêve égalitaire, elle est allergique à tout ce qui contrarie l'universalité de ce modèle : si elle rejette le plus petit pervers de village au même titre que le pédéraste, le nécrophile ou le scatophage, ce n'est pas en dépit de ses vœux pieux d'égalitarisme, c'est parce qu'elle est égalitariste dans son essence même. Acceptés, intégrés, l'homosexuel, le masochiste, recréeraient une hiérarchie entre citoyens libérés — contradiction dans les termes, puisque l'amour est Un. Pour cette émancipation, il n'y a pas de différences, il n'y a que des écarts.

La génitalité est la recherche d'un nouveau contrat corporel où dominerait une fois encore le masculin sous sa forme pénienne, toute dérive par rapport à cette règle se trouvant épinglée comme névrose, archaïsme ou conservatisme. De ce fait la sexualité de nos jours est moins une alliance entre individus différents qu'un **pacte entre les deux parties d'un même sexe, une transaction**

intra-virile à propos d'hommes, de femmes, d'[...]
que la rencontre des corps passe à travers des [...]
les partenaires et que ces signes soient masculins [...]
même, autrement dit que l'échange des femmes [...]
mais sous l'emblème d'une homosexualité mâ[...]
antérieure à toute catégorisation sexuelle. Le génitalisme est une
certaine forme d'économie pulsionnelle qui se veut représentante,
maîtresse, fédératrice de toutes les voies de la libido. Reich a
voulu clarifier un désordre : il a donné un nouveau visage à un
très vieil assujettissement, il n'a jamais fait que fonder le droit
de la norme à être norme, les mille et une raisons de la loi à être
plus légales et plus légitimes que toutes les autres lois. La théorie
reichienne est un culte phallique dont la simplicité apaise, une
immense et parfois admirable utopie homosexuelle qui calque
tous les phénomènes cosmiques, climatiques, politiques, marins
de l'univers sur le mécanisme de la jouissance pénienne, l'avènement rapide visible de l'orgasme viril. Or, ce rappel, battu au
nom de l'humanité tout entière autour du pénis nous devient
insupportable parce qu'il est dominant, ne tire son autorité que
d'exclure mille autres formes de liens, bref se montre incapable
de penser l'amour comme diversité. Nous ne voulons pas d'un
nouveau — d'un autre — système monétaire amoureux mais la
chute, la décomposition de tous les étalons encore en vigueur et
que les signes du commerce galant se brouillent jusqu'à devenir
irrepérables; c'est pourquoi il faut compter comme une bonne
chose l'actuelle dévalorisation du génital masculin. La demande
d'orgasme, on l'a vu, est une demande d'ordre qui a pour fin
de garantir la paix civile des organes. L'orgasme est donc ce
contrat de jouissance que l'homme démuni propose à la femme :
toutes les valeurs dont j'étais le dépositaire s'écroulent; ne me
restent que mon sexe et son mode d'emploi enfantin; aligne ta
sexualité sur la sienne; renie tout, si tu le veux, mais ne renie pas
mon ventre (or, comment l'orgasme pourrait-il être projet ou
obsession féminine, s'il est vrai qu'hormis les adolescentes qui
débutent dans la carrière amoureuse, toute femme peut jouir
pendant l'étreinte une infinité de fois et de bien des manières?
La récurrence des voluptés féminines ridiculise les pesantes élucubrations métaphysiques des prophètes du plaisir).

L'exception, seule loi possible en amour.

Aucune répression sexuelle ne serait durable si elle n'était simultanément érotisation ou sexuation différente du corps. Car le corps ne renonce pas au plaisir sans recueillir certains bénéfices parallèles qui justifient ce renoncement. Les raisons au nom desquelles nous nous laissons dépouiller sont des raisons de jouissance. Il ne faut pas se contenter de dire qu'il y a répression sexuelle, il faut ajouter qu'il y a consentement à cette répression ne serait-ce que par la sécurité qu'elle procure et qu'enfin cette dernière réside moins aujourd'hui dans un étouffement des pulsions que dans la contrainte à un certain épanouissement érotique. C'est pourquoi la répression sexuelle elle-même ne prouve rien sur le caractère *a priori* subversif de la sexualité génitale, sur une allergie foncière du système à la réalité des plaisirs voluptueux. Parce que la loi défigure essentiellement ce qu'elle réprime et que la transgression de cette loi, loin d'être son franchissement inouï ou son oubli en est l'application la plus dérisoire par rapport à ce qu'elle interdit réellement. La répression gît autant dans l'interdiction d'exercer sensuellement que dans la formation d'un corps de plaisir centré sur le génital. C'est la loi qui normalise en nous montrant ce que nous voulions, c'est elle qui veut dégrader nos intensités en désirs d'intention : je te l'interdis donc c'est ça que tu veux, il faut que tu veuilles cela même que je t'interdis. Qui sait si la « sexualité » n'est pas cet ensemble de conduites programmées — de la coercition à la libération — construites pièce à pièce par un ordre avant tout soucieux de fixer le désir en quelque espace contrôlable [1] ? Le premier geste de la norme n'est pas négatif, il est créateur, il délimite une aire, ceci précisément et cela qu'il frappe d'interdit, il préfabrique l'émancipation à venir, lui trace ses cadres, lui prépare ses frontières. Et s'en tenir à un simple renversement n'est jamais que reconduire la loi dans ses

---

1. « Il est probable que le concept de sexualité apparut au XIXe siècle lorsqu'on assembla en un tout les composantes génitales de nombreux comportements. Cela suppose un parti pris vis-à-vis de ces comportements car le caractère génital n'est qu'un aspect fragmentaire du comportement », Jos Van Ussel, *op. cit.*, p. 15.

formes mêmes. Pour que l'œuvre de Reich nous déroute véritablement, il aurait fallu qu'il lâche d'abord le stéréotype de la sexualité masculine (du bon mâle blanc pénétrant sa moite femelle), qu'il cesse de promouvoir, d'encenser le statut hégémonique, répressif du péni-centrisme. Nous n'avons pas besoin de nouvelles thérapies comportementales. Nos amours ne manquent pas de liberté ou de « puissance orgastique » mais de complexité : ils sont trop simples et ne satisfont au mieux qu'une ou deux passions.

Le politico-sexuel lui-même qui se voulut un élargissement de la politique et de la sexualité par leur fécondation réciproque n'a réussi, jusqu'à maintenant du moins, qu'à reproduire et multiplier leurs impasses respectives. Ce nouveau freudio-marxisme a redoublé ainsi toutes les culpabilités, nous prouvant par le biais de deux orthodoxies complémentaires qu'à son égard nous avons toujours tort : et de trop jouir car nous oublions alors les luttes, le devoir de classe, l'infinie misère de l'humanité; et de ne pas jouir assez car nous participons ainsi directement dans notre corps à la cuirasse réactionnaire. Défaut en excès, défaut en manque : en nous rendant responsable d'une faute par nature inconnaissable, le politico-sexuel nous replonge dans les apories du péché originel [1]. Plutôt que de perpétuer une pensée par les causes et de pleurer « C'est la faute à la société » (et la société, c'est la faute à qui?), il serait préférable de voir en quoi le surgissement des minorités sexuelles (femmes, pédérastes, travestis, fétichistes — du caoutchouc, de l'acier, de la porcelaine — sado-masok, suceurs de pouces, etc.) permet de concevoir aujourd'hui et l'effondrement du politique comme délégation et l'effondrement de la sexualité réduite au sale petit secret génital. Car il est évident qu'il n'y a pas plus de révolution sexuelle qu'il n'y a de

---

1. En quoi il ne se différencie guère de la sexologie dite bourgeoise — sinon dans la rhétorique — puisqu'ils partagent tous deux le même respect pieux pour les mêmes valeurs. Il serait intéressant d'ailleurs d'étudier comment un discours sur le sexe est possible, à quelle condition il devient légitime et garant de la vérité sur nos plaisirs, aveu de sa prise sur nos corps, comment, transformant le génital en matière d'enseignement, il est la continuation de l'école par d'autres moyens ? A la fois constitution de symptômes et ensemble de remèdes pour éliminer ces symptômes (y avait-il troubles de l'orgasme au Moyen Age et même isolait-on ce mot puisqu'il n'existe dans son sens actuel que depuis un siècle?), la sexologie enseigne moins une matière déterminée qu'elle n'importe dans le domaine sexuel le comportement scolaire. La sexologie est peut-être le dernier avatar des Lumières : de Reich à Meignant l'apprentissage du plaisir selon un ordre et une rationalité purement pédagogiques.

révolution politique ou encore pour le dire autrement que la révolution sexuelle est sans fin car il n'y a jamais un moment où les bonnes intensités seront atteintes une fois pour toutes, où « l'ennemi » serait abattu définitivement parce que la levée des tabous ne cesse d'en susciter d'autres, parce que toute limite engendre le désir de son renversement, parce que toute lutte n'est qu'une étape, que chaque combat gagné multiplie à son tour les fronts et qu'il s'agit alors moins d'émancipation que d'exploration, brassage de mondes, dérive sur des espaces inouïs. La notion de « misère sexuelle » elle-même est ambiguë en ce qu'elle suppose son contraire, la richesse, un seuil de pauvreté irrémédiablement franchi : or, qu'est-ce que la fortune en cette matière, à quelle aune la mesurer ? S'il est vrai qu'il n'y a pas de besoin minimal amoureux, pas de nécessité républicaine, mais pour chacun l'urgence fondamentale d'un excédent, précession de l'érotisme, du somptuaire, de la dépense, sur la portion congrue, part de luxe toujours variable et mouvante qui détermine l'indice de ses propres « besoins ». Dans le domaine sexuel personne n'est pionnier donc nul n'est sédentaire, aucune minorité ne détient le privilège du discours amoureux, tout discours amoureux est forcément minoritaire, il n'y a pas de conquêtes à accomplir, les voluptés sont multiples, indécidables, chacun est à soi-même en même temps la douce terre clôturée qu'il cultive, le lever et le coucher du soleil sur cette planète, le fleuve qui emporte cette terre, le barrage qui endigue ce fleuve, le terroriste qui fait sauter le barrage, l'ingénieur qui en colmate les brèches, le barbare qui dévaste à nouveau l'oasis ainsi reconstituée, le jardinier qui relève les ruines, tout cela simultanément et de bien d'autres manières encore, personne n'est libéré, personne n'est coincé, tout change sans changer, ne s'arrête jamais et demeure immobile, Paul VI est le plus grand fornicateur après Brejnev et Mao, nous baisons tous comme des catholiques intégristes, il y a autant de pornographie dans la soutane d'un séminariste que dans la vulve la plus écarquillée, Sylvia Bourdon est aussi émancipée que Madame Soleil, ceci est faux évidemment mais qu'on nous entende : assez de leçons de bonnes jouissances, assez d'entrecuisses érigés en piédestaux arrogants, cessons de nous enfiler pour le seul plaisir de donner l'exemple, de condamner, de trancher, pas de hiérarchie des émois, sachons perdre la tête sur des élans minuscules, de menus déplacements, d'infimes détails.

Car peut-être n'y a-t-il pas de révolution sexuelle sans révolution alimentaire, auditive, tactile, perceptive, vestimentaire, olfactive, sentimentale, ongulaire, bijoutière, épidermique, manuelle, anale, mentale, cervicale, doigts de pédestre, vésiculbiliaire, héphathique, gastrohétéroclite, intestinale, moelle opiniâtre, vaginale, clitoridienne, mont de vénusienne, linguale, labiale, cellulaire, bref sans révolution anatomique, physique, nucléaire, chimique, relationnelle; autant dire que la révolution sexuelle comme rédemption du corps total par le seul exercice des organes génitaux est une aberration, une imbécillité aussi monstrueuse que le puritanisme hypocrite des générations antérieures [1].

Si l'éjaculation (c'est-à-dire la pénétration non réciproque) est pour l'homme dans le coït la manière légale, orthodoxe de copuler, si l'acmé est l'indice rassurant que les amants cohèrent et n'errent pas, il n'est pas interdit de rêver l'hétérodoxie et former sur ces questions des sectes d'hérésie locale, bref de contribuer à la perfection de la jouissance par celle de ses écarts. L'orgasme pénien ne serait plus alors que le supplément, le luxe inouï de nos plaisirs, non plus leur but unique, l'impératif sévère qui les ordonne et les hiérarchise. Libérer l'amour du paroxysme orgastique, c'est d'abord l'affranchir de la contrainte d'un programme, c'est aussi le délivrer d'un nouveau critère d'exclusions. En faisant de l'émission séminale le dénominateur commun de leurs rapports, l'homme se pénalise autant qu'il restreint la femme; d'autres joies, mille autres joies que celles, simples et limitées, de l'exonération spermatique lui sont promises. Et, en premier lieu, celle qui consiste à remplacer la sexualité monoface, génito-phallique par la figure du Janus, bite et cul. « Féminisons-nous », acquérons à notre tour des corps pénétrables, ouvrons tout grands nos orifices, nos orifilles.

Commissaire du peuple aux pulsions pour les uns, député à la chambre des Sens pour les autres, l'orgasme, en tant qu'il est divinisé, relève cependant de la même idée : à chacun son sexe,

---

[1]. Ras-le-bonbon, à ce propos, de phrases du genre : « Le refoulement sexuel est avec la religion le principal écran idéologique qui empêche les masses de prendre conscience de leur exploitation et de leur oppression. » Est-ce que vous prenez vraiment les masses pour des cons? Parce qu'on ne fait peut-être pas l'amour dans la classe ouvrière? Pas conformément aux modèles proposés par les grands manitous? A partir de combien d'orgasmes, l'élève prolétariat entend-il correctement les bonnes paroles de son maître en révolution totale, le Parti?

son corps, son âme (trois termes désormais réversibles et interchangeables), comme le bien qu'il doit faire fructifier, le terrain qu'il doit soumettre à rendement. Car il faut que la volupté, comme quintessence du centre génital, soit d'un bon rapport, qu'une finalité l'obsède et la justifie. Au fond, le culte de l'orgasme n'a peut-être qu'une fonction : concentrer la seule émotion dans le sexe et libérer les corps de tout désir afin de les rendre disponibles au travail (et peut-être que Reich voulait réaliser ce dont aucun puritanisme n'osait rêver : la réconciliation des contraires, la conjonction, sous les auspices de la bienfaisante décharge, de la lubricité et du salariat)[1]. L'essentiel, pour la sexologie (« bourgeoise » ou « politique ») étant d'occuper les corps, de faire en sorte que leurs forces se dépensent d'une certaine façon puisque programmer un corps (lui dire quel but rechercher, comment y parvenir, etc.), c'est toujours une manière de le diriger, de l'investir, de pénétrer en lui, de l'animer un peu comme on occupe une place forte. S'il y a quelque chose d'insupportable dans ces nouvelles médecines de l'amour, c'est bien leur irrépressible manie de vouloir guérir, corriger tout le monde. Pourquoi ne pas voir la frigidité comme une jouissance qui se refuse et proteste, l'impuissance comme une virilité qui ne veut plus jouer son rôle, récuse l'examen, l'éjaculation précoce, un appareillage érotique qui se rit de lui-même? Il n'y a pas de points culminants en amour, et donc pas de densités moindres, pas de moments dérisoires, il n'y a que des détails, également voluptueux, également bouleversants. Contre Reich et la sexologie actuelle (sa digne héritière) nous pouvons dire : nous sommes tous des mal-baisants, des mal-jouissants, des mal-baisées, tous des bande-mous, des vagins secs, nous sommes tous des minorités érotiques. Votre orgasme, votre gargarisme d'organes, vos grandes orgues de spasmes, on s'en fout, nous n'allons pas édifier sur eux une nouvelle religion, c'est-à-dire une nouvelle terreur, avec ses grands

---

1. Il est certain en tous les cas que l'orgasme, en tant que machine anti-stress, trouvera un jour son utilité dans les thérapies de réadaptation sociale : « Pour moi, écrit le docteur Meignant (in *Union*, octobre 1975, p. 82), la véritable vertu de l'orgasme, c'est son pouvoir rééquilibrant. Je dis toujours qu'un orgasme équivaut à une bonne dose de tranquillisant... » Ajoutons-y cette phrase de Betty Dodson : « Les plans quinquennaux doivent inclure les orgasmes » et nous aurons une petite idée du nouvel ordre sexuel qui pourrait, bientôt, voir le jour, toujours évidemment au nom de la liberté et de la révolution.

prêtres, ses incroyants et ses parias. Laissez-nous jouir. Il n'y a pas de barème de l'érotisme intelligent, pas de bonne perversion (pas de perversion du tout), pas de bonne sexualité (ni donc de sexualité maudite), pas de solution finale, rassurante, révolutionnaire de l'amour.

Le rêve du mâle moyen en Europe aujourd'hui, c'est que toutes les femmes s'adressent à lui en disant : « Votre sperme m'intéresse. Votre jouissance m'émerveille. » Le projet même d'une révolution sexuelle, centrée sur la communauté génitale, n'est peut-être qu'un moyen de renforcer la domination masculine en accélérant l'échange des femmes. Ce n'est pas la libération de la femme que l'on vise ainsi mais la libération, sous le signe de l'érotisme masculin, de sa disponibilité totale aux hommes, de son échangeabilité. L'hétérosexualité n'existe pas [1], nos systèmes sociaux n'encouragent qu'un certain type d'homosexualité masculine (phallo-génitale) dont le premier geste, paradoxalement, est de frapper les homosexuels mâles (parce qu'ils se conduisent eux-mêmes comme des « femmes », circulent et ne font pas circuler, cassent l'intégrité du corps masculin en se laissant enculer et lèvent le double tabou de la pénétration anale et de l'excrément?). Toute ressemblance, même postulée, est souhait d'abolition d'une différence; le jacobinisme érotique tend à prendre aujourd'hui le relais d'un centralisme politique défaillant. En d'autres termes, la différence des sexes n'existe pas; ou plutôt n'existe que sous une forme hiérarchique de subordination; avant de la brouiller ou de la confondre, il reste donc encore à l'établir.

---

1. On a l'impression, en lisant les ouvrages d'information sexuelle, que leurs auteurs, autant que la plupart des psychanalystes, détiennent ou croient détenir frénétiquement le secret du désir érotique et que ce secret est bien sûr : il n'y a pas de différence entre les sexes, c'est-à-dire il n'y a de différent que le corps masculin.

SUR LA VAGINITE OU L'IMPUISSANCE
LES CINQ DISCOURS, CINQ MÉTHODES POSSIBLES

Le sexologue, *immédiatement pratique* : Plusieurs problèmes s'entrelacent dans votre cas, commencez par enduire le gland de votre partenaire de beurre ou de vaseline, pensez à des choses qui vous excitent, réactivez vos fantasmes au moment de l'acte sexuel. Si les symptômes persistent, suivez des cours d'orgasmothérapie, entrez dans un groupe de Sexologie humaniste, lisez *Liberté, Égalité, Sexualité; Le Couple et ses caresses; Masser son gland;* allez voir des films érotiques, résultat garanti dans le mois qui vient.

Le psychanalyste, *hautement savant* : Cela remonte sans doute à très longtemps, nous allons explorer ensemble votre corps antérieur, allongez-vous, je vous promets une érection dans six ans...

Le militant, *éminemment historique* : Acculé dans ses insurmontables contradictions, le Capital frappe aujourd'hui au cœur même de notre intimité. Camarade, si tu veux recouvrer le plein exercice de tes facultés amoureuses, viens abattre avec nous dans la lutte ce monstre hideux qui nous châtre tous...

Le cynique, *toujours pressé* : Votre vagin, dites-vous, se ferme? Votre pénis ne se dresse pas? C'est donc qu'ils ne vous servent à rien. Bouchez le premier, coupez le second. D'ailleurs comme vous êtes riche, vous n'avez pas besoin de tant d'organes.

Nous-mêmes, *radicalement incompétents* : Vous êtes malades du génital, profitez-en pour penser à autre chose. Débarrassez-vous de l'idée que la sexualité s'arrête à partir du moment où vous ne pouvez pas faire l'amour (où s'estompe la possibilité de remplir le contrat génital). Par exemple, essayez la sodomie, sensibilisez d'autres parties de votre corps, finissez-en avec toute espèce d'assignation à résidence sexuelle. Perdez votre mentalité d'assisté, n'attendez rien des spécialistes, ce sont eux qui vous ont inculqué cette obsession de la santé. Ne prenez pas votre indigence actuelle pour de l'affaiblissement, découvrez en elle d'autres forces, d'autres perspectives que cachaient les bruyants succès de l'organisme. Surtout n'entrez pas dans le cercle ignoble de la culpabilité, ne quêtez pas des secours, car désirer un remède, c'est déjà s'accepter comme malade, comme inférieur : rusez avec les images imposées par les lois à notre sexualité. D'ailleurs ne t'inquiète pas (cela s'adresse surtout au garçon) : si tu restes impuissant plus de six mois, ton pénis tombera de lui-même.

Pornograal
ou la république des testicules

En sortant de la clandestinité, la pornographie semble avoir attiré tous les publics et ameuté tous les discours : ceux-ci, d'ailleurs, se sont déchaînés avec d'autant plus de violence ou d'anxiété qu'ils voyaient les recettes démentir leur influence et anéantir leurs efforts de prévention. La palme à cet égard revient, sans conteste, au Puritain. Il a été le plus directement touché : c'est donc très normalement sa riposte qui atteint le paroxysme de la haine et de la répulsion. Sous leur forme polie, ses anathèmes disent : « La pornographie fait commerce des aberrations les plus avilissantes de l'instinct » (Étienne Borne). Mais cette retenue verbale est exceptionnelle : le lyrisme ordinaire entrelace les deux lexiques de la bestialité et de la boucherie : la pornographie c'est l'animalité, et dans ses deux états, vivante et morte : témoignant d'un mépris formidable et pour la grâce de l'animal et pour les plaisirs du sexe, la majorité vociférante n'a vu dans l'exhibition des étreintes que l'image exquise de la bête à deux dos. Quant aux épidermes dénudés, ils ont suscité toute une surenchère gastronomique, puisqu'au terme initial de « viande », sont vite venus s'ajouter ceux de « rosbeef », de « beefsteack », voire de « bas morceaux ». Très répandus dans la classe politique, ces inquisiteurs des corps ont réclamé la censure, et quand ils ont obtenu une taxation plus rentable et plus dissuasive que les anciens interdits, ils ont encore, par la voix d'un député de la majorité, invité le gouvernement à « durcir son sexe [1] », ne sachant à quel lapsus se vouer pour endiguer ce déferlement d'obscénité, et révélant ainsi que tous ces membres virils banalement exposés à l'écran menacent d'effondrement les valeurs viriles dont ils se veulent les mandataires et les gardiens.

1. Au lieu, on s'en souvient, de « durcir son texte ».

Très nombreux parmi les critiques cinématographiques, les Esthètes combattent toute censure : mais ils se désolent aussi que la pornographie soit si laide et que sa vulgarité soit si racoleuse. Ils rêvent de fantasmes distingués, de grands créateurs visionnaires, de délires luxuriants ou, à tout le moins, de prouesses techniques pour transfigurer la sinistre banalité de l'accouplement.

Plus rares, mais tout aussi malheureux, les blasphémateurs ou nostalgiques des interdits s'ennuient à ces débauches faciles : ils regrettent l'héroïsme des perversions maudites. Leur credo : quand il n'y a pas de gêne, il n'y a pas de plaisir. Pourquoi, par exemple, pratiquer la sodomie si elle n'est plus un risque ni un blasphème ? « L'éclairage » pornographique, en dissipant l'image du péché, a désangoissé la luxure : mais un plaisir permis est un plaisir diminué, alors, privé de Loi, le transgresseur est triste.

Les militants traditionnels, qui légifèrent encore certaines pratiques politiques, dénoncent sans hésiter la redoutable mystification du spectacle porno. L'explication a déjà servi ? N'importe : les films raides présentent toujours et avec une visible complaisance des personnages riches et désœuvrés qui peuvent consacrer toute leur existence à jouir. Au lieu de dévoiler la complexité sociale dans sa réalité d'exploitation, ils déploient un monde factice et illusoirement pacifié. Bref, ils nous font prendre leurs vessies pour des lanternes et l'existence de quelques privilégiés pour une image de la vie. Que parmi les clients assidus du porno, il y ait une majorité d'exploités et d'opprimés de toutes sortes, rien d'étonnant : dans l'intention du Capital, ce spectacle est fait pour eux, pour s'emparer de leur désir, et sans pouvoir le satisfaire, le détourner au moins de prendre le langage de la revendication. On le répète assez que le système fonctionne à l'idéologie et que si les gens concevaient leur malheur au lieu de se laisser piéger dans les signes, la domination bourgeoise s'éteindrait aussitôt, comme une bougie dont on souffle la flamme. C'est pour parer au péril d'une prise de conscience que la vigilance du Capital s'applique à soûler les fantasmes, à les gorger de vagins et de voitures américaines, de sexe et de fric, les deux ingrédients du nouvel opium populaire. Sortant de la salle obscure, les spectateurs hébétés et bien conditionnés ne rêvent pas au Grand Soir mais à d'inquiétantes soirées : ils flottent au point qu'oublieux de la détresse quotidienne et de la lutte de classes, ils seraient capables d'échanger leurs cartes de parti pour un bon de partouze! « Allons, ce n'est pas encore ceux-là qu'on trouverait prêts à faire la révolution. » (Breton)

Indifférence profonde et cynique de la pornographie à l'égard de tous les discours qu'elle a blessés, scandalisés ou déçus. Gaieté irrépressible des faiseurs de films raides à constater que la virulence des critiques n'a aucune incidence sur le nombre des clients. Si nous ne devons trouver qu'une raison d'aimer le porno, ce sera pour cette indifférence et pour cette gaieté. Bien-pensant, cultivé, catholique, ou militant, le mépris multiple que le porno déclenche nous inspire une répugnance auprès de laquelle nos réserves à son égard comptent peu. Nous préférerons toujours les hard-core aux risibles croisades qui les visent, et qu'une même prière muette parcourt par-delà la diversité de leurs étendards : de grâce (et sous peine de censure ou de boycott) ne laissez pas la sexualité à elle-même, insufflez-lui de l'amour, du péché, du blasphème, de la beauté, du sens de l'histoire, revêtez-la d'une valeur affective, politique, voire religieuse, satanisez-la, transcendez-la d'une finalité supérieure qui justifie son exhibition et, du même coup, ennoblisse notre plaisir. Ainsi vous aurez fait une bonne action en donnant à la représentation du désir une raison d'être qui la blanchisse et la purifie de sa faute primordiale : faute, l'étalage des chairs et l'animalisation d'un plaisir dépourvu de toute spiritualité, faute encore le refus de porter assistance, en tamisant la lumière à la laideur de ces corps entremêlés, faute (paradoxale!) l'absence totale du péché dans la platitude de ces accouplements, faute, enfin, l'occultation du politique sur les sofas profonds de ces maisons de campagne au luxe éclatant.

Du mépris où l'Église tenait le corps, la littérature classique avait induit une rigoureuse séparation des genres : l'univers sublime comparable à une sphère hermétique était un monde dont toute réalité charnelle était bannie. Plus personne, aujourd'hui, n'oserait défendre ou pratiquer cette opposition séculaire du haut et du bas, du vulgaire et du sublime. Il y a quelque temps déjà que le mélange des genres a voulu mettre fin à cette hiérarchisation de l'être : mais c'était pour substituer, entre le corps et l'âme, une inégalité plus subtile : l'activité charnelle, en effet, reste dégradante ou, au moins, subalterne, mais au lieu d'expier sa bassesse dans l'enfer de la relégation, elle peut être rachetée : le néo-sublime ne veut pas omettre toute allusion corporelle dans les images ou dans les mots : il ne veut pas exclure l'indécence, il veut la subordonner, en faire le signifiant matériel d'un signifié supérieur, qui agisse sur elle comme l'eau lustrale sur le pécheur ou sur le baptisé. Rares sont même les puritains assez austères pour demander de remettre le sexe en cage et d'habiller les corps sur l'écran : du cul, disent-ils, mais pourvu d'un sens rédempteur, nous pouvons tout voir à condition que soit respecté l'excès du sens sur l'image — cette charge sémantique contient l'assurance que ce n'est pas la bête en nous que le film réveille. L'ancienne religion faisait dire carrément : « cachez ce sein que je ne saurais voir ». Les multiples piétés laïques qui se partagent aujourd'hui l'héritage haïssent la dissimulation : montrez-moi ce sein, je suis tout prêt à le voir, mais pas tel quel ou pour son pouvoir d'excitation : traitez-le, esthétisez-le, et s'il palpite sous mes yeux que ce soit d'amour fou ou de la révolution à venir. Bref, ce ne sont plus les corps qui sont obscènes, c'est la gratuité de leur ostentation. Du dévoilement lui-même, le grief se déplace vers son absence de signification. Pour mériter l'épithète de cochon, il faut être deux fois dévêtu : d'habits et de transcendance.

Les bons, la pute, et le client : un film porno aura d'autant plus de succès qu'il saura décevoir ses critiques (les bons), les prendre à contre-pied : car pour le client, ce sens profond dont on voudrait affubler l'acte sexuel serait, en fait de profondeur, une fioriture encombrante, un insupportable alibi. L'unique valeur qu'affirme le porno et que recherche l'usager, c'est l'intensité sexuelle de ses images. Le seul tribunal dont ce cinéma reconnaisse la compétence condamnerait un film sur des arguments aussi indignes que : ne pas se déranger, film détumescent.

Quant à assurer son salut, la pornographie ne s'en soucie guère, et pour notre compte, nous ne nous sentons pas l'âme rédemptrice. Car le plaisir d'être excité n'est pas une réjouissance marquée du sceau de l'infamie, et s'il était révoltant de censurer la représentation sexuelle, il apparaît maintenant dérisoire de la mettre sous tutelle : comme si permettre ce devait être encore assujettir, et que la seule alternative à l'interdit soit l'infantilisation. On n'ira donc pas reprocher à la pornographie le caractère avilissant ou mystifiant des émois qu'elle provoque — sous prétexte qu'ils ne seraient que sexuels — on ne lui fera pas grief de la vulgarité de ses promesses, on lui en voudra simplement de na pas les tenir : là où on nous annonce, dans le triomphe, l'indignation ou l'accablement, un déferlement d'indécence et la fin de toutes les restrictions, ne sont en fait proposées que des délectations triplement restreintes : limitées au regard par le fait de l'image, aux organes génitaux par son contenu, et aux hommes par sa soumission exclusive à leur fantasmatique.

Avec emphase, le porno prétend éventer tous les mystères, car, dit-il, rien de sexuel ne m'est étranger, ce que ses détracteurs lui reprochent avec violence. Ennemis mais frères en présomption. Un même postulat d'exhaustivité émoustille les pornographes et exaspère les puritains.

Or, qu'en est-il en réalité ? Pour un prix somme toute modique, le film cochon donne à tous le droit de voir tout : voir et rien d'autre. La seule accessibilité offerte aujourd'hui c'est l'accessibilité au spectacle : si le client veut trouver son comptant, c'est du regard qu'il est sommé de jouir. Infime libération qui déploie la mise en scène de toutes les perversions pour n'en favoriser, au fond, qu'une seule : le voyeurisme.

Voir tout : même si voir est un triste pis-aller, on ne peut chicaner à la pornographie son souci de débusquer les moindres résidus de pudeur, en conviant l'œil à un vertigineux voyage dans le centre de la femme : longtemps la caméra s'était arrêtée à la fourrure du pubis comme à la divulgation ultime; puis les cuisses se sont écartées et il nous est maintenant donné de contempler la vulve, les lèvres et l'entrée du vagin. Que montrer de plus ? Rien peut-être, et pourtant cette apogée d'impudeur, dans la mesure où elle enferme la sexualité dans le sexe, reste partielle, étriquée; cette totalité exhaustive déguise, en fait, le totalitarisme du plaisir masculin. La censure est levée, aucun acte n'est plus interdit à l'écran : outre le sexe de la femme, on voit les copulations, les verges turgescentes et les effusions séminales, c'est-à-dire, en définitive, le minuscule éden dont l'onirisme viril peuple sa misère. Minuscule et despotique : car, si à la sortie d'un film porno, nous ne savons pas à quoi rêvent les jeunes filles, nous savons à quoi les hommes leur imposent de rêver : à leurs bites. Beaucoup de femmes sur l'écran, mais toujours sur mesure : exactement conformes aux fantasmes masculins. Aucune instance extérieure à la sexualité ne consacre plus les étreintes. Les rêves du client sont transcrits tels quels, sans recevoir d'un autre lieu leur certificat d'authenticité (morale, transgressive, esthétique ou militante : fantasmes majeurs libres de toute férule, mais ce qu'ils affirment aujourd'hui contre les anciennes puissances tutélaires, c'est que la jouissance ne déborde pas l'image, que le génital est son unique résidence, et qu'elle n'est pas traversée par la différence des sexes.

Le leurre du manque-à-voir.

« Le plus raide des films pornos » dit la bande-annonce du *Sexe qui parle*. Vrai? Faux? On hésite, incrédule et tenté, mais si l'on entre c'est toujours avec la vague espérance que l'engagement sera tenu et que ce sera plus cochon que la dernière fois. Dans ce domaine, la publicité fonctionne toujours par surenchère : le prochain film offre l'ultime dévoilement. Ce qui fonde du même coup la désuétude du spectacle antérieur, c'est qu'il cachait encore quelque chose. La pornographie drague son client éventuel avec cette unique recette : poser une limite même fictive à ce qu'il a déjà vu et lui donner l'envie irrésistible de son franchissement, pour voir ce qui se dissimule derrière. Aussi ne s'étonnera-t-on pas que la censure fournisse à la production pornographique son argument publicitaire le plus efficace et le plus excitant : ce cinéma a trop besoin des interdits pour les combattre; ce ne sont pas ses adversaires, ce sont ses appâts. Étrange et douloureux destin pour le puritanisme d'être la caution de ce qu'il réprime et de surpasser les affiches lascives dans l'incitation à la débauche. Tel film est *enfin* autorisé, et il y a dans la discrète insistance de cet adverbe la trace de résistances très fortes, la proximité toute chaude encore d'un tabou; certaines séquences sont tellement osées qu'elles demandent un public très averti; les photos sont strictement interdites à l'affichage : bref à elle toute seule la censure tient lieu de slogan, de promesse et de battage. Car sur le reste, sur les scènes qui ont choqué les censeurs et mérité ce retard de diffusion, silence total : nous savons qu'un scandale a eu lieu, mais nous ne savons pas lequel; nous sommes sûrs d'être dans l'intolérable, mais nous ignorons de quoi il est fait. Autrement dit la tentation s'exerce moins en donnant quelque chose à voir qu'en conférant au film le prestige d'une inconvenance invisible et innommée. Plus éloquent que tout étalage, ce laconisme veut donc allécher le passant à la fois par l'énigme et par la transgression. Il aura envie de voir le film quand voir voudra dire, indissolublement, pour lui, percer un mystère et violer un tabou. A ce racolage métonymique (je vous donne l'effet afin que vous désiriez connaître la cause qui a pu le produire, voici la fumée : venez brûler du feu que sa présence révèle) s'ajoute la sorcellerie évocatoire de tous les prédicats que le glossaire pornographique se refuse à traduire : hot, hard-core, blue-porn, outre leur signification littérale « d'actes sexuels non simulés », ces qualificatifs américanisent leur film et délivrent, ce faisant, la même promesse d'un surcroît de contemplation. Dans le palmarès de l'obscène, les États-Unis ont dépassé les audaces scandinaves : alors qu'un film français se dise « hard » ou qu'une salle affiche une importation « blue », c'est plus qu'une définition, c'est un label de qualité, un boniment de bateleur tout entier contenu dans l'arôme d'une connotation : « Entrez, entrez, Messieurs-Dames! Venez voir ce que vous n'avez jamais vu : l'Eldorado dans un fauteuil! L'avantgarde de la cochonnerie, le Paradis de l'obscène pour dix francs seulement! »

Et pourquoi toute cette agitation compétitive, ce détournement de la censure à des fins publicitaires, sinon pour transformer le manque à jouir inhérent au spectacle en *manque-à-voir*, conjoncturel et passager? Alors que le film lui-même impose au spectateur de discipliner ses pulsions en les confinant au rapport visuel, le triomphalisme dont il s'entoure parle sans cesse le langage de l'intensification : émotions nouvelles, voyages fabuleux, fantasmes non seulement traduits mais distancés par la hardiesse des images. A l'amoindrissement de la sexualité par le spectacle se substitue l'élargissement ininterrompu des spectacles : voir n'est plus le succédané de faire, c'est un mouvement positif et victorieux de conquête. Pour tenter le consommateur, le film nouveau doit donc toujours promettre d'aller plus loin : ouvrir à l'avidité scopique des territoires où nul n'avait osé accéder, braquer l'objectif de la caméra sur des comportements ou des positions encore inédits à l'image. Vous avez savouré comme la violation des derniers tabous, la longue séquence masturbatoire de Claudine Beccarie dans *Exhibition*; mais avez-vous vu ce film *(Prostitution clandestine)* où Sylvia Bourdon inonde en pissant le visage extasié de son esclave?

Seule l'obéissance éperdue à cet impératif de prospection peut maintenir la fiction que la limite n'est pas l'écran mais le contenu de l'image, et qu'il n'y a, en conséquence, rien d'infranchissable, pour la pornographie. L'insuffisance du spectacle ne lui viendrait pas de sa nature, mais de ne pas être suffisamment spectaculaire : si je suis un peu triste à la sortie de ce hard-core pourtant réputé, je sais bien que c'est à cause du divorce insurmontable entre la sexualité active et la contemplation de la sexualité, mais quand même, il y a un canton de moi irréductible à ma propre désillusion et qui pense que la jouissance a été manquée d'un rien : ce rien précisément dont on a encore privé mon regard. Ce glissement de la perception frustrante à la perception frustrée définit donc l'illusion pornographique : il y aura un film, enfin, où jouir et regarder, ces deux inconciliables, seront rassemblés dans l'apothéose d'un orgasme panoptique : tout voir et vaciller sous l'effet de ce paroxysme.

Les organes sans corps.

Le cinéma pornographique est né d'un mouvement de caméra : pour exhiber ce qu'évoquait l'érotisme, pour substituer au règne de l'allusion la crudité d'une imagerie directe, il a suffi en effet que l'insistance du gros plan récuse les artifices métonymiques du cinéma traditionnel. L'objectif nous rapproche désormais des organes au lieu de nous en détourner et de fixer longuement (par ordre d'audace croissante) la mer calme et le ciel rougeoyant derrière le hublot de la cabine, une cigarette à l'abandon qui grille dans le cendrier, ou la main contractée qui se desserre et s'apaise sous le choc de l'orgasme invisible. Pour *représenter* l'acte sexuel, le discours pornographique s'entête à ne pas le *figurer :* là où l'on disposait des indices qui permettaient au spectateur de comprendre et d'imaginer la scène éludée, il se maintient dans la dénotation pure. Pas de décryptage à opérer, pas d'ellipse à remplir : le client est roi, c'est-à-dire passif. Il se laisse faire par le film comme l'usager de la passe par la prostituée.

Tout recul pouvant solliciter l'imagination du public et le sortir ainsi de sa douce inertie, il s'agit de filmer au plus près (par ordre de perversion croissante) la pénétration vaginale, le cunnilingus, la fellatio et la sodomisation. Ce combat pornographique pour la littéralité a ceci de salutaire qu'il anéantit sous le ridicule la pudibonderie passéiste de la vieille rhétorique sexuelle. Nous avons maintenant le droit de voir ce qu'on avait mis tant d'habileté substitutive à nous dissimuler. Cette conquête récente, à ce qu'il semble, a fait scandale. Mais la force d'une insolence dépend tout entière du principe qu'elle veut enfreindre; la transgression d'une loi débile est elle-même débile et rien de plus dérisoire, au fond, que l'outrage qui a levé l'archaïque interdit de voir dont le sexe était frappé. On peut reprocher à la pornographie non pas d'être choquante, mais de n'être que cela : car, pour le reste, quel conservatisme! Ne pas prendre ses audaces visuelles pour une rupture avec la tradition : l'érotisme était un discours allusif, voilé qui figurait les organes génitaux à l'aide d'équivalents corporels; la pornographie est le refus délibéré de tout équivalent : mais par-delà l'opposition, c'est le même *génitocentrisme* forcené qui se perpétue à travers les deux langages. Hors les sexes point de jouissance, car ils sont la capitale du corps, dit la sagesse des passions qui inspire aussi bien la poésie érotique que le brutal prosaïsme porno. La première fait du corps nu sur lequel elle s'attarde, le vêtement ultime dont se drape la vraie nudité : aucun délire dans ses éloges, aucun fétichisme dans ses découpages — mais le souci constant de mettre le corps en signes, d'assujettir le visible à l'invisible, et de ne prélever dans l'épiderme que des citations du génital. Avec le porno, en revanche, le Sexe caché apparaît dans le rayonnement de sa gloire et la vérité de son travail. L'allégeance au génital demeure aussi dévotieuse; ce qui sombre, c'est l'ancienne liturgie : le culte affiche désormais ses idoles et renverse le dogme vermoulu qui exigeait leur dissimulation. L'affirmation emphatique succède à l'absence obsessionnelle. Les corps étaient comme hantés par leur sexe; voici maintenant qu'ils se résolvent en lui.

Érotisme et pornographie, donc, veulent dire la même chose : il reste qu'ils ne le disent pas de la même façon, et qu'à ces deux styles correspondent deux images de la souveraineté génitale et, pourrait-on dire, deux *régimes* différents de sexualité. Ce n'est pas par hasard, bien sûr, que le cinéma traditionnel suggère l'orgasme d'un long baiser langoureux ou d'une caresse sensuelle. Cette substitution calculée n'est évidente au public que parce qu'elle prend appui sur la sexualité majoritaire. Le langage du film tire sa vraisemblance des habitudes et des contraintes qui ordonnent l'existence érotique de ses clients. Le même pouvoir du génital s'exerce dans la spectacularisation du corps, dans la préférence qui mobilise le désir sur telle ou telle de ses parties, et dans l'itinéraire canonique de la volupté. Au traitement sémiotique du corps par l'image, répond, dans la vie, un érotisme disciplinaire. Le baiser peut, au spectacle, accéder à la dignité d'équivalent orgastique parce qu'il a cette fonction, dans la chambre, de mimer l'accouplement. La caresse est statutairement un préambule : c'est ce qui la rend signifiante. Quant aux lieux du corps, à ses surfaces, à ses volumes, à ses fragments, ils n'ont pas d'existence réellement autonome, aucun droit à la dérive : la normalité pulsionnelle, en effet, n'investit jamais que leur aptitude à évoquer les sexes, selon les deux grands axes de la métonymie (la cuisse entr'aperçue dans l'escalier, ou, parfois visible sur la plage, la naissance des poils pubiens) et de la métaphore (très fort investissement des grosses bouches). Bref, il n'y a mise en signe de la sexualité que parce que celle-ci obéit à un ordre impérieux; le corps rhétorique est un corps centralisé et la même machine désirante produit le spectacle érotique et l'étreinte disciplinée. Si donc la pornographie envahit l'écran de sexes pénétrants, pénétrés, éjaculateurs, léchés, ouverts, ou tumescents, c'est pour emballer la machine : montrer directement au lieu de faire un détour par la figure; libérer le désir de ses préliminaires et de ses dérivatifs.

Ainsi l'organisation hiérarchique du corps culmine et s'abolit dans le fantasme pornographique : ses protagonistes ne sont pas seulement délivrés des préjugés qui sous le nom d'aberration ou d'anomalie interdisent une multitude de comportements sexuels, ils sont surtout *soulagés des signes*. Ce qui les transporte ce n'est pas l'allégresse transgressive, c'est le désir d'immédiateté : les lois ne sont pas assez souveraines, la différence entre l'acceptable et le répréhensible n'est plus assez abrupte, pour que l'outrage procure encore une ivresse très intense. Il s'agit donc moins de violer les normes qui contrarient l'exercice libidinal, que *d'achever* (au double sens de supprimer et de mener jusqu'à son terme) la discipline qui le réglemente : la fellatio est-elle scélérate? Cette question intéressait les libertins, pas les pornographes qui jouissent uniquement de pouvoir se faire sucer sans préparatifs. Ce qui retardait le moment génital, ce pouvait être aussi bien un principe de délicatesse (attendre l'autre, ne pas aller plus vite que sa disponibilité) et un calcul de plaisir (attendre que le désir soit intolérable pour y succomber, endurer l'impatience pour intensifier l'orgasme). La pornographie abolit ce principe et réfute ce calcul : elle accomplit ainsi le rêve secret de l'érotisme disciplinaire : ne plus faire du plaisir la rétribution de l'attente, accéder facilement, instantanément aux sexes, être d'entrée de jeu, à la fin du voyage, au centre du corps, en fait d'architecture amoureuse, ne construire qu'un sanctuaire, et s'y précipiter. Pourquoi nous contenter de discipliner, de subordonner, de réduire, allons jusqu'au bout de notre désir : ce qui n'est pas le sexe, anéantissons-le! D'un investissement sémiotique du corps (lèvres, aisselles, nuques, reins, etc. je vous aime en tant que signes, par vous, parties subalternes, j'approche du lieu de la jouissance ou bien j'en ai le pressentiment, je m'excite de votre ressemblance) on en arrive immanquablement à un désinvestissement absolu : l'érotisme assurait le règne du génital; la pornographie déploie l'utopie étrange et lugubre d'un royaume sans sujets. Une sexualité qui assujettit le corps ne peut produire que le fantasme d'une abolition du corps. L'érotisme disciplinaire débouche dans la pornographie pangénitale où le corps organique est supplanté par les *organes sans corps*.

L'antirécit.

« Trop pressés de vendre de la fesse pour prendre le temps de bâtir une intrigue. » On fait souvent aux films pornos ce grief de désinvolture : par un laisser-aller coupable où on ne sait ce qui l'emporte de la torpeur créative ou du mépris cynique pour le public, le cinéma cochon régresserait dans l'infra-récit — se contentant paresseusement de juxtaposer des tableaux libertins sans même ménager entre eux des liaisons vraisemblables. Tout se passe donc comme si, à l'examen de la narration, le porno obtenait un zéro pointé assorti d'une appréciation vengeresse : « Nul! N'a pas fait le travail exigé. »

Et si c'était l'exigence elle-même qui était hors sujet? Si précisément le sujet du porno était : « le sexe toutde suite » — et le refus de toute concession même la plus minuscule à la plausibilité? La pornographie se moque de la vraisemblance, parce que se soumettre à celle-ci reviendrait à se moquer de son client. Ce dernier vient *voir*, et son voyeurisme préfère consommer sans délai des actes sexuels immotivés. Inutile, apprentis pornographes, d'interposer une vraisemblance entre le désir et l'objet : elle est facultative, et trop d'élaboration pourrait même la rendre gênante. Car l'attente d'abord calme du spectateur se nuancerait vite d'irritation et d'agressivité. En réponse à vos efforts pour construire une histoire et pour *amener* la luxure, l'ingrat se sentirait floué et psalmodierait sans indulgence : « Du cul..., du cul...! » sur l'air des lampions.

Mais il y a peut-être une raison plus profonde à cette nonchalance narrative de la pornographie, et qui réside dans la volonté de préserver ses héros des aléas du romanesque. Pour que les protagonistes vivent une histoire, il faut qu'ils aient été expulsés du paradis où tout est donné, où le désir ne connaît pas d'aventure, parce que le ruissellement d'une abondance universelle lui évite les rebuffades, les concurrences de la quotidienneté. Le récit promet l'accomplissement *au bout* de l'attente : il est cette réticence à apporter aux appels du désir des réponses immédiates. Le rapport de la pornographie à l'histoire n'est donc pas d'indifférence mais d'hostilité : la narration n'est pas la règle discursive à laquelle par hâte ou paresse, elle négligerait de se plier, mais la contrainte dernière dont elle veut affranchir les pulsions : la pornographie est *la fiction* d'un désir déchargé de ce fardeau : *le récit*. Qu'aurait-elle à raconter? Ses personnages n'ont pas d'histoire; ils vivent, au contraire, une volupté sans drame : tout leur est facile, ils ne méritent jamais leur plaisir et il n'y a pas de justice immanente pour les obliger à l'expier. Entre le début et la fin du film, le savoir-faire ne consiste pas à suspendre l'assouvissement ou la conquête, à tisser une trame, en un mot, mais à dérouler une succession de débauches toujours excitantes et parfois inattendues, qui au lieu de se regarder comme une histoire (avec un intérêt passionné pour le dénouement) se feuillettent comme un catalogue (avec une curiosité également investie sur chaque image). Déployant le spectacle fabuleux d'un univers où l'on n'a plus besoin de séduire pour obtenir, où la concupiscence ne risque jamais ni d'être réprimée ni d'être éconduite, où le moment du désir se confond avec celui de la satisfaction, ignorant avec superbe la figure actantielle de l'Opposant (sous toutes ses formes répertoriées : le barrage des familles, l'ordre social, les blocages personnels, le risque enfin que le destinataire dise non), la pornographie tend à l'abolition du despotisme narratif sur les rapports sexuels. Au lieu de mettre le sexe en récit, ce genre un peu voyou sécrète ses propres règles et répond à une attente spécifique : celle d'un état dénarrativisé de la libido.

Le public du porno ne vient pas seulement pour *se rincer l'œil* (jolie formule de l'idéal spectaculaire : que l'organe de la vue soit doté des attributs de la jouissance, qu'il mouille ou qu'il éjacule à l'image de la volupté), il veut aussi s'évader : au désir de consommer des séquences obscènes, s'ajoute une autre convoitise : changer de monde, vivre le temps d'un film l'illusion que la profusion sexuelle a remplacé la rareté, que l'immédiateté devient la règle et qu'au règne de la solitude a définitivement succédé celui de la facilité.

« Pour obtenir qu'elles se déshabillent, je suis obligé de les inviter au café, au restaurant, au cinéma, de parler avec elles longtemps et, finalement, j'ai quelques chances d'obtenir qu'elles se montrent nues devant moi. Au cinéma porno j'obtiens l'illusion que tous ces obstacles que la femme met entre elle et moi n'existent pas. Sur l'écran elles aiment faire l'amour, elles se déshabillent sans problème [1]... »

Double investissement de l'image pornographique : non seulement elle dévoile, mais elle dépayse; elle s'adresse tout ensemble au voyeurisme et à l'onirisme de ses clients, en leur proposant outre la *crudité* d'un spectacle sans tricherie, la *chimère* d'un monde pacifié des contraintes qui raréfient la vie sexuelle et la rendent aléatoire.

Misérable miracle.

Fantasme de l'instantanéité : que tout soit, sur-le-champ, porté au faîte de la jouissance. Que le rapport sexuel ne soit pas placé au terme d'une maturation, d'une attente, d'un travail, d'une stra-

---

1. C'est un assidu du porno qui parle ainsi, interviewé par Guy Sitbon, *Le Nouvel Observateur*, 18 août 1975.

tégie. Qu'il soit un cadeau, pas un salaire. Qu'entre la convoitise et l'accomplissement il n'y ait pas assez d'intervalle pour que se glisse la possibilité d'une histoire. Que de tous les moments d'une relation érotique un seul soit prélevé, le moment de l'extase, et que cette apogée au mépris des règles élémentaires de vraisemblance, de pudeur, de courtoisie et de narration soit vécue d'entrée de jeu. Que l'on commence par la fin pour qu'il n'y ait plus ni commencement ni fin mais la répétition indéfinie de la délectation génitale. Plaire est hasardeux et caresser fatigue : les héros pornographiques sont donc miraculeusement délivrés de la drague et des préludes amoureux : à peine guignées, les femmes sont nues et disponibles; nul besoin de faire les présentations, de dire bonjour, aucune entrée en matière avant de les pénétrer, de lécher leur chatte ou de se faire sucer.

Mais le catalogue de la génitalité est pauvre. C'est dans la mesure où elle refuse d'ajourner la luxure et où elle veut la mettre à l'abri des tensions, que la pornographie est condamnée à rabâcher les mêmes figures. Cinq ou six postures, deux ou trois perversions : voilà les richesses dont elle dispose et dont elle nous rassasie. Nous accostons au paradis, ce lieu sans pesanteur où s'actualisent les fictions qui nous hantent, et ce qu'elle distille, cette Cocagne du sexe, c'est l'ennui plus que la volupté. Après deux heures d'un tel ressassement spectaculaire, nous sortons saturés d'images et irrésistiblement conduits à englober dans notre écœurement les pratiques sexuelles auxquelles ces images renvoient. Le mélange de lassitude et d'aigreur provoqué par ces signifiants sans surprise n'épargne pas leurs signifiés. « Encore un pompier, la barbe! Quel ennui, ces pipes! C'est toujours pareil. » Convoitée à titre d'exception, consommée à titre de substitut, rêvée à titre de promesse d'un paradis libidinal, la fellatio, perversion canonique, est très vite exécrée à titre de stéréotype. A la voir sans cesse revenir, son mystère s'évente, son rôle fantasmatique s'annule et sa portée messianique ne résiste pas au discrédit de sa répétition. C'est dire que si le film pornographique n'a pas d'histoire, le spectateur, lui, en vit une qui est le trajet d'une déprime à un dégoût. Entré Chérubin malheureux, affolé de signes, désireux de combler par des images l'effroyable disproportion de son pouvoir et de ses pulsions, le client ressort cacochyme : les sens émoussés, en état d'inappétence, il est repu et un peu las comme un libertin qu'une très riche carrière amoureuse a rendu difficile, apathique et presque inexcitable. Tout se passe donc comme si le film lui avait donné à connaître chaque moment de la relation sexuelle, sauf justement celui de la volupté. La pornographie réussit ce tour de force au fond très édifiant, de nous blaser des comportements dont elle nous frustre : nous vivons la superposition des contraires, nous actualisons à la fois le manque (puisque nous voyons sans nous démener) et la satiété (puisque sans qu'il nous ait été donné d'y goûter, ces positions et ces anomalies nous fatiguent de leur insupportable monotonie). Au-delà de tout jugement de valeur, c'est le dosage spécifique de ces deux sensations qui permet de différencier les spectateurs, d'opérer comme une première typologie des usages dont relève le porno. Dis-moi ce que tu vois et je te dirai quel pornographe tu fais. Si tu parviens à percevoir l'obscénité sous le stéréotype, c'est que le manque s'entête à rester plus fort que la satiété, et tu peux dire : « encore ! ». La pornographie honore son contrat en agaçant ton désir et en reposant tes fantasmes : tu souffres d'être sur la touche, de ne vivre des partouzes que par procuration, mais tu jouis en même temps de ne pas te faire le cinéma que tu consommes, de t'exciter sans fatigue, de troquer le travail de l'imagination contre le sybaritisme du spectacle.

Si, au contraire, la répétition a pour effet d'écraser la représentation, si au lieu de savourer l'image tu n'es sensible qu'au refrain, c'est que la satiété l'emporte sur le manque, alors tu demandes grâce, et une légère nausée s'ajoute en prime à ta solitude et à ta frustration. Tu es déçu et sarcastique quand les lumières s'allument : tu en veux au film de t'avoir berné. Mais c'est un mauvais procès que tu lui intentes ; car c'est en te décevant qu'il a honoré son contrat : ce que tu es venu chercher là, sans toujours le savoir, c'est la possibilité de te débarrasser d'un désir qu'il ne t'était pas loisible de satisfaire : tu voulais qu'il te laisse douché plutôt qu'inapaisé, tu attendais qu'il étouffe tes appétits et non qu'il les entretienne. Bref, il y a deux manières de mettre les fantasmes en vacances : soit en les remplaçant par le spectacle, soit en les endormant par le stéréotype : la pornographie, dans ce cas, s'absorbe comme un somnifère, une potion magique capable de mettre à égalité la volonté et la puissance, non pas en étendant nos facultés mais en assoupissant nos désirs.

Dicter la femme.

La pornographie ne fait pas acception de réalisme. Plutôt que de coller au monde réel — de le décalquer, de le dévoiler ou de le reproduire —, elle propose à son client un décollage pour le transporter dans cet univers chimérique et bienheureux où le sexe vient vite. Certes l'éden est triste, et l'euphorie du séjour ne pèse rien face à l'ennui de la répétition. N'empêche : l'irréalisme loin d'être un écueil ou une faute esthétique apparaît comme une condition d'exercice du cinéma porno. Mais d'autre part ce qui spécifie le hard-core, ce n'est pas tant la hardiesse des images que l'investissement des comédiens. Avant la scène de débauche et après, ils jouent. Pendant, ils font. Finie la comédie : nous ne sommes alors ni dans le réalisme qui suppose une imitation, ni dans l'utopie qui implique un écart : nous voyons du réel. Ce sperme coule par saccades authentiques, cette roideur des pénis érigés n'est pas du toc, la pénétration a bien lieu sous nos yeux, nul doute possible nous assistons à des performances effectives. La pornographie cumule l'illusion et le reportage; ce conte pour adultes est aussi un documentaire sur la sexualité. Et c'est là dans cette évidence de véracité libidinale que la pornographie révèle son visage le plus odieux et le moins dénoncé : les scènes osées ne se contentent pas de transcrire les fantasmes masculins; avec leur allure de constat, elles les objectivent; ainsi le cinéma des hommes occupe le réel, comme une armée triomphante le territoire ennemi. Au moment même où les trucages et les falsifications laissent la place à la tranche de vie, le féminin est chassé du monde.

Nous sommes dans un bureau très design : une femme sobrement mise, lunettes au nez, demande à l'un de ses collaborateurs de lui présenter le programme de marketing qu'il était chargé de préparer. Très professionnelle, elle tourne son fauteuil vers celui qu'elle a convoqué et s'absorbe dans le compte rendu qu'il lui soumet. Soudain, un désir incongru pulvérise l'ordonnance de cet univers fonctionnel. Comme magnétisée, la femme déboutonne fiévreusement la braguette du jeune cadre médusé, elle en sort, sans un mot, le sexe tout penaud et qui n'en revient pas d'être si désirable, et elle entreprend de satisfaire sur l'instant l'envie qui la tenaille d'avoir dans sa bouche ce pénis inconnu.

A cette scène du *Sexe qui parle* ajoutons le grand archétype du cinéma porno, sa séquence fétiche, véritable chouchou du voyeurisme contemporain : l'amour lesbien. Paradoxalement, c'est quand l'homme semble congédié par la volupté féminine, que sa domination se fait la plus oppressive; il se retire du jeu, certes, il n'est plus le donneur universel de jouissance, mais il cède sur cette prérogative afin de voir jouir les femmes comme lui et pour lui. Ainsi, son absence est tyrannique en ce qu'elle les assujettit deux fois : par l'équivalence et par la mise en scène. Le pornographe n'adore les saphiennes que spéculaires et dociles. Vidées de toute substance, elles deviennent pour sa plus grande joie des hommes à vagin et des robots programmés : aussitôt nues, elles apprennent immanquablement des poses lascives, s'empoignent mutuellement le pubis, et font au spectateur l'amabilité d'écarter les fesses quand elles s'embrassent sur la bouche. Lorsqu'elles semblent frissonner de plaisir, c'est toujours selon les prescriptions tacites mais minutieuses du regard viril. Car il n'y a pas de curiosité chez le voyeur : il ne hait rien tant que d'être surpris. Ce qu'il désire ce sont des créatures soumises, flexibles qui obéissent à ses volontés en lui laissant croire qu'il s'agit de leur propre désir.

Que conclure de ces images? Que montrent la scène du *Sexe qui parle* et la manipulation pornographique de l'homosexualité féminine? Des corps de femmes à la fois complaisants au fantasme qui les dirige, conformes dans leur manière de vivre l'amour aux rythmes et aux choix de la sexualité masculine, capables enfin de devancer le désir de l'homme : de le convoiter avant même qu'il ait songé à se mettre en quête. Or, cette *complaisance*, cette *conformité*, et cette *conversion* du gibier en chasseur reçoivent de la pornographie un cachet de réalité. Au lieu de se donner pour un rêve impossible (merveilleux ou terrifiant) d'homogénéité pulsionnelle, elles apparaissent comme le déroulement *véridique* du désir. Tel est le sens dernier de la non-simulation : non seulement montrer tout pour exciter le spectateur, mais produire du réel pour que le totalitarisme masculin accède à la norme.

« Ce que j'aime dans les filles des films porno, c'est qu'elles sont comme les hommes : elles ont toujours envie de faire l'amour [1]. »

1. Interview par Guy Sitbon, article cité.

Et cette ressemblance prend toute la force d'un constat. De ne pas être jouée, la chimère devient un critère auquel les femmes sont invitées à mesurer leurs propres exploits érotiques : qu'elles s'y reconnaissent, et elles sont reconnues; qu'elles ne s'y retrouvent pas et c'est l'indice d'un dysfonctionnement pulsionnel. Le documentaire pornographique dément, dans les faits, que la sexualité féminine soit nécessairement différente. Là où elle existe, cette différence ne peut être qu'une anomalie résiduelle, sur le point d'être résorbée par la société permissive. Le hard-core invente cette nouvelle pathologie : la lenteur. Si les femmes vivent un désir sans attente; si elles prennent leur temps par goût de la cérémonie amoureuse; si elles veulent faire de chaque moment de l'étreinte une aventure, plutôt que de soumettre leur plaisir à un scénario immuable; si elles vivent avec la même intensité que la grande apothéose wagnérienne de l'orgasme, un éclat de rire inattendu ou un frôlement des corps, bref, s'il y a des femmes qui résistent à se laisser *dicter* par le cinéma masculin, cette incomplaisance, nous en sommes sûrs, est le symptôme de leur retard libidinal.

Double subterfuge de la pornographie : naturaliser la masculinisation de la femme; renverser le ressentiment (impuissance et rancœur) qu'engendre son autonomie érotique en exigence de libération. Dicter la femme, et, cette dictée, lui donner le pouvoir d'une norme et la valeur d'une émancipation.

Une fois libérées de toute entrave, une fois débarrassées du système d'interdits qui intimide leur désir, les femmes enfin rendues à elles-mêmes pourront choisir leurs objets sexuels sans ruse, sans hésitation, sans délai. Entre le désir et le comblement, il n'y a d'espace dilatoire que parce qu'il y a répression : levez la répression et disparaîtront les raisons d'ajournement. Alors le monde pornographique et le monde quotidien auront annulé leur antagonisme : le rêve deviendra réalité. La pornographie est un conte futuriste, une Sex-Fiction qui commence par ces mots : il y aura une fois où les femmes d'une impulsion irrésistible, et qui ne devra rien à la complaisance, se jetteront sur nos queues.

Autrement dit, la différence est résorbée en inégalité : l'aliénation des femmes tient au défaut de masculinité de leur désir, mais quand elles se permettront d'obéir aux injonctions de leur instinct et que rien ne retiendra plus l'expression de leur avidité prédatrice, alors elles sortiront du moyen âge libidinal où la moralité bourgeoise les tient cantonnées. Disparité donc mais chronologique : les hommes et les femmes n'auraient pas une libido contemporaine, et de là viendrait la misère sexuelle. La pornographie anticipe et prospecte le moment où ils appartiendront à la même temporalité. Plus même : elle promet l'avènement d'une Surfemme ou plutôt d'un Surhomme féminin qui, non content de désirer à l'unisson, rend à son libérateur l'hommage de le surpasser.

Depuis Sade, le père fondateur, la pornographie aime à donner la parole aux femmes. Ce sont elles qui mènent le jeu. Il aura suffi, en effet, pour qu'elles deviennent *insatiables* qu'elles foulent aux pieds les préjugés d'une société rétrograde. Or, qu'est-ce que l'insatiabilité sinon la projection de la sexualité féminine sur un espace dont les hommes détiennent les coordonnées ? Comme si la conscience libertine avait pressenti les virtualités infinies du féminin, mais n'avait su traduire ce privilège qu'en supériorité quantitative. Le vagin : un phallus perfectionné. Aussi les femmes assez émancipées pour le faire fonctionner à plein régime, peuvent-elles se moquer de leurs partenaires masculins, impressionnables comme des collégiens, hors combat dès le premier orgasme, qu'elles crèvent comme des chevaux et qui demandent grâce quand elles en sont encore aux prémices de la jouissance. Ironie pornographique : la virilité est une imposture ; c'est du côté des femmes que la puissance sexuelle est fondée en vérité. Car le vrai phallus n'est pas le frêle pénis qui ne se dresse fièrement que s'il est mis en confiance, qu'il faut bichonner avec sollicitude, pour qu'il consente à l'expulsion de son petit trésor blanchâtre, le vrai phallus, infatigable et toujours vaillant, c'est le sexe de la femme.

En somme, le regard pornographe évalue la jouissance en termes de puissance et l'infini en termes de rendement : sur ce terrain l'homme est battu, il éprouve le frisson délicieux de sa destitution. La scène porno est une passation des pouvoirs : à l'homme succède la femme, mais à la même place et chargée d'incarner les mêmes valeurs. Le féminin dépose le masculin, mais au nom du phallus.

Comment une femme aujourd'hui peut-elle lire Sade ? En éclatant de rire. Les héroïnes qui lui sont citées en exemple, et dont les innombrables tirades la pressent de s'abandonner sans remords à son penchant pour la luxure, ces créatures infernales, débauchées et perverses ne trouvent rien de mieux à faire une fois parvenues à l'apogée de leur désir, que de décharger. Une Juliette saisie par la liberté sexuelle, ou une Eugénie prise en charge par des instituteurs immoraux, achèvent leurs orgasmes masculins dans le râle de plaisir que provoque l'émission séminale.

« C'est au XIXe siècle que l'on établira que la femme ne sécrète pas de sperme [1]. »

Et la correction de cette monumentale et durable bévue physiologique troublera à peine l'hégémonie masculine sur la sexualité. Ce n'est plus de la semence, mais Emmanuelle et Miss Jones déchargent encore avec une constance inlassable. Sade pas mort. Tout se passe comme si, inconsolables de l'éjaculation, les pornographes se vengeaient, en l'universalisant, du destin qui condamne l'homme à se soulager de son désir. La seule certitude qui puisse atténuer le scandale de la mort, c'est qu'elle ne souffre pas d'exception. De même pour consentir à la « petite mort » de l'orgasme, il aura fallu que le corps masculin l'intègre à l'ensemble des fatalités qui font le tragique de la condition humaine. La dignité ontologique de la perte (ou jouissance malheureuse) n'est peut-être qu'une ruse défensive et un effet du ressentiment : échapper à l'antagonisme déprimant de la jouissance et de la décharge, en faisant de celle-ci le désastre obligatoire de toute forme de volupté.

A qui, dès lors, décerner la palme du meilleur censeur — aux puritains qui répriment les plaisirs du corps ou aux hédonistes qui ne libèrent jamais que le corps masculin? Où est le préjugé — dans la malédiction proférée à l'encontre du sexe ou dans l'image que la sexualité maudite donne de la vie libidinale? Ce qui revient, au fond, à demander à la femme quel assujettissement corporel elle préfère : l'étranglement par la vertu ou la normalisation par le vice. Ainsi la pornographie est profondément égalitaire : elle ne dit pas : seuls les hommes ont le phallus, c'est leur privilège, la marque de leur supériorité, et donc la motivation visible, constitutionnelle de la maîtrise que la société leur confère. Elle ne veut pas expliquer la hiérarchie sociale des sexes par la différence anatomique, elle dit, tout au contraire : il n'y a pas de différence, toute jouissance est phallique : nos petites machines, malgré leurs dissemblances, fonctionnent sur le même modèle et avec le même carburant. Ne pas se fier à la disparité des architectures : la grotte et l'obélisque, la caverne et la colonne, le sabre et le coffret, le parapluie et la bouteille, le serpent et l'escargot, le

---

1. Cité in Jos Van Ussel, *op. cit.*

marteau et la chapelle, la boîte et le porte-plumes, le vase et le robinet, la poche et le chapeau, le cigare et le cendrier, le garage et l'autobus, la bougie et le coquillage moustachu n'ont décidément pas la même forme et ne relèvent pas du même registre symbolique; mais à la question : « comment ça marche? », la réponse est identique : ça décharge et ça produit des orgasmes.

Avant que les femmes ne formulent elles-mêmes la spécificité de leur jouissance, deux discours tutélaires pouvaient encore prétendre en détenir la vérité : Freud ou Sade. Exaltante alternative qui ne déploie jamais que le choix entre deux systèmes masculins du désir. Le premier fait de la femme un manque insatiable (ce « trou bordé d'envie de leur pénis » dont parle Hélène Cixous [1]); le second garde l'insatiabilité, mais ne voit aucun manque : il proclame, en effet, l'analogie des sexes. Quand on dépasse le stade du regard où le rien à voir équivaut à n'avoir rien, on constate, ému, que le sexe de la femme est une merveilleuse petite machinerie phallique, supérieure par sa robustesse et ses capacités de recharge à la fragilité pénienne.

L'être ou ne pas l'être : voilà la double impasse dans laquelle la condescendance de l'analyste et le prosélytisme du scélérat maintenaient la sexualité féminine. Et c'est à ces deux sources que s'alimente simultanément l'imagination pornographique : d'un côté l'hommage au sexe viril que constitue le rite de la fellatio; de l'autre, la fascination qu'exerce sur l'homme l'image d'une jouissance féminine rapide, excessive, impossible à contenir.

Connais-toi moi-même!

Aujourd'hui, les spectacles immoraux ne sont plus interdits, ils sont *marqués* : la politique de « l'ixage [2] » fait d'une pierre deux coups : elle permet au gouvernement de percevoir une taxe sur les films qu'il réprouve et de contrôler leur diffusion. La société libérale avancée, c'est le mariage discret du Proxénète et du Puri-

---

1. *La Jeune Née, op. cit.*
2. « Ixage » : un film classé « x » est soumis à une surtaxe importante et ne peut être distribué que dans des cinémas spécialisés.

tain. On interdit moins et on tolère davantage; mais c'est que l'ordre moral trouve désormais son compte à circonscrire le vice et à le rentabiliser. Il n'y a pas de contradiction entre censure et permissivité : la permissivité est cette forme moderne de censure qui autorise les déviances à condition qu'elles se résignent à leur statut. Il est déplorable de consommer des films raides — le faire dans des salles spécialisées c'est un peu sentir cette réprobation; il est honteux de flatter le voyeurisme du spectateur en tournant ce genre de choses — cette infamie s'expie en monnaie sonnante. Le recours à « l'ixage » rappelle que la tolérance est chère et qu'il y a des salles pour ça.

Mais cette répression new-look ne peut pas fonctionner comme une caution subversive : soumise au despotisme de l'État puritain et à l'imposition de l'État proxénète, la pornographie est la mise en scène d'une autre forme de pouvoir : celle que le corps masculin rêve d'exercer sur la féminité par l'asservissement du réel à ses fantasmes et par le déni de la pluralité des corps.

De ce point de vue, n'est pas pornographe uniquement le client assidu du Ciné-Halles ou du Midi-Minuit. Beaucoup croiraient déroger en allant voir un film hard-core (« c'est bon pour les frustrés » — autrement dit : « je boude ces spectacles pour disculper ma sexualité de cette tare inavouable : le manque ») qui reconduisent dans leur vie un rapport pornographique à l'Autre. Non pas qu'ils soient des bourreaux, et *Histoire d'O* a cristallisé beaucoup d'indignations légitimes sur une forme accessoire et anachronique de domination virile. Mais cette nostalgie ridicule d'un consentement de la femme à l'esclavage invoque une forme tout à fait marginale de violence. La maîtrise contemporaine ne procède pas tant par asservissement ou par répression que par équivalence. Le discours masculin ne dis plus : « Obéis! » à la femme, il lui murmure doucement : « Connais-toi toi-même : obéis certes, mais au seul commandement de tes instincts; et comme ceux-ci sont enfouis par des préjugés millénaires, laisse-moi te servir de guide. Loin de moi l'abjecte idée de te donner des ordres. C'est te révéler que je veux : et si je te demande de céder à mon désir, c'est parce qu'au fond il est le tien, si je t'engage à imiter ma jouissance, c'est parce qu'en elle ta propre liberté t'attend. »

Il s'agit moins d'assujettir le désir féminin avec la méchanceté d'un despote ou les raffinements d'un pervers, que de l'*accoucher* avec la patiente générosité d'un pédagogue. L'égoïsme épais du propriétaire qui se soulage laisse place à la sollicitude beaucoup plus vigilante d'un sujet qui, à la volonté classique d'être aimé pour lui-même, ajoute l'envie d'être désiré pour son sexe. Ce qui implique d'écouter la sexualité féminine, d'en surveiller l'émergence, d'en canaliser le déchaînement, d'en être non plus l'assassin mais le bénéficiaire. On peut donc appeler pornographie la tentative par laquelle le corps masculin entreprend d'annexer le corps féminin à sa propre fantasmatique, en faisant de celle-ci la norme universelle de la sexualité : cette nouvelle législation du désir décrétera sensuelle toute femme qui peut provoquer qu'elle jouit comme un homme, qu'elle ressemble aux images dont il s'enchante. Si ces conditions ne sont pas réunies, la femme recalée va soit au rebut pour difformité (elle n'est pas fantasmable), soit au purgatoire pour frigidité (elle ne s'excite pas assez vite, elle ne génitalise pas son désir, l'orgasme ne vient pas); dans ce dernier cas, la condamnation n'est pas sans appel, une médecine appropriée peut effacer le symptôme et faire rentrer dans la norme la femme handicapée par un traumatisme initial.

Succomber à la Loi, ce n'est pas seulement obéir à sa lettre, c'est aussi accepter ses partages, prendre pour argent comptant la définition qu'elle donne du domaine qu'elle réprime. La bêtise obstinée du censeur projette sur la pornographie l'image profondément archaïque du stupre : il ne voit que bestialité du sexe là où se déploie l'effort de sa masculinisation, l'aveugle mêlée des corps et non leur mise en équivalence. Or, les choses sont plus complexes : à la fois censurante et censurée, la pornographie est l'espace paradoxal où se télescopent deux légalités antagonistes : sans faire le détail, la première combat l'étalage de l'obscène et veut protéger les familles de ses effets perturbants; la seconde aussi est une précaution : elle s'incarne dans la pornographie pour préserver le corps masculin de l'effet désorganisateur de la féminité et se formule en trois commandements : que ton corps soit spectaculaire, que ton désir soit centré sur le sexe, et que ta jouissance ait la belle clarté de l'orgasme.

1. *Le corps spectaculaire.*

Regarder un film cochon. Compulser fébrilement un magazine érotique. S'exciter, solitaire, sur des créatures inventées ou convoquées par l'imagination. Détourner sur la représentation du plaisir une convoitise à laquelle la réalité est interdite. Combler par le fantasme ou par le spectacle « la disproportion de nos désirs et de nos facultés » (Rousseau). C'est donc parce que l'Autre manque que j'ai recours à l'image : si j'avais une vie sexuelle vraiment satisfaisante, mon désir s'assouvirait dans des corps réels au lieu de déchaîner son abstinence sur des fantômes impalpables. Peut-être. Mais pour appréhender le cheminement complet des pulsions, il faut aussi inverser l'itinéraire : rien ne m'enfièvre dans le corps de l'Autre comme sa conformité soudaine au modèle érotique que véhicule mon fantasme; il doit être spectacularisé pour devenir consommable. Les images remplacent les êtres absents : mais qu'un être se présente, il lui faudra encore prouver son aptitude à s'absenter dans une image, s'il veut *lever le désir :* le corps nouveau, dans sa matérialité étrange, avec son odeur imprévisible, le grain de sa peau, ses rires que je n'ai pas calculés, ses mouvements dont la spontanéité brouille mon fantasme, je ne le désire pas d'abord; toute cette présence charnelle me submerge, me déborde, me fascine ou m'indispose — elle ne me laisse pas assez d'assurance ou de sérénité pour que je songe à m'exciter. La convoitise naîtra quand cette femme aura la complaisance d'épouser mon type, quand la sauvagerie dont sa proximité m'assaille consentira à se laisser apprivoiser. Autrement dit, il lui faudra regagner le carcan de l'image : sa sensualité, son naturel ou son maquillage, son élégance ou sa rusticité, son côté femme fatale ou son côté femme-enfant, ses petites moues ou ses grands soupirs attesteront son appartenance *au code que j'aime*, et de ce contact enfin maîtrisé surgira le désir.

L'image est donc à la fois la copie et le modèle : le spectacle reflète les corps, mais surtout il les assujettit. Et le meilleur emblème de ce renversement est la caricature suivante, parue dans *Play-Boy* : un homme baise sa femme en déployant sur elle la photo d'une femme nue. Ce qui révèle une double préccellence : celle du regard sur les autres sens, et celle du fantasme sur la réalité.

2. *Le culte du sexe-objet*.

Certains soupirent, d'autre refusent de s'y résoudre, mais la plupart des hommes aujourd'hui doivent s'incliner devant l'évidence : les femmes ne sont plus jalouses de leur pénis. Qu'auraient-elles à envier? Cela commence à se savoir (même si c'est d'une connaissance qui emprunte au masculin son langage et ses mythes) que l'équipement sexuel de la femme est au complet, qu'elle ne manque de rien, que le clitoris n'est pas cette trompe atrophiée, ce pénis raccourci au lavage qui éveille simultanément la petite fille à la sexualité et au dépit. Certes la verge se voit; mais, malgré l' « oculocentrisme séculaire » (Luce Irigaray) dont nous héritons et que nous continuons à respecter, malgré un surinvestissement de l'œil dont les ravages demeurent vivaces, ce privilège de visibilité ne suffit plus à légitimer la monarchie pénienne : le zizi est entré dans l'ère du soupçon : on ne croit plus à sa primauté érotique ni à sa valeur d'incarnation. Double discrédit, donc, qui frappe le sexe de l'homme à la fois en tant que fonction et en tant que symbole.

En effet, les vertus de force et de conquête dénouent aujourd'hui le lien qui les attachait traditionnellement au membre viril. Si notre « société » manifeste un amour aussi bruyant pour les femmes ministres, cascadeuses, conductrices d'autobus, ou P-DG, ce n'est pas seulement pour masquer l'inégalité par quelques exceptions habilement montées en épingle, c'est pour supprimer la vieille équation pénis = maîtrise, et proclamer ce nouvel idéal républicain : l'accessibilité universelle des valeurs masculines. Avec raison le discours féministe a dénoncé ce démocratisme qui fait du phallus pour tous son programme et sa profession de foi. Mais ce qui pour la femme est une fausse libération (puisque sur les ruines de l'ancienne hiérarchie s'installe le code de la masculinité obligatoire) est, peut-être, pour le pénis une vraie délivrance.

Disqualifié dans sa prétention à incarner les valeurs phalliques, le sexe de l'homme peut rompre, comme on dit d'un soldat. Il se trouve libéré de la nécessité d'être en représentation. Et il lui en fallait de la tenue, au pénis, au temps où il avait seul à charge d'être le phallus. Nul droit alors à la fragilité. Nulle possibilité de s'abandonner au doux désir d'être désiré. Au repos, la verge n'existait pas. Bandante, elle témoignait : il s'agissait de retrouver dans ce microcosme de la virilité, tout ce qui faisait à la fois le charme et l'endurance du héros. On le sait : seul un vocabulaire sexuel, ou plus précisément génital, peut rendre compte de la *stature* du héros, de sa *fermeté* face aux périls, de son *hiératisme* silencieux, de sa *taille* impressionnante, jusqu'à sa gueule, enfin, taillée dans le *roc*. Heureusement cette application à ressembler à un sexe qui bande commence à faire rire. Mais qui pleurera sur tous ces pénis s'évertuant, dans le secret de l'alcôve, à ressembler à des héros de western? Qui dira toute la part de frime, de cinéma, dans ces sexes en position d'attaque, dans ces queues « prêtes à crever les murs et bandant aux étoiles » (Aragon)? Sans doute Charles Bronson incarne-t-il, avec une perfection méticuleuse, l'image que certains hommes veulent avoir encore de leur sexe : on imagine, en retour, les efforts désespérés qu'ils s'imposent pour que leur appendice terminal garde quelque chose de la force nonchalante, du rictus olympien, et du plissement d'yeux célèbre de l'invincible justicier d'*Il était une fois dans l'Ouest*.

Il reste que cet impératif de prouver sa virilité et de mériter sa suprématie desserre peu à peu son étreinte, et que le pénis peut s'offrir, désormais, à une autre représentation : de plus en plus fréquemment la verge contemporaine vit les joies du permissionnaire : elle se dévêt de son uniforme viriloïde (qui au même titre que l'accoutrement militaire est, tout ensemble, un habit, un symbole, et une contrainte) pour accéder à la découverte d'une forme nouvelle de nudité. Elle devient désirable. Elle se laisse voluptueusement contempler, agacer, chatouiller, caresser, lécher, absorber, explorer : le soldat de l'entrejambe vivait batailles, triomphes et gloire — c'est d'être affriolant que rêve le nouveau pénis. Son érection a cessé de crâner; elle veut plaire et ne plus susciter la jalousie mais la concupiscence.

Pourquoi la pornographie accorde-t-elle une attention aussi insistante à la fellatio? Comment expliquer que cette perversion-là soit justement la plus fréquente et la plus honorée? Peut-être s'agit-il de perpétuer l'image du sexe phallique, et certaines porno-stars mettent une telle souplesse buccale à engloutir les verges que le désir de s'incorporer le sexe qui leur manque semble leur tenir lieu de volupté. Mais une autre image se superpose à celle-ci et témoigne d'une importante mutation : à force d'être cajolée la quéquette se désaliène du phallus, endosse avec allégresse son nouveau statut d'objet et savoure sans remords les joies inédites de la passivité. Voilà donc le fantasme majeur des films raides : l'onanisme à deux, l'homme délicieusement inerte, abandonné aux empressements d'une femme à la fois experte et perverse, compétente et contente. La masturbation a la réputation vraisemblablement méritée d'être triste : Madame Veuve Poignet ne rit jamais — elle est inconsolable de l'absence du rapport sexuel. Pourtant, la pornographie réhabilite cette activité manuelle tant décriée : elle devient l'idéal du rapport sexuel lui-même, la demande que l'homme, débarrassé du complexe phallique, ose enfin adresser au corps féminin : « Masturbe-moi, donne à mon sexe autant de sollicitude que de désir, fais-moi retrouver les joies sans pareilles de l'onanisme, tout en m'épargnant l'aigreur sordide de la solitude; par toi mon pénis réconcilié sera à la fois le " zizi d'or " de l'adulte qui bande et le " zizi dort " de l'enfant choyé. »

On sait, d'immémoriale expérience, que l'homme qui se branle est frustré de l'étreinte. Mais, virilité oblige, on a beaucoup tardé à reconnaître que l'homme qui fait l'amour était frustré de la masturbation. Le cinéma porno vend la mèche, à sa manière, c'est-à-dire par la conversion systématique du fantasme masculin en désir de la femme, à qui est donc attribué ce besoin prioritaire : masturber l'homme qu'elle étreint. En somme si l'onanisme est nostalgique, ce n'est pas tant de l'Autre que de passivité. S'il y a substitution, ce n'est pas du fantasme à la présence, mais de la main masculine à la bouche de la femme. S'il y a prière, elle ne dit pas : « Qu'il y ait une femme pour que je m'oublie », mais : « Qu'il y ait une femme pour désirer mon sexe et lui donner le plaisir que mes doigts trop familiers ne lui procurent qu'à moitié. »

Ainsi la femme se trouve enrôlée pour de nouvelles tâches, car la norme a modifié son visage : elle ne fait plus à l'autre sexe un devoir de se sentir inférieur, mais elle ne le laisse pas quitte pour autant avec le sexe de l'homme. La fellatio, en effet, n'est plus seulement une perversion ou une posture — c'est un critère de sensualité : le corps masculin ne tolère cet hommage que s'il correspond à un désir authentique et profond. Résultat : à l'examen de la luxure ne sont admises que les femmes magnétisées par le pénis. Leur propre sexualité ne peut se dire totalement éclose que si elle sait se concentrer sur les queues.

Tout, d'autre part, continue à se passer comme si, de sexué, le corps masculin ne devait avoir que le sexe. Terrifiant monopole : c'est dans l'enclos génital que se déroule la transformation du corps de conquête en corps désirable. Certes cette nouvelle représentation du pénis cumule pour l'homme le bonheur de l'affluence et celui de la passivité. A faire de sa verge un passeport libidinal, il ne craint plus les rebuffades, il abolit la blessure de la dénégation — et c'est aussi ce fantasme que la pornographie met en scène : **il y a un immense soulagement à être désiré pour son sexe, car** c'est un trésor que l'on n'a ni gagné ni découvert, une grâce imméritée qui délivre son possesseur des servitudes du marché, et de la nécessité de peiner pour avoir. Pour secouer le joug de la valeur d'échange, la pornographie fomente un désir universellement et immédiatement génital. C'est l'utopie : pas de travail de séduction, pas d'évaluation des corps ou de marchandage des convoitises — ici, on suce gratis. Mais à quel prix cette merveilleuse sollicitude, cette substitution hédoniste du don à l'échange ? Au prix de l'anéantissement des corps. Sommer les femmes de jouir uniquement de notre sexe, c'est nous enfermer dans la prison de notre propre maîtrise. Pour garder le contrôle sur l'altérité, pour ne pas se laisser déborder par la revendication d'un désir hétérogène, les pornographes sont contraints de subir eux aussi la tyrannie qu'ils imposent : la tyrannie du génital.

3. *La jouissance séminale.*

Montrer tout : cela suppose que tout soit montrable. Le débondage spectaculaire du sexe est, en fait, une captation de la vie sexuelle par l'ordre du spectacle. De ce point de vue, la censure officielle remplit un double rôle : en interdisant la représentation, ou du moins en la réglementant pour la maintenir dans les bornes d'un érotisme tolérable, elle innocente et elle dissimule l'action clandestine d'une autre censure, déguisée en évidence pour plus d'efficacité : la représentation obligatoire. Non pas qu'il soit indispensable d'étaler des obscénités pour attirer un public perverti, comme l'affirment les prêcheurs, mais parce que la sexualité doit tenir tout entière dans le champ du visible. Il y a un point au moins sur lequel les pornographes et les puritains sont d'accord : le panoptisme de la jouissance. Interdire le spectacle de la volupté ou le libérer ; imposer des limites ou au contraire les dissoudre : cette bataille autour de la censure se déroule sur le terrain de la *censure originaire* qui enferme la volupté dans la représentation. Répressive lorsqu'elle empêche de voir, la loi devient restrictive lorsqu'elle permet de voir. Car la représentation n'a pas la transparence du reflet. Ce n'est pas un véhicule neutre, une médiation sans consistance entre le regard et la sexualité : c'est une procédure insidieusement sélective et raréfiante qui exclut de la jouissance les gestes lents et les félicités diffuses, qui pénalise, toute intensité **invérifiable** et soustraite au regard.

Or, la femme ne conforme jamais complètement sa jouissance à cette norme de visibilité. Ses orgasmes ne se répandent pas, ils sont désespérément improductifs, et même si l'on veut, à toute force, les ranger dans la rubrique de la décharge, cette décharge demeure invisible, métaphorique : ce qui fait planer sur l'étreinte le risque affreux de l'indécidable. Irrepérabilité du plaisir féminin : à quel moment précis jouit-elle ? A quels indices reconnaître l'apothéose ? Par le cri, parfois, les femmes entreprennent de dissiper le mystère. Crier, en effet, ce peut être perdre la tête, vivre une intensité si forte que les mots sont impuissants à la traduire et que le silence s'avère incapable de la renfermer, mais ce peut être, *en plus*, dans la conversation des souffles, la réponse rassurante du corps féminin à l'inquiétude de son partenaire.

Dans le cri d'une femme qui se pâme, il y a la virulence d'une folie et la clarté d'un message. La jouissance féminine excède la discipline du langage articulé, mais c'est afin d'établir contact : elle ne désaffecte la parole que pour devenir communicable. Entre la complicité amoureuse et le mensonge de complaisance, cette offrande peut revêtir toutes les nuances et signifier aussi bien la tendresse que l'asservissement, mais qu'elle soit un simulacre ou un aveu, elle a toujours pour mission scientifique de conjurer le péril de l'indécidable : à faire entendre ce qui ne se voit pas, l'orgasme féminin accède, par un autre tour, à la lisibilité. Le bruit relaie l'image : au lieu d'émettre de la semence, la femme émet un signe; en tant qu'équivalent auditif de la décharge séminale, le cri permet le retour de la volupté féminine dans le bercail de la représentation.

Les films pornographiques ont imaginé de compléter cette soumission au signe par l'assujettissement de la femme aux rythmes masculins du plaisir : à l'équivalence de la décharge et du cri succède l'omnivalence de la libation séminale. Le sperme, en effet, reçoit le privilège exorbitant de représenter les deux jouissances. L'orgasme féminin continue de se lire, mais désormais il n'a plus de signes propres : il se lit directement dans la satisfaction masculine. Pourquoi, sur le point d'éjaculer, l'homme se retire-t-il prestement, et montre-t-il à la caméra le dégoulinement de sa volupté ? Cet interruptus nouvelle manière n'est pas une technique de contraception : c'est un procédé de représentation, le moyen que rien n'échappe au regard, pas même le moment de l'extase. Et comme la femme souffre congénitalement d'une lacune spectaculaire, comme elle n'a pas d'attestation à produire, le sperme en tient lieu : ce qui corrige le défaut de visibilité de cette jouissance sans marque, et ce qui laisse entendre du même coup, qu'entre corps masculin et corps féminin l'homologie est si parfaite que l'effusion spermatique de l'un peut servir de preuve ou de garantie des émotions voluptueuses de l'autre. Tu jouis, puisque j'éjacule. Terrifiante logique qui consomme l'abolition de la différence. Avec la pornographie, c'est l'ordre du regard qui assure son triomphe, et dans l'ordre du regard il n'y a pas de différence des sexes.

Ses démêlés avec la Loi ont longtemps sacralisé le discours pornographique. Taxé de subversif, il en devenait pour tous ceux qui combattaient la répression, intouchable. Pouvait-on ne pas aimer Sade, le grand ancien, sans se mettre aussitôt du côté des geôliers, des censeurs, des pédagogues, des aliénistes, bref de toutes les forces d'enfermement? L'avènement de la parole féminine a mis fin à cette sacralisation. La censure et la subversion ont été dérangées, dans leur complicité querelleuse, par l'irruption d'un troisième discours qui, sans nécessairement les renvoyer dos à dos, a reconnu une même violence d'étouffement dans l'obscurantisme de l'un et dans l'apparent progressisme de l'autre. Quand les femmes refusent de soumettre leur vie érotique aux sexes et aux orgasmes mâles, quand leur désir se reconnaît de nouveaux critères et baptise jouissance des détails méprisés, c'est la prétention de la fantasmatique masculine à légiférer toute vie sexuelle qui est mise en cause : en d'autres termes le prestige que confère la malédiction des puritains ne peut dissimuler plus longtemps que, véritable bande dessinée de l'érotisme dominant, la pornographie parachève l'impérialisme masculin sur les relations sexuelles.

Mais, il ne s'agit pas, selon un mouvement désespérément pendulaire, de substituer une norme à une autre et de mettre la bonne nature féminine à la place que la fantasmatique mâle devra sans doute abandonner. Retourner le code en faveur des femmes, ce n'est pas une révolution, c'est une reconduction. D'ailleurs, il n'y a pas de bonne nature féminine, car le discours féminin donne congé à l'unité, se refuse à la cohérence, évite avec soin de donner corps à de nouveaux critères de bonne sexualité.

Contre l'ancienne équivalence, voici qu'apparaît à la clarté du langage la différence des sexualités; voici que se formulent des manières féminines de désirer, un savoir-vivre, et des intensités spécifiquement féminines de la jouissance. Pour le malheur des sexologues, les aventures singulières que des femmes se racontent et qu'elles osent désormais divulguer, ne se ramènent pas à l'unité d'un orgasme codifiable. Ces singularités mises ensemble ne délivrent pas la vérité stable d'un modèle, qui pourrait à son tour fonctionner comme une norme, exclure celles qui ne connaissent pas le grand chavirement, classer les autres, les individualiser selon tout un jeu de degrés qui irait du minimum exigible — les contractions vaginales — au vingt sur vingt de la transe intégrale. En préservant jalousement leur pluriel, les paroles féminines mettent la norme en vacance : ce qu'elles produisent, ce n'est pas un critère de sélection, c'est une référence disculpante qui vise à ne plus faire honte aux femmes de leur autonomie libidinale, quelle que soit la forme singulière que cette différence peut se donner.

Le temps du solipsisme victorieux est donc fini pour les hommes. Est-ce une défaite ou cette notion elle-même, et son complice invariable : le triomphe, sont-ils enfin vaincus? N'y a-t-il pas d'autre intuition de l'Autre, que la sensation d'être dominé sans recours et jugé sans appel? Cesser d'avoir barre est-ce nécessairement avoir honte?

Si nous pouvons trahir nos intérêts virils, déserter notre statut sexuel, ce n'est pas que, sous le regard de cette nouvelle Inquisition, les femmes, nous nous sentions fautifs. Au regard de la jouissance féminine, nos satisfactions ne sont pas tant coupables qu'indésirables : quand l'irruption de l'altérité dérange le sommeil de l'équivalence, nous en venons à indésirer notre propre désir, à rêver d'être les transfuges de notre sexualité. Finalement la pornographie n'est qu'un renchérissement de misères : en répondant au manque par le comblement, en présentant l'image d'un éden où seraient saturés tous les désirs, elle révèle, sous la misère contingente qui peut advenir au corps masculin (la rareté des partenaires, le poids des inhibitions, l'ennui conjugal, ou la solitude citadine), une misère moins apparente mais qui lui est constitutive : la simplicité de ses assouvissements. Alors, quand les femmes refusent de se laisser dicter par les images qui nous habitent, c'est paradoxalement à notre désir que leur révolte s'adresse : **il y a sans doute du plaisir à être *comblé*, mais la jouissance ne peut** venir que d'être *confondu*. La différence féminine, en décapitant le corps d'amour, en ouvrant la possibilité d'une étreinte sans queue ni tête, sans foi ni loi, en nous donnant à vivre, enfin, un peu de vraie relation avec le dehors, nous sauve de notre propre maîtrise et nous libère de nos miroirs : notre destitution, cette délivrance.

A la place de l'équivalence, une différence est donc apparue. Ce qui la menace aujourd'hui, c'est la tentation du paradigme, la clarté de l'opposition sémiotique : que l'on traite le corps masculin et le corps féminin en contraires irréductibles, et que l'on trace entre eux, sur les ruines de l'ancien solipsisme, les voies de la coexistence. Que l'on s'efforce, dans un mélange de libéralisme moral et de sexologie, de dialectiser l'opposition; que la bienveillance mutuelle étayée par quelques recettes techniques, élabore de délicieux compromis, et que dans la meilleure des modernités la reconnaissance succède à l'équivalence. Face à la jouissance féminine, nous ne voulons rien assumer : nous n'avons pas de sexualité à défendre, de patrimoine érotique à protéger. Nous ne voulons pas être les gestionnaires de notre désir, fût-il rénové, autocritiqué et libre de tout impérialisme. Ce que nous propose l'altérité féminine, c'est beaucoup plus qu'une synthèse : un déport, une dérive hors de nos assouvissements trop connus, un nomadisme sans détresse, le voyage étrange d'un devenir féminin qui ne peut pas connaître de séjour. Désirer la différence pour un corps masculin, c'est, en premier lieu, prendre à rebours les principes de la pornographie : brouiller son identité au lieu de la répandre et de l'universaliser, casser ses propres programmes et non les imposer; c'est ensuite dépasser l'attitude simplement hospitalière : *succomber* à l'attrait du dehors, et non pas seulement l'accueillir, se libérer certes, mais d'abord de lui-même; plutôt que de respecter (enfin!) la sexualité féminine et l'admettre à égalité, reconnaître la dissymétrie qui l'en sépare; n'avoir à opposer au corps féminin qu'un emportement vers la féminité; vivre l'altérité comme une puissance de désorganisation, au lieu d'organiser avec elle des échanges équitables, des marchés fructueux; ne pas s'assumer, se fuir, lâcher la proie pour l'ombre, et sa patrie pornographique pour une Terre étrangère où l'on n'entrera pas.

EXCLUSIF

**La différence des sexes n'existe pas :
Les femmes pètent aussi**

Prostitution I
Un équilibre par soustraction

Mon premier suce, branle, fouette, flagelle, se fait pénétrer, godemichiser mais ne jouit pas. Passe la moitié de son temps sur le trottoir, la moitié de son temps sur un lit et fait payer très cher pour monter de l'un à l'autre. Mon premier est une femme et s'appelle une prostituée.

Mon second est du sexe masculin, il verse une somme d'argent pour émettre un liquide blanchâtre, se retirer et se rhabiller. Mon second est très gentil avant l'amour, très méchant après : il se nomme le client et appelle mon premier la putain.

Mon troisième est une chambre plutôt laide, basse de plafond, composée d'un lit à deux places, d'un bidet et d'une glace. Dans la pièce cela sent souvent les pieds, le papier des murs est déchiré, on ne défait pas le lit, il fait très chaud, les rideaux sont tirés, la lumière tamisée, on entend des voix dans le couloir. Il faut faire attention car l'eau qui coule du lavabo est toujours brûlante. Mon troisième est la chambre d'hôtel.

Mon quatrième est un personnage insaisissable, tantôt individu privé, tantôt commissaire de police, tantôt représentant de l'État ou trafiquant international. Il prélève l'argent de mon premier et le pourchasse. Mon quatrième s'appelle le proxénète.

Mon cinquième dure cinq minutes au moins, un quart d'heure au plus, une demi-heure ou une heure pour les riches. Mon cinquième s'appelle « la passe ».

Mon sixième est un ensemble de petits microbes que l'on attrape en frottant ses muqueuses contre d'autres muqueuses contaminées. Mon sixième est activement combattu par la médecine prophylactique. Mon sixième est en voie de disparition dans la sphère de mon tout.

Mon tout est un métier lucratif qui est en train d'évoluer et qui porte le nom compliqué de « prostitution » (que l'on pourrait décomposer ainsi : institution de la trituration des prostates).

Petit problème pour hommes : comment jouir sans dette, et annuler la femme au moment même où je tire plaisir de son corps? Comment aller plus loin que l'habituelle recherche masculine d'une équivalence entre la verge et le vagin (par l'orgasme, la pornographie, ou une forme quelconque de négociation) et atteindre l'état idéal, raréfié, enivrant de la biffure pure et simple du sexe de la femme? Tout simplement en prostituant cette dernière, en lui imposant les rythmes parcimonieux de mes satisfactions, en circonscrivant sur sa peau les régions (cavité vaginale, anale) de mes utilités, bref en sous-louant son ventre contre rémunération [1] (et en ce sens, disons-le tout de suite, combien plus satisfaisante la situation de la prostituée que celle de la majorité des femmes mariées encore soumises sans contrepartie à la sexualité de leurs époux qui, loin de les « satisfaire », évacuent en elles leur blême purée). L'attrait singulier qu'exerce la « putain » sur le client, il vient de ce qu'il la paie pour jouir comme il l'entend et nous savons qu'étant un homme il l'entend généralement mal et vite (d'où la brièveté de la passe et l'immense rentabilité de ces quarts d'heure accumulés). Jouir sans penser à l'autre, sans se soucier d'un échange quelconque, en satisfaisant un rêve de passivité absolue : c'est ce désir que l'homme va assouvir avec la femme vénale et pour lequel il paie parfois des sommes astronomiques comme si l'argent était le dédommagement fictif de ce manque à jouir infligé à l'autre, comme si le numéraire l'irresponsabilisait et lui permettait de retrouver dans des bras anonymes une innocente insouciance.

L'identité absolue des usagers, leur égalité, le fait qu'ils soient tous également mâles et solvables quels que soient leur statut social ou leur classe d'âge (comme les lecteurs de Tintin de 7 à 77 ans), que chacun d'eux puisse venir au corps prostitué, jouir et s'ébattre dans cette enclave vide que néanmoins nul ne doit pouvoir

---

1. Nous n'envisageons ici que la prostitution féminine sous sa forme la plus courante, le trottoir et la passe. Ce qu'il en serait d'autres genres de vénalité, nous ne l'avons pas considéré, notre point de vue étant volontairement restrictif.

occuper et s'approprier durablement, le fait que la passe suppose un algèbre des pulsions, leur comparabilité et échangeabilité sous l'égide de l'éjaculation masculine, tous ces traits font de la prostitution un étrange dispositif d'annulation des différences. Dispositif homosexuel (on y fantasme un corps de femme pour un temps accordé à son homologue mâle, toute irrégularité, dysharmonie bannie entre eux) mais d'une homosexualité elle-même restreinte et qui non contente de contraindre le partenaire féminin, limite l'érotisme du client au phénomène de la décharge. Car le tour de magie de la séance prostitutive (faire de la femme le simple agent de la satiété rapide de l'homme) nécessite pour s'accomplir la complète froideur du corps marchandé : la femme de plaisir est la femme du plaisir des hommes et c'est pourquoi elle est astreinte à la frigidité. L'équilibre que le passage établit entre eux est purement mythique, son assouvissement à lui se paie d'un néant de plaisir pour elle; loin donc de rétablir une symétrie, fût-elle fictive, entre jouissance masculine et jouissance féminine, la prostitution annule la femme comme corps sexué, en d'autres termes elle est une négation parmi d'autres de la différence des sexes, la plus brutale mais peut-être aussi, comme nous le verrons, la plus ambiguë des négations.

Le corps-client.

« Quand je suis sur le bord du trottoir, je suis le chasseur. Je chasse l'homme, c'est le gibier, je le guette, je regarde s'il me regarde, s'il vient sur moi. Ce n'est plus un homme, c'est un client [1]. » En renversant les rôles traditionnels de la drague, le racolage en exhibe la crudité : face aux prostituées qui nous hèlent, nous sommes immédiatement comme des femmes telles que les hommes voient les femmes : de simples objets sexuels, à cette différence capitale toutefois qu'il nous faut, dans ce cas, acheter notre statut « d'hommes objets » et le payer sans détours en monnaie sonnante et trébuchante. La prostituée qui accroche le passant lui dit en substance ceci : « Je ne te désire pas, je n'en veux

1. *Une vie de putain*, collection « France sauvage », p. 49.

qu'à l'aspect monnayable de ton individu, en l'occurrence ton sexe, tu n'es rien pour moi, ni un corps, ni une tête, ni un sourire, ni même une haine, tu n'es qu'un cas d'espèce, un appareil génital prêt à débourser pour se satisfaire et c'est à ce titre seul que je t'interpelle. Je ne requiers en toi ni la mémoire, ni la gratitude, mais le simple anonymat de l'argent; en contrepartie de quoi je m'engage à apaiser l'aveugle mécanisme de tes organes. » Question du client : suis-je convoité pour mon argent ou mon physique (mon allure, ma moustache, mon air viril, mes oreilles décollées, mon costume, ma grosse queue, ma dent d'or, mon front d'Aryen), cette question devient indécidable, n'a plus lieu d'être posée : « Le contrat de prostitution libère en fait de ce qu'on pourrait appeler les embarras imaginaires de l'échange : à quoi m'en tenir sur le désir de l'autre, sur ce que je suis pour lui? Le contrat supprime ce vertige : il est en somme la seule position que le sujet puisse tenir sans tomber dans les deux images inverses mais également abhorrées : celle de l'égoïste (qui demande sans s'inquiéter d'avoir rien à donner) et celle du saint (qui donne en s'interdisant de jamais rien demander...) » (Roland Barthes). L'objet « client » n'est donc pas seulement un certain pouvoir d'achat, il est surtout l'alliance indiscernable d'un pénis et d'une somme d'argent, un sexe qui n'a d'autre existence que financière, un moyen de paiement qui n'est qu'un morceau de chair, bref une sorte de petit capital libidinal, une banque vivante. La prostitution consacre l'indissociabilité des relations sexuelles et de l'argent, les unes ne pouvant s'effectuer sans l'autre : le monétaire y est du génital, le génital du monétaire, chaque éjaculation vaut 100 F, 100 F est le prix d'une passe. Entre les jambes de la prostituée, le client ne peut dépenser sa libido qu'en dépensant son argent (et inversement la femme publique ne peut faire l'amour sans avoir l'impression de « travailler »).

La prostituée retourne ainsi contre le passager le mécanisme masculin de la chasse, elle guette le guetteur; elle l'aborde, l'accroche, insiste, l'allèche avec de mirifiques promesses; mais ce renversement, l'homme ne le supporte que parce qu'il paie, parce qu'il est un débiteur en puissance : toute femme qui l'accosterait ainsi ne la fuirait-il pas, effrayé, apeuré par l'image retournée de l'attitude masculine qu'elle ne manquerait pas de lui renvoyer? Et encore dans le racolage l'homme n'est-il même pas un objet de plaisir ni une proie dont la possession enorgueillit : un simple moyen d'enrichissement, un point dans une série, en d'autres termes : un client.

Le client regarde donc la femme publique comme un sexe et elle, en retour, ne le considère que comme un peu de sperme payant. Mais quel est cet organe auquel l'usager réduit la fille? Est-ce un sexe qu'on veut faire « jouir » (afin d'en retirer, par exemple, une plus-value de prestige), un érotisme qui nous émerveille? N'est-ce pas plutôt que la prostituée n'a pas de sexe propre sinon celui que lui prête le client; en d'autres termes que le bas-ventre de la femme ne se cache pas sous son slip à elle mais se promène déjà universellement, intemporellement dans le pantalon de chaque passager potentiel comme le modèle, l'angle, le fuselage, sous lequel elle devra s'offrir? Le corps-client ne se contente pas de limiter la femme à ses zones érogènes, ces zones mêmes il les plie sous la loi de son propre appareil génital et n'instaure entre elles et lui qu'un seul dénominateur commun : l'équipement sexuel mâle. Métamorphose en forme de jeu pour psychanalystes : comment la femme peut-elle avoir un pénis? Réponse : en se prostituant. Ce n'est même pas que le client manipule à sa guise la « réponse sexuelle de l'autre » (pour parler comme Hamster et Ronchon), c'est qu'au contraire il étouffe toute réponse en ne posant jamais aucune question : la question de l'altérité de la femme n'intervient jamais, dans son rapport à elle l'usager gomme tous les passages qui pourraient la concerner, il les abolit un peu comme quelqu'un qui couperait les fils du téléphone quand les nouvelles sont mauvaises. La prostituée n'a pas de sexe, ne saurait en avoir, elle n'est qu'un trou et encore ce trou n'a-t-il pas le vide angoissant des autres femmes; cette faille, cette fente, l'homme la connaît, il n'a rien à en redouter, c'est sa propre verge à l'envers, orifice toujours comblé, complet (comme une salle de spectacle), donc complété, complémentaire. Au fond de l'utérus, le long des parois vaginales, il ne trouvera toujours que lui-même, renversé comme dans un miroir. Quant à la luxuriante architecture du sexe de la femme, il ne peut pas la voir, il n'a pas d'yeux pour ces détails puisqu'ils ne correspondent à rien de tangible chez lui. Tout le corps féminin se réduit à des trous (anus, bouche, vagin), la femme n'est habitable que pénétrée, elle n'est que bas-ventre, bas-ventre hybride, mixte et plutôt neutre même que bisexué.

Ce qui, la passe terminée, va donc dégoûter le client dans la prostituée sera moins la forme commerciale de leurs rapports que l'image de la brièveté de son propre plaisir qu'elle lui renvoie. La femme ne lui vend qu'un quart d'heure de son corps, parce que la jouissance du client n'a guère besoin pour se satisfaire de plus d'un quart d'heure, parce que la prostitution en privant l'homme des illusions qu'il entretient dans un rapport sexuel « normal » lui restitue sans détours l'image crue de sa condition anatomique. Ainsi la haine que l'usager porte à la fille n'est-elle jamais qu'une haine contre son propre sexe (et l'on sait que cette rancœur peut aller jusqu'au meurtre) : dans la désinvolture de la putain, dans l'anonymat rationalisé de l'arrangement prostitutif, c'est lui-même que l'homme maudit, l'unicité et la petitesse de son érotisme qu'il exècre. S'il méprise sa partenaire après, c'est qu'il la méprisait déjà avant, c'est que déjà il se haïssait en elle; l'altérité de la femme n'était que provisoire, sa beauté, son charme ne venaient que d'une tension interne au corps-client, ne dépendait que de quelques gouttes de sperme à évacuer. Que faire d'une prostituée quand on en a joui? Ce corps marchandé est opaque, inutilisable, il n'y a plus rien à en tirer ou alors il faudrait nouer avec lui d'autres relations (mais la chambre d'hôtel n'est pas un salon de thé). Ce corps est mort (parce que le corps du client est mort lui aussi, c'est-à-dire génitalement apaisé) et s'il survit, s'il se nettoie, se rhabille, se prépare pour recevoir d'autres pénis impatients de se dégorger en lui, c'est par un scandale qui va mettre l'homme en fureur. Le laissera bête, balbutiant, tout prêt à imputer au sexe féminin les faiblesses ou la veulerie de son propre appareil génital.

A son amant, la femme demande généralement de se retenir afin qu'elle puisse jouir. Injonction contraire de la prostituée : « Viens, mon chéri, dépêche-toi. » Toujours le client est appelé à se laisser aller, à donner libre cours aux machineries instantanées de ses organes. Ah s'il pouvait même éjaculer sur le pas de la porte, que de temps gagné! L'homme, avons-nous dit, paie pour aller au plus profond de son égoïsme, pour s'abandonner en toute indifférence de l'autre : mais le plus profond chez lui n'est guère, l'homme tressaille, ne chavire pas, n'est pas emporté et moins encore renversé, toutes les intensités en lui sont mesurables à la seconde près; c'est dire qu'il paie pour très peu, pour cette satisfaction minime qu'est la jouissance de l'éjaculation. Et si la passe est une passe, ce n'est pas que le client doive « revenir à soi, revenir[1] », ou parce qu'il faut « que ça finisse, que le cycle reprenne, que ça recommence » *(ibid.)* mais parce qu'entre les jambes de la femme l'homme ne peut faire que passer, parce que toute coucherie pour lui est courte sans être mortelle et qu'enfin il n'a pas à se relever de « l'incandescence ou de l'anéantissement » simplement parce qu'il ne s'y abîme jamais. Entre les bras de la fille de joie il ne peut que passer sans même se donner l'illusion d'avoir trépassé.

Comment soutenir alors que la prostituée « assume la malédiction sacrée de la stérilité génitale » (Lyotard, *ibid.*) et que c'est l'enfant, la fécondité que le pervers vient éluder dans ses bras ? Car, de ce point de vue, toute femme qui use de contraceptifs est également « maudite » ou l'est aussi peu ; et de ce point de vue encore, la généralisation de la pilule aujourd'hui fait de toute relation sexuelle un acte pervers, immédiatement « sodomite » (c'est-à-dire inutile, gratuit, comme la sodomie) et rend donc à jamais caduque, ridicule, risible, dans le domaine de l'érotisme, l'opposition entre dépenses utilitaires et dépenses stériles. Car ce n'est pas l'enfant mais la femme que le client vient éluder dans l'utérus de la prostituée, c'est la mystérieuse sexuation féminine qu'il vient conjurer dans un corps de femme plié aux brefs impératifs de son plaisir. Ce qui le fascine, ce qui le rassure dans la prostitution c'est qu'elle est une relation sexuelle codée, un ordre où le calcul est enfin effectuable parce qu'il intéresse des quantités finies, un contrat contre la Terreur que représente pour l'homme les désirs de la femme, tout ce qui en elle échappe aux minces voluptés masculines. Et si le client paie, c'est non seulement pour épancher sur le corps soumis au négoce ses fantaisies les plus inavouables (fantaisies qu'il ne peut, selon toute vraisemblance, satisfaire dans la vie courante), mais surtout pour jouir vite selon des modalités qu'il a lui-même établies sans attendre le bon vouloir de sa partenaire. La prostituée est donc à la fois le rêve de l'homme et sa hantise : il la chérit parce qu'elle lui renvoie l'image rassurante d'une femme virilisée (jusque dans son langage tellement brutal...), mais pour la même raison il la déteste en tant qu'elle lui signifie impitoyablement sa fragilité érotique, son inaptitude à toute sensualité prolongée. L'homme veut donc une femme à demi-frigide (ou rapidement satiable) comme lui ;

---

1. J.-F. Lyotard, *Economie libidinale*, Éd. de Minuit.

mais il veut aussi une femme dont la frigidité le délivre de la sienne propre. Il veut excéder ses propres limites mais juste assez pour ne pas les perdre de vue. Il veut un être qu'il puisse manipuler à son entière fantaisie; et une manipulation qui lui oppose assez de résistance pour qu'il en tire satisfaction (orgueil de l'obstacle surmonté, de la force domptée). Or, la prostituée ne lui oppose rien, elle est la docilité même, toute ouverte comme un carrefour, comme lui, indifférente envers ceux qui y transitent. L'usager demande un sauveur, une figure rayonnante qui rachète ses infirmités; il demande aussi un bouc émissaire, une victime pour la rendre coupable de ses propres disgrâces. Bref, il exige un Christ, un nouveau Messie qui se sacrifie et le délivre à jamais de la différence des sexes. Insoluble exigence en quoi s'alimente toute l'amertume du client quand il ressort de l'hôtel : « Foncièrement pour les hommes le sexe de la femme est une chose mauvaise. Ils rendent le sexe de la femme sale mais dans le fond c'est le leur qu'ils ne peuvent pas supporter. Alors ils acceptent les femmes mais, comme une épouse c'est comme une mère, on a besoin de la respecter, ils se trouvent des boucs émissaires, des têtes de turcs : les prostituées. Nous on prend pour toutes les femmes, pour toutes les autres [1]. »

Aucune séduction possible *a priori* entre le passager et la femme parce qu'elle est si semblable à lui (lui à l'envers) qu'il ne peut l'attirer dans son univers tant elle y est déjà. L'homme est toujours en face de sa réduplication : or, on ne séduit pas son reflet sauf à se perdre dans un vertige nauséeux. Besognant sa partenaire vénale, c'est lui-même que l'homme besogne, il s'encule par procuration, contemple sa ressemblance, conjugue l'envers avec l'endroit, ne fait qu'un avec deux. Prostitution : machine à faire du Même avec l'Autre, à faire de tous les autres le Même que Soi, immense tautologie fonctionnelle (et les prostituées le savent bien qui classent et se classent elles-mêmes en tant que corps de métier selon les demandes clientes : rubriques des sadiques, des masos, des mateurs, des scato, etc., les fantasmes qui se présentent sur le marché n'étant jamais que les variantes d'une seule et même entité : le corps masculin). Entre l'homme et la « respectueuse » la réciprocité est si totale qu'elle oblitère la séduction : pour qu'un accident se produise, il faudrait que la femme pour

---

1. *Une vie de putain*, op. cit., p. 89.

le passager (ou le client pour elle) s'apparaisse comme autre chose que des régions génitales et qu'ils désertent tous deux ce qui les a pour quelques minutes réunis (quand de telles choses arrivent, l'entente porte sur mille autres sujets que la passe; on ne séduit pas une prostituée pour « baiser gratis » parce que la baise, on le verra plus loin, c'est ce dont les putes précisément se foutent le plus). Le corps-client est donc un corps qui demande une surprise mais une surprise en quelque sorte qui ne le surprenne pas et ne soit que la répétition d'un événement bien connu. Aussi le seul luxe que l'homme puisse s'offrir est-il de retarder le plus longtemps possible le choix de sa partenaire; d'où les tours et les détours interminables de ces messieurs devant les hôtels de passe (et qui ne sont pas seulement la recherche d'un bon objet), leur voyeurisme intensif (« on devrait faire payer pour mater, tu veux voir, c'est 100 F », réflexion entendue rue Saint-Denis), leur hésitation, leur agglutination apeurée devant les entrées d'hôtels, leurs visages contractés, au bord de la panique (rares sont les clients qui sourient), ces regards à la fois pressés, anxieux, fuyants, indisponibles et en quoi se lit peut-être d'abord la terreur de l'homme dès qu'il se trouve confronté à une certaine (et certes relative) liberté féminine. Jusqu'au moment, malgré tout, où le fantassin qui a, plus de vingt fois, arpenté le même trottoir, se décide et aborde la femme : alors tout est fini. Dès lors que l'usager a franchi la porte de l'hôtel et qu'il monte les escaliers comme un petit chien timide qui suit sa maîtresse, plus d'incertitude possible, il est entré dans l'implacable mécanique d'un destin qui ne tolère aucune variation (en ce sens l'accostage de la femme est peut-être, dans la passe, le moment de l'émotion la plus forte parce qu'il est à la fois l'aboutissement de la quête et sa fin, son paroxysme et sa déflagration, comme un orgasme anticipé, confrontation qui fait battre le cœur, noue les intestins, mouille les paumes, fait luire le refus d'un vertige que l'on sait pourtant peu probable, d'un acquiescement qui est plus que l'indifférence mercantile, d'une altérité qui ne se résorbe pas tout de suite, noyau des pulsions les plus divergentes qui affluent à cet instant et serrent la gorge). Dès l'entrée, l'usager sera pris dans l'engrenage irrépressible des gestes du déshabillage, de l'érection, de l'intromission et de l'évacuation obligatoire. La chambre d'hôtel est cet espace où l'on ne peut plus perdre son temps parce que ce qu'il faut perdre et dégorger, c'est son sperme : une fois sur le corps vénal, plus d'atermoiement, les organes font leur petit travail et se remboursent en sensations de l'argent abandonné.

Ce que désire le client, c'est donc moins le soulagement de ses tensions que l'annexion à sa propre sexualité (fut-ce pour une minute) du visage, des bras, des hanches, des cuisses, des charmes de ce corps inconnu, l'appropriation de cette femme tout entière incarnée autour de son érection. « Client » cela désigne une certaine organisation corporelle qui impose ses rythmes pulsionnels à un autre corps et, en conséquence, se veut metteur en scène, modulateur à volonté de son plaisir afin de s'assurer que son identité propre, sexuelle et narcissique, ne se trouvera pas gravement compromise ou menacée. Il faut que l'Autre soit convoqué en sa présence matérielle afin de le révoquer fantasmatiquement. Il faut qu'il y ait une femme « creuse en son dedans », il faut qu'il y ait vulve, fesses pleines, fente et mamelons pour que la substitution en vagin-pénis, en jouissance-sperme, orgasme-éjaculation devienne opérante. Afin que l'homosexualité fondamentale du rituel prostitutif soit retour à soi, retour à l'ordre viril par le détour d'une pseudo-étrangeté, le corps féminin.

L'étalon visible de la passe, c'est l'évacuation du sperme, la détumescence de la verge : alors le contrat est rempli, la jouissance annule la dette de la femme, elle est quitte. L'argent compense non seulement le manque d'égards de l'homme vis-à-vis des désirs de sa partenaire mais il joue aussi comme inducteur du plaisir masculin; c'est dire que de grosses sommes devraient signifier en droit de grosses voluptés. Plus je paierai, se dit l'intéressé, plus je serai choyé, caressé, excité, et la prostituée accroît en lui cette illusion en lui offrant, contre rémunération supplémentaire, des services plus raffinés. Toutes sollicitudes qui n'ont pour but en fin de compte que de hâter l'émission séminale et simulent une polymorphie virtuelle du corps-client pour mieux canaliser ses affects dans l'éjaculation. Douceur, tendresse même, folle irritation des muqueuses par des jeux de mains ou de langue, tous mouvements qui semblent nier l'équivalence mercantile et ne font en réalité que la servir. L'homme voulait s'en payer une bonne tranche, il n'avait pas mis de prix à son désir mais quels que soient les à-côtés, les petites gratifications périphériques, cela se termine toujours de la même façon. Et dans les temps.

Mais le client, certes, ne peut se plaindre car, durant les brèves minutes de la passe, il aura été le corps le plus infantilisé, le plus passif qui soit. Pas de femme plus maternelle que les prostituées, pas une qui n'ait plus d'attention qu'elles pour le plaisir, le confort, les petites joies de l'usager : le lavant (et avec quelle précaution!), le séchant, s'inquiétant par d'affectueuses questions de la forme de l'acolyte (tu n'es pas fatigué, tu n'as pas trop bu de bière?), le flattant sur ses avantages (tu es aussi gros que mon petit doigt), le grondant affectueusement s'il y a lieu (ne laisse pas traîner ton sexe par terre, mon chéri, on pourrait marcher dessus), suçant sa verge, la sculptant, en travaillant le frein, le prépuce, bichonnant son érection, bref, baignant ses parties génitales, ses cuisses, son ventre dans une sollicitude qu'il ne retrouvera peut-être qu'avec peu de femmes. Puis installant l'homme en elle et le suppliant d'émettre sa semence, de faire sa petite commission comme une mère attentive qui surveille les selles de son rejeton, s'inquiète ou se réjouit de leur parfum, chavire devant leur entassement bien ordonné. Maternelle donc dans sa manière de traiter le pénis en enfant et ce, en raison bien sûr de l'intérêt commercial le plus évident puisque délicatesse et affection permettent généralement mieux que la négligence de précipiter le dénouement, hâter la montée de la sève dans la colonne phallique et ainsi de renvoyer le porteur de pénis afin d'aller en cueillir au plus vite un autre dans la rue. D'autant plus adorable donc avec ces petits objets que la personne lui est indifférente, experte par nécessité laborieuse, attentive par désir d'en finir et d'accroître le nombre des passes. Le client lui-même n'est qu'un petit garçon qui bande et dont l'érection, loin d'être un attribut de virilité, est l'indice même de son état d'assistance : plus il se montrera excité, rigide, plus il donnera prise à sa passivation, plus sa régression vers l'âge de l'enfance sera certaine. Nulle antinomie par conséquent entre la maman et la putain (vieille rengaine freudienne), aucune attirance trouble pour les prostituées en raison de leur prétendue déchéance ou vulgarité (où commence la dignité s'il est vrai que la procréation est une activité aussi vénale, aussi peu gratuite que la location de ses parties génitales?). Si l'homme paie, c'est aussi pour abdiquer sa masculinité, pour dédouaner son érotisme de son caractère prétendument actif : jouir sans rien faire, dans une espèce de catatonie des muscles, baigner dans le Nirvana, dans le degré zéro de l'activité du mouvement, c'est peut-être aussi cette possibilité paradisiaque qui attire le mâle dans l'organisation prostitutive.

Le corps prostitué.

Face au client qui la paie et achète sa docilité, la prostituée est donc ce corps qui va se trouver, le temps d'une passe, mobilisé, réquisitionné par une puissance extérieure, subjugué par des forces nouvelles, mis au service d'autres buts. Essentiellement appelée à se soumettre, moyennant rétribution, aux fantasmes d'un homme, à les accomplir sans rechigner (qu'il s'agisse d'un abattage simple, d'un rituel masochiste, scatophilique, d'un accès de voyeurisme, d'une partouze, d'un accouplement avec animaux, etc.), à ne pas en briser l'implacable scénario puisque l'usager ne la rémunère que pour peupler d'êtres de chair et de sang ses propres imaginations érotiques à condition qu'elle y joue sans répugnance le rôle qu'on lui a par avance assigné. La prostituée n'est donc pas un corps qui jouit, s'émeut, rit, pleure, se déchire, s'extasie, souffre, c'est un corps qui travaille, qui représente un personnage particulier dans une pièce particulière écrite par les clients, c'est un corps qui incarne le théâtre intime d'un étranger et, à ce titre, sera requis de faire taire en lui ses caprices et ses envies (sauf si cela lui est demandé). Corps qui marque l'incompatibilité totale entre le salariat et la perversion précisément parce qu'il exerce une profession et se trouve ainsi accaparé, entraîné dans les domaines fantasmagoriques d'autres corps qui le contraignent. La prostitution est un emploi parmi d'autres et la société bourgeoise est en retard sur ses propres axiomes quand elle la condamne au nom des bonnes mœurs ou de la protection de l'enfance, alors que la vénalité amoureuse consacre l'abstraction du travail « pure activité créatrice de richesses » (Marx), n'est pas plus immorale que le labeur de l'O.S., du mineur, du cadre, de l'artiste, de l'écrivain, de la dactylo, pas plus abjecte c'est-à-dire pas moins abstraite, cyniquement concentrée sur le résultat (l'argent) et indifférente aux moyens de l'atteindre. Dire que les prostituées travaillent (et non pas qu'elles agissent par « vice », « plaisir », vieilles lanternes judéo-chrétiennes qu'on s'étonne de retrouver sous la plume de certains « athées »), c'est dire qu'elles ont plusieurs corps ou plutôt que la femme publique s'affranchit du mythe du corps propre parce qu'elle en fait un moyen de gagner sa vie (d'où chez elle tous les phénomènes de la résistance au travail, absentéisme, sabotage, frigidité, vulgarité, violence du langage, indices d'une révolte latente et parfois d'une véritable haine contre le sexe masculin en général).

Si la passe n'est que le moyen de produire de l'argent, il faudra que la vie du labeur prostitutif soit l'anesthésie du corps prostitué et que ce dernier, comme force de travail et capital mort dans lequel des sexes viennent engloutir leur semence, acquière peu à peu l'impassibilité et l'inerte répétition mécanique d'une machine. Machine sans forme prédestinée et qui va s'efforcer de coller au maximum à la concupiscence de la clientèle afin de lui offrir en muscles, lymphes, muqueuses, satins de peau, bâtis osseux, l'équivalent de la somme déboursée. Le rituel prostitutif est la conjonction de deux volontés antagonistes, un désir de jouissance et un désir d'enrichissement, l'un ne va céder devant l'autre qu'en contrepartie d'une rétribution financière ou plutôt c'est l'argent comme fraternité des incompatibles qui va cimenter l'accord de ces deux désaccords, va sceller leur contrat et annulera leurs dettes en les laissant quittes. La promesse de plaisir cependant ne suffit pas. La salariée de l'amour se doit d'être comédienne non au sens où elle aurait à simuler des transports mais parce qu'en elle la réalité ne vaut que par l'apparence qu'elle produit et qu'il lui faut en appeler aux ressources d'une métamorphose incessante. Ce n'est en effet qu'une série de surfaces, visibles et juxtaposées — fesses et bustes généralement rehaussés, soulignés dans une découpe fétichiste du corps — qu'elle offre aux regards de la rue et qui devront influencer de la manière la plus déterminante le choix des passants, chaque appât dévoilé ou appuyé jouant le rôle d'un « indicateur social », d'un accélérateur de décision. Actrice donc au sens où le corps qui se prostitue est un autre corps, une autre peau, une autre langue, une autre bouche et qui profère d'autres mots : « La vulgarité c'est comme le maquillage, c'est une façon de se défendre, une seconde peau qui protège (...). La journée je suis moi, je fais mes courses, je vis comme n'importe quelle femme et le soir je suis vraiment une prostituée avec l'argent, la vulgarité, l'attitude, la violence et la rébellion, la hargne [1]. »

1. *Une vie de putain*, op. cit., p. 145.

Mais l'habit d'arlequin du travail n'est pas que moyen de se défendre d'une éventuelle brutalité de l'usager (et cette vulgarité elle-même n'est-elle pas aussi un jeu qui excite le client?), il participe intégralement de l'art théâtral de la prostitution qui des réalités les plus maigres doit faire sortir les fantasmagories les plus fortes, engendrer le maximum d'effets avec le minimum de causes. La réalité est ici l'investissement et l'apparence le profit. La femme publique ne se masque pas, elle ne dissimule rien, elle expose exactement au client la nudité qu'il désire voir et se fabrique de toutes pièces l'écorce, l'aspect dont il la veut revêtue. D'où le calcul minutieux de ce qui va être montré et caché (et qui ne recoupe jamais tout à fait le corps génital), l'archaïsme ou le baroque du harnachement (cuissardes, jarretelles, collant serré, pantalon moulant, culotte dentelée à volet mobile arrière et avant, soutien-gorge minimum, réduit aux trois quarts, maquillage outré du visage, coiffure extravagante, bottes orthopédiques [1], etc.) puisque tout fait sens dans l'habillement vénal et que rien ne doit être laissé au hasard ou à l'improvisation. D'où aussi l'extraordinaire irréalité et variété du corps prostitué : il y en a — si l'on ose dire — pour chaque spécialité, chaque fantasme : créatures felliniennes aux seins lourds, à la bouche écarlate, outrageusement fardées, clochardes écroulées sur des poubelles offrant leurs charmes pour quelques pièces, déesses cruelles aux traits durs et méprisants, hippies couvertes de broderies, fleurant bon l'encens, amazones vêtues de cuir noir, armées de fouets et de chaînes, grandes dames en robe longue, regard vaporeux, sourire énigmatique, bourgeoises genre hôtesses de l'air, soigneusement mises, étudiantes en lunettes, cheveux mi-longs, estivantes, à demi nues ou en short, décolletées jusqu'à la pointe des seins, laborieuses, manteau strict, maquillage réduit, souliers à talons plats, rock-rétro, jeans collants, bottes pointues, cheveux courts, cuir noir, Lolita en tresses, jupes courtes, socquettes et sucettes; bref toute la gamme de ce qu'une certaine idéologie appelle le « mauvais genre », y compris son « bon » genre à elle et tous les genres que la mode suscite continuellement et auxquels les filles s'adaptent selon l'évolution des goûts de leur clientèle. Avec ce prodigieux effet de renversement que les prostituées étant toutes

1. C'est alors que toute simplicité ou négligence vestimentaire est fortement connotée et apparaît à son tour comme fantastique et abstraite au milieu des parures des autres femmes.

les femmes possibles, des plus belles aux plus laides, toute femme peut dès lors apparaître comme une prostituée, même et surtout les plus fines, les plus délicates, les plus désincarnées et les frontières entre le monde du travail et du plaisir, entre l'honnêteté et le vénal, l'élégant et le vulgaire, l'ancien et le moderne s'écroulent sous la multiplication des modèles virtuels. Si la fonctionnaire du sexe peut être la mère, la sœur, la fiancée, la maîtresse, l'épouse, la sainte au même titre que la muse, la sorcière, la princesse, la bonne, la femme riche, la pétroleuse ou l'anarchiste, c'est que la prostitution, en se généralisant, consacre la ruine de tous les rôles définis, de toutes les images modèles et des personnages bien distincts [1]. En d'autres termes, la transmutation du corps vénal n'a pas de fin dans la mesure où il doit réciter toutes les perversions clientes et où ces perversions elles-mêmes ne cessent de varier, de se modifier, corps qui sera toujours dérivé produit parce que n'ayant aucun usage, aucune destination naturelle *a priori*, corps fabriqué de toutes pièces par le fantasme masculin. Et donc à la fois grégaire et singulier ou plutôt unique dans sa généralité, répondant aux vœux des grands ensembles clients (stéréotype de la « pute ») et à l'émotion unique d'une particularité; corps qui joue tous les rôles, tous les personnages que le client peut investir [2], relève simultanément d'une sémiotique, d'une psychologie collective et d'une véritable micro-physique du détail, mêlant dans une même indécision des besoins codés, archaïques, hypernormalisés et d'inéchangeables intensités. Tu ne me chercherais pas si tu ne m'avais déjà trouvé mais tu ne trouves pas exactement ce que tu cherchais; le corps prostitué concrétise si bien le fantasme du client qu'il lui devient inaccessible, plus il est conforme à ses rêves, moins il répond à sa demande : comme si le zèle du pastiche trahissait la fidélité du modèle à force de le

---

1. Le même phénomène se serait déjà développé à Rome et à Venise au XVIᵉ siècle si l'on en croit les historiens : cf. ce fragment d'un rapport du Sénat vénitien paru en 1543 : « Dans notre cité, le nombre des prostituées a augmenté dans des proportions si excessives et, délaissant toute pudeur et vergogne, elles se montrent en public dans les rues, les églises et ailleurs, si bien vêtues, que souvent les patriciennes et les autres femmes de notre cité n'étant pas vêtues différemment d'elles, non seulement les étrangers mais les habitants mêmes de Venise ne distinguent pas les bonnes des mauvaises (...) non sans murmure et scandale de tous » (cité par P. Larivalle, *Vie quotidienne des courtisanes en Italie au temps de la Renaissance*, Hachette, 1975).

2. Similitude, en ce sens, bien marquée par J.-F. Lyotard (*Eco-Lib.*, p. 222) du psychanalyste et de la prostituée.

surexposer ou du moins ôtait au « créateur » tout pouvoir de contrôle sur sa « créature »; et jamais la prostituée n'est mieux protégée de son client qu'à l'instant où elle se plie à ses fantaisies érotiques. Toute à lui et donc à personne.

Et c'est pourquoi le couple qu'elle forme avec l'usager n'est jamais pur, tranché, toujours plus ou moins que sa simple opposition, ne cessant d'altérer ce dualisme primaire par de petits écarts adjacents, de petites failles où passent des flux inattendus, chaque séance même la plus banale, la plus expédiée charriant avec elle des instants où les rôles vacillent, où les personnages cessent de « réciter leur texte » (je branle, tu paies, tu gicles) et entrent dans le flou de l'improvisation. Non pas que le soliloque des deux parties devienne alors « dialogue » mais il peut arriver parfois qu'il soit interrompu et qu'un peu d'improbable (sous quelque forme que ce soit) se glisse sous le cérémonial le plus établi.

La maxime clé de toute prostitution : « Prêtez-moi la partie de votre corps qui peut me satisfaire un instant et jouissez si cela vous plaît de celle du mien qui peut vous être agréable » (Sade). Mais ce que Sade proclamait tout haut (et que nous feignons d'ignorer), c'est qu'aucune jouissance n'est concordante et qu'enfin si l'homme veut prendre son plaisir comme il l'entend, la femme elle, à moins d'un miracle, demeurera insensible (ou alors elle ne ramassera que des miettes). Dans la prostitution l'homme impose donc deux choses : la prééminence de ses dispositifs sexuels et la frigidité de la femme; ou encore pour tenir le même discours à l'envers : la frigidité est exigée de la femme chaque fois que l'homme ne veut voir en elle que la copie inversée de sa propre économie érotique et qu'il peut se penser comme unique détenteur de ce qu'il y a de sexué dans l'humain. Le corps de la prostituée n'est pas seulement embaumé dans l'argent, il n'est reconnu comme féminin que pour être mieux nié (proposer à la femme l'envie du pénis, ce n'est jamais que théoriser cette situation de talion économique). Le mercenariat amoureux impose à la fille d'être pendant un quart d'heure l'égale de son client; mais cette égalité ne peut se faire pour elle que par soustraction, au prix d'étouffer ses propres rythmes érotiques; l'argent est donc la rétribution, le remboursement de ce déni infligé à la femme. Nier la différence des sexes dans un sexe différent du sien, par une espèce d'homosexualité ou d'unisexualité conquérante, tel est donc l'acte-client par excellence (mais n'oublions pas qu'il paie pour ce faire, que par ce geste il rend sa négation dérisoire, ineffective; avantage en ce sens, encore, de la prostituée — du moins si elle est « libre » — sur l'épouse classique). Dès qu'une femme n'est qu'un « objet de plaisir » pour un tiers, elle se met en position de prostituée si tant est que la prostitution est bien cette scène de la non-réciprocité, ce théâtre où l'un des partenaires ne peut et ne veut pas jouir afin que l'autre parte au plus vite (au double sens du terme, qu'il éjacule et qu'il évacue les lieux).

Le contrat de prostitution : il conjure à la fois les mauvaises surprises toujours possibles (une augmentation imprévue au moment du passage à l'acte, une manœuvre non programmée, une demande exorbitante) et la prolongation indéfinie des relations dites normales (l'accord est limité à un laps de temps précis, chronométré au-delà duquel les corps se séparent à moins d'un nouvel apport d'argent frais qui reconduise le traité). Mais le contrat de base est surtout le point de départ d'une négociation autrement importante : s'il postule d'emblée une équivalence entre une petite somme et un petit morceau de corps (n'importe lequel), sorte de prix fixe, officiellement établi, indexé sur la hausse, l'inflation, le chômage, les crises, variable selon les catégories sociales, l'âge, la race, les quartiers, c'est pour mieux susciter à partir de là une multitude de contrats dérivés qui porteront sur des avantages supplémentaires et constitueront l'essentiel de la tractation. L'argent découpe le corps de la femme : elle est de la tête aux pieds un véritable cadastre dont l'acquisition provisoire par le client fera l'objet pièce à pièce d'un marchandage opiniâtre et sévère. Voilà ce qui va électriser l'amateur de femmes publiques : la certitude d'une pluralité de contrats secondaires intéressant des points de détail (par exemple la dénudation complète, la fellatio, le cunnilingus, le baiser anal, la sodomie, etc.). Le froid commerce des sens inverse ainsi sa finalité première : la « travailleuse » cède d'emblée sur l'essentiel (sur ce que les femmes n'accordent d'habitude qu'après un certain temps), il s'agit pour le client de conquérir le superflu, le périphérique, d'obtenir tel ou tel privilège sans que le prix initial augmente (ou du moins sans qu'il double), négoce auquel la prostituée elle-même se prête sous forme de propositions alléchantes dans un souci de rentabilité du détail où non seulement chaque membre mais aussi le plus petit mouvement, le plus petit dérangement qui la tire de l'inertie s'échange, c'est-à-dire se monnaie. L'interdit suprême demeurant bien entendu le baiser sur la bouche (et à la limite donc certains n'useront pas des prostituées pour faire l'amour mais pour tous les investissements latéraux que permet leur situation).

Tout y est renversé par rapport à la position sexuelle courante : le sexe y est le plus commun, le plus dévalué et la bouche le plus brûlant, le plus intouchable. Les « putains » ne sont donc pas ces femmes qui frayent avec n'importe qui; c'est l'inverse qu'il faut soutenir : les femmes publiques ne se donnent à personne, elles sont les êtres les plus réservés qui soient, d'autant plus inaccessibles qu'ouvertes au premier venu. Le fantasme du client, c'est le corps total, tout entier rassemblé autour du sanctuaire génital, il veut le maximum de corps possible et même la tête et le cœur et les tripes, totalité qu'il « n'obtiendra » que par addition de zones âprement marchandées. La prostitution est un simulacre de don, une offre qui se dérobe, une disponibilité au néant : son charme singulier c'est d'opérer une autre intensification du corps, de frapper d'interdit toutes les parties non génitales et par là de les offrir à la concupiscence immodérée de l'usager : la putain ne peut, ne doit pas faire l'amour comme les autres femmes sous peine de voir s'effondrer la fascination qu'elle exerce sur les hommes; elle s'exile au maximum pour susciter (et vendre) le désir de son (impossible) retour. On sait ce que le client attend d'elle : une insensibilité magistrale, une froideur que l'or même ne puisse acheter et que les techniques les plus raffinées n'entament pas. Mais cette exigence se renverse immédiatement en son contraire : en même temps qu'il demande un vagin anesthésié, imperméable à toute sensation, l'homme rêve follement (rêve auquel la femme se prête quelquefois sous forme de simulation) de faire jouir la prostituée, de l'émouvoir, d'être enfin reconnu comme partenaire; désir qui n'invalide nullement ce qu'il est venu chercher dans l'hôtel de passe, un corps asexué, puisque la jouissance de la femme, si jouissance il y a, ne sera elle-même qu'un décalque de l'éjaculation masculine. Si le client vient au tapin à la fois comme l'une quelconque des parties de l'espèce mâle et aussi comme son représentant sur la scène prostitutive, c'est bien, nous l'avons dit, pour conjurer la libido féminine. Raison pour laquelle l'orgasme de la prostituée n'est jamais voulu en tant que tel mais simplement requis à titre de bénéfice supplémentaire. Le plaisir de la femme, le client voudrait se l'offrir mais à l'œil, sans efforts, sans égards particuliers ; soit comme adjuvant à sa propre excitation (il peut se dire alors que lui seul a su émouvoir ce corps que des légions de bites ont laissé insensible) ; soit que les putes représentent pour lui l'image ridicule de femmes assez lascives, rodées et délurées pour jouir presque toutes seules sans aucune sollicitude. Le client ne monte pas pour mener sa compagne à l'extase érotique (s'il veut l'exciter par manœuvres génito-buccales, il devra encore payer) mais pour que le gai tapin efface à ses yeux le guet-apens de la féminité en général [1]. Et si d'aventure la femme s'abandonne, son ravissement n'excède pas les quelques minutes du contrat et ne remet donc rien en question.

Le corps de labeur de la prostituée (étant entendu qu'il n'y a pas un état naturel du corps) est un corps réquisitionné, façonné, grillagé selon des schémas virils : tout en lui n'est qu'appendice du réceptacle où s'agitent, gonflent et bavent les verges clientes. Et son sexe lui aussi n'est plus qu'un simple orifice : cavité sans odeur (les parties d'une prostituée ne sentent que le savon ou le déodorant), ni sec ni humide (pour introduire le pénis, la femme mouille sa vulve avec de la salive), ni ouvert ni fermé, ni dedans ni dehors, pénétrable mais impénétré. Corps sans chair, sans écarts, sans émois, sans perte, sans autre parfum que celui d'une hygiène méticuleuse et professionnelle, impersonnalité machinique dont on peut seulement dire : ça fonctionne, ça va, ça vient, ça rentabilise.

Aussi la prostituée voyage-t-elle mais c'est un voyage sur place, un voyage en cercle, pour rien comme l'Odyssée d'Ulysse. Elle se métamorphose certes selon les dispositifs exigés par chacun de ses clients mais elle n'est aucune de ces incarnations, elle les interprète, les joue et les survole toutes, elle est comme la place du zéro de la roulette, elle gagne toujours car elle n'est rien d'autre que cette disponibilité à tout représenter. La prostituée, il serait naïf de la voir à l'image d'un agent collectif, d'un rassembleur de grandes masses, d'un confluent de vastes ensembles ; en elle rien ne se réunit, ne s'agrège, ne s'abouche ; elle décline toujours

---

[1]. Notons à cet égard que dans tous les pays où l'autonomie des femmes est en progression, les effectifs de la prostitution ne cessent d'augmenter. Comme si toute indépendance féminine se traduisait immédiatement par une régression masculine (ainsi par exemple recrudescence des cas d'impuissance).

le même corps, n'a jamais affaire qu'à l'éternelle, interminable liturgie du vidage de couilles; mille hommes entre ses jambes ne font qu'un, tous ceux qui viennent à elle ont le même visage ou plutôt la même absence de visage, l'anonymat vague de l'espèce masculine. Circonscrivant la femme à son bas-ventre, le client se circonscrit lui-même à ces zones, se condamne à n'être perçu que comme porteur de pénis et rien d'autre. Loin d'être une femme « complète », la pute n'est qu'un petit morceau de peau, le résultat d'un équarrissage qui a limité son être à quelques organes, quelques orifices et a banni tous ceux qui ne peuvent satisfaire ou intéresser le désir-client lui-même borné à n'être qu'une verge en goguette qui demande à être épanchée. C'est évidemment l'ouvrière de l'amour qui pourrait tatouer sur son ventre comme certain masochiste [1] : « Au rendez-vous des belles queues » ou écrire sur la face interne de ses cuisses avec une flèche pointée vers le haut : « Entrée des belles pines » encore qu'à elle la beauté ou la petitesse de l'objet lui soit parfaitement indifférente mais le fait est là : son utérus est un lieu de rendez-vous pour tous les pénis possibles qui s'y cherchent, s'y convoitent à l'envers et y déchargent. Maison de rendez-vous c'est-à-dire, au sens strict du terme, local insensible à ce qui se passe entre ses murs, totalement insoucieux des petits troubles, frissons, joies, drames qui adviennent dans l'espace qu'il délimite pourvu que le contrat d'occupation des lieux soit respecté. On ne dira jamais assez l'indifférence de la prostituée envers la sexualité génitale : le petit théâtre organique, l'inflammation et détumescence rapide des zones érogènes, ce ne sont pour elle que du travail (d'où cette terrible confidence qui revient chez presque toutes : quand elles font l'amour avec un « amant », elles ont l'impression de travailler pour rien). Et parce qu'on ne peut demander à la vendeuse d'aimer les chaussures qu'elle vend ni à l'O.S. les écrous qu'il visse à longueur de journée, on ne peut demander aux prolétaires de l'orgasme d'affectionner la marchandise sexuelle qui les fait vivre surtout quand elle ne les concerne pas et aurait même plutôt tendance à les asservir : « Finalement les clients, le sentiment le plus général que j'ai par rapport à eux, c'est qu'ils me font rire. Ma réaction, si je n'avais pas le trac, ça serait plutôt d'exploser de rire [2]. » Entièrement vouée à quelque chose qui se passe en dehors d'elle, la femme

---

1. Cf. *Sexualité perverse*, op. cit.
2. *Une vie de putain*, op. cit., p. 74.

publique est femme de tête au double sens du terme : non seulement parce que, suçant et branlant, elle ne cesse de calculer, de surveiller sa montre, de compter, d'investir sur la quantité (plus d'argent, plus de bites à l'heure, plus d'éjaculations rapides et encore plus), mais aussi parce que la réquisition continuelle de son vagin entraîne chez elle une migration des intensités, une véritable intensification des hautes régions du corps : « Moi il y a une chose que je me réserve, c'est tout ce qui est au-dessus des épaules. Là, pas question, je ne permets à personne d'y toucher [1]. » La prostituée déplace son intimité du sexe au cœur (d'où peut-être son côté fleur-bleue...), du bas-ventre au visage et à la bouche, se réservant toujours un morceau de corps à soi, une partie inéchangeable, non susceptible d'être marchandée car hors prix. Mais le sexe lui-même, la femme ne le prête si l'on peut dire que du bout des lèvres et si le coït furtif du client n'est pour elle pas plus que l'anonyme étreinte d'une poignée de main, c'est qu'elle a d'abord réduit sa cavité vaginale ou anale aux dimensions d'un trou, d'un lieu de passage insensibilisé, sans fonctionnement ni virtualité propre, son « génital », elle l'abandonne mollement, elle l'offre à peine. Car la passe n'est pas seulement la conjonction éphémère d'un homme sans tête et d'une femme décapitée, tout y fait défaut, en un certain sens, le visage, les viscères, les bras, aussi bien que le sexe, tout s'y accorde, s'y emboîte mais de la façon la plus parcimonieuse dans une certaine décorporéisation ou plutôt dans une corporéité minimale. Contact de deux épidermes sans autre métamorphose que la mince et machinale exonération spermatique, où les corps se frôlent plus qu'ils ne s'agrègent ou se désagrègent, où rien n'arrive sauf précisément ce que l'on nomme « l'acte sexuel » (version juridique de l'érotisme). Aussi la femme n'est-elle jamais nue [2], pas plus dévêtue dans la chambre d'hôtel qu'elle n'est habillée dans la rue, toujours aux frontières d'un débraillé indécidable, assez décent pour autoriser le racolage, assez mince également pour permettre l'intromission pénienne sous toutes ses positions. La prostituée ne se sent jamais nue devant un client parce que cette

---

1. *Ibid.*, p. 139.
2. Si l'on entend par nudité un état qui prédispose à l'émoi sensuel, phénomène historique relativement récent puisqu'il y a deux siècles la nudité, beaucoup plus courante qu'aujourd'hui, n'était pas synonyme de sexualité (cf. Jos Van Ussel, *op. cit.*).

nudité qu'on exige d'elle (nudité négative qui est le simple débarras du vêtement) n'est qu'un habit de travail comme le bleu de l'O.S. ou l'uniforme du pompier. Même écartelé, même délité du slip, du soutien-gorge, soumis aux postures les plus obscènes, ce corps est totalement vêtu, enveloppé d'une infranchissable membrane, médiatisé, et c'est encore dans des étoffes, du tissu (et non dans une chair) que le client va éjecter sa semence; pour lui la vraie peau est ailleurs, il jouit dans un corps d'emprunt, dans un corps masqué (mais comment savoir si ce n'est pas cette doublure qui le chavire?). Car des cinq états possibles de la nudité, l'anatomique (celle du cadavre), la narcissique (celle du striptease), la photographique (mannequin), la brûlante (corps d'amour), la professionnelle (courtisane), celle de la prostituée est à la fois la plus morne (la plus alimentaire) et la plus insoluble, trop spectaculaire pour être troublante mais assez proche cependant pour émouvoir, à la fois vivace et morte. Ambivalente sans aucun doute mais jamais assez pour permettre des transports en commun; une invisible tunique protège la prostituée de la contagion du désir-client; d'un corps à l'autre les intensités ne passent pas.

La passe.

Les lieux de vénalité ne s'inscrivent aujourd'hui dans le tissu social qu'à travers une double mise à distance : par rapport au monde profane d'abord, distance de la rue (délimitation dans la cité d'un quartier « chaud »); dans la rue elle-même, emplacement de chaque femme sur sa portion de trottoir, circonscription de petites colonies privées où le corps prostitué se protège, se calfeutre autant qu'il piège, tel un parcmètre de volupté, le désir-client; puis, vis-à-vis des autres usagers, distance de l'hôtel lui-même en communication avec la rue (comme si elle trouvait sa prolongation en chacune de ses pièces, comme si le dehors et l'intérieur s'échangeaient pour bien montrer le caractère public de l'amour mercenaire); montée dans les escaliers et les étages (sans oublier l'allocation d'une serviette qui évoque tout à la fois l'hôpital et les bains-douches : nécessité d'une purification après la souillure, menaces toujours présentes des gonocoques et du tréponème bleu pâle), enfermement dans la chambre et célébration du sacrifice puisque le monde extérieur n'existe plus et que les officiants sont (en principe) soustraits aux regards indiscrets. La passe apparaît ainsi comme un moment quasi paradisiaque d'un état affranchi de l'histoire, c'est-à-dire non seulement de la différence des sexes mais aussi de toutes les lois, de tous les contrôles sociaux y compris de ce contrôle intérieur qu'on nomme la responsabilité : et c'est pourquoi ces amours immaculées n'ont qu'un temps parce qu'on ne peut maintenir indéfiniment l'excitation d'un seul partenaire, parce que cet onanisme à deux (où l'on paie l'autre pour vous masturber, pour éviter l'habituel veuvage de la masturbation) ne dure pas et s'épuise aussitôt consommé. Autrement dit la scène prostitutive est bien le lieu de réalisation des pulsions partielles dont l'expression reste socialement plus ou moins réprouvée. Mais ces manifestations de désir dites « anormales », elle ne les fait surgir cependant que pour mieux les neutraliser. Elle les conjure au double sens du terme, elle les appelle et les exorcise, les suscite et ne les relance pas, les provoque afin de les canaliser dans le noyau privé de chaque chambre derrière des murs de pierre [1]. On y fait l'amour effectivement mais « seul » et sous la menace d'une montre, sous l'implacable unité de temps du travail. N'est-ce pas à cette demande de confinement, à cette volupté de la cachette que la prostitution répond aussi avant tout ?

Un vagin qui n'est que la gaine d'un pénis ; une femme qui ne sert qu'à l'économie auto-érotique de l'homme ; un acte sexuel qui n'est qu'un onanisme à deux : la relation prostitutive est cette triple équation. Elle réalise un accord unique entre les mécanismes monétaires et la sexualité masculine : d'une part un érotisme arithmétique avec son unité de base, l'éjaculation, de l'autre un ordre du calcul et des quantités abstraites, leurs épousailles dans la plus parfaite des symétries comme si l'un avait été inventé pour l'autre (et à son tour l'orgasme de l'homme jouera dans l'accouplement dit normal comme monnaie d'échange — ton plaisir contre le mien — d'où l'importance attachée par les sexologues à sa définition « scientifique » : l'orgasme est l'étalon de référence de l'étreinte charnelle, son recentrement, son garde-fou,

1. Exception notable à cette situation, le bois de Boulogne à Paris qui doit à son emplacement et à sa topographie de réunir sur un même espace tous les labeurs prostitutifs (femmes, travestis, pédérastes, hommes) ainsi que les demandes sexuelles les plus libres (partouzes, voyeurisme, groupisme). Lieu d'aveugle mélange des perversions gratuites et payantes, il est unique en ce qu'il ne les distingue plus, abolit leur séparation.

ce qui la retient de s'égarer dans les voies les plus insanes). La prostitution ne convie donc pas à d'obscènes aventures mais à la triste simplicité du plaisir masculin, elle est une dépression constante de l'exubérance, de cette exubérance que représente pour l'homme la continuité fabuleuse de la jouissance féminine. La passe se caractérise par le fait qu'il ne s'y passe rien, que rien ne peut arriver sinon ce qui était prévu, compte tenu des corps qui viennent s'y épancher et du rabattement des pulsions sur le milieu de l'argent. Voyez la femme publique : sur les trottoirs elle se promène, debout, racolant les passants, les accrochant sur la foi de jouissances extravagantes; mais dès la porte de la chambre fermée, la voilà penchée, renversée, contorsionnée, accroupie, à genoux, à quatre pattes, tout occupée à faire ou à se laisser faire; flagellante ou battue; suçante, sucée, léchante, léchée, pénétrante, pénétrée; expulsant ses matières fécales sur la face réjouie d'un usager, recevant le « cas » d'un autre dans ses mains, bref sollicitée de partout, écartelée à tous les horizons, mobilisée en chacun de ses orifices; et pourtant dans cette « bestialité » des postures, dans cette inversion des organes où l'anus tient lieu de vagin au même titre que la main, la langue ou la bouche, ne lisez aucune pornographie, aucune frénésie ou dévergondage mais de simples attitudes laborieuses comme l'ouvrier penché sur son tour, le prêtre bénissant ses fidèles, le ministre récitant son discours, le CRS dispersant une manifestation, la secrétaire tapant sur sa machine; car tandis que le client s'échauffe, retarde ou enjolive son petit plaisir, commence à baver et sent le cœur qui lui bat dans les tempes, la femme, elle, attend la fin du contrat, s'appliquant à ne jamais faire l'amour mais bien à travailler, assumant ainsi au profit de l'homme la non-réciprocité du rapport mercenaire; s'efforçant d'être à la fois ouverte à tout et inaccessible au moindre contact, maniable et indépendante, lascive et chaste, amoureuse et frigide; profitant de sa position particulière qui lui permet d'éviter un engagement réel pour autant qu'elle la rend disponible à tenir tous les rôles, à rendre tous les services possibles exigés par le protagoniste. Prolétaire de la bite donc, stakhanoviste du sperme (combien de milliards de spermatozoïdes extraits chaque jour des grelots de ces messieurs), mais dans un dispositif très particulier qui combine la monotonie gestuelle et la polyvalence fonctionnelle, l'insensibilité et le déchaînement, l'aléa des pulsions et la commensurabilité de l'argent.

L'idéologue type de la prostitution, ce n'est pas Sade ou Fourier mais Bentham, non pas les porte-parole des passions mais le gardien vigilant de l'utilitarisme (au lieu de Bentham on pourrait écrire tout aussi bien n'importe quel expert du CNPF, n'importe quel conseiller économique du gouvernement). La prostituée féminine a l'avantage de travailler sur un matériau simple, évident, la sexualité masculine [1], sexualité rationnelle et transparente, tout entière externe et finalisée, sans ombre ni recoin qui fasse obstacle à l'acheminement de la semence (et certes la prostitution ne serait pas si rentable sans cette réduction préalable de l'érotisme masculin au phénomène de l'éjaculation; double avantage, et de bannir le hasard et d'établir des normes d'espace et de temps). D'où le premier axiome de la vénalité amoureuse : tout doit servir, concourir à un résultat visible, rien n'est sans effet, ni la gentillesse, serviabilité, savoir-faire, ni l'éventuelle beauté, bronzage, excitabilité, attrait du vêtement, coiffure, fard du corps vendu. Toute parole, tout sourire, tout mouvement, tressaillement, émotion, inflexion, soupir, plaisir même constitue une dépense, toute dépense doit être productive. La prostituée fait l'amour sans temps mort (ni trompette), d'où la nécessité pour elle de racoler sans fin, de rabattre toujours de nouveaux clients. Mais le principe complet de la prostitution s'énonce ainsi : tout doit servir plusieurs fois, chaque vagin rassembler des utilités nombreuses, chaque corps se faire démultiplicateur. La répétition importe parce qu'elle est construction des conditions du pouvoir répéter. On constate la puissance de quantification que développe la machine prostitutive : pour un maximum de clients, un minimum de filles, une apparence écrasante couvrant une réalité parcimonieuse.

La chambre d'hôtel est d'abord une scène où la prostituée joue tous les quarts d'heure le même rôle avec un acteur-spectateur chaque fois différent et se doit d'utiliser toutes les ressources de l'art théâtral; la réalité pour elle, c'est le moins de dérangement possible aux fins du plus grand profit : il faut que l'homme se plie aux impératifs de son travail, qu'il la pénètre sans froisser sa

1. Une prostitution pour femmes — où les femmes seraient clientes — peut-elle exister autrement que sous une forme luxueuse? Comment rendre compte de la jouissance féminine, comment la mesurer en petits segments fragmentables? Ce n'est pas un hasard si le seul clientélisme aujourd'hui répandu est le clientélisme masculin, prostitués mâles pour d'autres mâles, prostituées femmes et travestis pour les hommes.

coiffure, sans défaire le lit, sans exiger d'elle une participation qu'elle ne peut lui offrir, a-t-il déchargé ou est-il en train de décharger qu'il doit déjà se retirer, prendre garde à ne pas tacher les draps avec sa queue gouttante, se lever, à peine a-t-il remis son slip que la femme a quitté les lieux si ce n'est, pour certains particulièrement peu rapides, qu'elle remonte déjà avec un autre client tandis que le précédent enfile seulement ses chaussettes. Car le local d'amour n'est pas seulement salle de spectacle; il est aussi un atelier où la femme condense les trois rôles du contremaître, de l'ouvrier et de la machine, l'usager étant l'objet à transformer; la rue devient alors le bureau d'engineering, le secteur de prospection, la part de hasard que la fille représentante de son propre corps va s'efforcer de maîtriser en racolant les passants avec le plus de hardiesse et de persuasion (elle pourra, par exemple, consentir un léger rabais au moment de l'abordage et rétablir le prix normal à l'instant du passage à l'acte). Le trottoir, seul aléa de ce métier, équivalant à ce que peut être dans l'industrie l'inconnu des ventes, le flux plus ou moins constant des commandes et des débouchés. Du corps-client la prostituée doit soutirer le maximum : maximum d'argent de sa bourse, maximum de semence de ses goussets; préposée à la rentabilisation des déchets amoureux (on sait l'importance structurelle du gaspillage pour le capital), elle taxe cette perte improductive qu'est le sperme masculin en son éjection. Et parce que toute chose en sert une autre, en même temps qu'elle favorise la légère débauche du client, la femme se drape dans l'austérité, se fait économe de ses gestes, les calcule soigneusement, veillant à ce que nul trouble ou défaillance ne menacent l'accomplissement du contrat. La passe est au fond la forme commerciale du destin.

La chambre d'hôtel est le lieu des coexistences les plus monstrueuses : la belle y voisine avec le bossu, l'infirme avec le bedonnant, l'alcoolique : tout être, du moment qu'il a payé, est compatible avec le corps qui s'offre (à moins que ce corps ne soit lui-même très laid, très gros ou difforme et donc à ce titre ne fasse payer très cher l'inestimable trésor de sa possession furtive). Toute faute d'esthétique ou de convenance sociale est ici corrigée, effacée, plus aucune différence ne subsiste sinon la relation égalitaire entre une demande et une offre. La chambre est alors le meilleur des mondes possibles, le lieu non discriminatoire, utopique où les ségrégations du désir et les rivalités inter-individuelles s'abolissent au profit du nivellement monétaire. L'argent rajeunit les vieillards, mûrit les jeunes, fait mouvoir les infirmes, embellit les contrefaits, efface les rides, bref démocratise les rapports humains, homogénéise les individus, il est l'universel passeport, pour le plaisir, il rend chacun conciliable avec l'être qui se vend et grâce à lui, il n'est pas un client qui ne devienne pour un quart d'heure l'équivalent esthétique, érotique, écologique de la femme qu'il achète. Entre la prostituée et son acolyte n'existe aucune autre analogie que celle des billets de banque déposés sur la cheminée ; la monotone équivalence financière a banni toute incertitude, a effacé le gai foisonnement des séductions amoureuses, toute l'aventure (pas forcément libre elle non plus...) des attirances entre les corps. La prostituée est un organisme polyvalent auquel aucun désir n'est étranger (dans la mesure où aucun désir ne lui est propre). Elle-même niée en tant que telle dans son métier, ne reconnaît pas l'homme comme un autre : le client qui l'accoste n'est pas un personnage nouveau mais le même homme qu'elle vient de soulager. On la ravale à une fonction purement instrumentale ; elle-même ne voit le passager que comme instrument d'enrichissement. Dans la passe la question de l'identité des partenaires ne se pose pas : les personnes et les classes se confondent : le jeune est le vieux, le gros est le maigre, le fripé est le fringant. Tous les hommes ne sont les uns par rapport aux autres que des phénomènes purement réduplicatifs désignés sous le même terme générique : les clients. Seul importe en dernière analyse que le sperme parte et que l'argent reste, que la liasse des billets joue comme mémoire de tous les petits plaisirs soutirés des corps-clients.

Qu'est-ce qui est donc désiré dans la prostitution du côté de l'usager ? C'est l'équivalence, c'est-à-dire une relation spéculaire, un tête-à-tête réducteur, narcissique ; l'homme n'y vient pas chercher un corps de femme mais les indices en elle de son propre corps à lui, un double de lui-même, la confirmation d'un asservissement séculaire. Or, qu'y a-t-il de plus échangeable pour la règle marchande capitaliste que l'évacuation séminale c'est-à-dire une jouissance limitée, mesurable, visible ? La prostitution est le contraire de la débauche parce qu'elle célèbre les noces désenchantées du désir masculin et de la loi de la valeur d'échange ; elle n'est pas le cloaque de tous les vices mais leur mise en cohérence ou plutôt elle est le lieu contradictoire des plus grands débordements et de la plus forte mesure. Toutes les perversions, aussi lubriques soient-elles, peuvent s'y satisfaire : il n'empêche qu'elles devront se manifester à bas régime, ne pas déborder le cadre étroit de la chambre d'hôtel ou entraîner un risque de contamination pulsionnelle (et pourquoi ne pas imaginer des passes de larmes, de fou rire, de câlins toutes aussi réglementées?). Parce qu'elle est découpée, chronométrée et sans suite, la séance amoureuse mercenaire permet le double allégement de l'avant et de l'après : le client n'a pas à séduire la fille qu'il monte ni à gérer leur relation; la passe est cette relation idéale qui ne dure pas, ne comporte ni antécédents ni conséquences, ce lieu irréel de l'oubli et de l'engloutissement absolu. Aussi le client ne se « paie-t-il » pas la fille publique, il se l'achète ou plutôt il se la loue, il en a l'usage durant quelques instants. Se payer un homme ou une femme (expression qui sous-entend le consentement réciproque) implique paradoxalement qu'on l'a gratis puisqu'on possède déjà de par soi tout ce qui peut acheter le corps de l'autre sans passer par la médiation de l'argent; ou plutôt la séduction est une forme de prostitution camouflée où la vénalité passe ailleurs que dans les signes financiers; si je n'ai pas besoin de payer l'autre pour l'avoir c'est que mon corps est assez (beau, jeune, frais, pimpant, subtil, aéré, parfumé, in, pop, rétro, musclé, athlétique, balancé, puissant, viril, sensuel, débonnaire, sympa, complet, développé) pour fonctionner comme monnaie vivante (nulle nécessité alors de recourir comme le client à la monnaie morte), c'est que l'échange s'est passé de l'argent ayant lui-même produit son propre code, son propre numéraire (cas possible dans la séance prostitutive : celui du client qui plaît à la femme; double chose : il paie de sa personne — en lui quelque chose émeut la fille — et il paie une somme effective : indécision de savoir si l'argent est le supplément du corps ou le corps le cadeau délicieux offert en sus de la prestation).

Espace réglé de tous les dérèglements masculins, négoce raisonnable de l'insensé, la prostitution opère donc la conversion permanente de la force libidinale en intensités moyennes, en plaisirs bien tempérés, bien aptes à dispenser de petites satisfactions mais avec le minimum énergétique requis. Et quelles que soient les exigences du client, la violence ou l'incongruité de ses anomalies, il faudra qu'à la fin elles se plient à la grande loi de « l'égalité pulsionnelle », qu'elles s'atténuent et s'éteignent dans le circuit fixe de l'échange et de la comparabilité. D'où les avatars de ces hommes qui ne peuvent plus frayer qu'avec les prostituées parce qu'ils ne peuvent plus désirer que ce qui s'achète et se vend, parce qu'ils ne désirent plus que le code de la valeur : supprimez le « petit cadeau » obligatoire, instituez la prostitution gratuite généralisée et les clients ne banderont plus :

« Une fois neutralisée la valeur d'échange, la valeur d'usage disparaît... Ce dont on a besoin c'est ce qui s'achète et se vend, ce qui se calcule et se choisit. Ce qui ne se vend ni ne se prend, ce qui se donne et se rend, nul n'en a besoin » (Baudrillard).

Le déséquilibre de la passe n'est pas durable non seulement parce qu'il s'insère dans des formes équilibrées qui en assurent la répétition et en compensent les dégâts mais parce que la passe elle-même est organisée pour évacuer tout déséquilibre. Ainsi l'étreinte n'engage-t-elle ni ordre ni désordre particuliers, le sexe est ce qu'on fait de lui, toujours susceptible de calculs et de régulations qui en limitent la portée, le segmentent et transforment le trouble des sens en instrument docile d'enrichissement. Pour la prostituée c'est l'exercice génital (le travail) qui est l'expérience certaine, monotone, solide et la vie quotidienne un risque de désordre permanent (aucune aventure n'est compatible avec le salariat). Tant que la femme écarte les cuisses, tant que l'homme se soulage en elle tout est calme, tendre, luxueux, réconfortant, l'argent s'accumule, les testicules s'émancipent, la chaîne de l'amour fonctionne. Dira-t-on même que la passe est un désordre limité? Mais quel désordre la sexualité masculine — réduite à sa plus simple expression — pourrait-elle engager? Dès lors que la femme a décidé de ne pas jouir, il n'y a plus de dérangement possible mais le simple accomplissement d'un circuit prévisionnel. Et donc loin de limiter un « désordre » (supposé préalable) en le liant à l'ordre (supposé postérieur) de l'argent reversé par la suite dans le circuit des échanges, la prostitution a soin d'abord de convertir la demande pulsionnelle du client en une minuscule requête; elle ne se contente pas de monnayer, d'évaluer toutes les pulsions, elle commence par les affaiblir, les faire marcher à bas régime; elle les isole (en les nommant, en les tarifant) en même temps qu'elle les affadit. Si bien que lorsque le client entre dans la chambre ou le studio de sa partenaire, c'est cette forme de sexualité — restreinte, amoindrie — qu'il vient satisfaire et non une autre, c'est vraiment un tout petit coup qu'il vient tirer, et pas le grand chambardement orgasmique. Et la passe elle-même ne serait pas si rapide, fonctionnelle s'il n'y avait eu d'abord travail de compression et de confinement sur le désir-client, si ce désir n'était pas déjà désir de repos, de répit, désir de passer rapidement. La séance vénale est ainsi deux fois équilibrée : par l'argent qui nivelle et mesure tous les incalculables, par la demande du passager qui est elle-même demande d'ordre. L'homme veut une jouissance façonnée, disciplinée, un tout petit frisson, que la prostituée lui vend moyennant une autre concession à l'ordre établi, le versement d'argent qui enchaîne ainsi définitivement l'irritation sexuelle au système des utilités. Double prison ou si l'on veut double assurance contre le risque : on circonscrit sur les corps (client et prostitué) des champs de référence libidinale avec leurs modalités propres de satisfaction puis l'on produit un modèle capable d'être répété, d'engendrer une série et de garantir la chaîne des rentabilités. Aucune folie possible donc : les intensités doivent se convertir en intentions mesurables, le désir se réduire en besoins échangeables. Et puisque la passe sollicite toujours les mêmes envies, elle donne lieu à répétition, fait faire et refaire, n'est qu'un effet indéfini d'un pouvoir initial. Ce qu'il en serait d'un désir mal formé ou inouï, la passe n'y songe que pour en écarter la menace ou le transformer en petite inquiétude que l'argent résorbera. L'impromptu ne sera admis que s'il donne lieu à répéter le modèle simple en tant qu'organisation immobile, létale, immuable [1]. Pas de passe donc qui n'implique la froideur libidinale comme condition de son exercice mais pas de passe non plus où ne se logent malgré tout — même raréfiées — quelques intensités, fût-ce les intensités du neutre, du moyen, du médiocre (s'il y a une « jouissance » de la prostituée c'est bien de ne pas jouir, de garder la tête froide face à tous ces membres qui la pilonnent et se vidangent en elle).

La prostitution est-elle un « mal » nécessaire? On voit que la question est mal posée : puisque le mercenariat amoureux soulage moins des besoins préexistants qu'il ne les façonne et ne les

1. A quand le *Catalogue de toutes les dames de France* avec le nom, le prix, le lieu, le tarif de chacune, toutes taxes comprises? (Et quel merveilleux instrument pour la police qu'un tel fichier!) Pourquoi ne pas voir la *Psychopathia sexualis* de Krafft-Ebing non comme un livre pour médecins mais comme un ouvrage à l'usage des « psychopathes » eux-mêmes où chacun d'eux pourrait trouver le lieu, le prix et les modalités du dispositif libidinal qu'il chérit et voudrait satisfaire; faut-il ajouter qu'un tel livre, s'il était rédigé par les pervers eux-mêmes, serait à la fois toujours divers, mouvant et interminable s'il est vrai que la « création » des perversions, c'est-à-dire des fantaisies et manies, (pas nécessairement sexuelles), est elle-même sans fin?

produit littéralement à son usage. Aussi la prostitution, en tant que machine à fabriquer du général avec du particulier, ne satisfait-elle jamais que le besoin qu'elle a créé (ce qui ne veut pas dire que ces besoins soient pour autant négligeables et le client le sait bien; s'il se rend — et en masse — sur les lieux de la vénalité, c'est que pour lui un petit plaisir est encore préférable à pas de plaisir du tout). La passe est un véritable rituel pédagogique, un modèle d'éducation libidinale : la femme y apprend à demeurer insensible, l'homme à se contenter de maigres joies. Telle est la sagesse de cette institution.

Par l'argent la prostitution place le déséquilibre qu'est le désir à l'abri du déséquilibre. Comme épanchement institué de la pléthore sexuelle, elle est un modèle de politique contractuelle : elle ne fait vaciller que dans les limites très étroites du cercle monétaire. Elle a l'impassibilité de l'argent et sa duplicité; elle est mercantile mais elle ne peut dissimuler les mouvements pulsionnels qui se faufilent dans son sillage. Quand la femme promet d'être gentille et douce si l'usager rajoute quelques billets à la somme initiale, c'est que, pour elle, l'argent est caresse, avance de temps et d'espace, morceau de corps supplémentaire, extension de sa chair, extension de son sang qui l'autorisera à se compromettre, à s'engager un peu plus dans le plaisir de l'autre. Et en un sens, la réciprocité est donc bien totale entre la travailleuse et son acolyte mais à des niveaux différents : la prostituée caresse le client avec ses mains, sa bouche, ses cuisses, lui la caresse avec son argent; et le contrat n'est équitable que si l'on envisage ces deux paliers dissymétriques : durant la passe l'homme et la femme n'ont pas la même peau, ne réagissent pas aux mêmes contacts, ne sont pas sensibles aux mêmes attouchements; cette disparité fabuleuse des sensations (ce qui fait plaisir à l'un contrarie l'autre), cette combinaison unique dans le corps vénal d'une parfaite indifférence à l'étreinte et du seul intérêt pour le salaire, elle est l'œuvre de la prostitution bien sûr, mais elle est aussi la situation de l'ouvrier d'usine et de tous ceux qui travaillent aujourd'hui.

Car, bien évidemment, le fameux contrat de travail est une fiction : dans la passe les deux parties contractantes ne sont pas à égalité? la prostituée est doublement diminuée vis-à-vis de son client : par la nécessité matérielle qui l'a poussée dans ce métier (contrainte de classe), par son statut de femme (contrainte de sexe).

Et c'est de ces deux infirmités que l'homme va profiter pour faire de la passe un appareil disciplinaire, un exercice de punition où il ne cessera de dire muettement à sa partenaire : « Ressemble-moi, cette fente au bas de ton ventre, ces seins, ces fesses, ces membres délicats ne sont qu'une erreur de la nature, un vestige d'animalité; oublie-les, oublie-toi, conforme-toi à mon anatomie, je suis le seul corps humain, mets ta difformité au service de mes grâces. » L'usager fait donc cadeau de son sexe à la prostituée mais c'est une offrande empoisonnée, une vexation supplémentaire, un don qui est privation, une colonisation qui est pillage. Il faut que la femme fasse allégeance de suzeraineté à partir de son substrat anatomique de femme, il faut qu'elle s'incline librement, qu'elle devienne pareille à son client parce qu'elle est autre irrémédiablement. Les prostituées ont donc été chargées jusqu'à maintenant d'expier socialement la différence des sexes. Mais elles n'expient rien sans faire expier à leur tour. Et c'est pourquoi leur combat comme nous le verrons plus loin est d'une telle importance : car la relation prostitutive n'est encore pas assez monétaire, pas assez froide, trop chargée, de la part du client, de ressentiment, de haine, d'abjecte volonté de revanche, de manipulation absolue; toujours marquée par le désir de rappeler la femme, à travers la médiation du proxénétisme, à l'ordre du pouvoir mâle. Prostitution libre cela veut dire de la part de celles qui le demandent : que l'homme paie non seulement pour sa faim sexuelle mais pour tous les fantasmes par lesquels il entend nous réduire, que ses désirs d'écrasement soient pour nous source de bénéfices, que le client ne soit plus l'allié, le protégé du souteneur (du mac privé, de la police, de l'État, tous bons proxénètes) et que nous ne soyons plus les boucs émissaires du sexe féminin. Qu'on nous exploite en tant que travailleuses, certes, puisque c'est le destin de tout travail dans notre société, mais plus en tant que femmes. Libre usage de notre corps et libre usage de notre argent.

AVIS A TOUS LES ANXIEUX

La taille du pénis n'a aucune importance

Les érections masculines normales varient de 15 à 17 centimètres. Mais il est parfaitement ridicule de se sentir psychologiquement diminué si son propre pénis n'atteint, tout déplié, que 12 ou 13 centimètres. Répétons que la dimension de l'objet importe beaucoup moins que l'usage qu'on en fait. Et donc il n'est d'aucune gravité que l'organe érigé ne dépasse pas 8 ou 9 centimètres (ce qui est encore très honorable), et encore moins d'alarme à avoir si votre verge gonflée ne mesure que 5 centimètres ou 4 ou 3 ou 2. Et si votre pénis ne dépasse pas 50 millimètres ou 1 centimètre, alors là sa taille n'a plus mais vraiment plus aucune importance.

II. La formule : « Je t'aime »

La volupté ridicule.

Le discours de la libération sexuelle a culpabilisé l'amour en tant que vécu, et l'a démodé comme écriture. S'il y a un romantisme aujourd'hui, il est libidinal et non plus sentimental. A la place de la passion, le désir; au lieu du cœur, le sexe. C'est à l'antique machinerie du corps et de l'âme que s'en sont prises les diverses idéologies du plaisir, et pour dire ceci : il n'y a pas deux amours, l'un spirituel, l'autre matériel, l'un noble, l'autre vulgaire — parce que les émotions n'ont qu'une patrie : le corps. On n'a jamais coupé l'être en deux que pour écraser, en lui, toute revendication charnelle. Ainsi le désir peut se prévaloir du droit de revanche : en faisant taire l'amour, il rend tout simplement la monnaie de sa pièce à son ancien censeur. Car la sentimentalité ne semble avoir eu pour rôle que de travestir, voire d'empêcher le libre essor des pulsions. A l'heure où la répression sexuelle est jugée sous tous ses aspects, l'amour est au banc des accusés pour complicité de meurtre.

Comment oserions-nous parler d'amour? *Le cœur nous manque.* Ce que l'on prenait pour le foyer des affects n'est qu'une fantasmagorie religieuse, une vieille lune métaphysique et, pire encore, l'un des alibis les plus fréquents de la censure, la raison d'être de l'assassinat des pulsions. Ainsi, à moins d'un goût pervers pour les causes perdues, on ne peut se faire l'avocat du cœur dans le procès qui lui est intenté, ni réinstaller l'amour sur le trône dont la révolution sexuelle vient de le faire descendre. On peut tout juste s'interroger sur la pertinence qu'il y a à être révolutionnaire dans le domaine de l'affectivité. Renverser les valeurs, en effet, c'est rester tributaire de l'idéalisme dont, par ce bouleversement, on prétend se dégager. En condamnant la sentimentalité au nom du désir, nous ne sommes pas sortis de l'opposition de l'âme et du corps : elle fonctionne maintenant au profit de l'élément qu'elle servait à dévaluer. Les mêmes partenaires sont là, occupant les mêmes territoires et continuant à se faire la tête.

Que sont les nouveaux viveurs? Des puritains à l'envers. Ces néo-victoriens prônent la jouissance sans entraves et s'appliquent scrupuleusement à la circonscrire au domaine étroit où l'esprit canalisait la chair. Le sale petit secret a perdu son impureté et son mystère, mais non sa taille : il demeure toujours aussi petit. Tout est désir, il n'y a que le corps : cette généralisation triomphante du libidinal à l'ensemble de la vie affective est aussitôt démentie par la définition restrictive conférée au désir. C'est bien la même image de la sexualité que les uns entendent aujourd'hui défendre contre tous les avatars de la sublimation, et que les autres interdisaient jadis au nom de l'amour sublime.

Notre modernité a expulsé la passion du discours, mais ce n'est pas d'elle que vient le mépris de la sentimentalité. Le politico-sexuel, à cet égard, n'a peut-être fait que donner une caution subversive à un vieux préjugé majoritaire. Il faut croire que le discrédit était déjà bien engagé à l'époque où Rousseau racontait l'idylle aux cerises, puisque le rire de l'Opinion l'obligeait sans cesse à s'interrompre, pour répondre et pour se justifier. Voici les faits : un jour de promenade oisive, Jean-Jacques rencontre Mlle de Graffenried et Mlle Galley « qui n'étant pas d'excellentes cavalières ne savaient comment forcer leurs chevaux à passer le ruisseau [1] ». Il leur vient en aide, et traverse le cours d'eau en tenant les chevaux par la bride. Les deux jeunes filles décident de garder prisonnier leur homme providentiel, et l'emmènent, pour le sécher, à Toune où Mlle Galley possède un château et où, précise-t-elle, ne se trouve pas, ce jour-là, sa mère. Conversation ininterrompue pendant le voyage (« nous ne déparlâmes pas un moment »); déjeuner délicieux dans la cuisine de la métairie; dessert de cerises que Jean-Jacques cueille à l'arbre et dont, par mégarde, il laisse tomber un bouquet dans le sein de Mlle de Graffenried; désir fugitif d'être l'une des cerises égarées. Mais incapable de métamorphose, empoté, dépourvu du moindre à-propos, Rousseau s'en tiendra là. C'est une bien étrange histoire qu'il

---

1. Jean-Jacques Rousseau, *Confessions*, la Pléiade, p. 135.

nous raconte ainsi, une histoire sans événement palpable : des germes, des envies, des gestes esquissés, des soupirs, des frissons, des velléités que rien, absolument rien, ne vient conclure. Une occasion ratée, en somme. Tel est le problème du narrateur : réhabiliter son plaisir; faire vivre comme une aventure irremplaçable ce qui apparaît spontanément au lecteur comme un échec ridicule; récuser toute interprétation de ce qu'il n'a pas fait, formulée au nom de ce qu'il aurait dû faire; dénouer le lien de la volupté et du pouvoir afin qu'il ne soit plus possible de parler d'impuissance. Et pour plaider la cause de ses fiascos, Rousseau ne prend pas le point de vue de la vertu sur le vice, ou du cœur sur le corps. Plus radical que nos modernes libérateurs, ce vieux poupon sentimental déjoue tout dualisme. C'est en termes de sexualité et de jouissance qu'il envisage le trouble amoureux. Mais pas pour diagnostiquer aussitôt une jouissance sublimée et une sexualité qui se dévoie, qui s'idéalise ou qui se dégrade. Toutes ces fausses directions impliquent un sens unique, et se réfèrent à un état vrai du désir, un trajet officiel et seul légitime : la norme de la génitalité.

« Ceux qui liront ceci ne manqueront pas de rire de mes aventures galantes, en remarquant qu'après beaucoup de préliminaires, les plus avancées finissent par baiser la main. O mes lecteurs, ne vous y trompez pas. J'ai peut-être eu plus de plaisir dans mes amours en finissant par une main baisée que vous n'en avez jamais dans les vôtres en commençant tout au moins par là [1]. »

De quoi est fait ce plaisir? D'engager le sujet sur un chemin qui ne mène nulle part. La sentimentalité met en échec le destin narratif que la génitalité prescrit aux pulsions. Aucune discipline structurale n'ordonne plus la jouissance. Les moments sensuels ne sont pas identifiables à des fonctions : le déterminisme a été levé qui les obligeait à renvoyer à un acte complémentaire, à un geste conséquent. Inconséquence de l'étourdissement sentimental : à l'enchaînement inexorable du scénario orgastique, il oppose un plaisir diffus, étale, antinarratif. L'intensité alors est libre, inagissable : elle n'a plus de moment obligatoire ou de lieu privilégié, elle n'est attendue nulle part, il n'y a donc plus d'impossibilité à ce qu'elle jaillisse d'un regard, ou émigre dans un baiser.

Ainsi Rousseau ne veut pas transcender l'érotisme : il n'a pas

---

1. *Confessions, op. cit.*, p. 138.

une perspective religieuse de rédemption, mais une optique toute immanente d'extension : loin de spiritualiser la chair, il érotise le cœur, il sexualise l'esprit et substitue au contraste de l'innocence et de la sensualité, la sensualité de l'innocence. Innocence, d'ailleurs, est un mot qu'il faut entendre dans sa proximité avec celui de bêtise. La sentimentalité est bête. Ce n'est même pas une perversion qui détournerait le désir de sa finalité naturelle pour lui donner un autre but, c'est le suspens provisoire de toute finalité. Dans l'émotion je peux bien écouter mon désir, il balbutie, car il ne sait pas ce qu'il veut ou, plutôt, il ne peut pas se définir comme volonté de quelque chose. Désir égaré, et non cambré, conquérant.

Il y a un *sérieux* de la libido que définit son but (le génital) et son mouvement (la prise) : c'est de ne pas souscrire à ce sérieux que la sentimentalité est ridicule. Ridicule, c'est-à-dire stupide (stupeur du sujet; inaptitude de l'intensité à se convertir en intention); c'est-à-dire passive (il s'agit, dit très bien la langue classique, d'un transport); c'est-à-dire féminine (la jouissance m'arrive, me passe dedans, me traverse : je ne la décharge pas).

Sous couleur de libérer le désir de l'obscurantisme amoureux, on renfloue, en lui conférant une légitimité nouvelle, la vieille haine virile du féminin. Point commun à la répression du sexe et son émancipation, la répression sentimentale disqualifie toute forme de jouissance qui ne répond pas au modèle phallique de la volupté.

L'allergie.

> « Si tu m'aimes, il faut le dire
> il faut me prouver tes émois
> il faut me prouver ton délire
> mon amour parle-moi. »
>
> Desnos.

L'amour est l'expérience d'un double égarement : extravagance de la sensualité distraite de sa finalité génitale; faiblesse du sujet comme évincé de lui-même et de toute maîtrise. Désorientation et déchirure. Ce qui fait peut-être que l'amour ne vient jamais seul, que la jouissance de l'enfièvrement passionné coexiste avec la nostalgie du pouvoir, de la paix, des intensités basses. L'égarement suscite le désir du retour (à soi et au même). L'être dérouté veut revenir : soit à la manière libertine, en centrant ses appétits sur un seul moment qui les comble; soit à la manière discoureuse en nommant l'amour pour transformer ce qui advient en ce qui convient, l'aventure en convenance, et le trouble en certitude. L'Autre est présent sans m'être donné : je le couvre de mots pour qu'il me soit donné avec sa présence. La déclaration d'amour ne vient aux lèvres que pour exorciser l'aléa, la fragilité, le flou et le fou qui menacent un affect laissé à l'incertitude du silence.

Amoureux et confessant mon amour, je ne sublime pas le désir, je désigne et je combats des indésirables : je proteste tout ensemble contre le caractère imprévisible du sentiment qui m'emplit, son évanescence possible, son destin d'usure et contre l'extériorité d'autrui. « Je t'aime » : une parole affolée s'empare, pour la codifier, d'une relation irresponsable; un désir se retourne contre l'inconnu auquel il s'adressait d'abord. L'inconnu, c'est-à-dire l'Autre. Car l'altérité n'est pas un spectacle, le charme quasi touristique d'une différence exhibée. Ce n'est pas l'insolite, coquetterie du Même, énigme provisoire qui, un jour ou l'autre, se comprend et rentre dans la trame inusable de l'ordre. J'éprouve l'étrangeté d'autrui dans l'impuissance de mon fantasme à l'englober, à le contenir, dans sa présence qui domine mon accueil et dépasse l'idée qu'il me laisse. Autrui est autre, non pas quand je peux recenser les facettes de son originalité, mais quand je le sens précaire pour moi. Son irruption me bouleverse, me dérange ou me prend en défaut, sa différence refuse d'habiter les lieux que je lui attribue et de répondre du sens que je projette en elle : il n'est jamais tout à fait là où le désire et le situe mon attente. Rares, de ce fait, sont les autres qui me hantent assez pour que je vibre à leur infinitude.

« Nous croyons savoir exactement les choses et ce que pensent les gens pour la simple raison que nous ne nous en soucions pas. Mais dès que nous avons le désir de savoir, comme a le jaloux, *c'est un vertigineux kaléidoscope où nous ne distinguons plus rien* » (Proust).

L'amoureux voit trouble. Assez obsédé d'un être pour vouloir le connaître, assez passionnément attaché à lui pour espérer le prévoir, assez patient et fébrile pour déchiffrer tous les signes qu'il en reçoit, l'amant jaloux est sans cesse débouté : l'excès des images, leur désordre irréductible décourage les rangements de son imagination. Il est lucide, non parce qu'il aurait réussi à capturer la vérité de l'Autre, mais parce qu'il expérimente ce qu'un tel désir a d'illusoire. On ne connaît jamais que ceux des autres dont on n'a pas le souci. La représentation claire est un leurre du désinvestissement libidinal : seul le reflux ou l'indifférence du désir peut procurer la sensation de savoir. Le jaloux accède, lui, à la clairvoyance, c'est-à-dire paradoxalement à la myopie, l'impossibilité de voir clair, l'infini d'autrui.

« Je pouvais bien prendre Albertine sur mes genoux, tenir sa tête dans mes mains, je pouvais la caresser, passer longuement mes mains sur elle, comme si j'eusse manié une pierre qui enferme la salure des océans immémoriaux ou le rayon d'une étoile, je sentais que je touchais seulement l'enveloppe close d'un être qui par l'intérieur accédait à l'infini. »

L'amour transfigure des êtres quelconques en êtres de fuite : c'est quand autrui déjoue mes projections et brouille mes fantasmes que j'ai la certitude de l'aimer. Ce pléonasme : *l'amour flou*. Mais le privilège d'un être volatil, c'est de pouvoir disparaître et toute scintillation évoque l'imminence de son évanouissement. « Une cage allait à la recherche d'un oiseau », écrit Kafka, ce qui, en matière amoureuse, peut s'énoncer ainsi : un mot-cage allait à la recherche de l'Autre-oiseau.

Outre l'aveu du sentiment, la déclaration a aussi pour finalité seconde (mais non subalterne) de créer une symétrie, une polarité des personnes. En un sens, le verbe aimer n'est que la copule qui unit les deux pronoms : je et tu. Sous leur innocence linguistique ces signes vides véhiculent la plénitude d'une responsabilité. Ils investissent les êtres qu'ils désignent et les transforment en partenaires. Disant « je t'aime », il s'agit à la fois pour moi d'avoir barre sur l'Autre et de le mettre à égalité. Car mettre à égalité, traiter l'Autre en alter ego, lui offrir la tentation d'un contrat amoureux, c'est dans l'accord même l'exercice d'un pouvoir par lequel autrui descend jusqu'à la personne, par lequel il se lie à la parole donnée : il se trouve inclus dans cette parole que je lui donne pour qu'il la prenne, s'y prenne et s'y tienne en me la rendant. Il y a une violence de la réciprocité, et la formule « je t'aime » combine indécidablement l'allergie et l'effusion, la suffocation sentimentale et le désir totalitaire d'absorber l'objet aimé dans l'immanence d'un pacte aux termes clairs.

Lorsque je me résous à la solennité du « je t'aime », c'est pour mettre fin au tourment d'une apparition-disparition, c'est pour assigner le destinataire à résidence dans la relation que je ménage avec lui, c'est pour le tutoyer. Nous appelons *tutoiement* ce moment de la mise en rapport qui embarque l'Autre dans le même radeau que moi, qui le voue au dialogue : l'intimation de répondre, de se situer. Le « je t'aime » laisse entendre aussi bien la véhémence de l'apostrophe que la douceur de l'aveu : le désir de sédentarisation (« Ne bouge plus, reste où tu es, là où je peux tout entier te voir ») redouble toujours l'ivresse affectueuse.

Ce que j'attends du verbe aimer, c'est donc d'être soulagé de l'attente : je veux conjurer ma faiblesse, vaincre en l'Autre toute puissance d'altération. Cela je peux le vouloir aussi de la rupture. Dire « je t'aime », rompre : deux variantes d'un même *désir de dénouement*. Il s'agit, soit en l'anéantissant, soit en la rendant prévisible, de maîtriser la présence de l'Autre. Ou bien celle-ci disparaîtra de mon histoire, ou bien j'aurai séduit le hasard et nous entrerons ensemble dans l'histoire programmée pour nous par le code amoureux. Au-delà de leur opposition, les deux termes de l'alternative suppriment identiquement cette effrayante possibilité : que, par l'amour, mon histoire soit relation avec l'inconnu.

« Il se disait que cette jeune femme telle qu'il l'aimait n'était qu'un produit de son désir, de sa pensée abstraite, de sa confiance, et que son amie, telle qu'elle était réellement, c'était cette femme, qui se tenait là, *désespérément autre*, désespérément étrangère, désespérément polymorphe [1]. »

Une volonté éperdue de régularisation, la peur de l'attente, le désespoir où met le surgissement de l'altérité, la liaison commençante vécue comme *lésion dangereuse :* ce sont les lieux communs à la rupture et à la déclaration. Car il est des êtres pour qui le bannissement de l'Autre est préférable à la défaillance qu'engendre sa proximité. Rompre, alors, ce n'est rien d'autre que réagir à la rupture qui a déjà eu lieu : l'amour ne peut entrer dans mon être que par effraction. Il est cette effraction et cette brutalité même — il me réveille du sommeil affectif où je pouvais aussi bien me complaire que m'ennuyer : l'amour est insomnie. Rompre avec l'amour, c'est vouloir effacer cette rupture première, retrouver le sommeil, la tiédeur du bien-être, le bas régime

---

1. Milan Kundera, *Risibles Amours*, Gallimard, p. 87 (nous soulignons).

des intensités. Revenir à moi, au prix de ce renoncement. Rompre pour colmater la rupture.

Mais il arrive que *l'Autre survive au « je t'aime »*, et que malgré mon appel, il garde cette position d'éminence dont je voulais tant le déloger. De même, au lieu de m'ouvrir au monde en offrant à mon désir convalescent tous les êtres que l'attente d'un seul avait forclos, la rupture peut rater son coup et me plonger dans l'hébétude. En dépit de son évidence, la séparation ne se laisse, alors, saisir qu'à l'interrogatif : c'est vrai? c'est fini? j'aurais rompu? L'Autre survit, en moi, à l'instant de la séparation, avec une telle force et une telle insistance que le monde est discrédité : tout flotte. Loin d'être une invite à ma disponibilité, l'indétermination nouvelle où se tiennent les êtres et les choses m'indique seulement que je suis mort au monde, qu'il n'était pas en mon pouvoir d'effacer la rupture, et que l'absence de l'Autre m'accable, m'encombre et me défait aussi radicalement que m'aliénait sa présence.

J'aime quand ni la riposte du « je t'aime », ni l'initiative de la rupture n'ont su mettre un terme à ma faiblesse, à ma passivité. J'aime quand j'accède au paradoxe d'autrui : que je lui fixe rendez-vous, et j'éprouve son éloignement, la douleur de son inaccessibilité; que j'essaye de le fuir et tout se retourne : le lointain se fait proche, pressant, incontournable. Il m'échappe et moi je ne peux lui échapper : c'est l'expérience même du dessaisissement, la moralité de l'amour : de celui qui tout en se dérobant, me hante, me lèse et me sépare de moi-même, de « l'altère ego », je ne suis pas l'égal.

Le tumulte.

Je t'aime : ce message prétendument premier est en fait un entrelacs d'affects exclusifs et indissociables, et son apparente simplicité combine la jubilation, l'anxiété, l'hommage et l'allergie. Le chuchotement de l'aveu laisse entendre une véritable cacophonie sentimentale où l'amour se chante à tous les modes.

« Je t'aime » est d'abord, c'est son évidence grammaticale, une formule assertive : elle proclame une extase, affirme un paroxysme, nomme un bonheur. C'est aussi un optatif : je dis « je t'aime »

Anciennement, les tours, les pyramides, les cierges, les bornes des routes et même les arbres avaient la signification de phallus, et, pour Bouvard et Pécuchet, tout devint phallus. Ils recueillirent des palonniers de voiture, des jambes de fauteuil, des verrous de cave, des pilons de pharmacien. Quand on venait les voir, ils demandaient :
« A quoi trouvez-vous que cela ressemble ? »
Puis confiaient le mystère, et, si l'on se récriait, ils levaient de pitié les épaules.

Bouvard et Pécuchet.

pour redevenir le « je » que, depuis mon amour, je ne suis plus, pour réintégrer le royaume d'intériorité et de substance dont j'ai été déposé. Je parle d'un non-lieu — de là où j'ai cessé d'être; je désigne un lieu — « tu » — où l'Autre n'est pas encore, mais où je souhaite le voir descendre. « Je t'aime » est donc une expression propitiatoire qui demande aux pronoms de produire des personnes : « je » dit la nostalgie de l'intériorité perdue, et « tu » le désir que l'objet aimé réponde à une identité. Dans « je t'aime », il y a aussi la véhémence de l'impératif : aime-moi! Je t'ordonne de m'aimer! Il faut que tu paies ta dette! Mon amour, que tu le veuilles ou non, fait de toi mon débiteur : c'est un tort, une lésion que tu as produite et que tu ne pourras expier qu'en acceptant la réciprocité. Pour réclamer que tu m'aimes, je m'autorise de mon amour, exactement comme le débauché, dans les institutions sadiennes, s'autorise du désir qu'il éprouve pour se soumettre l'être convoité. Tous les tendres amoureux sont des sadiens de l'affect, et leur aveu de dépendance est simultanément exigence de réparation.

Enfin, il faut entendre « je t'aime » à l'interrogatif : m'aimes-tu? Question panique puisque c'est mon entrée au paradis qui est subordonnée à sa réponse. Recevoir l'aveu, en effet, me fera changer de monde. Je passerai, dans un souffle, de la perte subjective au triomphe narcissique : euphorique, hagard et encore incertain je jouirai de la consistance de ce moi dont l'apparition de l'Autre m'avait, pour ainsi dire, débusqué. J'étais *ravi* (ravi par l'Autre, ravi à moi-même); je serai *réconforté*. Dans le cas de l'amour partagé, le tutoiement du « je t'aime » ne colmate la jouissance que pour assurer l'avènement du plaisir : c'est une capture qui plonge son prisonnier dans l'euphorie la plus intense. Le destinateur veut saisir et le destinataire est *saisi*, frappé de stupeur par la grâce qui lui advient. Il y a réciprocité quand le chantage de l'apostrophe amoureuse parvient à son destinataire sous la forme du comblement.

De quoi avez-vous peur ?

Changer de partenaire, ce peut être un remède à la connaissance de l'être aimé, le moyen de répéter le charme des inclinations naissantes et la beauté des commencements, l'effort de préserver la stupéfaction dans l'approche amoureuse ; mais ce peut être aussi bien l'aptitude despotique du séducteur à réduire toute créature qu'il convoite à l'image qu'il se fait de la femme, pour être assuré de conquérir en variant le moins possible sa tactique d'enjôlement. La qualité première d'un séducteur, c'est *l'ascendant*, c'est-à-dire le refus de se laisser dessaisir : au lieu de rester sans voix devant l'apparition de l'Autre, on prend le dessus, et toute timidité vaincue on conjure le trouble possible, en accueillant l'objet du désir dans l'ordre qu'il aurait pu déranger.

« Il y a des hommes qui meurent sans avoir — sauf pendant de brèves et terrifiantes illuminations — soupçonné ce qu'était l'Autre [1]. »

L'aisance du séducteur, sa désinvolture enviée lui viennent de ne jamais être effleuré de ce soupçon. Il ne connaît pas la défaillance, seule marque de l'altérité. Tel Raymond Roussel qui fit le tour du monde sans jamais sortir de sa cabine, le séducteur est un *voyageur solipsiste* qui collectionne *indéfiniment* les conquêtes, mais qui, pour prix de cette ivresse numérique, s'interdit toute expérience de l'infini (l'infini : le fait que l'Autre échappe à ma prise, ne soit pas tout entier dans mon lieu, son surplus, ou pour parler encore le langage de Lévinas, sa résistance à toute forme de totalisation).

Il est deux formes extrêmes de l'ascendant : le persiflage et la séduction. Le persifleur subjugue sa victime, c'est-à-dire qu'il en fait le complice envoûté de sa propre mise en boîte. La victime est comme pétrifiée et, en tombant dans tous les panneaux, en accumulant généreusement les gaffes, elle nourrit la passion de son bourreau et tient le discours même où il veut la précipiter. De même la séduction exige une parfaite conformité entre l'image et l'objet, entre la créature sur laquelle le dragueur a jeté son dévolu et l'idée de la femme qu'il promène en lui — ce qu'elle aime, ce qui la fait rire, la déroute, l'excite ou la charme. Le séducteur attire la partenaire éventuelle dans son fantasme, et la laisse sans défense devant cette puissance d'attraction. L'attraction ce serait donc à la fois *l'attrait* (l'art de plaire) et *l'absorption* (la domestication du Nouveau, son englobement). L'ascendant est donc cette méconnaissance de l'extériorité, tellement impérieuse qu'elle plie l'extériorité à sa loi.

---

1. Sartre, *L'Être et le Néant*, p. 449.

Le séducteur a peur d'être bête : il s'interdit la stupeur et aucune honte ne lui est plus cuisante que d'être pris en défaut. L'amant silencieux, à cet égard, est le contraire du séducteur : le dessaisissement, il ne le vit pas comme fiasco, mais comme jouissance. Voilà pourquoi il ajourne l'aveu du « je t'aime ». Car c'est d'un même mouvement que la déclaration d'amour nomme la jouissance et la révoque. Sécurité affective : deux mots qui s'entre-tuent. L'affectivité est ce mode de connaissance qui nous dit qu'autrui n'est pas sûr. La sécurité, enjeu du « je t'aime », met fin à la situation d'impouvoir, et, ce faisant, jette l'enfant avec l'eau du bain, la jouissance amoureuse avec la faiblesse et l'inquiétude. Aussi certains amants, quand l'aveu leur vient aux lèvres, résistent à l'effusion et préfèrent obstinément se taire plutôt que d'officialiser le sentiment qui les emplit. Ils pressentent bien, dans la sagesse de leur réticence, que la nomination fait des ravages et que rien ne reste d'une émotion foudroyée.

Un vertige devenu loi : c'est l'effet du « je t'aime ». Par ces mots, je jure fidélité à l'Amour, je fais le serment d'y conformer mes conduites, pour les protéger contre leur propre imprévisibilité et pour amener l'Autre à opérer la même sujétion. Par la formulation, l'Amour accède à la dignité de modèle : il est l'essence abstraite, le paradigme sûr qui permet désormais d'évaluer et de juger chaque moment de la relation. C'est précisément à ce couronnement que veulent échapper les amants nébuleux : ils refusent de sacrifier la singularité de leur aventure au désir de tranquillisation. Céderaient-ils à la sincérité, qu'ils deviendraient comédiens : voués à incarner l'Idée de l'Amour, s'exténuant à être à la hauteur, à émettre les bons signes, à bien jouer. Ils taisent leur amour pour ne pas se mettre dans le cas de copier l'Amour. A la loi du serment et aux garanties du contrat, ils préfèrent les étonnements de l'amour flou. « N'avoue jamais » pourrait être leur devise, car, pensent-ils, l'amour a peur du jour comme le désir masculin a peur de l'orgasme. Ils suspendent le spasme du « je t'aime » pour dérober leur bonheur d'avant le bonheur à la sécurité des sentiers battus. Le silence est dangereux, car il ne garantit pas contre la fuite ou contre l'équivoque ; mais la décharge langagière est mélancolique car, en colonisant le futur, elle précipite l'amour dans un univers contraignant et balisé. Cette perversion affective qui désire davantage l'aléa d'une relation que la sécurité et la plénitude, on peut l'appeler, par analogie avec l'ascèse érotique chinoise, l'*amor reservata*.

Le dessaisissement : fiasco pour le séducteur, jouissance pour l'amant silencieux, il recèle un péril insupportable à l'amant sincère. L'énonciateur du « je t'aime » veut exercer une maîtrise : immobiliser l'Autre, le contraindre à être clair. Qu'il ne soit ni fuyant, ni duplice, qu'il me soit symétrique et que je sache à quoi m'en tenir sur les émotions dont il est traversé. « Que ta verge soit opérée de façon qu'elle ne s'érige que de l'amour [1] » : voilà le vœu de l'Incomplaisante, et c'est au « je t'aime » qu'elle en confie la réalisation. Mandat de l'aveu : remettre de l'ordre dans l'anarchie des intensités, « échapper à l'effroyable duplicité des pulsions [2] ». L'intelligibilité dissout l'équivoque, et, dans la mesure où, se parlant, il s'inscrit dans un code tout entier conquis et exploré, le temps amoureux peut devenir temps prévisionnel. Je sais ce qui m'attend, je sais où t'attendre : j'ai arraché ces garanties pour calmer le fantasme de la disparition, pour apaiser ma peur que ça ne revienne pas.

Il est difficile de se dérober à la déclaration d'amour, car ce qui se loge en elle, c'est la possibilité de demander des comptes. Sous l'effet magique de l'aveu, une relation aléatoire, incertaine, sans preuve, sans référence et sans caution se métamorphose en balance des paiements : calcul minutieux des dépenses, recettes, déficits et compensations. L'amour accède au discours sous la forme du négoce : les émotions deviennent des signes dans lesquels l'anxiété des deux partenaires se donne désormais le droit de lire soit la reconduction, soit la rupture de leur contrat de réciprocité.

Bêtise, codage, amour flou : chacun semble ainsi choisir la terreur à laquelle il échappe. L'amant dissimulé, en refusant de confier son vertige à la suffocation du « je t'aime », contourne discrètement le lieu du pouvoir : pouvoir sur l'Autre, mais aussi sur vos propres émois, dont la formulation vous fait le gestionnaire et le répondant. Le séducteur et l'amoureux déclaratif, que séparent tout l'univers de la sentimentalité, se retrouvent pourtant dans la haine du dessaisissement : tous deux sacrifient la jouissance au langage. Le séducteur parle pour ne pas être troublé, et l'amou-

---

1. J.-F. Lyotard, *Économie libidinale, op. cit.*, p. 305.
2. *Ibid.*, p. 304.

reux se déclare parce que la jouissance est capricieuse, évanescente, irrégulière tandis que les signes sont clairs, domestiques, répétables.

Qu'est-ce qui me fait le plus peur ? La responsabilité, l'imprévisible ? L'équivoque ou la négociation ? Les codes ou le flou ? C'est la question dont débattent intérieurement les amants au bord de l'aveu, leur *to be or not to be* sentimental.

La dissimulation.

Qui ne sait celer ne sait aimer : les duplices et les sincères, les naïfs comme les combinards, tous les amants doivent souscrire à la validité de cet aphorisme. Le dragueur et l'amant silencieux vivent deux expériences inverses de la réserve : le dragueur formule des sentiments que sa déontologie professionnelle lui interdit d'éprouver, l'amant sans « je t'aime » tait les sentiments qu'il éprouve. A hacun sa feinte : le bavardage de l'un est un stratagème de conquérant ; le silence de l'autre récuse le destin conjugal que le langage impartit à l'amour. Le libertin dissimule ses vraies intentions au moyen du langage. L'amant qui se refuse à l'aveu dissimule son vertige au langage parce qu'il sait que le mot d'amour métamorphose en demande l'émotion dont il s'est emparé.

C'est à cette demande que cède justement l'amoureux déclaratif, lorsque n'en pouvant plus d'attente, il veut arracher à l'Autre ces paroles maternelles qui sauront tout dénouer : « Allons, tu vois, je reste. » Ce qui fait parler l'amoureux, c'est l'impatience de vivre heureux sous la belle clarté du langage, le pressentiment que la félicité est toute proche, à portée d'aveu, et qu'elle ne dépend que d'un mot, d'une réponse. Mais, nous le savons, « ils ont été chassés du Paradis à cause de leur impatience » (Kafka). Pour ne pas être chassé du Paradis avant même d'y avoir accédé, il faut assujettir l'impatience à un calcul d'opportunité et trouver à la demande un régime de langage qui en occulte la tyrannie. C'est au moment de tout dire que l'amant sincère rencontre la duplicité : l'amour sans réserve a lui aussi sa rhétorique — son art subtil de la réserve, au double sens de report et de dissimulation. La rouerie sentimentale consiste à se demander : quel biais, quelle tonalité, quel moment choisir pour enfermer l'Autre sans l'effaroucher? « Le mot de la demande [1] », comment le dire, tout en maquillant la demande? L'art d'aimer ce serait de savoir moduler le « je t'aime » : trouver un mode léger d'imploration, faire tout dire à l'aveu, tout, sauf le désir qui l'engendre. Car l'horreur de l'altérité est déterminante mais proprement inavouable à l'être qui l'inspire.

C'est pourquoi les amants déclaratifs se doivent d'être aussi des tricheurs : ils font passer l'intention du contrat, en la cachant sous l'intensité du moment, ou bien ils confient leur destin à l'humour qui, dans les rapports amoureux, est *la politesse de la demande :* Demande, puisque tu en ressens l'urgence, mais conseille l'humour, demande poliment, légèrement — habille ta peur en sourire et ton calcul en plaisanterie. Les amoureux sont des roués quand, au sein même de la transparence, ils savent ménager leur secret.

La catastrophe du fantasme.

Il y aurait deux manières de vivre l'amour : le papillonnage et la passion. D'un côté la circulation du désir — sa contagion délicieuse et son hospitalité : des attachements multiples, mobiles et légers qui relieraient, sans exigence et sans exclusivité, des flirts fugitifs, un paysage affectif sans cesse changeant, brouillé. De l'autre, la fatalité : c'est-à-dire la tombée fulgurante de la passion : une fixation brutale, péremptoire, le fou qui succède au flou, l'image fixe au mouvement. La passion fait le vide : elle rassemble sur une seule personne les affects dispersés à tous vents par la générosité insatiable de l'amour flou.

Mais il faut poursuivre cet antagonisme jusqu'à son annulation : ce moment où le désert de l'amour fou se révèle comme une variante et non plus comme l'inverse de l'amour flou. La passion exclusive expérimente sur un seul être ce tremblement de l'image dont gratifie, en refusant le piège de la fixation, la passion nomade. Il y a toujours, même si elle est préparée par le Manque, l'Œdipe

---

1. Roland Barthes, *Roland Barthes par lui-même*, collection « Écrivains de toujours », Éd. du Seuil, p. 116.

ou la Littérature, quelque chose d'absurde dans la naissance d'une passion. Car la passion est dérangement : elle signifie le heurt de mon ordre avec un ordre qui me transcende et que je n'englobe pas. Formule réactive, « je t'aime » s'insurge contre l'impouvoir : mais une fois que mon ordre s'est refermé sur l'Autre, une fois que deux êtres peuvent se dire soustraits à toute violence de division, l'amour est achevé, c'est-à-dire mort. Pas d'autre impératif affectueux que d'entraver la mission du « je t'aime » : laisser l'amour (et là encore nous rencontrons le flou) à l'état d'esquisse, prolonger la beauté de ce qui commence, c'est-à-dire s'ouvrir au dessaisissement : ne pas faire la part trop belle à la sécurité car elle est irrespirable, accepter de voir dans l'inquiétude du dérangement et la douleur de la fuite les deux seules évidences de l'amour, intégrer la séparation au cheminement amoureux au lieu d'en faire le dénouement, bouleverser l'ordre narratif de la passion.

Le code amoureux ne connaît pas d'autre figure de la séparation que la rupture, pas d'autre distance que l'amertume et la promiscuité. Comme si la discorde était la seule forme possible de l'éloignement, comme si l'on ne pouvait éprouver la séparation que dans le moment de la querelle, ou dans le silence d'une lassitude accablée. « Ils étaient faits l'un pour l'autre », dit-on. Mais il faudrait pouvoir ajouter : leur amour aura été l'acte lent par lequel ils ont défait cette correspondance illusoire, et, logeant la distance au cœur de l'intimité, lui ont substitué la *merveille* d'une séparation fondamentale. (C'est la séparation qui détient, en me retirant le privilège de vérité sur l'énigme d'autrui, toutes les possibilités d'émerveillement.)

« Je t'aime » : c'est le moment où la mémoire s'empare de l'expérience. Mémoire qui me déborde de très loin, souvenir de ce que je n'ai pas vécu. Je connais l'amour avant de l'avoir éprouvé, la certitude d'aimer est toujours une reconnaissance : c'est cela, cela que j'ai lu, dont j'ai respiré la saveur fictive, guetté les indices et tant attendu l'emportement, c'est cela enfin! « Je t'aime » existe en moi avant que je le profère, le goût de la première fois est conforme à l'avant-goût qu'exhale l'amour d'aimer.

« Elle vint, je la vis, j'étais ivre d'un amour sans objet, cette ivresse fascina mes yeux, cet objet se fixa sur elle [1]. »

1. J.-J. Rousseau, *Confessions*, op. cit., p. 440.

Le Nouveau ne s'identifie donc pas forcément à la première fois : il ne survient que dans la déconciliation et la dissemblance, quand ce qui m'arrive est irréductible au rêve qu'avait fomenté le désir. L'attente doit donc vouloir être déçue, car l'Autre ne survient que dans le lieu et l'instant dérobés à l'attente. Sous le coup du dehors, je suis dérouté, j'ai littéralement *la mémoire qui flanche*. L'extériorité d'autrui récuse mes projections onanistes, mes vertiges de lecteur, tout le bric-à-brac psycho-idéologique de ma mémoire. Naît alors la merveille d'une ivresse *sans nom :* « Je ne connais pas de mot pour dire ça [1]. »

Il y a deux lucidités inhérentes au rapport amoureux. La première est l'aboutissement d'une recherche sur les mécanismes de la fixation. Si je me demande : pourquoi ma passion s'est-elle cristallisée sur cet autre en particulier? Qu'a-t-il ce partenaire quelconque pour échapper à l'évanescence? D'où viennent, dans quelle région de moi sont nées l'évidence et la brutalité de mon choix? — la justesse de ma réponse dépendra de mon aptitude à mettre l'élu en signe. J'aurai reconnu ma loi affective dans la complaisance de l'autre à se laisser dématérialiser par le désir que je lui voue, à s'absenter de lui-même pour jouer le rôle de substitut, de signifiant d'une instance œdipienne. C'est en prenant l'Autre à ce jeu lugubre de « dé-présence [2] », que j'aurai découvert l'automatisme écrasant de mes choix d'objet.

Mais l'amour se signale aussi par une expérience rigoureusement inverse : l'autre *bouge*, et ne se fixe jamais tout à fait dans l'image (le cliché) que lui assigne ma passion. Quand l'élu de mon cœur me déconcerte aussi sur les raisons de mon choix, quand l'image dans laquelle mon aliénation amoureuse puise sa nécessité est précaire, révocable, floue, j'accède à la lucidité de l'impouvoir : l'Autre est une énigme sans mot. Il est moins le signifiant d'une instance absente que l'absence énigmatique d'un signifié stable et sûr.

Dans l'intrigue amoureuse la lucidité n'est donc, en dernier ressort, que la mise à jour d'une double faiblesse : faiblesse du sujet, évincé par le code inconscient de la responsabilité de son choix; mais faiblesse aussi, déconfiture du code impuissant à réduire l'être du dehors au rôle qu'il lui commande.

---

1. Marguerite Duras, *L'Amour*, 1971.
2. J.-F. Lyotard, *op. cit.*

On dira donc de l'amour flou qu'il est la mémoire qui flanche, la dissonance dans la répétition, la catastrophe du fantasme.

Couples polygames.

Mettre autrui au clair : c'est l'impératif logé au cœur de l'apostrophe amoureuse. Autrui est un champ de disparités fuyantes, mobiles, un miroitement de différences dans lequel la formule « je t'aime » s'avance pour faire du sens : une disjonction brutale sépare l'objet aimé du *reste*, ce qu'il n'est pas : un être — toi — est identifié par opposition. Je t'aime : toi et pas l'Autre, le Séparé, le Multiple dont la mobilité se déploie au-delà de l'ordre légal du tutoiement. Je t'aime : toi et pas les autres, la foule innombrable, potentielle ou effective, de mes prétendants. Aimer, c'est jeter : grâce à un double sacrifice — par le destinataire de son *infini* (aptitude à ne pas se laisser contenir) et par le destinateur de sa polygamie (virtualité *illimitée* de son désir), la vie affective peut désormais accéder à la lumière : le mot d'amour, promesse de délaisser l'humanité et prière adressée à l'Autre de se fixer, est donc la solennité sémiotique qui partage le monde diffus de l'altérité en ceci et non-ceci, qui soumet la multiplicité à la police du signe : plus de disparités, mais le tranchant d'une opposition. Et qu'est-ce qu'une histoire d'amour sinon le destin et les avatars de cette opposition inaugurale ? Se maintient-elle ? Ou bien dérape-t-elle, est-elle brouillée, dévoyée, et par quelles forces, par quels désirs ?

Force, on l'a vu, de l'impouvoir : l'Autre résiste aux figures où je l'incarne, où le convie ma mémoire, où je recueille mon désir. Le pluriel est son être, ou plutôt il ne m'apparaît pluriel que parce qu'il bafoue mon désir de lui assigner un être. L'Autre ne connaît pas le séjour : de là vient que moi, je ne connaisse pas le repos. Être de fuite, il ne s'efforce pas par ruse ou cruauté de m'échapper : l'amour même que je lui voue déçoit mon désir d'appropriation. C'est d'être aimé que l'Autre tremble et parcourt tous les visages sans se figer dans aucun, n'autorisant de lui-même qu'une approche caressante. J'aurai beau répéter les étreintes, mon rapport à l'Autre dans l'impouvoir amoureux restera le frôlement. Vivre l'impouvoir ou jouissance d'aimer c'est donc marier en soi la richesse du polygame et le plus grand dénuement. Je suis à la fois *gâté* (par le talent généreux que met l'Autre à se multiplier) et *dessaisi* (par l'impossibilité de calmer mon ardeur possessive en trouvant *mon* bien, *mon* complément dans cette foule où ils se sont perdus). Quand l'Autre n'est pas tout entier présent dans la liaison qui l'attache, il sauve le couple de la conjugalité — cette obligation d'expier la sécurité par l'ennui et de choisir la monotonie du ménage contre les aléas de l'inconstance.

Mais qu'est-ce que choisir sinon ouvrir un espace de luttes, d'échanges, de compromis entre l'existence élue et celle que l'on a cru exclure ?

« A vrai dire nous ne savons renoncer à rien, nous ne savons qu'échanger une chose contre une autre, ce qui paraît être renoncement n'est en réalité que formation substitutive [1]. »

Dans la mesure même où la formule « je t'aime » instaure explicitement le couple contre la polygamie, le couple ne peut se développer que comme *symptôme polygame*. « Tu es tout pour moi », dis-je à l'objet aimé pour lui signifier que les autres ne sont rien, que je les laisse pour compte. Mais le compliment doit s'entendre aussi comme un commandement : il y a dans cet hommage total une pression totalitaire — qui est la protestation des laissés-pour-compte contre leur destin d'anéantissement. « Sois tout pour moi » : sois la diversité à laquelle je renonce, les aventures que je sacrifie, les êtres que je ne connaîtrai pas, sois mes fantasmes et mes rêves inassouvis — bref, sois tout, sauf ton irréductibilité à mon désir. Dans cette pièce à personnages en nombre illimité, c'est moi qui fixe les rôles, je ne te laisse même pas libre de leur composition. Me donnant tout entier à l'Autre, j'exige de lui qu'il satisfasse l'ensemble des fantaisies et des pulsions dont le monde me sollicite. Le dehors revient dans le cadre conjugal, mais sous forme de sommation : mission est confiée au partenaire élu de *couvrir* la gamme des créatures exclues. Avatar conjugal de la polygamie, ce despotisme culmine dans l'aigreur, c'est-à-dire le reproche adressé à l'objet unique de ne pas être plusieurs. La *scène* est donc l'apothéose de la passion totalitaire : dans la scène, le ménage se désole et se déchire d'être réduit à lui-même ; les partenaires du couple butent sur l'évidence insupportable de leur finitude : avec une

---

1. Freud, *Essais de psychanalyse appliquée*, Gallimard, p. 71.

haine entretenue par le découragement et l'effroi, ils se font grief de n'être que deux. « Tu es tout pour moi »; « sois tout pour moi »; « ah! c'est bien toi... » : trois formules pour une histoire d'amour. L'ordre domestique croit s'édifier sur l'exclusion du monde, mais il ne faut pas faire un crédit aveugle à l'efficacité sémiotique du « je t'aime » : nous deux d'un côté, le reste de l'autre. « Car le reste est lourd d'ambiguïté : il dit à la fois sa vocation de déchet à jeter et son destin de rester [1]. »

Ainsi il n'est donné à personne le pouvoir de choisir : l'exclusion est à la fois l'évidence et le mensonge de la déclaration. Ce sacrifice retentissant, parce qu'il l'ignore encore, passe sous silence le coût de sa contrepartie. La formule « je t'aime » est une oblation calculatrice, un don qui spécule sur son remboursement : ce que je t'immole, il s'agit que tu me le rendes : les passions multiples qui me lient au monde, je prétends les rompre, je les rabats, en fait, sur un seul être chargé de les réaliser. Je te choisis, cela veut dire : je te mandate pour résorber la coupure opérée par mon choix. Si je désinvestis l'humanité, c'est pour t'écraser, toi, mon amour, sous cette investiture suprême : totaliser l'humanité.

La fin du modèle conjugal.

Agonie du couple? Nombreux sont les docteurs qui prédisent la disparition imminente du moribond. C'est d'abord à la violence extérieure qu'ils attribuent la détérioration des rapports entre époux.

« Comment le couple pourrait-il constituer un îlot harmonieux au milieu d'une société agressive et névrotique [2]? »

Autrement dit, nul ne pouvant être heureux dans un monde malheureux, les conjoints recracheraient à l'intérieur de la cellule conjugale tout ce qu'ils emmagasinent au-dehors de haine, de fatigue, de peur ou d'indifférence. Le couple est un miroir fidèle où se réfléchit la détresse que le capitalisme apporte à la société. Peut-être. Mais ne peut-on pas dire aussi que c'est l'impossibilité

---

1. Leclaire, *On tue un enfant*, Éd. du Seuil, 1975, p. 85.
2. *Sex-Pol*, juin 1976.

où nous met la société de nous répandre en elle, qui maintient, contre ses propres désillusions, la citadelle amoureuse ? Il n'y a que dans un monde malheureux que le désir d'être heureux est aussi obstiné, et que le bonheur doit immanquablement prendre la forme de la quiétude capitonnée, de l'intimité cellulaire : je veux du couple pour qu'il y ait un extérieur et un intérieur, pour passer dans la rue sans souffrir de l'anonymat (puisque j'ai un chez-nous), pour échapper à l'incertitude séductive, pour me couper, en un mot, de la paranoïa sociale. Le couple n'est pas tant un renoncement qu'une fuite : il reste l'institution la plus accessible à tous ceux que tourmente, sinon le grand idéal passionnel, au moins le besoin de sécurité et le désir de déconnexion. « Nous » cela se conçoit d'abord pour se défendre « d'eux ». Plus la société est hostile, plus le couple est nécessaire aux individus : bien loin de se désagréger, il se renforce de la dureté des rapports. Ce qui spécifie l'Autre comme conjoint, c'est qu'il ne marchande pas mon existence, c'est qu'il m'attend, qu'il est là, à portée de main, qu'il émane de lui de la durée, c'est, enfin, qu'il est lui pour moi et moi pour lui une valeur acquise.

Mais, si le couple n'est pas tant contaminé que consolidé par la misère sociale, au moins est-il malade de lui-même, malade de l'amour. Le mariage d'inclination, on le sait, est une conquête récente : c'est depuis peu que les partenaires se choisissent librement, et, bannissant toute considération autre que sentimentale, se marient sur un « je t'aime ». Il y avait un bel idéal à la base de cette « monogamie enfin réalisée » (Engels) : réconcilier l'institution terrestre du mariage et la vocation métaphysique de l'amour, c'est-à-dire le concours de deux êtres à la formation d'une totalité. Or, que se passe-t-il maintenant qu'ont été levés les obstacles extérieurs à la réalisation du contrat amoureux, et que la passion, de principe de turbulence est devenue principe d'association ? L'amour libéré ne tient pas la distance. Il s'engage sans cesse au-delà de ce qu'il sait, de ce qu'il peut : le couple contemporain est le désastre engendré par ce pari stupide.

« Nul amour possible entre époux », disait déjà la courtoisie médiévale : mais les conjoints ne peuvent plus s'en prendre à la méchanceté des pères ou à l'injustice de l'ordre social : ils n'ont pas d'autre ennemi qu'eux-mêmes, que l'inconscience de leur serment. La vie à deux, c'est la manière dont ils expient leur aveu initial, le châtiment qu'ils s'infligent et subissent de s'être dit :

« je t'aime ». Et même les ententes les plus harmonieuses ne résistent pas à l'érosion que la vie quotidienne imprime au sentiment passionné. D'où cette idée neuve (voir Jim Haynes, Guy Sitbon) qu'il faut abandonner, d'un même élan de fuite, l'ordre domestique et le romantisme qui après l'avoir longtemps défié, lui sert aujourd'hui de fondement. Car on est sûr de se faire bien vite rattraper si l'on déserte le mariage, tout en restant attaché au langage qui conforme l'affectivité aux finalités propres de cette institution. C'est l'ordre conjugal qui s'efforce de capturer toutes les potentialités affectives dans les filets de l'amour fou, c'est lui qui sécrète l'idéal de la passion unique et qui invite les passions réelles à s'y reconnaître et à s'y mesurer. Aussi le combat communautaire veut-il désaffecter simultanément le couple et cette forme d'amour dont il est l'inéluctable destin : la possessivité. Peut-être en effet, la passion exclusive n'est-elle qu'un produit transitoire de la mauvaise histoire des hommes. Il reste que, trop attachés aux formes anciennes, réticents à pratiquer le grand saut, incapables de concevoir une coupure dans le domaine amoureux, nous *tombons* amoureux. Nous tombons obstinément dans le piège que nous tend le système domestique. L'impasse conjugale désormais avérée n'engendre pas la désertion générale, ni même nécessairement un désir de communauté. Ce qui ne signifie pas non plus qu'il ne se passe rien. L'événement ne prend pas toujours la forme triomphante de l'alternative. Le pourrissement du modèle conjugal, ce n'est pas la fin du couple ni son remplacement par une institution meilleure, c'est l'émergence d'une multitude de formes intermédiaires, où les amants rusent avec leur propre contrat. C'est au nom de l'amour qu'ils s'unissent, mais ils refusent de plus en plus de vivre cette union dans l'horizon de la totalité. Ils ne veulent pas faire bloc, se perdre l'un dans l'autre, ni connaître la longue extase figée de l'amour fou. Le « je t'aime », ils le disent et l'appliquent, tout en inventant mille méthodes pour contrarier ses effets. Nous vivons l'ère des amoureux incrédules qui ne font même plus confiance au désir que leur dicte la passion. Prolifération des couples officieux : cette résistance des conjoints à passer de la situation de concubin au statut d'époux révèle que l'ancien idéal amoureux, dorénavant, fait peur. Le refus du mariage n'est peut-être qu'un changement microscopique, qu'un pur rite conjuratoire : il témoigne au moins de ce scepticisme des amants envers leur propre « je t'aime ».

On a chacun son logement, même si c'est le couple qui couche alternativement dans l'un et dans l'autre; ou bien plus audacieux, on drague ensemble, on invite un troisième partenaire : on pratique l'échangisme : couples « open » comme on dit, qui déjouent la tendance conjugale à l'autisme. On peut aussi se séparer artificiellement pour fragiliser un lien menacé de trop de consistance : car l'amour veut maintenant des garanties de solidité, mais aussi des preuves qu'il est précaire. Il demande des signes contradictoires. Ce sont là de menus déplacements, où se découvrent néanmoins les tâtonnements d'un nouveau désir amoureux : dire « nous » certes, mais vider ce pronom de toute évidence, n'être jamais assez précautionneux et inventif pour déconjugaliser le couple; affirmer la compatibilité de l'Autre et des autres, aspirer comme à une fin impossible, à ce surenchérissement affectueux qui permettrait de dire à la fois « je t'aime » et « je vous aime ».

S'il fallait un code amoureux pour ces comportements encore incertains, nous le résumerions en deux impératifs : ne rien perdre, d'abord, c'est-à-dire garder la sécurité du couple sans pour autant s'enfermer dans le couvent sentimental qu'il présuppose. Épargner, ensuite; ce qui signifie : ne pas tout donner à un seul être, vouloir des passions lacunaires, ne pas indexer l'amour sur l'idée de totalité. Ce savoir-vivre informulé est le dosage difficile d'une réticence et d'une donation. Paradoxalement la réserve est une conduite affectueuse qui substitue, dans les liens passionnels, la délicatesse à la muflerie. Il faut y lire, en effet, le refus d'abandonner l'amour aux pressions contradictoires et simultanées qu'exercent la bassesse du principe de réalité (faire avec ce qu'on a; ne pas lâcher la proie pour l'ombre) et la grandeur de l'engagement total canalisant sur une personne la somme de ses désirs, même ceux qui ne lui sont pas destinés. Qui ne sait épargner ne sait aimer, car il réduit l'Autre tôt ou tard à être le placement de ses affects inemployés. Qui ne sait épargner investit, au lieu d'aimer.

Sœur Anne, nous ne voyons rien venir : la souffrance n'est pas en train de disparaître de la passion; l'amour ne bascule pas tout entier du côté de l'euphorie. Il se dévergonde cependant en cessant de désirer uniquement ce que sa propre tradition lui prescrivait de vouloir. Boussole affolée, il ne pointe plus comme l'aiguille magnétique, vers le nord de l'Unité. Être deux et ne faire qu'un : tel est le désir que l'amour déserte quand le couple s'aventure hors du modèle conjugal. Comme si le premier mot d'amour : « je t'aime », n'en était plus le dernier. Comme si la passion, devenue incompréhensible à elle-même, ignorait désormais ce que devait être son dernier mot.

DÉBILITÉS DE BASE

1. « Tout être humain souriant est beau. Le sourire renvoie une énergie positive. Trop de gens se sentent laids, voilà la pire des aliénations. Qu'ils rayonnent un peu de bonheur, ils deviennent beaux. S'ils se croient laids, ils le deviennent » (Jim Haynes).

Autrement dit, t'es bossu, t'as l'oreille qui tombe, une perruque en peau de fesse, t'as le nez sur les tempes, les dents avariées, le visage trois fois écrasé dans les accidents — mais je t'assure, mec, quand tu souris, qu'est-ce que tu rayonnes, qu'est-ce que tu balances comme énergie, tu les tombes toutes : allez, Quasimodo, c'est toi le plus beau. Veinard, va.

2. Que le phallus n'est pas le pénis. Que la castration symbolique n'est pas la castration réelle... Freud, Lacan, consorts.

Voilà une subtilité toute scolastique qu'on aura bien du mal à enfoncer dans la tête des gens. Puisque le phallus est si loin du membre viril, pourquoi persister à lui donner ce nom, pourquoi entretenir délibérément la confusion sémantique? Mystère... mystère...

Quelle misérable parade en fin de compte que cette histoire du phallus, cette mythologie de la castration : comme on a l'impression que, là encore, l'allégeance au sexe masculin (en d'autres termes, le phallocentrisme) ne disparaît du contenu explicite du discours que pour se maintenir intacte dans ses signifiants.

3. *Phallocratie* : dénonciation légitime du pouvoir mâle, mais aussi nouvelle figure d'intimidation. Hommes ou femmes, vous croyez parler le langage de la libération, mais il y a encore trop de tours Eiffel dans vos fantasmes, trop de grands arbres, trop de pics dressés, vous êtes objectivement coupables de la Faute dont vous vous croyez subjectivement lavés. Phallocratie : valeur pénale et non plus d'analyse, comme la notion d'ennemi du peuple chez Staline. Concept commode au nom duquel l'Autre a toujours tort car il est discrédité d'avance, quoi qu'il dise. Grand auxiliaire paranoïaque qui ne sert plus à comprendre, mais à séparer, trier, écraser.

III. Jouissance de la femme

> « Le continent noir n'est ni noir ni inexplorable. Il n'est encore inexploré que parce qu'on nous a fait croire qu'il était trop noir pour être explorable. Et parce qu'on veut nous faire croire que ce qui nous intéresse, c'est le continent blanc avec ses monuments au Manque. Et nous avons cru. On nous a figés entre deux mythes terrifiants : entre la Méduse et l'abîme. »
>
> Hélène Cixous.

Ivresse de celle que j'enlace, ravissements qui ne troublent et ne permettent ni observation méthodique ni compte rendu objectif, émotion qui se communique à moi, s'émeut en moi, défaillit de ma propre défaillance et pourtant n'est pas mienne, de quel droit vais-je en parler, moi qui ne la vis pas, qui ne dispose pas de noms pour elle, et veux traduire dans des termes impropres l'intraduisible de ce corps en éruption ? Sinon, peut-être, sous le coup de la fièvre qu'elle a suscitée en moi, de cette participation à laquelle malgré moi elle m'entraîne.

Jouissance de la femme, mon dehors absolu, éclat de chair dans ma propre chair, convulsions qui me fascinent comme peuvent fasciner un désert ou un océan parce qu'ils m'excluent, et consacrent une sorte d'indivision naturelle qui se suffit à elle-même : aucune faille dans ce délire infini qui ne cesse de tenir l'homme à distance, de le déporter en traçant autour de lui d'imperceptibles mais infranchissables enceintes. Car cet intérieur dans lequel la femme, malgré tout, me fait entrer est fermé comme le cabinet noir où le photographe développe ses clichés ; tellement ouvert, écartelé que plus rien en lui n'offre prise ; évident jusqu'à l'évanescence, il est ce secret qui ne se dissimule pas et qui d'être ainsi offert à mon regard, à mon ambition, à mon toucher me devient plus encore impénétrable. Secret sans secret, cachette qui n'abrite rien, immense fuite sur place qui se dérobe à toute saisie. Avoir quelque part à la courtoisie d'une femme c'est savoir que ce secret peut-être nous sera murmuré mais que nous ne l'entendrons pas. Car nous n'avons pas d'oreilles pour ce dérèglement souverain.

On ne peut ajouter au domaine amoureux impunément la jouissance qui dépasse toutes les jouissances, la jouissance de la femme; dès l'instant où nous le faisons, cette volupté se saborde elle-même et détruit vertigineusement les sens où on veut l'enfermer. Ce qu'elle est — la subversion de tout état durable y compris de tout état paroxystique — recule les limites de ce que les mots peuvent en dire : limite de tout langage, limite de toute corporéité. D'elle je ne puis me faire une image, l'adorer c'est me mettre dans l'obligation d'adorer une divinité invisible. Les femmes ont le privilège de la jouissance parce que les hommes ont la malédiction de la décharge mais cette jouissance est informulable, multiple, sans contenu; je ne la partage pas, je ne jouis que de son évasion, son éternel glissement d'eau contre mon corps. Les spasmes de l'aimée n'ont pas la certitude rudimentaire de la semence virile; ils sont ce visage tordu qui, sous l'emprise d'une insoutenable dévastation, ne me voit plus, cette face que je ne peux contenir dans un regard comme pendant le sommeil, cette peau incandescente qui se colle à moi ou me fuit, ce vertigineux ballet de jambes, de bras, de baisers qui m'étreint, me repousse, s'exaspère de mon contact, s'augmente de ma distance, me parle de mille choses que je ne comprends pas et ne me dit jamais que ceci : je ne suis pas où tu es, je chavire où tu ne tressailles pas, de moi tu n'auras ni vision claire ni perception nette car je ne suis rien dans les termes où tu peux l'entendre.

Parler de cette jouissance c'est alors parler du Paradis depuis le Purgatoire, parler de la Terre Promise à partir du désert (mais ce Paradis, faut-il le dire, n'est pas forcément fraternel, amical, accueillant, il peut être tout aussi bien insupportable, désagrégateur, trop fort, trop violent pour nous). Parler de cette tourmente érotique, c'est parler depuis une exigence qui erre en nous à la manière d'un fantôme, parler à partir d'une pulsion limite, d'une pulsion sans objet, sans contrefort anatomique dans le corps masculin et que la femme seule accomplit. Parler donc d'un extérieur qui nous séduit à la façon timide, embarrassée de l'amoureux qui tombe fou de la volubilité sensuelle qu'il n'aura jamais. Dire cette volupté — la dire maladroitement à travers toute la distance par laquelle nous la vivons — c'est multiplier les voix en soi-même, s'exprimer par d'autres corps, d'autres économies pulsionnelles, d'autres ossatures, d'autres haleines, d'autres rythmes respiratoires, courbes de cils, douceur et acuité de regards, reliefs pleins de hanches et de mamelons, satins de peau, délicatesse de mains et de cuisses, c'est laisser effuser en soi d'autres battements de cœur, concentrations de plaisirs, bouffées de chaleurs, cascade de tourments voluptueux dont chacun est un monde qui jaillit, explose et meurt à la façon d'une étoile. Ce n'est donc pas énoncer un nouveau savoir sur les femmes et le dire à leur place comme leur vérité mais écrire depuis l'ailleurs de notre différence, sur une étrangeté qui nous chavire et nous étreint le cœur. Parler donc à partir de l'émotion que suscite en nous ce qui nous chasse de soi, parler dans l'exil — s'il est vrai qu'on n'écrit jamais bien qu'à l'extrême pointe de son ignorance.

Pourquoi aimer ces transports amoureux, pourquoi leur céder une partie de notre libido, voilà qui ne va pas de soi, miracle de l'investissement objectal. Qu'y gagnons-nous ? La possibilité de nous perdre.

D'où l'effroi ou la haine de l'homme devant la convulsion érotique féminine : la femme est sa limite, ce qui le borde de partout, la tentation à laquelle il ne peut céder le voudrait-il même du plus profond mouvement (seule peut-être dans la sodomie l'homme peut approcher l'extase féminine ; et encore l'anus, fût-il l'anus le plus délié, le plus entraîné, le plus enculé, n'a-t-il pas l'innervation ni la sensibilité du sexe féminin). Le désir de l'homme est un élan paralysé, maintenu dans l'obscurité d'un aveuglement douloureux ; ce n'est pas le désir d'un objet désirable (comme dans la tentation religieuse) auquel on ne veut pas succomber, c'est l'envie inintelligible, irrépressible des transports où défaille l'être aimé ; ce n'est pas le désir de l'autre mais, beaucoup plus ténébreux, plus insensé, le désir de son altérité, de la singulière jubilation où ce corps qui n'est pas le mien est plongé. La jouissance de la femme n'a pas l'attrait du fruit défendu : ce fruit n'est pas défendu, il est impossible, inaltérable (il faut déjà « posséder » une femme pour en venir à convoiter l'intimité qui éclôt en elle, la ravit, la déchire). Dans l'étreinte une voix traverse les murs, arrive de l'autre côté du miroir, cette voix parle, crie, hurle, extrémise, pleure, rit, suffoque, cette voix nous irrite car rien ne l'apprivoise, nous excite furieusement car elle ne s'adresse à personne. L'immensité potentielle de la jouissance féminine (potentielle en ce qu'elle n'est pas également présente en chaque femme même si elle est tendancielle en toutes, et aussi parce que cette volupté n'est jamais sûre) cette immensité incompréhensible, révoltante — du point de vue masculin de l'épargne, de l'essoufflement, des petites réserves — nous terrifie et nous étreint dans la mesure où nulle place n'est laissée là à notre anatomie. Une sorte de vertige ou d'horreur contre son propre sexe saisit alors celui qui oppose à lui-même — à sa précarité glandulaire, à la monotone stéréotypie de ses orgasmes — la profondeur infiniment présente de cette jouissance qui est en même temps absence infinie. « La voirie indistincte de la convulsion érotique[1] », l'homme ne la repousse pas dans un frisson de crainte ou de pudeur indignée, il donnerait au contraire n'importe quoi pour s'y rouler, s'y jeter pantelant comme dans l'abîme délicieux où rien ne vous déchire jamais assez. Et sa frustration (même lorsqu'il est « satisfait ») jaillit alors de ce qu'aucun soulèvement, aucune révolution ne l'a menacé, de ce qu'un ordre sournois, envers lequel il est impuissant, le préserve de toute éternité du déséquilibre. La femme ne sombre pas dans la folie ou la mort, sottes simplifications d'états infiniment complexes, elle atteint un excès, un excès vertigineux, l'excessif sommet où le masculin n'est pas. De ce sommet l'homme ne peut se détourner sans pour autant se détourner de ce vers quoi il aspire, malgré lui. Là où la femme défaille dans les spasmes de la volupté, l'homme garde la tête froide, quoiqu'il en veuille, il ne peut l'accompagner. Je vois ce qui n'a pas de prix, ce qui « se soustrait à tout étalonnage, se disperse dans les marges de tout capital en un monnayage en toute rigueur impossible, une dépense incomptable dans la ressource de sa perte[2] ». Je ne peux que dire : il y a là jouissance, et me taire par désespoir d'une proximité qui ne se satisfait d'aucune équation ou mise en rapport.

Face à la jouissance de la femme, il n'y a pas de techniciens[3],

1. Bataille, *L'Érotisme*.
2. Luce Irigaray, *Spéculum...*, *op. cit.*, p. 240.
3. Le technicien c'est celui qui joue avec le corps de l'Autre, le besogne, le bricole, comme dans la pornographie, c'est moins la compétition qui l'anime que la manipulation. Ou même ce genre dégradé de la manipulation qu'est le tripotage : succions goulues interminables de légions de queues, intromissions

il n'y a que des amants dessaisis et en premier lieu du pouvoir qu'ils croient exercer. Connaître l'autre pour la femme, c'est ne pas être laissé dans l'ignorance des plus extrêmes jouissances dont elle est capable. En ce sens aucun amant n'est le meilleur ni le surmâle prétentieux aux appareillages imposants, ni l'hercule au membre torsadé : cette force qu'ils ont éveillée en elle, elle ne leur revient pas comme récompense, cadeau, prix d'excellence enrubanné; elle reste indomptée, sauvage, absente à toute appropriation, escompte d'un gain, plus-value de virilité. Faire jouir n'est pas synonyme de posséder, l'intensité des éclairs qui sillonnent la chair de l'aimée déjoue toutes intentions de son compagnon. Nul n'a le privilège de conférer ce plaisir, nul n'en est le dépositaire garanti, immuable. Le corps de la femme est ligne de fuite et non pas fente matricielle, morceau d'univers aux infinis pouvoirs d'enfantement, boule en fusion d'où sortent des planètes, des souffles, des trajectoires minuscules ou gigantesques, des comètes qui partent du ventre et vont exploser dans la tête ou les phalanges des mains, panaches de sensations diffusées continûment aux quatre hémisphères du corps et qui franchissent, brouillent, annulent le seuil, le pauvre seuil masculin du génital. La femme met au monde un corps toujours différent, le sien, elle est l'être passe-murailles par excellence, son ordinaire est merveille. De cette jouissance il n'y aura donc rien à rapporter (on n'en fera aucun rapport, pas même un rapport sexuel). « Donner » du plaisir à l'autre, c'est prendre le risque de sa différence, c'est ouvrir en soi la plaie délicieuse par laquelle il vous échappe et se détache de votre emprise par le biais même qui l'unit à vous. Qui n'aime d'un fol amour ou d'une folle indifférence celui ou celle qui renversent les limites où la vie civilisée nous retient et réveille en nous des corps que nous ne soupçonnions pas? Face à celle qui jouit, le cœur nous manque comme devant un amoncellement de stupeurs vertigineuses. Et si certes l'amant est pour quelque chose dans l'existence de ces hautes cimes où se pulvérise sa compagne, dans ces mondes où elle roule, s'abîme, il n'est pas :

---

haletantes, branlettes compulsives du clitoris et de l'anus, en ce sens le porno est avant tout jeu avec les organes pris comme éléments machinés, transformation des objets sexuels en pièces de Meccano, frénésie du maniement jusqu'aux limites des machines organiques. Le porno n'est pas obscène, il est abstrait, structuraliste (ce pourquoi peut-être il est si peu excitant).

il est en bas et il voit du fond de la vallée cette éruption impétueuse qui a lieu près de lui, tout près de lui et dont il est si loin.

Jouissance : ce qui n'autorise aucune représentation, image, portrait, substitution, ce dont on ne capte que des instantanés ou de déchirantes complaintes [1]. A notre connaissance une seule musique s'approche ou équivaut à la jouissance féminine, la musique orientale, généralement peu supportée en Occident en raison de sa structure répétitive, obsédante (et ce n'est pas un des moindres paradoxes de cette musique que de s'épanouir sur un continent où les femmes plus qu'ailleurs peut-être demeurent confinées dans la plus abjecte des disgrâces : la fantastique érotisation de l'oreille et de la bouche dans les pays arabes n'aurait peut-être pas lieu sans cette totale réclusion du féminin; ce qui se ressasse, dans les meilleures litanies, chansons, mélodies instrumentales; ce qui fascine et provoque le délire de foules entières, n'est-ce pas, traînante, lancinante, cette voix de l'autre corps que l'islam depuis des millénaires étouffe?). La musique orientale est la suprême intonation, celle devant laquelle on ne peut que frissonner ou défaillir : comme la jouissance, elle est folle dans sa monotonie même; elle se ressasse d'une répétition constante, excessive qui confine à la perte; ne se retient pas, ne raconte rien, ne dit que son éternel évanouissement, éternel délice. La femme qui jouit ne peut plus parler, son sexe, son corps entier remonte vers sa cavité buccale, se précipite au grand jour, éructe sous le palais, déchire la langue, s'échappe en cris, halètements, éclats de rire, sanglots, étrangle la parole claire et l'harmonie classique au profit d'une syncope épurée et abstraite que l'Orient seul a su approcher. Dans cette jouissance/musique ne se passe que la jouissance elle-même, enlacée dans son retour indéfini. Répétition glorieuse, formelle, littérale, charriant une formidable intensité qui creuse la chair, pilonne la voix, la gorge, vit d'un besoin inné de détruire et d'être à son tour détruite, piétinée, chassée. C'est un ravissement souverain, un changement permanent de points, nœuds, charnières, moments où l'agglutiné se brise, explose et dont les éclats rejaillissent jusqu'aux replis les

---

1. Plutôt que de se demander si les femmes jouissent comme les hommes, et participent d'une même nature, voyons, à l'inverse, comment elles détournent la signification même du mot jouissance, le déclinent autrement, l'entraînent sur ces chemins inconnus?

plus intimes. Tout se dissocie, se dissout, devient discordant, fuyant, divers, rupture de rythmes, effractions brutales, modulations nouvelles éveillant des sentiments éphémères, et les forces dans leur tension primitive, enfin libérées, permettent d'autres remaniements, d'autres réorganisations : les forces ne fuient pas comme chez l'homme, elles diffusent dans les muscles, l'ossature, le squelette, leur libération ne met pas fin à l'excitation, elle la porte, la véhicule en tous sens, la propage jusqu'au moindre recoin, la jouissance de la femme commence là même où finit celle de l'homme. Orgasmes donc, au pluriel, ne revenant jamais de la même façon comme un récit qui juxtaposerait dans une mosaïque baroque plusieurs débuts, plusieurs fins, plusieurs intrigues et linéarités, principe de désorganisation permanente aux regards d'une chair qui n'attendrait jamais que des bouleversements identiques, innovations que la tête ne peut prévoir parce qu'elles n'adviennent pas au lieu où elle les espère : là quelque chose sourd, se déchaîne, se déchire qu'aucune finalité n'oblitère. Les cris de la femme dans l'extase érotique n'expriment pas le théâtre des émotions profondes, elles en sont la parole immédiate, jaillissante, ardente sans le recours à un support verbal; parole sans parole qui ne peut se taire, ébranle les cloisons de l'appareil phonateur, irrite les glissements soyeux des épidermes et les tympans, fait entendre le sexe dans la gorge, l'anus dans le larynx, véritable ascension des parties basses du corps vers le torse et la tête, ça monte irrépressiblement comme une quinte de toux, c'est un intérieur qui vomit des imprécations muettes mais ces imprécations ne disent rien, elles proclament un corps fabuleux. Bruits rauques, râpeux où l'on entend les incidents pulsionnels, l'irritation obsédante d'une région qui prend feu, l'inflammation brutale d'une surface ou d'un pan de tissu. Les cris de la jouissance sont les cris de l'incommunicable, d'une haute tension qui obture le gosier, empêchant de par sa violence même la formation claire des phonèmes, le passage évident des voyelles et des consonnes; ce n'est pas un autre langage (qu'on pourrait à son tour soumettre à analyse, étudier, apprendre et reproduire), ce n'est plus du langage du tout, mais un bredouillement émotionnel qui ne peut plus passer par la transition des mots et l'ordre syntaxique sinon à les transformer eux-mêmes en événements intenses. Ce que dit la bouche quand le corps jouit, c'est que le langage ne côtoie l'orgasme qu'à s'y détruire, s'y fragmenter en particules, syllabes époumonées, langage alourdi de troubles organiques, inhabile à se dégager d'un amas de sensations, d'un afflux de sang et de peaux. L'accès des mots à la bouche (au palais) est barré. Les domaines tranchés de la douleur et du plaisir, de la conscience et de l'opacité sont ici brouillés : tout s'emmêle et se confond, le corps est un carrefour de trajets, de pulsions, d'émulsions, de messages qui n'ont pas de sens mais ne cessent d'être émis à une allure de plus en plus vertigineuse : les signes fusent, prolifèrent, signes qu'il n'y a rien sinon du chaos et de la matière en fusion.

Les surréalistes posaient la question suivante : « Quels sont les moyens objectifs par lesquels apprécier la jouissance d'un partenaire [1] ? » Entendons bien : du partenaire féminin (puisque la semence masculine est un indice sans ambiguïté). Autrement dit : comment ne pas être la dupe d'une femme, comment savoir si elle n'a pas simulé, singé un processus qu'elle ne ressentait nullement ? Vieux, très vieux désir de clarté, de lisibilité sans lacune. (On sait que toute la sexologie actuelle et notamment les travaux de Masters et Jonhson n'ont d'autre but que de satisfaire cette volonté éperdue de transparence.)

L'homme demande à la femme des signes explicites, ce qu'il veut déchiffrer en elle c'est le schéma limpide de la tension et de la décharge. Et, certes, parfois la jouissance de la femme peut se calquer sur l'éjaculation masculine, se couler dans des états de force qui lui sont étrangers. Mais cette apparente servitude à l'économie d'un autre corps n'est qu'un masque qui investit, à travers une pseudo-ressemblance d'autres formes qui lui sont spécifiques, d'autres machines qui surgissent sous les premières, se dérobent à leur régulation canonique et les abandonnent comme on abandonne un vieux rôle [2] ; parce que les figures masculines du plaisir ne sont nullement des cadres pour elle mais des inducteurs de valeur quelconque, des processus de tout autre nature qui marquent autant un effort pour soulager le corps de ses tensions

---

1. R. Benayoun, *Érotique du surréalisme*.
2. Le corps féminin brouille tous les codes de plaisir dans un glissement rapide suivant les stimulations et sollicitations dont il est l'objet, ne donnant jamais les mêmes réponses, n'offrant pas les mêmes sensations, n'enregistrant pas de la même manière les mêmes événements, acceptant parfois quand on le lui impose le code orgastique masculin, quitte à le combler de toutes les figures que ce code était censé exclure.

qu'une libre poussée de redistribution de ces tensions (et l'on voit bien chez Sade, par exemple, comment la jouissance de la femme, si elle était admise, contredirait les desseins des libertins puisqu'il faut au libertin l'imagination d'un corps fini, circonscrit pour que la volupté soit celle du pillage et de la destruction de ce corps. Aussi la femme sadienne déchargera-t-elle interminablement mais jamais en elle ne sera admis ce principe d'infinitude qui démembrerait son corps, le désorganiciserait). Or l'homme tolère mal cette entorse à une similitude qu'il supposait commune; accablé par le « trop de sensations diffuses », c'est l'absence d'une sensation unique qu'il déplore chez la femme et la nostalgie d'une marque évidente comme en lui où tout se résumerait et se retrouverait. Passe encore qu'elle éprouve une succession d'orgasmes (alors elle est comme un garçon qui éjacule plusieurs fois en une seule séance) mais qu'au moins ces culminations il puisse les reconnaître, les cataloguer, les numéroter, les voir en un mot : « Je vous laisse recenser, écrit Blanchot, tous les mots par lesquels il est suggéré que pour dire vrai il faut penser selon la mesure de l'œil. » Sur la volupté de la femme il n'y a pas de prises de vue possibles dans la mesure où elle accorde peu d'importance à l'extériorité : ni les cris, ni les contorsions du visage, ni les poussées de fièvre, ni la lubrification extrême ne signifiant forcément le paroxysme. Les signes de la jouissance ne renvoient à rien d'autre qu'à eux-mêmes ou plutôt usurpent la valeur supposée de leur sens. Ils sont signe que la femme jouit mais qu'est-ce que la jouissance sinon ces signes eux-mêmes, clameur, vacarme, convulsion ne renvoyant qu'à leur propre manifestation? Signes disséminés en de multiples états, sans équilibre, toujours en deçà ou au-delà de leur sens : soit excessifs, trop bruyants, bavards à l'extrême ou parcimonieux, feutrés, discrets jusqu'au mutisme, jamais palpables, définitifs. Signes à jamais troubles, opaques parce que la femme fait l'amour pour éveiller son désir et non pour le tuer, le chasser de soi comme l'homme. Que cherche-t-elle dans la conjonction amoureuse? Le bienheureux Hermaphrodite (Denis de Rougemont, René Nelli), le Phallus (même le phallus new-look, style Lacan, Leclaire, Safouan), un manque à combler (les mêmes qu'avant), un papa (Sigmund), le continent noir (Freud), la juste ligne (Lénine), l'énergie orgonotique (W. Reich), l'humilité (Jésus), la mort dans la vie (Bataille) ou la vie dans la mort (sainte Thérèse d'Avila), Dieu (Bataille, sainte Thérèse), sa dignité (Françoise Giroud), l'Absolu (un philosophe), le péché mortel (Paul VI), des indices (Sherlock Holmes), ses lunettes (un myope)? Et si cette jouissance était à soi-même un but qui justifie amplement les quêtes les plus éperdues? Le modèle de toute intensité en ce que précisément elle se modèle sur tout et n'a donc aucun contenu prédéterminé?

La jouissance de la femme traîne avec elle des fragments qui ne peuvent plus se recoller, des plaisirs qui n'entrent pas dans le même puzzle, n'appartiennent pas à une totalité préalable, n'émanent pas d'une unité même perdue mais vont au contraire expédier l'organisme qui les couve et les abrite aux quatre coins, le faire exploser dans un poudroiement sans fin de voluptés autonomes. Orgasmes non compris dans un orgasme universel, unique, orgasmes impliquant chacun la génération de sa propre géométrie, la distribution de ses matériaux et la coulée de son temps, géochronométries coexistantes dans un espace rebelle à toute homogénéité. Rien de préalable (ou pas seulement) dans cette jouissance, pas un corps sur lequel viendraient se greffer, tels des oiseaux, plaisirs, voluptés, impressions, frémissements mais des intensités qui, tout à coup et brutalement émises, façonnent à leur tour un corps nouveau, déterminent une organicité, une anatomie nouvelle, sorte de chambre de laboratoire sillonnée d'éclairs, totalement hétérogène, corps bandé de zones, mesuré de gradients, parcouru de potentiels où les plaisirs remontent et descendent le temps dans une incessante migration d'influx. Matière vive qui se nie, se transforme, se détruit toujours et partout sans lieu assignable ou quantum unique, surface aux multiples scansions, véritable mise en scène miniature de la création de l'univers. Corps co-présent à lui-même, à sa multiplicité, irradiant dans chacun de ses états, de ses étages, congédiant le stérile conflit entre la tête et le sexe parce qu'il fait feu de tous ses écarts, de toutes ses dimensions et que le cerveau est embrasé au même titre que le ventre ou les seins (et donc pas d'acéphalie dans la jouissance, pas de destitution, fût-elle provisoire, du visage au profit du cul, pieuse vision de l'érotisme, pornographie de chanoines, de permissionnaires en goguette, de vieux garçons racornis). Plaisirs d'avance partiels, morcelés, à qui rien ne manque, se propulsant sur orbites et courbes, dessinant des sinusoïdes, connaissant de brutales accélérations, et différentes vitesses de développement grâce à quoi tout se met à exister autrement, selon un rapport qui n'est plus d'utilité ou de préhension mais de sensation, de branchement, de réceptivité absolue à l'infinité des cosmos qui roulent et gravitent dans ce corps d'abondance. Par cette lente immersion en soi-même qui est aussi une déchirure de l'être discontinu de surface, l'esprit s'affole à son tour, il sait le corps assailli par la volupté mais ce savoir ne lui confère aucune supériorité, il n'est rien d'autre que la jouissance consciente d'elle-même, jouissant de se savoir jouir, consciente de sa force, de son impétuosité, de ses répétitions miraculeuses. Alors le Moi n'est plus l'instance qui bat le rappel des singularités, il devient incandescent, devient la vie regardant l'état extrême de la vie et doublant dans ce regard l'exaspération de cette vie à la limite, violence lucide d'une vie que ne menace aucun principe de ruine, d'une vie qui ne singe pas la mort ni la mort de ne pas mourir parce qu'elle est un bouillonnement d'énergie ardente, une existence pantelante, toutes mains tendues, éclatée comme le mercure, chavirante de se sentir délicieusement chavirer.

Dans l'amour, il y a un temps de la déclinaison des verbes que la femme ne rencontre pas : le passé composé. Jamais elle n'a joui au sens où elle en aurait fini avec son excitation, elle jouit, cela circule toujours sans se résoudre, se résorber. Rien ne la satisfait : son économie pulsionnelle cadre mal avec cet état ambigu que le masculin nomme satisfaction, comblement, détente. Non pas que cette jouissance soit affaire de quantité; il ne s'agit pas de voir en elle une sorte de production perpétuelle de plus-value voluptueuse, une accumulation stratifiée de valeurs hédoniques, bref de la soumettre à performance en transformant la femme en sujet « insatiable » (avec l'image concomitante de la « nymphomane », de la « salope » telles que les véhiculent n'importe quel roman de sex-shop ou toile porno). Ni quantitative (ce qui supposerait l'addition d'objets identiques), ni qualitative (ce qui sous-entendrait un état unique, fortement différencié) : au-delà. Jouissance « inefficace » qui profite de tout, à qui tout profite parce qu'elle ne quête précisément aucun profit. Le corps féminin ne bat pas de records (combien d'orgasmes à l'heure, à la minute, à la seconde, passe-temps favori des sexologues) : il les a d'emblée tous pulvérisés. L'infini du plaisir féminin n'est pas l'accroissement constant d'un même état (« de plus en plus fort, de plus en plus rapide ») mais une altération incessante, l'enchaînement d'imprévisibles métamorphoses [1]. Sa seule exigence est : honorez toutes les parties, la bouche autant que le sexe, l'utérus autant que la vulve, l'oreille comme l'anus, le genou comme le fin tissu des paupières, faites entendre les chants les plus variés, quêtez les modifications les plus ténues de la peau. Soyez partout afin que cette jouissance, qu'on dit prisonnière des oubliettes du bas-ventre, ne soit plus nulle part.

Et certes la volupté féminine est bien dans son genre un petit miracle économique mais qui n'a pourtant rien à voir avec une économie de l'échange ni une économie du don en ce qu'elle n'est ni consomption d'une force ni offrande dispendiaire d'un bien valorisé, mais voyages d'intensités, nomadismes sensoriels, suite de hors-prix qui échappent à tout système d'évaluations. Une envie qui passe : voilà l'homme, vite lassé, courant vers des biens plus tangibles, plus honorifiques. Des passions qui adviennent et se juxtaposent aux anciennes sans les chasser : tel est, peut-être, le fonctionnement du féminin; en soi la jouissance est un excès, elle est la prodigalité du plaisir. Sans limites elle renouvelle sa force et ses ressources, s'anéantit et ne cesse de réengendrer ce qu'elle a dépensé. Rien ne se « décharge » en elle qui ne se reconstitue ou se récupère, émotion absolument intransitive, hors de toute finalité médicale, hygiénique, humorale, amoureuse. La multitude des femmes, certes — pour des raisons historiques de sujétion, de colonisation de leur corps —, connaissent mal ce mouvement. A l'extrême toutefois, la femme, et la femme seule, peut ce renouveau continu de sa jouissance. La perte — le phénomène inévitable de la dépense dont certaine modernité a fait l'apologie comme si l'alternative n'était qu'entre retenir ou dépenser — la perte est toujours masculine; l'homme y fait l'expérience anticipée de la mort : cela partira de lui un jour comme maintenant ce trop précieux liquide que le pic solitaire de l'orgasme expulse; et c'est pourquoi le plaisir masculin est toujours une dégradation d'énergie parce qu'il est informatif et que le contenu de cette information une fois donné, il meurt. Mais l'alchimie subtile de forces qui se retiennent, se joignent,

---

1. Dès lors peu importe qu'il y ait ou non orgasme vaginal ou qu'on ait donné ce nom à un mouvement qui intéresse également le clitoris, peu importe la nomination ou la localisation exacte de la jouissance, l'essentiel étant de voir que dans le corps féminin tout est bon pour jouir et que c'est cette opportunité hédonique, cette faculté de conversion voluptueuse qui est éblouissante.

se dissocient, dérivent loin d'un centre dont elles dépendent cependant, il ne la connaît pas spontanément, ne la découvre qu'à travers sa propre féminité latente. La femme jouit sans laisser de traces (si ce n'est un peu de rose aux joues des carnations délicates). Elle a produit des traces et les a effacées, n'a donc rien voulu dire ni faire et pourtant quelque chose là a dérangé l'ordre de façon irréparable.

La jouissance féminine, dans la mesure où elle ne dit rien, n'a pas d'usage phallique, est forcément anorgastique. L'orgasme c'est encore un moyen d'encadrer cette jouissance, de la fixer dans un état de culmination, de la localiser, d'établir des frontières avec leur en deçà de crescendo et leur au-delà de descension, moyen de conjurer une force indécidable en lui creusant un ou plusieurs lits artificiels, en l'enserrant dans un ensemble de phénomènes démontrables et dénombrables. Despotisme de l'orgasme que tout signifie, prépare, annonce et qui une fois éclaté annule tous les sens. Au contraire, pouvoir de fluidité de l'extase féminine où le génital joue le rôle d'un quasi-point sur lequel on peut aller de n'importe quelle direction à une autre sans jamais rencontrer aucune des directions précédentes, où le plaisir ne cesse d'emprunter des voies inédites, où dans le sexe tout conflue sans confuser. Car cette volupté si elle produit l'orgasme ne le produit lui-même que comme une de ses formations statistiques secondaires à l'issue d'une histoire où le masculin a imposé sa loi et où il sied de l'imiter. D'un mot : si la jouissance féminine est la limite externe de toute volupté c'est parce qu'elle n'a pas pour son compte de limite externe (contrainte de lieu, de temps, de contenu) mais seulement une limite interne qu'elle ne rencontre jamais parce qu'elle la déplace toujours avec elle. Ainsi fait-elle apparaître la notion complexe d'une continuité dans la brisure : elle ne court pas vers un terme, elle ne cesse de se briser et de briser cette brisure, de poser des limites et de les outrepasser, bref de reconstituer dans son déplacement ce qu'elle tendait à annuler dans son emplacement initial, évitant ainsi toute satiété (et toute insatisfaction) [1]. A la volonté unificatrice des grands chantres de l'orgasme (« jouir une fois comme nul n'a jamais joui, puis mourir ») la jouissance féminine ne peut déclarer que forfait. Beauté de cette

---

[1]. « Plus une femme a d'orgasmes, plus puissants ils deviennent; plus elle a d'orgasmes, plus elle peut en avoir. » Mary Jane Sherffey, *op. cit.*, p. 129.

déception, de cette euphorie charnelle qui ne se laisse pas totaliser.

La jouissance de la femme périme le binarisme excitation-décharge puisqu'elle rend leur confusion toujours possible, rend insoluble la question de savoir si tel cri est un effet de soulagement ou de recharge, si telle inondation pulsionnelle annonce la mort d'un plaisir ou son commencement, est finale plutôt qu'inaugurale, si au contraire telle stase, tel arrêt des soupirs et de la respiration relève d'une dénivellation brutale du bien-être ou de sa hausse paroxystique, bref cette délectation voluptueuse coule continûment vers son crépuscule aussi bien que vers sa renaissance, glisse dans toutes les directions à la fois, déployant un espace sans limites que les classiques géographiques de l'érotisme s'essoufflent à cerner. Comment imaginer ce délice, l'envahissement du corps par des flux de jouissance qui glissent partout à la manière d'une lave? La révolution dans le puits d'amour émiettant le génital à tous les hémisphères, ouvrant les brèches d'un démembrement illimité? Ici la tension résulte en quelque manière du plaisir lui-même, son usage se confond avec sa consomption. L'orgasme, les orgasmes n'étant qu'un moyen parmi d'autres de s'exciter, toute excitation acheminant avec elle une foule de contentements parallèles. En d'autres termes, le corps féminin n'est pas un système clos de forces qui ne pourraient aucunement croître, précisément parce qu'il ignore l'épargne (nulle nécessité pour lui de se retenir) et ne s'accroît que des plus folles dépenses. Il n'y a pas pour lui une quantité initiale de fièvre qu'il s'agirait de répartir avec plus ou moins d'habileté (comme pour l'homme). Tout ce qui sommeillait dans le corps, toutes les sources possibles sont branchées, connectées les unes avec les autres, la sensualité est à la fois conquête et agitation, illumination de tout l'être, puissance expansive qui invente ses propres voies et les lieux qu'elle soumet à ivresse. Et le plaisir devient jouissance trempée par un feu qui s'auto-entretient et s'auto-consume en permanence, dévore et réengendre d'énormes énergies. Chaque ardeur, frisson, chaleur, émoi, inflammation ne constitue plus alors qu'un petit grumeau dans la grande dispersion orgiaque de cette extase. En tant qu'éléments d'ordre (de l'ordre du désir), ils sont tous minoritaires, collatéraux, simples archipels dans l'océan du désordre pulsionnel. Et pourtant, c'est en s'organisant d'une certaine manière que cette chair a pu façonner sa propre désintégration, c'est l'ordonnance relativement stricte de la convoitise sexuelle qui a engendré peu à peu cet au-delà du corps profane et du corps érotique qu'est le corps déréglé, anorgastique, incandescent. De telle façon qu'à son amant(e) la femme peut énoncer amoureusement ceci qui n'est pas métaphore : Tu passes partout en moi.

La femme qui jouit écrit une fiction : ce qui submerge, ce qui dépasse son être malgré elle ne revient pas de la même façon, pas d'éternel retour d'un présent éternel, c'est une histoire qu'une cabale de nerfs et de muqueuses raconte en variant toujours les subterfuges, le dénouement, les épisodes : fiction libidinale, légende cosmique qui brasse des masses de mouvement et d'énergie, des flux et des lignes qui poussent son investigation toujours plus loin, toujours au-delà de la dernière surface parcourue.

Comment a-t-on osé qualifier ce délire souverain de passif, d'indolent? (Quoi de plus inerte en réalité que l'épanchement séminal, que la délectation du tuyau à pipi?) Aucune jouissance ne requiert une telle mobilisation du corps, une attention plus grande à tout ce qui passe, fuit, surgit, dérape; toutes les distances, toutes les relations prennent une acuité qu'elles n'ont jamais eue, les proximités les plus innocentes se révèlent des traversées vertigineuses, de nouvelles dimensions naissent à chaque minute éveillant à leur tour des moyens d'appréhension inédits, toujours plus complexes, plus raffinés; sur tel creux de l'épiderme, tel renflement de la chair plusieurs angles d'attaque sont possibles qui confondent dans leur géométrie le haut et le bas, l'horizontal et le vertical, l'aplat et le volume, la courbe et la droite. La femme n'est plus le sujet de sa volupté (au sens où elle en contrôlerait la marche), elle devient sujette aux extases, un rien désormais l'affecte, ces ravissements la surprennent, la voilà perdue en une somme incohérente de présences et de dépresences, ni contemporaine ni en retard sur ce qui la déchire, ne vivant plus le temps monomorphe du quotidien mais une surdétermination de durées qui ne se pressent pas de se conjoindre en un tout apaisant. Tout le corps perd son caractère naturel, l'évidence même de la sexuation est battue en brèche, chaque sensation nouvelle fait échec à l'enrôlement génital d'Éros, l'organisme incendié devient une monstruosité délectable face à l'anatomie, une inqualifiable source d'impudeur, un non-sens libidinal portant le feu, le sang, l'émeute à tous les horizons de la chair. La femme est absorbée dans une somme d'instants qui s'éternisent : apparemment et de façon réitérée, tout souci du passé et de l'avenir aboli, elle s'ouvre à la multiplicité incompressible des instants et ces instants sont eux-mêmes des éternités. On comprend alors ce qu'a d'inexact la grande métaphore nocturne de la mort accolée à la jouissance : nul plaisir n'envahit ce corps passivement comme le fait un jour la mort, la femme appelle violemment à elle les forces qui vont la soulever, rien ne peut plus contenir l'impatience de ses limites à être débordées (et si parfois elle hésite ou se refuse devant la sauvagerie de ce qui va la submerger, ce n'est pas la mort — potentielle — qu'elle fuit mais la vie à haute tension, le renoncement à la vie similaire, uniforme, la nécessité de « dépenser » des forces nouvelles pour se maintenir à égalité avec ce déchaînement qui la traverse); jamais la jouissance n'annule le vivant, elle le dilate au contraire comme nul n'a pouvoir de l'accomplir, ce n'est que par défaut d'imagination qu'on a pu la comparer avec l'expérience agonique.

La femme, ainsi, se dit comblée, non qu'elle serait satisfaite mais parce que sa frénésie voluptueuse se dépasse, et de loin, les possibilités qu'avait entrevues son désir, comblée comme suffoquée, étouffée, prise à la gorge. De multiples paradis se disputent l'espace fini de sa chair, chaque pore, chaque orifice de son épiderme est comme une bouche qui capte des signaux venus de l'univers et en renvoie d'autres, sa peau se hérisse de tentacules, devient passage entre le dehors et le dedans, respiration sensorielle du monde tandis que le monde à son tour se transforme en fragment de son corps. La femme, être pléthorique, rejoint dans l'étreinte la pléthore impersonnelle de la vie; elle n'est alors rien d'autre que cette faculté d'accepter, d'acquiescer, cet assentiment à tous les excès, aux jeux aveugles de la rage qui la déchiquette; affirmative jusqu'à perdre la tête, s'illimitant loin de tout foyer, splendidement solitaire dans son insurrection extatique, elle ne peut que dire alors et vouloir, oui, oui, oui, oui, encore, en-corps... « Où ça s'énonce trouble, merveille d'être plusieurs, elle ne se défend pas contre ses inconnus qu'elle se surprend à percevoir être, jouissant de son don d'altérabilité [1]. »

Inutile, par conséquent, de justifier le paradoxe d'écrire à propos d'une jouissance qui n'est pas la nôtre. Évidemment, nous n'avons nulle prétention à « faire la femme », chose aussi

---

1. Hélène Cixous, *op. cit.*

méprisable que faire le fou, faire l'ouvrier, faire le nègre, le damné de la terre ou le marginal, modernes oripeaux de la bonne conscience. Nous ne quêtons même pas le féminin comme quelque chose qui serait notre bien (ou qui le sera), dont nous serions dépossédés et qu'il faudrait s'appliquer par patience, ascèse à retrouver.

Sur la féminité même nous ne savons rien; et nous nous méfions des idéologies de « l'éternel féminin » ou de « l'éternel masculin ». Nous voulons simplement souligner ceci : qu'aujourd'hui, dans notre histoire personnelle, au contact des femmes, nous nous découvrons maigres épicuriens, puritains de la dernière espèce. Que notre première tâche est peut-être de reconstruire nos propres mœurs (et surtout les plus « libérés » d'entre nous) sur les façons de jouir et de vivre de nos compagnes. Car nous avons, nous autres, hétérosexuels mâles, des corps de capucins, bourrés d'interdits, plus matelassés de valeurs religieuses qu'un manuel de catéchisme, des corps de momies, de véritables sanctuaires de frigidité et de frustration. Modeler cet arsenal cadenassé sur la féminitude c'est d'abord accepter de nous laisser écorcher vif et rhabiller autrement. Des femmes nous n'attendons rien de moins qu'une régénération désirante : que cette métamorphose passe pour les uns par des périodes de désespoir, pour d'autres par un sentiment d'annulation totale, est affaire de trajets personnels; une telle détresse est peut-être inévitable (et pourquoi la sexualité ne serait-elle pas angoissante?). Quoi qu'il en soit, nous sommes las de l'univers clos de la similitude, des vieux fantasmes dégonflés, de la dérisoire suprématie machiste. C'est pourquoi la résurgence du féminin est pour nous un décapage bienfaisant de nos fantasmes, de nos fascinations, de nos machines à plaisir. Nous ne voulons pas réagir à cette lente érosion de notre érotisme comme à une frustration, à un danger; nous y voyons au contraire une chance de liberté et de jouissance accrue. Nous avons tout à gagner à ce que notre petite sensualité soit battue en brèche car même cette privauté-là nous ne la perdrons pas tout à fait. Nous aimons les femmes comme de nouveaux envahisseurs qui ne légifèrent pas notre désir mais le délivrent. Nous ne demandons rien de mieux que ce saccage de nos forteresses, de nos dépravations de conscrits, et nous savons que seuls nous n'y arriverions pas. Nous n'avons pas prétention d'imiter ou de nous substituer, simplement d'accueillir en nous cette turbulence du féminin, si inquiétante soit-elle. Nous n'entendons pas nous conserver comme tels; à défaut de quoi nous resterions pour l'éternité de tristes machines à pénétrer, de vieilles glandes mercantiles faisant leurs sinistres calculs à l'ombre d'un inquisiteur et d'un psychiatre, bref des êtres sans sexe, sans bouche et sans regard auxquels manquent l'anus et les fesses. L'histoire de l'effémination, de l'altération du corps masculin ne fait peut-être que commencer.

RÉFLEXIONS SUR LA MARGELLE

Vous êtes tous des homosexuels refoulés? Comment entendre cela? Par le banal refoulement du choix d'objet (mais alors cela signifie une nouvelle norme) ou plutôt comme l'écrasement effectif de notre corps, le refoulé sodomite? Pourquoi l'amour de l'anus serait-il automatiquement homosexuel et l'amour du vagin immédiatement infantile? Et si c'était le contraire, si, moi, j'étais né par le cul? La pénétration anale est une alternative pour l'homme au plaisir phallique : elle le prolonge et en déroute la linéaire temporalité. Cassant la cohésion du corps masculin, elle casse aussi tous les avatars de la volupté génitale. Le cul, comme site d'intromission, est ce qu'il y a de commun aux deux sexes : mais loin de prouver leurs similitudes érotiques, il marque seulement l'interchangeabilité possible des rôles sexuels. La sodomie est bien cette pratique où le masculin rejoint le féminin dans la posture mais non dans l'intensité : car pour la femme, elle est le luxe supplémentaire d'une sensualité déjà profuse, pour le mâle l'unique solution de remplacement au pénis. Dans l'érotisme orthodoxe l'homme est cette horreur anatomique : un corps sans derrière, un bâti osseux dont on a scié les fesses. La sodomie au fond le reconstruit (mais c'est pour mieux le désintégrer).

Mon trou me démange, voilà une phrase que tous les sexes peuvent prononcer. Mais ne pas l'entendre comme un appel diffus à être sans cavité, rond, lisse, dense à la manière d'un œuf : le trou n'aspire pas à être comblé, je voudrais au contraire un corps parsemé de trous pour le simple plaisir d'être assailli, traversé, pénétré par chacun d'eux. Ma peau même, quand le soleil la chauffe, se creuse, se met en état de porosité. Je veux me laisser vider doucement, transpercer, devenir une cage de résonance, un dedans-dehors où le monde et des fragments d'univers se coagulent, éclatent, se congratulent, se métissent, se côtoient, se frôlent sans se voir, constellation de passages hétéroclites, mosaïque d'objets durs ou tendres dont certains, comme des intrus, s'invitant à une fête où ils n'étaient pas conviés, auront l'air de ne rimer à rien. L'homme ne peut se trouver que par le cul mais la sodomie n'est à son tour peut-être qu'un entraînement à la disponibilité générale du corps, à l'invagination totale de la peau, des lymphes et des muscles. Que se multiplie sur moi la faiblesse de mille petits creux, milles petites têtes d'épingles et qu'ainsi plus vulnérable aux autres je sois aussi susceptible de plus d'éclatements, plus d'infiltrations.

IV. Les équivalences neutralisées

Prostitution II
La révolte ou la fin
des religions génitales

Mille et trois raisons, aujourd'hui, d'être client.

Payer en argent comptant pour ne pas payer de sa personne.
Marchander mais ne pas être marchandise; être sûr de s'entendre dire oui sans avoir, pour autant, à se mettre en scène.
Ne plus se surveiller du coin de l'œil, jusque dans les moments d'abandon : « Ça va? J'ai été à la hauteur? Combien j'ai, à l'examen de l'orgasme : la moyenne? une mention? une note éliminatoire? Pas trop ridicule mon slip? Pourvu qu'elle voie pas mes bourrelets... » Dans sa peau, n'être ni bien ni mal : s'oublier. Oublier son image, son obésité, sa calvitie menaçante, sa mauvaise mine, ses mains moites; au lieu de s'obséder sur ses vices de forme ne songer qu'à donner forme à ses vices. Ne plus faire grief à son propre corps de tous les motifs de rebuffade qui, malgré les précautions prises, prolifèrent en lui. Acheter le droit de quitter son personnage avec ses vêtements.
Œdipe a l'esprit d'escalier, punir Maman d'avoir couché avec Papa en la ravalant au niveau de la Putain.
Entre deux plaisirs solitaires, choisir encore le moindre.
Haïr à ce point son propre désir que seules peuvent être assignées à le recevoir des femmes méprisables et déchues.
« Toutes des salopes » : déduire le métier du vice et la compétence du métier. S'attendre à des choses inouïes; spéculer sur la perfection sexuelle de la prostituée : elle sera le réceptacle du besoin, la poupée du fantasme, et l'institutrice de la cochonnerie.
Sans faire de manières, exiger des positions que l'on trouverait insultant de proposer à sa femme, même avec des gants.
N'acheter le pouvoir de jouir que parce qu'il donne, en plus, la jouissance du pouvoir : « Lève la jambe, écarte les fesses, suce-moi,

mets-toi à quatre pattes, enfonce-moi le doigt dans le cul... » —
*s'exciter moins des postures que l'on ordonne, que du plaisir de
donner des ordres.*

*Pour passer du désir à l'action, n'avoir qu'un métro à prendre,
un pont à traverser, une rue à atteindre.*

*Par le miracle monétaire, accéder, d'entrée de jeu, à l'inaccessible :
le sexe de la femme.*

*Détester parler d'autre chose quand on ne pense qu'à ça. Ne
plus vouloir rouler les yeux au ciel tout en chatouillant le sale petit
secret.*

Être trop vieux pour plaire mais pas pour convoiter.

*Du métèque, n'avoir pas seulement la gueule, cotée aujourd'hui
sur le marché séductif, mais le costume un peu passé et complètement dépassé, le pantalon lustré, la veste trop courte aux manches,
l'air timide, hostile, ou perdu, et l'accent impossible. Au croisement
de toutes les ségrégations (immigré, hors du coup, hors-langue),
exclu par la mode, le racisme et les mots, se retrouver dans la rue
indésirable mais désirant.*

*A titre de récréation, changer de peau, et de discours : répondre
au lieu d'avoir toujours à demander.*

*« Tu viens mon minou... » : langage conventionnel qui dit l'atti-
rance sans même la simuler. Comédie machinale qui ne cherche
pas à se faire croire. Mots d'amour étrangement libres de tout
pathos amoureux. Parole suave, caresse verbale sans personne qui
la parle. Vibrer, avec ferveur, à cet effet d'étrangeté. Monter la
fille pour contempler puis investir un corps déserté. Rechercher
la prostituée non pas malgré, mais pour son indifférence : car c'est
cette froideur qui donne à la passe son parfum de religiosité. Comme
à l'Église s'enivrer de l'émotion provoquée par une absence. Il
n'y a personne, donc il y a Dieu.*

*Don Juan retors, avide de records et de grandes premières, s'obsti-
ner à vouloir faire jouir un corps professionnel pour réintroduire
la débauche dans la relation vénale, pour se soumettre celle qui,
vendue à tous, n'est offerte à personne.*

*Vivre, aussitôt entré dans la rue à putes, la métamorphose du
solitaire en sultan : aimer mieux l'ivresse de la sélection préalables
que l'émotion somme toute limitée de la passe : passer en revue
les candidates d'un œil sans indulgence, exclure à la moindre défi-
cience celles qui, n'aurait-on que son charme à leur offrir, nous
accueilleraient d'un haussement d'épaules.*

« *Je te fais la domination?* » *Se procurer, dans le commerce, toutes les spécialités érotiques introuvables sur le marché des amours gratuites.*

Pour obtenir un corps complaisant qui défèque un soir par semaine sur votre visage, n'avoir que le prix à y mettre et un détail à ne pas négliger : lui donner le matin un laxatif doux qui agit en huit heures.

Hygiénique et fonctionnel, ne pas vouloir accorder à l'amour plus de temps qu'il n'en faut pour le faire : sacrifier à l'instinct parce qu'il est tyrannique, mais le plus vite possible et pour revenir à soi. Se purger de ses pulsions afin d'avoir la tête libre.

Avoir des ambitions érotiques au-dessus de ses moyens et les réaliser : se griser d'inconstance, changer de partenaire à chaque sollicitation du désir.

Combiner l'escapade et la fidélité : sauver le couple, tout en échappant, par bouffées furtives, à sa monotonie.

Réaliser la fusion mais esquiver le lien : faire l'amour sans jamais faire connaissance.

Massages thaïlandais ou pompiers expéditifs, glisser dans l'inertie, se faire manipuler, laisser materner à huis clos l'organe que vous dérobez jalousement au maternage de vos compagnes régulières : car vous mettez un point d'honneur à les en transpercer. Avoir droit à la béatitude passive du bébé, non pas après l'amour mais pendant la copulation; connaître le repos du guerrier jusque dans l'instant de la déflagration.

Ne rien perdre, jouer simultanément la sécurité et la surprise, le hasard et le contrat, la certitude de l'assouvissement et la nouveauté du corps, l'ignorance de l'offre et la satisfaction de la demande.

Payer la première venue à défaut d'être exigé par elle : se rabattre sur le rôle du client, du fait de l'impossibilité d'être soi-même putain.

Acheter le droit de se consacrer exclusivement aux mécanismes de sa propre jouissance. S'émanciper du devoir de réciprocité.

N'avoir qu'une terreur : le hasard. Ne pas pouvoir jouir hors de l'argent, car la relation vénale substitue le rite à l'aléa. Exiger que tout soit fixé à l'avance. Se rassurer de savoir que la passe est un protocole. N'aller jusqu'au bout de son désir que si la scène de copulation est conforme à son programme. Conjurer l'imprévu pour éviter la débandade.

Échapper à l'angoisse paralysante des entrées en matière. « Qu'est-ce que je vais lui dire? Par où commencer? » En souvenir de toutes les aventures que l'on n'a pas vécues, où l'on a renoncé à son désir par défaut d'esprit, où la peur de rester sec nous a, un peu plus, emmuré dans la solitude, rendre grâce à l'argent de ne permettre qu'une question laconique, immuable : « C'est combien? »

On pourrait, bien sûr, poursuivre la liste à l'infini, en mettant sur le même plan des anecdotes et des analyses, des événements minuscules et des grands archétypes, des amorces romanesques et des amorces de classification. On pourrait aussi, cheminement inverse, faire de ce répertoire le préalable nécessaire d'un effort d'explication : d'où vient la demande? Pourquoi y a-t-il des clients? Au déploiement du catalogue succéderait alors le travail de l'interprétation : l'ordre interviendrait dans l'anarchie énumérative, les mille et trois désirs suscités par la prostitution se rangeraient en rubriques : *désir de présence* chez ceux qui veulent échapper à la solitude sans être assez monnayables pour entrer dans la séduction; *désir d'alternance* pour ceux qui veulent échapper au couple sans le mettre en péril; *désir d'institution* chez ceux qui veulent échapper aux aléas et au code dissimulé mais despotique du rituel séductif. Manière de dire que la multiplicité est une illusion, un effet de mise en scène ou de mise à plat, et que, sous la folie de cet étalage disparate, se cache, sagement, une taxinomie austère. Manière aussi de substituer à l'écriture esthète de l'inventaire, le sérieux militant qui veut toujours *remonter aux causes* : être révolutionnaire c'est, avant tout, dénoncer l'illusion selon laquelle il serait possible d'éliminer les conséquences de la misère sans s'attaquer aux causes, c'est-à-dire ici de supprimer l'oppression des prostituées sans lutter contre la prostitution, et de lutter contre la prostitution sans combattre le système qui l'entretient. Ce qui fait la prostitution, c'est la monogamie patriarcale, la misère sexuelle, la domination mâle, le racisme de la séduction : voilà les causes, voilà l'ennemi.

Les filles de joie, cancres de la révolution.

Mais justement les prostituées ont dévoyé cette impeccable logique. Ce qui a fait de leur révolte un événement, c'est, avant tout, sa désobéissance aux schémas subversifs officiels, son entêtement à être une insurrection sans modèle. Les donneurs de leçons de tous bords en ont été pour leurs frais : les putes se sont révélées comme des cancres de la révolution, du féminisme, de la démocratie avancée, de la libération sexuelle, et de l'utopie des communautés. Passé le premier moment d'enthousiasme à voir des racoleuses lever le poing au lieu de tendre le bras, le malaise s'est emparé de la plupart des militants : les filles luttaient certes, mais, indécrottables, elles prostituaient la lutte plutôt que de lutter contre la prostitution. Elles ne combattaient pas les causes de leur aliénation, elles voulaient la rendre supportable. Leur ras-le-bol, dont on aurait tant voulu qu'il vise la grande misère prostitutive, dénonçait, en fait, toutes les petites misères dont, hors de la passe, elles sont accablées. Elles ne mettaient pas en cause le système pour les avoir obligées à vendre leurs corps, mais pour toutes les entraves et les punitions dont il leur fait payer le choix de ce travail. On les croyait, du fond de leur malheur, animées par un désir de renversement, c'est de reconnaissance, de respectabilité qu'elles ont paru comme assoiffées. Leur rêve ? Que la carrière où elles sont entrées perde son halo maléfique. Profession : putain, tout simplement — une tâche mais pas une souillure, un moyen comme un autre de gagner de l'argent. Il n'y a pas de beau ou de sot métier, il n'y a que des salaires plus ou moins décents.

A combattre non ce qui fait la prostitution mais ce qui lui fait obstacle, en ne prenant pas sur leur activité le point de vue de sa disparition, les putes ont apporté aux belles âmes cette révélation inadmissible : la demande ne suffit pas à expliquer le phénomène prostitutif ; il y a aussi une offre. « Nous n'avons pas été contraintes, ont-elles dit en substance, nous l'avons choisie la prostitution. Peut-être a-t-on le droit de rêver d'un jour où les hommes auront perdu toute raison de devenir clients, comme les femmes de devenir putains, mais à quoi sert-il, quand on a les pieds dans le système, de garder les yeux braqués sur son abolition ? Nous avons nos nuits en attendant le Grand Soir, nos nuits où défilent la détresse des solitaires, le désir furtif des petits époux, les arrêts-zizi des camionneurs, les scénarios pornographiques que les hommes n'osent imposer qu'à nous, et tout cela nous le prenons en charge : nous sommes des assistantes sociales de la libido; alors, que la société cesse de nous exclure pour motif d'assistance à sexualité en danger, qu'elle abandonne cette position de mépris qui est au-dessus de ses moyens. »

La putain scandaleuse : l'abjection, dit-elle, ce n'est pas de faire le trottoir; l'abjection, c'est le mépris, la violence, et l'exploitation dont il faut l'expier. L'ignoble, ce n'est pas la péripatéticienne qui racole, c'est le policier qui la verbalise, les moralistes qui la condamnent et l'État qui cumule les deux.

Elle se dit victime, certes, mais de la pénalité, et non de la vénalité comme on s'y attendait; elle n'en veut pas à l'argent, puisqu'elle en gagne, elle en veut au pouvoir qui le lui vole. Et pour couronner le tout, elle réévalue son métier en termes d'utilité sociale, elle justifie les gains qu'elle empoche par le service qu'elle est censée rendre, la pute!

Alors, bien sûr, les sentences accusatrices sont tombées : d'avoir été ainsi malmenée, la subversion officielle s'est vengée sans indulgence : nous ne pouvons défendre une révolte qui veut aménager l'oppression des femmes au lieu d'y mettre un terme, ont dit les Pétroleuses. Et *Rouge* : « Pour nous, révolutionnaires, il ne peut y avoir d'ambiguïté : la prostitution est intolérable. C'est pourquoi nous ne soutenons pas la revendication des prostituées d'obtenir un statut. » Ici et là toujours le même vieux principe, la même vieille rengaine : la subversion, c'est l'alternative. Tu ne veux pas rompre? Tu ne portes pas en toi le désir éperdu d'un autre monde? C'est qu'au fond de toi, pauvre aliéné, persiste l'impureté de ton amour pour celui-ci. Bref, à vouloir améliorer sa condition au lieu d'en sortir, on dégrade le refus révolutionnaire en corporatisme : lutte ponctuelle, égoïste, fondée sur un consentement à l'ensemble; aussi violente soit-elle, révolte qui joue le jeu au lieu d'en casser les règles.

On les avait pourtant choyées ces nouvelles-nées de la bataille politique : après avoir applaudi leurs premiers pas, on a voulu les aider à passer du balbutiement au langage articulé, de y'en a marre à y'en a Marx, de leurs problèmes de femmes prostituées à la prostitution générale de toutes les femmes. Rien à faire : elles se sont montrées réfractaires à toute pédagogie.

« A partir du moment où j'ai décidé de vendre ou plutôt de louer mon corps, j'estime que ça ne regarde que moi et personne d'autre. Personne n'a le droit de venir me demander des comptes. Je n'accepte pas les remontrances sous quelque forme que ce soit, qu'on vienne me dire que je suis une salope, pour les plus méprisants, ou qu'on vienne m'expliquer que je manque d'affection, ou qu'on vienne m'expliquer que je devrais essayer de m'en sortir, ou, comme le font les flics, qu'on vienne m'empêcher de travailler par tous les moyens. De quel droit nous réprime-t-on, de quel droit vient-on nous dire que nous ne devrions pas faire ce métier? Mon corps m'appartient, j'en fais ce que je veux. (...) Il y a trop de gens qui veulent nous protéger et peu qui acceptent d'écouter ce que nous voulons vraiment [1]. »

Et ce qu'elles veulent vraiment, ce désir qu'auraient tant souhaité étouffer les professeurs de subversion, c'est celui d'un monde où l'on pourrait bourgeoisement choisir la prostitution, où celle-ci serait accessible, libre, facile à vivre, ni sainte ni maudite, mais reposante de banalité. Or, cette perspective provoque un sauve-qui-peut général : c'est elle qui fait peur, quelle que soit la couleur politique des excommunications. Il ne peut pas être anodin de mettre son génital en location : voilà ce que disent, chacun à sa façon, l'État qui maintient la prostitution dans la délinquance pour en tirer un plus grand profit, les honnêtes gens qui apprennent à leurs enfants à se détourner des filles, et les gens libérés qui leur enseignent que c'est la faute à la société si l'amour lui-même n'est pas à l'abri de l'argent. Délinquantes, vicieuses, victimes : trois identités dont les prostituées ont décidé de se défaire. Et c'est cette *coalition des réticences*, cette union sacrée, cette unanimité dans l'ostracisme qui montre que par leur révolte, aujourd'hui, quelque chose de fondamental a été touché. Au lieu d'en appeler à notre tolérance, ce qui aurait été reconnaître leur spécificité, elles ont protesté de leur normalité, ce qui était refuser de cautionner la morale de nos comportements. Morale, il est vrai, est un mot sous l'autorité duquel nous ne plaçons pas volontiers notre existence. Nous ne référons plus nos actes à des maximes qui les justifient et qui nous rassurent; il y a longtemps, en outre, que l'idée d'être vertueux a cessé d'exercer un quelconque attrait; pour toute sagesse, enfin, nous ne savons produire que des questions. Bref, inquiets ou cyniques, nostalgiques ou délivrés, nous avons perdu

---

1. *Une vie de putain, op. cit.*, p. 105-106.

à la fois la raideur et la sérénité des gens à principes. Mais cela ne veut pas dire, comme nous le croyons trop souvent, que la morale soit morte : la crise est son nouveau visage. Nous n'avons plus de valeurs et pourtant nous continuons d'obéir : l'effondrement des lois, loin d'engendrer l'anarchie, a produit un ordre rigoureux; une morale ségrégative a remplacé les anciennes morales positives et les principes qu'elle nous dicte sont moins des principes de conduite que des principes d'exclusion. Nous ne disons pas : « interdit de... », nous disons : « interdit à... »; nous ne formulons plus de dictons, nous exprimons des répugnances.

Dis-moi qui tu jettes, je te dirai qui tu es : nos modèles de vie n'apparaissent jamais qu'à travers nos réflexes de discrimination. Aussi, quand les prostituées dénoncent l'ostracisme qui les frappe, c'est à nos principes souterrains et non à notre idéologie explicite qu'elles demandent des comptes. En disant : vendre son sexe, ce n'est rien, ce n'est pas une infamie, ce n'est pas le comble de la détresse ou de l'indignité, elles *destituent le génital,* alors même que notre corps a été très tôt initié à l'évidence de sa royauté.

Ce sont nos refus qui nous révèlent nos croyances : pourquoi défendons-nous l'entrée de notre univers aux prostituées ? Parce que nous croyons au génital, au point de lui avoir inconsciemment transféré les pouvoirs autrefois dévolus à l'âme. La richesse de l'individu, le trésor inaliénable dont aucune institution ne lui marchande la propriété, la seule part de lui-même qu'il ne donne pas au travail, sa voie d'accès au bonheur, ce qui le définit comme être privé, désormais c'est le génital. Les prostituées ont bien pu sembler corporatistes, étroitement cantonnées au particularisme de leurs intérêts : elles subvertissaient le fonctionnement social à un autre niveau. Elles ont cessé de vouloir payer de leur misère la religion de la génitalité.

Sur le mot « putain ».

Elles ont commencé par une question de vocabulaire, car le racisme tient en un mot : putain. Putain, dit-on d'une donjuane quand on veut exprimer l'amalgame de gourmandise et de dégoût que suscite la liberté de son désir. Putain parce que la femme est cette monnaie dont on voudrait à la fois qu'elle circule et la thésauriser. Putain pour dire le fantasme du pornographe et la haine du propriétaire. Putain parce que face à la sexualité féminine l'homme se pense contradictoirement comme le bénéficiaire et comme le tiers lésé. Par solidarité pour ses confrères, le propriétaire en lui crie « Salope! », tandis que le pornographe rêve d'être accosté par un désir impérieux, sans ambages, sans préliminaires : ah! si les femmes, à leur tour, pouvaient se mettre à nous violer! Épinglées au nom de putain, les prostituées sont donc chargées d'incarner cette ambivalence : leur nature indomptable les pousse, croit le client, à se donner à tous, à moi aussi par conséquent — et ça m'excite. Mais elles n'appartiennent à personne, et cela, je ne peux le tolérer. Avant la passe, dans l'escalier, elles émoustillent le fantasme; après l'éjaculation, quand il se rhabille et qu'il est dessoûlé, elles subissent la gêne, la sourde réprobation, voire les injures du propriétaire.

Une même complaisance se révèle dans la répulsion et dans l'avidité : cette idée d'abord que la femme n'accède à la liberté sexuelle qu'en soumettant son désir à la norme masculine de rapidité et de génitalité; cette certitude ensuite que le petit quart d'heure de la passe, la prostituée « aime ça ». Or, il y a maldonne : si les filles peuvent faire ce métier, c'est parce que « sexuellement le client n'est rien » (Ulla). Cette obsession génitale qu'on leur attribue par projection, elles l'ont trop pratiquée pour y intéresser encore leur désir. Elles ne sont pas impliquées par la jouissance du client : voilà pourquoi elles peuvent en tirer bénéfice. L'incroyable présomption masculine voudrait renverser leur éloignement en aliénation, leur commerce en débauche, et leurs calculs en volupté. Mais *elles sont prostituées dans l'exacte mesure où elles ne sont pas putains*. « Putains, disent-elles unanimes, ça n'existe que dans vos têtes, là où il y a l'argent vous aimez vous imaginer qu'il y a le désir. »

« Pour eux, on est des sortes de monstres, des filles complètement tordues qui ont des mentalités monstrueuses, alors que c'est dans leur tête à eux que ça se passe [1]. »

« Ce qui est fantastique, c'est de voir à quel point le sexe des hommes est à la fois tout simple "bonjour, au revoir", et si compliqué. C'est qu'ils se font toujours des idées dans leur tête et pas grand-chose dans le corps lui-même. D'un côté, ils ont envie

---

1. *Une vie de putain, op. cit.*, p. 124.

de tirer leur coup, d'un autre ils se font un cinéma terrible et ils croient que l'un et l'autre c'est la même chose. En réalité, s'ils peuvent acheter la possibilité de tirer leur coup, leur cinéma, ils ne l'ont jamais. Ils doivent toujours rester sur leur faim [1]. »

Réceptacles hospitaliers, corps passifs, inertes, doublement abandonnés — *à* l'acheteur et *par* leur propriétaire — les prostituées remplissent si explicitement le contrat de l'éjaculation qu'elles déçoivent, à tous coups, les fantasmes dont le client cherche à le dissimuler.

Elles affichent la couleur au lieu de se peindre à celle du désir. Elles mélangent étrangement la complaisance absolue puisqu'elles ne choisissent pas leur partenaire, et l'incomplaisance radicale puisque, au moment même où elles invitent, elles demeurent sur la réserve : elles ne jouent ni la tendresse, ni la volupté, ni l'admiration, ni la servitude et ce qu'elles donnent au sexe de l'homme, elles le refusent impitoyablement à son narcissisme. Bonjour, au revoir : la joie perverse des filles de joie, ce n'est pas de s'envoyer en l'air vingt fois par jour, c'est de pousser jusqu'à son paroxysme la réduction génitale que le corps masculin imprime à la vie érotique, c'est de décevoir l'homme par excès de conformité à ses propres critères, c'est d'échapper à son désir d'appropriation en appliquant la tactique de la surenchère plutôt que celle du refus. L'indifférence au travail s'exprime par l'empressement à le réaliser. La grève du zèle se reconnaît au zèle de la prostituée à masculiniser les cadences de la passe. Excitation, érection, éjaculation : la séance est l'application rigoureuse de ce programme viril. Les prostituées ne sont pas les poétesses de l'amour (« Alors chéri, tu te dépêches ? »), elles en sont les poéticiennes : elles ne conservent de l'orgasme que son schéma structural, elles ne gardent dans le récit que la logique de ses actions : aussi l'homme est-il invité à vivre en accéléré le film de sa sexualité traditionnelle, et, pour ainsi dire, à consommer son plaisir en 78 tours. Il réduit l'étreinte au récit orgastique; elle réduit l'orgasme à la succession abrupte de ses trois séquences.

Pourquoi y a-t-il tant de clients hargneux après la passe? Pourquoi sont-ils si nombreux à insulter ces « salopes » et à vouloir reprendre leur argent? Parce qu'ils ont compris qu'ils n'étaient pas les maîtres, et que, de la prostituée, ils pouvaient tout obtenir

---

1. *Ibid.*, p. 89.

sauf la soumission. A peine se rhabillent-ils qu'ils oublient la volupté, mais pas les affronts qu'ils ont dû subir pour y arriver : celui de l'argent et celui du ridicule. Ils en veulent à la fille des rues de rançonner leur désir et de le rendre dérisoire. Ils lui reprochent la vénalité du rapport et l'image qu'elle renvoie, avec une servilité méprisante, de leur sexualité. Aguiché dans la rue, affolé par des promesses d'aventure et des records d'obscénité — « Viens mon chéri, je vais te sucer, ça va être bon » — le client ne cède à son rêve que pour assister à sa destruction. La prostituée, prêtresse intéressée d'un rite auquel elle ne croit pas, *avale sa passe*, et le fidèle étourdi est invité à communier à peine franchi le parvis de l'église. « Remboursez! Remboursez! » c'est le cri du cœur de tous ceux qui assimilent prostitution et pornographie. Car il ne faut pas se fier aux parentés de l'étymologie : les amours cochonnes et les amours vénales ne sont pas de la même famille; loin que la pornographie appartienne en propre à la prostitution, c'est précisément son défaut, sa cruelle absence qui indigne ou déprime tant d'usagers. Le grand rêve porno attribue aux femmes un désir immédiat, centré, impérieux. Il annonce la bonne nouvelle : elles aussi, elles ne pensent qu'à ça. Et seule la répression séculaire de leur désir explique la timidité sexuelle où trop d'entre elles se réfugient encore : elles sortent tout juste de cachot, le soleil génital est trop fort pour leurs yeux habitués à la pénombre. Mais quand les derniers tabous seront morts, l'homme ne demandera plus, il n'aura qu'à se laisser faire; au lieu de vouloir opiniâtrement, il cèdera avec grâce : bref, la pornographie métamorphose le fantasme viril en programme féminin d'émancipation. Tu n'auras plus à attendre, à ruser, à biaiser pour baiser — promet-elle à l'homme —, il te suffira de consentir. Comme dans la prostitution, semble-t-il, où c'est la femme qui racole, où c'est elle qui prend en charge les commencements et qui parle cul d'emblée et sans détour. Mais justement, si elle caresse l'illusion masculine c'est pour mieux la casser, en brechtienne du sexe elle offre son corps mais elle ne se met pas dans la peau du personnage, on ne peut pas y croire, le fantasme est convié à son propre désenchantement. La pornographie génitalise le désir de la femme; la prostituée n'affirme jamais rien d'autre que son désir de fric. Dans les films, elles jouissent spectaculairement de sucer des bites anonymes; dans la passe elles font leur métier avec conscience, mais sans passion : méticuleuses et flegmatiques, elles obéissent, pour ériger le monument phallique, non pas au principe de plaisir mais au principe de rendement. S'est-on avisé que l'« invasion » pornographique et la révolte des prostituées sont deux événements contemporains et rigoureusement antinomiques? Qu'entre les jouisseuses de cinéma et les professionnelles de la rue, il n'y a aucune ressemblance, que le film porno *fait écran* à la fois à la sexualité féminine et au travail de la prostitution?

Voir des hard-core pour s'aveugler à la différence du corps féminin et pour renverser en exigence sensuelle la froideur hautaine avec laquelle il se laisse investir et coloniser. Échapper par l'image à la pluralité des corps et au cynisme de l'argent. Oublier qu'elles ne nous aiment pas pour nos belles queues mais pour nos billets de banque. La complaisance vénale étant un outrage autant qu'une commodité, rêver de prostitution gratuite, substituer le désir à l'intérêt, obtenir à la fois la disponibilité et la jouissance. Cette utopie réactive prouve au moins une chose : que la vénalité ne fait pas de la prostituée l'esclave temporaire du client, mais qu'elle assure, au contraire, son inaccessibilité. En somme, la pornographie n'est rien d'autre que la dénégation du rapport prostitutif, car le flegme calculateur de la femme vénale insulte à l'amour-propre masculin, dément le fantasme dans la façon ostensiblement laborieuse dont elle lui donne satisfaction. On aime mieux les savoir vicieuses qu'indifférentes; on préfère avoir à les sauver plutôt qu'à les admettre, car leur froideur vexe le désir viril. Aussi les prostituées ont-elles souligné l'évidence, en commençant leur révolte par une proclamation d'impassibilité : « Ce métier nous le faisons pour la facilité avec laquelle nous pouvons nous en abstraire. Nous nous dédoublons, nous nous enfuyons de notre corps de travail : ce n'est pas exactement joyeux, mais qui aujourd'hui est à l'abri de ce dédoublement? Quel(le) employé(e)? Quel(le) ouvrier(e)? Quelle vendeuse? Comme eux, nous nous défendons contre l'assujettissement par la distraction. Seul l'absentéisme dans le travail peut rendre supportable la présence au travail. »

Or, ce langage est une blessure : voilà l'homme obligé d'en rabattre une quatrième fois sur ses croyances narcissiques. Copernic lui a appris qu'il n'habitait pas au centre de l'univers; à peine se remettait-il de cette offense que Darwin lui retirait le privilège d'être le roi de la création; Freud, troisième larron de l'entreprise, ne lui laissait pas le temps de souffler et lui enseignait qu'il n'était pas maître en sa propre psyché. Mais il restait une arrogance inentamée par ces trois désaveux : l'identification, inscrite dans la langue, de l'humain et du masculin. Ulla, c'est donc le quatrième démenti. En matière d'érotisme l'homme ne peut pas parler au nom de l'humanité. Il aurait bien voulu pourtant : il a peine aujourd'hui à quitter cette chimère. Car ce qu'il attendait de la femme, ce n'était plus la soumission mais l'identité. Il abandonnait avec joie les servitudes et les charges du pouvoir phallocratique pour les délices d'un génitocentrisme partagé. Mais les prostituées ont pris la parole pour déchirer son rêve : leur indifférence affichée, vindicative à l'égard de son égoïsme libidinal ne lui laisse aucune illusion sur l'universalité de sa libido : rien de sexuel ne m'est étranger, disait-il, — si! la sexualité féminine, lui répondent les prostituées, alors même que, vêtues de cuissardes rouges et d'imagination virile, elles consentent à se faire copie conforme.

Encore une question de vocabulaire : « je me suis prostitué, j'ai fait la pute », dit-on faussement honteux et pleinement satisfait, lorsque l'on a su exprimer avec conviction des sentiments contraires à ceux que l'on éprouvait, en vue d'obtenir un avancement, un poste, un rôle, une mutation, un congé, une augmentation, la permission de deux heures du matin, une rallonge d'argent de poche, un moratoire à la remise d'une copie, la levée d'une punition ou la considération de ses chefs. On est ainsi tenté de parler de prostitution chaque fois que la flagornerie est chargée de dissimuler l'intérêt, chaque fois que la perspective d'un avantage matériel se déguise en affection ou en obséquiosité. Bref, l'utilisation métaphorique du mot putain repose sur une fausse évidence qui est une vraie calomnie, car elle prescrit implicitement à la réalité prostitutive une image qui la défigure. Le contrat de prostitution, en effet, est clair : il met l'imaginaire en vacance. Pas de rôle à tenir, ni comédie ni authenticité. Il délivre la sexualité à la fois de la sincérité et du semblant. Dans la négociation de la passe l'hystérie fait une pause. Le client n'a pas besoin de plaire; il n'est pas nécessaire à la prostituée de simuler la fascination. Elle loue son sexe et met le reste de son corps aux enchères, mais elle soustrait simultanément son affectivité à toute forme de prostitution : le théâtre amoureux ne fait pas partie de la passe, il n'entre pas dans ses attributions. Nous ne vivons plus aujourd'hui dans cette société ostentatoirement inégalitaire et stratifiée qui réservait aux courtisanes l'entrée du grand monde, et jetait les catins de bas étage en pâture aux appétits frustes du vulgaire. Que ce soit à Rome pendant la Renaissance ou dans le Paris du second Empire, le rêve d'une prostituée c'était toujours d'accéder au grand monde par la petite porte, d'être riche, adulée, admise, de devenir courtisane. Les prostituées contemporaines ont la même passion de l'argent, mais elles ne veulent pas la payer de la simulation sentimentale. C'est pourquoi la plupart d'entre elles préfèrent la rue aux clandés smarts et aux réseaux de call-girls pour cadres multinationaux. C'est sur le trottoir qu'elles peuvent laisser parler à la fois leur désir de fric et leur répugnance à faire croire au client qu'elles cèdent à son charme, et qu'avant de le connaître elles ne savaient pas ce que c'était que jouir. La prostituée moderne est une *anticourtisane*.

« Pour se déshabiller, et se déshabiller c'est un grand mot parce qu'on soulève simplement le pull, c'est 150 F (...). Si on soulève une jambe ou une deuxième, c'est 20 F et chaque truc différent ensuite, c'est 20 F de plus [1]. »

Alors que la courtisane veut prendre son client au piège de la passion, la prostituée, elle, spécule exclusivement sur la gradation de son désir. La première feint de se donner tout entière pour tourner les têtes et vider les goussets. La seconde préfère l'art de l'enchère à celui de la feinte; elle ne joue pas les élancements de l'amour ni même les extases de la volupté : prosaïque, elle vend ses services. Irréprochable mais parcimonieuse, elle s'en tient rigoureusement à la lettre du contrat. Au lieu de dissimuler la réalité mercantile du rapport, elle l'exhibe. Aucun pathos : à la prostitution-comédie succède la prostitution-travail; plus de rôle à tenir, mais une tâche à accomplir.

« Une putain n'aurait pas l'impression d'être une putain si elle n'était une traîtresse patentée, et une putain qui ne posséderait pas les qualités requises ne serait qu'une cuisine sans cuisinier, un repas sans vin, une lampe sans huile et un plat de macaronis sans fromage. »

Ainsi parlait Nanna la grande prostituée romaine dont l'Arétin a voulu consigner les exploits. Il a donc écrit la Geste de la courtisane, énumérant ses ruses comme autant de hauts faits. Figure fabuleuse, prouesses désuètes, société morte — même si quelques

---

1. *Une vie de putain*, *op. cit.*, p. 94.

îlots de la nôtre en recueillent encore la survivance. Et ce n'est pas à l'Arétin ni même à Zola ou Dumas fils que font penser les récits autobiographiques des prostituées contemporaines, mais à Marx, quand il parle du travail abstrait. Entre l'ouvrier et la putain apparaissent, en effet, deux analogies décisives : la liberté et l'indifférence.

Les marchandes du temple.

Ce qui spécifie le marché capitaliste, c'est que le travailleur y est libre, à un double point de vue : libre de disposer à son gré de sa force de travail comme d'une marchandise à lui, mais aussi « libre de tout, complètement dépourvu des choses nécessaires à la réalisation de sa puissance travailleuse[1] », à ce point démuni, tellement libre qu'il est contraint de vendre son corps pour arracher son droit à vivre. Pour qu'il existe un marché du travail, il faut que le corps accède à la qualité de marchandise et qu'une majorité d'individus n'ait rien d'autre à échanger que cette marchandise-là. Avoir pour seule propriété son organisme — sa valeur, sa force, et ses capacités; l'aliéner temporairement, le mettre à la disposition de l'acheteur pour obtenir un salaire en contrepartie : telle est la situation faite par le Capital à la masse immense de ses assujettis. Alors quand les prostituées exigent la reconnaissance, elles demandent non seulement à la société de les *admettre*, mais au système d'*avouer* la réalité prostitutive qui le régit souterrainement. « Nous faisons un travail comme un autre, disent-elles, parce qu'il y a dans tout travail une forme de prostitution. Nous vendons notre corps, comme tout un chacun. Ce qui nous vaut la pitié des plus charitables, ce qui, aux yeux de tous, progressistes et rétrogrades, est le stigmate de notre profession, obéit rigoureusement à la logique du contrat de travail. Si péché il y a à vendre son corps, c'est un péché universel et nous ne méritons pas de lui devoir notre relégation. »

Cet argument marxien (« la prostitution n'est qu'une expression particulière de la prostitution générale du travail »), pour convaincant qu'il apparaisse, ne déloge pas totalement nos sentiments de répugnance. C'est qu'il y a corps et corps, et que la revendication

---

1. *Le Capital*, la Pléiade, I, p. 717.

des prostituées mélange corps de travail et corps d'amour, brouille l'opposition du labeur et du désir, sous l'égide de laquelle nous avons été formés à maintenir notre vie. Le Capital absorbe les corps mais en tant que force de travail, pour l'énergie laborieuse qu'ils recèlent et qu'il veut actualiser. Ses gestionnaires, en d'autres termes, ne sont que très accidentellement des suzerains : l'appropriation génitale ne fait pas partie de leur contrat, ils ont aboli depuis longtemps l'archaïsme barbare de la préhension qui autorisait les seigneurs féodaux à goûter les prémices de leurs serves. Le marché capitaliste partage donc le corps en deux : il délimite une zone inviolable — l'appareil génital — et définit comme aliénable tout ce qui n'appartient pas à ce petit théâtre. Opposition privé / public qui fissure le sujet et le soumet à une double coercition : d'une part le plaisir est assigné à résidence, discipliné par un code impérieux qui lui inculque son domaine d'élection. Le travail, d'autre part, s'incorpore l'énergie et les organes libérés par cette concentration de la libido sur un seul objet. D'une pierre deux coups : le génitocentrisme fait à la fois des corps satiables dans le domaine du désir, et des corps utiles dans la sphère de la production. A chacun de ces comportements de l'organisme correspond désormais une pédagogie particulière : l'École inculque simultanément l'aptitude et la discipline, la qualification et la docilité au travail; la sexologie, de son côté, ouvre à l'enseignement l'ultime domaine qui lui restait interdit. La pédagogie s'était édifiée pour traquer le désir : il y a maintenant une pédagogie obligatoire du désir. On sait depuis Freud que le silence sur les pulsions n'engendre pas le silence des pulsions, qu'on ne déracine pas la revendication libidinale en la niant. Bref la sexologie s'attache à supprimer les entraves que la turbulence libidinale pouvait mettre au dressement du corps de travail : elle maximise la docilité en évitant d'en faire un sacrifice, une conquête arrachée au désir charnel. Elle substitue l'éthique de la compatibilité à celle du renoncement. Deux principes fondamentaux dirigent cette régulation de la sexualité : le principe anatomique des zones érogènes; le principe énergétique de la satisfaction. Au lieu d'être une force toujours en éveil, le désir peut être saturé par l'orgasme; au lieu que le corps d'amour soit illimité, il est sévèrement circonscrit à des organes spécialisés. Volupté, productivité : ce sont les deux vecteurs de notre organisation physiologique, les deux objets de son éducation. Il faut apprendre à travailler, c'est-à-dire en accepter la contrainte; il faut apprendre à jouir pour que le désir de jouissance ne vienne pas se mettre en travers de notre docilité.

Notre corps de plaisir est donc deux fois privé : corps à nous certes, mais aussi corps appauvri du temps, de la force et des organes que nous donnons au travail. Ce qui nous appartient en propre est un reste, le résultat d'une soustraction. Mais la pédagogie du corps privé ne dit pas sa réalité privative, ni sa vocation disciplinaire. Elle dit même exactement l'inverse : que la sexualité est l'alliance contradictoire d'une pratique fétichiste et d'une métaphysique de la globalité. Le génital accède simultanément à l'autonomie et à la métonymie. Ce qui justifie sa séparation, c'est qu'il dessine une nouvelle image de la totalité. Il n'est isolé que pour sa double aptitude à synthétiser la diversité des jouissances et à rétablir passagèrement la continuité des êtres. Dans cette partie le tout fête sa renaissance ou (version désespérée de la même mystique) vient pleurer sa déchirure. A la fois repérable et absolu, objet de mesure et objet de culte, l'orgasme génital investit un organe afin d'embraser le corps tout entier. Si, enfin, la sexualité se centre sur le sexe, c'est pour accomplir la fusion des individus.

Or, tout se passe comme si les prostituées avaient brisé cet équilibre, en ne retenant qu'une seule des deux postulations érotiques : traiter le corps d'amour en corps de travail, cela veut dire garder le fétichisme génital et jeter la métaphysique dont il est auréolé. L'instrument de l'unification (deux font un) devient source de revenus (une passe fait 100 F) : les parties n'ouvrent plus sur le tout mais sur l'argent. Nous avons du mal à pardonner aux femmes vénales ce détournement, cette prévarication, cette perversion sacrilège. Alors qu'elles louent leurs sexe, nous disons, horrifiés ou compatissants, qu'elles vendent leur corps, car nous voulons que le génital soit un microcosme et non un fragment. En somme, les prostituées se sont rendues coupables de ce blasphème : avoir fait de l'Église où communiaient les êtres un atelier où se débitent les copulations; avoir ouvert à tous vents le sanctuaire de la volupté; avoir vendu leur âme génitale pour éviter l'usine. Péché mortel qui nous montre à nous-mêmes, au cas où nos proclamations d'incroyance nous l'auraient fait oublier, que nous sommes encore religieux et que nous n'aimons pas voir saccager avec indifférence le lieu où se recompose, le temps d'une extase, l'unité perdue.

Mais, en même temps, nous voici prévenus : la création d'ateliers protégés, les efforts divers pour assurer la réinsertion professionnelle des filles perdues, ne supprimeront jamais la prostitution. Il n'y a pas d'organe qui ne puisse devenir force de travail. Il n'y a pas de no man's land de l'échangeabilité. Qu'est-ce qu'une prostituée? La même chose qu'une ouvrière, qu'une guichetière de banque, qu'une employée des Chèques postaux — à ces deux nuances près : elle gagne beaucoup mieux sa vie et son cynisme radical lui interdit de croire à la divinité du génital. Le psychiatre voudrait qu'elle soit nymphomane ou psychopathe, le Tartufe aimerait qu'elle ait ça dans la peau, la bonne sœur souhaiterait combler la carence affective qui l'a jetée dans la déchéance, le maoïste, pour la guérir, la mettrait aux champs et le trotskiste à l'usine, alors que sa seule maladie, c'est l'athéisme : elle a perdu la foi dans le génital.

Oui, on peut penser la fin de la prostitution : mais il faut penser en même temps la fin du marché du travail. Ce qui fait la putain, c'est ce qui me fait, moi, professeur ou dactylo : la subordination du revenu au temps de travail. Seule une société qui détacherait la garantie du revenu de l'exigence des 20, 30 ou 40 heures, qui ne contraindrait plus les êtres à *gagner* leur droit à vivre, pourrait abolir le rapport prostitutif, sous la forme que nous lui connaissons aujourd'hui. Tout le reste est lit et rature, activité inscrite dans le système et rejetée par lui.

« Rien d'impur, rien d'immonde », proclament aujourd'hui les prostituées. Il n'y a pas de castes hiérarchiques dans le corps. L'ancienne médecine avait divisé l'organisme en parties nobles et roturières, le nouvel humanisme oppose les organes privés aux organes laborieux. En décidant de transgresser cette distinction, « ces dames », pour parler comme Léon Zitrone, affirment que le travail est d'une pièce. On ne peut soumettre à un classement moral les manières de vendre son corps. Cette nécessité est toujours respectable ou toujours prostitutive. L'odieux préjugé concentre l'infamie sur la prostitution pour innocenter le travail, le baigner d'eau lustrale, éprouver son évidence, ou chanter ses vertus. Valeur du travail et malédiction des putains vont de pair : la révolte des prostituées a voulu rompre leur ignoble complicité.

Marx et Ulla : le travail tout court.

Mais il est un autre caractère qui fait de la prostitution une variante du travail : l'indifférence. Le capitalisme, en effet, ne se contente pas d'intégrer le procès productif tel qu'il existe avant lui, car cette soumission purement formelle laisserait à l'ouvrier trop de pouvoir sur sa propre activité, ses rythmes et ses mystères. D'où la nécessité après avoir libéré l'individu de ses instruments de production, de le libérer aussi de son travail, de lui retirer toute propriété et tout contrôle sur le déroulement de celui-ci. Peut-il dire encore : « je travaille »? Oui, quand c'est du temps passé à l'usine ou au bureau, qu'il parle; non, quand il s'agit du contenu lui-même de l'activité. Au lieu d'être effectué par l'individu, le travail tend désormais à lui prescrire minutieusement tous ses gestes, tous ses déplacements. De plus en plus la machine capitaliste (ordinateur ou chaîne de montage) rassemble en elle-même les deux moments de l'efficacité productive et de la coercition. La technologie disciplinaire et la technologie utilitaire confondent leurs effets : plus la technique se perfectionne, plus elle multiplie ses fonctions : elle annexe maintenant la maîtrise des corps à celle de la nature. Et qu'est-ce que le progrès sinon le cumul du contrôle et de la productivité? Résultat : le travail n'est plus l'actualisation de la puissance contenue en chacun, mais la contrainte qui lui est imposée du dehors, la force étrangère qui mesure sa rentabilité à la docilité de son comportement. Ce qui déplace nécessairement les critères d'individuation du sujet : le signe de la singularité subit une translation du métier au standing; l'individu ne se définit plus par sa profession noyée dans la généralité du travail *tout court*, mais par sa position sociale, qui est, elle, et comme par compensation, soigneusement différenciée : la concurrence et la hiérarchie des situations contrarient la tendance à l'anonymat laborieux.

Il suffit donc de quitter le domaine du contrat, « cette sphère bruyante où tout se passe à la surface et au regard de tous », de suivre le vendeur et l'acheteur de la force de travail dans le laboratoire secret de la production, sur lequel il est écrit « No admittance except on business [1] » : là, l'aliénation juridique de

---

1. *Le Capital, op. cit.*,

l'ouvrier se prolonge en indifférence et s'ouvre sur une triple étrangeté : étrangeté du produit, du contenu, et de la force de travail à elle-même.

« Le but du travail n'est plus tel produit spécialisé ayant des rapports particuliers avec tel ou tel besoin de l'individu, c'est l'argent : richesse ayant une forme universelle [1]. »

« L'indifférence à tout type déterminé de travail répond à une forme de société, dans laquelle les individus passent avec facilité d'un travail à un autre et considèrent comme fortuit — et donc indifférent — le caractère spécifique du travail [2]. »

« La force de travail se comporte vis-à-vis d'elle-même comme à quelque chose d'étranger, et si le Capital était disposé à payer l'ouvrier sans le faire travailler, celui-ci saisirait l'offre avec plaisir [3]. »

Si nous avons arraché à la barbe de Marx le petit poil « travail abstrait », c'est qu'un tel concept décrit avec la même minutie l'intimité de la passe et l'inhumanité de l'usine : quand Marx analyse les tendances les plus modernes du procès de production, nous l'entendons aussi nous parler du plus vieux métier du monde : là où il décrit l'abstraction progressive de l'activité ouvrière, nous voyons se dérouler avec précision les divers moments de la séance prostitutive. C'est la bivalence de son vocabulaire qui nous passionne, car elle témoigne — mieux qu'une démonstration — de la grande perversion capitaliste : le brouillage des codes, la tendance à substituer le cynisme du « tout se vaut », la flottaison des objets, des êtres, des travaux à l'ancienne immobilité des enracinements : suis-je travailleur ? suis-je putain ? Cette question n'a plus de pertinence, puisque je n'ai pas de territoire propre et que le Capital a mis partout l'indifférence à la place du métier.

Indifférence de la prostituée au produit de la passe : ce qui s'y fabrique, à cadences régularisées, c'est du foutre. Mais la putain a autant de passion pour le sperme qui coule en elle que l'ouvrière d'Olida pour son ficelage de saucisses. La semence n'est objet de sollicitude que parce qu'elle est toujours déjà néantisée, abstraite au profit de sa valeur monétaire. Deux langages confluent dans l'éjaculation : celui du client qui assouvit son désir et celui de

---

1. Marx, *Grundisse*, « 10/18 », I, p. 264.
2. *Ibid.*, p. 66.
3. *Ibid.*, p. 282.

la prostituée qui honore son contrat. Quant au contenu du travail, nous avons vu le soin ironique que met la femme vénale à le circonscrire et à le ritualiser, d'autant plus extérieure à la convoitise du client qu'elle flatte son fétichisme génital. Troisième indifférence, enfin : la prostituée discipline son apparence, et n'offre prise aux rêves majoritaires de la féminité qu'en réprimant ses impulsions singulières. Son corps laborieux ne lui appartient pas plus dans le moment de la passe que dans celui du contrat. De même que l'ouvrier reste étranger à sa force de travail quand il la met en action, de même la prostituée doit se quitter pour que l'usager la rencontre, se perdre pour qu'il ait l'impression de la retrouver. Un acte de baptême sanctionne la fabrication de ce fantasme charnel. Marie-Claude devient Ulla, car l'usager veut des connotations libidinales et non des connotations pot-au-feu : et comme il a dans la tête toute une petite géographie de l'érotisme, un prénom scandinave peut être aussi prometteur qu'une échancrure. Il aime aussi, le client, des noms dans le vent, des noms de stars ou de filles de magazine, car cela lui permet de s'approprier, outre l'être qui les porte, toutes les déités inabordables dont le Spectacle a peuplé son imagination. Ainsi, il a tout : la fascination et le contact charnel, le sentiment d'être exclu par ce corps et le droit d'y toucher. Il baise à la fois avec la copie et avec le modèle, il jouit de l'intromission dans la femme et de l'intronisation dans un royaume interdit. Bref, être pute c'est pousser l'étrangeté à soi jusqu'à se coder tout entière, prénom compris : il vaut mieux s'appeler Nathalie, Sophie, Clara que Jacqueline, Adèle ou Charlotte, car cela autorise au client les trois plaisirs que résume le mot passe : être de passage, faire passer son désir, passer enfin de la petite maman conjugale à la femme inaccessible qui semble entièrement dévouée à sa propre beauté.

« Cela, aussi, je crois, fait partie de l'apprentissage : perdre son vrai prénom pour en trouver un autre. C'est un peu comme une femme qui se marie et qui prend le nom de son mec : là on nous donnait un nom pour plaire à tous les clients : un prénom universel [1]. »

---

1. *Une vie de putain, op. cit.*, p. 140.

La politique de la clarté.

Qu'est-ce que la modernité? Ce moment où toute pute peut dire : « je travaille », et tout travailleur : « je suis putain ». Voilà ce qu'affirment, chacun à sa façon, Marx et Ulla, et voilà, en même temps, un langage que personne ne veut entendre : ni nous (belles âmes ou vieilles fesses), ni les flics (« dans la rue, elles gênent la population [1] »), ni l'État. Comme si la confusion était intolérable. Comme si l'indifférence était à la fois une tendance du système, et un désordre dont il lui faut sans cesse se garder. Comme si la généralisation du schéma prostitutif à l'ensemble du travail social n'était possible qu'à condition de faire un sort infamant aux prostituées. L'État maintient l'ordre, mais ce n'est pas du tout l'ordre moral du puritanisme triomphant, ce n'est pas seulement l'ordre répressif de la violence policière, c'est *l'ordre de la clarté* — la sauvegarde des hiérarchies. D'un côté la prostitution; de l'autre, le travail. Tant que les racoleuses sont rejetées dans la délinquance, le travail ne peut être vécu comme prostitution : la ségrégation assure la survie du contraste, et freine effectivement le mouvement vers l'indistinction. Tel est donc le rôle de l'État : contrecarrer l'indifférence, inscrire le code moral dans les corps, mettre le réel à l'image des préjugés, marquer les putes pour mieux prouver qu'elles ne peuvent prétendre exercer une activité comme une autre. Faire en sorte, en un mot, que l'abjection des femmes vénales ne soit pas un simple parti pris idéologique, une vieillerie romanesque dissoute par l'emportement révolutionnaire du Capital, dans l'universalité du travail tout court. Donner aux prostituées une vraie vie de putain.

Il incombe à la pénalité aujourd'hui de boucler la prostitution sur elle-même, de dresser une barrière effective entre les deux monotonies de la passe et de l'usine, et de séparer concrètement les prostituées de toutes les autres catégories de travailleurs. A l'indifférence du Capital, répond donc l'ordre disciplinaire de la clarté : et aucune de ces deux instances n'a sur l'autre le privilège de la réalité. Elles sont réelles toutes les deux. D'où la contradiction qui partage toutes les biographies de prostituées : parlant de leur métier, elles revendiquent un choix et elles protestent

---

1. Commissaire Solères, *Le Nouvel Observateur*, 26 avril 1976.

contre une fatalité. Elles affirment scandaleusement leur liberté : quitte à travailler, elles vont même jusqu'à proclamer la supériorité de la passe sur l'usine (rapport labeur-rémunération); mais simultanément elles dénoncent l'engrenage infernal dans lequel elles sont jetées. Il ne faut pas se hâter de prendre cette contradiction pour de l'incohérence. Écartelées entre la réalité capitaliste et celle du pouvoir, les prostituées ont, peut-être, aujourd'hui le point de vue le plus juste sur leur articulation. Ce destin qui les écrase, il n'est plus possible, maintenant qu'elles en ont parlé, de l'imputer à une violence diffuse, de le réduire paresseusement à un mensonge de l'idéologie, ou d'en faire la sanction inéluctable de leur déchéance professionnelle : nous savons qu'il est fabriqué par la pénalité moderne. « La vie des prostituées n'est ni gaie ni facile », dit encore le commissaire humaniste Solères. « C'est vrai, répondent les putes, mais nous vous le devons. » C'est une politique délibérée de mise en délinquance qui a constitué la prostitution en milieu séparé et contrôlable. Le fichage, les amendes pour racolage passif, l'imposition arbitraire, la répression du proxénétisme — tout cet arsenal légal transforme le contrat de la passe en pacte de déchéance conclu avec l'ensemble de la société. La pénalité semble dire à la racoleuse : « Quand tu crois mettre un morceau de ton corps à la disposition temporaire d'un acheteur donné, en fait, tu vends ton âme au diable, ce geste est irrévocable, tu t'y engages tout entière, tu en resteras marquée à jamais, et c'est donc une aliénation religieuse, faustienne que tu es en train d'accomplir. » Les temps ne sont pas prêts pour l'universelle fluidité : tolérer la prostitution, c'est la rendre irrémédiable pour celles qui l'ont choisie. Il faut qu'elle soit une carrière et non un aléa, une chute et non une virtualité professionnelle parmi d'autres.

A celles qui veulent en sortir, on donnera donc toutes les raisons d'y retourner [1] : aidé par la police qui fournit des estimations de rendement, le fisc leur enverra des arriérés d'impôts astro-

---

1. Petite histoire instructive : le 8 avril, 50 prostituées se présentent à l'Agence pour l'emploi de Lyon. Ce qu'elles demandent? « Un travail qui permette de vivre et non pas de survivre. » Ce qu'elles obtiennent : une carte de chômage, avec cette inscription : O.S. « De n'importe quel côté que l'on se tourne, c'est la seule chose que veuille nous proposer le gouvernement. O.S. du sexe dans les prisons du sexe, ou O.S. au chômage. (...) Nous avons montré l'hypocrisie du gouvernement qui ne veut pas nous permettre de nous en sortir, ni non plus accepter nos revendications pour que nous puissions vivre en paix en tant que prostituées comme des femmes à part entière » (*Libération*, 9 avril 1976).

nomiques, elles recevront, en plus, de vieilles contraventions, et la contrainte par corps s'exercera sur elles, si elles ne peuvent payer. Quant à la majorité qui s'installe dans le métier, il lui faut vivre sous la menace constante de l'amende et de l'incarcération : la prostitution, certes, est légale, mais la loi est assez imprécise pour rappeler sans cesse aux racoleuses leur statut potentiel de délinquantes : la définition de l'attitude de nature à provoquer la débauche est à la discrétion de la police, et la répression du proxénétisme s'abat d'abord sur les putains. On s'étonne encore aujourd'hui de la répugnance manifestée par le collectif des prostituées à dénoncer la mainmise du milieu et les formes diverses de proxénétisme. On a lu dans ce silence une preuve de complicité, de manipulation, d'infantilisme politique, et la raison dernière de l'échec du mouvement. Comment revendiquer la liberté et protéger les souteneurs, s'attaquer à la répression et défendre au nom de la morale du milieu (« on n'est pas des donneuses ») les formes les plus archaïques d'exploitation ? Les prostituées ont pourtant répondu clairement à ces questions agacées : d'abord, il est souvent difficile de distinguer entre mec et mac, ami de cœur et souteneur. Ensuite, quand on met sous scellés les chambres d'un hôtel, c'est aussi les prostituées qu'on prive de leur lieu de travail. Enfin, il suffit à deux prostituées de prendre un appartement ensemble, pour risquer de tomber comme proxénètes l'une de l'autre. Tant que la répression du proxénétisme multipliera, pour les femmes elles-mêmes, les risques d'incarcération, il ne faut pas s'attendre à ce qu'elles demandent son renforcement. Bref, ce qu'elles veulent, c'est qu'on ne se trompe pas de cible, qu'on s'attaque au proxénète suprême dont les souteneurs et les policiers ne sont finalement que des agents fiscaux, clandestins ou licites : l'État. C'est l'État, en effet, qui réalise sur la prostitution les ponctions financières de loin les plus considérables. C'est lui le grand gestionnaire du racolage. L'amende pénalise la prostituée et prélève ses gains. C'est d'un même geste que l'État punit les prostituées et s'enrichit à leurs dépens. Il est donc dérisoire d'accuser les « respectueuses » de vouloir prolonger leur asservissement, alors même qu'elles ont désigné le lieu ultime où celui-ci s'exerce, et la stratégie qu'il met en œuvre. Libérer la prostitution, c'est d'abord l'affranchir de l'instance qui pèse sur elle à la fois par le châtiment et par l'extorsion.

Les filles des rues, enfin, n'auraient peut-être pas besoin d'être maquées, voire de chercher protection dans le milieu, si elles avaient un autre recours contre la violence toujours possible du client. Le sadisme de celui-ci jouit de l'impunité : puisque le partage social joue en sa faveur et qu'il fait partie *a priori* des honnêtes gens, les inspecteurs ne mentionnent jamais son nom dans leurs rapports, et ont pour consigne de ne l'intimider en aucune façon. C'est cette complicité inentamable de la police et de l'usager qui contraint la prostituée à s'assurer d'autres moyens de défense.

« Les liens entre la prostitution et le banditisme sont d'autant plus étroits que les prostituées sont traitées en délinquantes » (rapport Pinot).

Sans doute les péripatéticiennes veulent-elles cumuler les deux fonctions du mac et de la putain, mais elles savent que la tolérance répressive dont elles font l'objet est le meilleur moyen de les en empêcher. Ce ne sont pas les tauliers sans scrupules ou les gangsters gominés et beaux parleurs qui jettent les prostituées dans la délinquance, c'est la pénalité actuelle qui les livre, pour survivre, au milieu. Les prostituées ne pourront être leur propre proxénète qu'une fois la prostitution émancipée de la délinquance.

Avoir à la fois la liberté de la rue et la sécurité du travail : voilà le désir unanime des prostituées. Ce qui complique leur révolte, car il leur faut se battre sur deux fronts en même temps. Contre la répression et contre la réforme, contre l'arbitraire actuel et contre les projets d'institutionnalisation. Tandis que le rapport Pinot, qui contient certaines mesures favorables, est pudiquement mis en sommeil, les gestionnaires (maires, partis politiques, industriels), eux, se réveillent et construisent des projets inquiétants de désinfection : ils sont de plus en plus nombreux, en effet, à vouloir accorder aux prostituées la sécurité qu'elles réclament, mais à condition d'assainir la rue et de les transférer du trottoir aux maisons closes de la société-usine : les Eros Centers. L'Allemagne serait donc, là comme ailleurs, le laboratoire productif et disciplinaire de l'Europe : le pays où se testent, avant d'être généralisées, les méthodes de contrôle adaptées à la ville moderne. Cette menace place les prostituées devant un choix qui ressemble fort à une double impasse : soit la rue, avec ses dangers imprévisibles — l'imminence de la rafle, le risque d'une agression cliente, l'impuissance face aux amendes —; soit la maison, c'est-à-dire la fin de toute liberté, l'univers panoptique où la femme est vue sans voir, perd le droit de refuser un client et de travailler selon ses propres horaires. Ou bien la délinquance; ou bien le ghetto. L'Eros Center, c'est la sécurité payée du prix le plus fort : l'enfermement et la prolétarisation.

Il est très révélateur qu'entre ces deux violences, les prostituées choisissent encore la rue, et préfèrent la situation qu'elles combattent aux utopies sinistres de nos gestionnaires. Elles aiment mieux être traitées en délinquantes qu'en poupées increvables. Le risque de la prison, s'il faut à tout prix opter, leur sied davantage que la perspective d'exercer leur métier à l'intérieur d'une institution carcérale. Elles n'ont pas refusé l'usine pour devenir les O.S. du sexe.

Les Eros Centers sont encore à l'état de rêve (de cauchemar) : admettons pourtant que cette réforme passe; un sondage de l'IFOP nous dit qu'elle aura l'assentiment de la population puisque 69 % des hommes et 60 % des femmes interrogés souhaitent des centres spécialisés de prostitution [1]. Il est normal, pense-t-on, de mettre fin à l'hypocrisie : on ne peut simultanément admettre la nécessité de la prostitution et condamner à la délinquance celles qui l'exercent. Ainsi le désir de sécurité paraît légitime à beaucoup. Mais ce qui l'est moins c'est la volonté des femmes vénales d'être des femmes quelconques, leur désir d'effacer de leur métier toute marque d'infamie. On est prêt à remplacer la répression par la ségrégation, mais précisément parce que celle-ci maintient l'ostracisme des prostituées tout en leur assurant le statut et la protection qu'elles demandent. Supprimer l'arbitraire, cela signifie rationaliser et non reconnaître. On voit donc que lorsque les prostituées demandent la respectabilité, elles ne se compromettent pas avec le système : elles veulent compromettre le système, c'est-à-dire nous-mêmes, avec la prostitution. D'où notre panique : face à cette implication, nous avons tous quelque chose à défendre. Quand ce n'est pas le travail, c'est au moins le couple, la morale de nos comportements amoureux.

« On entend des réflexions, on voit des femmes qui passent avec leur mari. Parfois, tu les vois arriver de loin, un couple, et d'un seul coup, ils se détachent. La femme passe devant. Elle s'arrête trois ou quatre vitrines plus loin, et elle regarde si on racole son bonhomme. Ça la fait rire [2]. »

1. Cité in Annie Mignard, « Propos élémentaires sur la prostitution », *Les Temps modernes*, mars 1976.
2. *Une vie de putain, op. cit.*, p. 51.

Plaisirs du couple : se disjoindre pour se retrouver, s'écarter ne serait-ce qu'un instant, pour ne pas perdre, à être sans cesse ensemble, la joie des retrouvailles. Vérifier le contrat en mimant le risque de la déliaison; goûter à la fois le frisson de la rupture et la saveur de son invraisemblance. Absolument odieuse, la plaisanterie dont la putain fait les frais ne pourra réjouir que les mufles, néanmoins elle ne se laisse pas réduire à son ignominie; cette saynète provoque un sentiment double, tenace et déplaisant, de révolte et de reconnaissance. On clame : « C'est abject! », mais on se dit aussi, plus sourdement : « c'est ça, la cellule conjugale! ». On condamne la goujaterie; on ne se débarrasse pas de l'archétype. Tous les couples, dans ce sinistre scénario, contemplent l'image de leur propre pratique, le modèle de leur rapport au monde : sous la forme de la prostituée, c'est le monde, en effet, qui est invité à comparaître sur la scène conjugale, c'est le dehors qui est convié à tenter sa chance, ou plus exactement à saisir la chance d'exercer sa tentation. Le « Tu viens, chéri? » machinal de la racoleuse acquiert une dignité liturgique. La phrase d'accostage apparaît comme le point culminant d'un rite conjuratoire, le moment fort où se heurtent le monde et le couple. Par le biais de la putain, enrôlée malgré elle dans un dialogue qui ne la concerne pas, le couple fait semblant de mettre son serment fondateur à l'épreuve de l'extériorité. Simulacre qui exorcise le danger par sa théâtralisation, et si les amants rient quand ils se ressoudent, c'est moins de leur petite facétie que de l'évidence de leur union. Ils ont gagné le match, le monde s'est cassé les dents. La boîte conjugale peut à nouveau se clore sur la certitude toute fraîche de son intériorité.

D'autres conjoints, plus polis, plus élégants, iront chercher des preuves sans pour autant faire de victimes, et personne ne paiera d'un éclat de rire la jouissance qu'ils prendront à constater leur lien. Question de style : il reste que le choix de la prostituée n'est pas aléatoire. Pour le couple, en effet, qui se constitue sur la promesse de la fidélité, le monde extérieur est perçu comme incitation potentielle à la débauche : sous cette formule, la police d'État pourchasse l'inconduite — la police conjugale, elle, réprime le débauchage. Le contrat amoureux étant un contrat génital, l'ennemi c'est l'être qui peut remettre en cause l'aliénation réciproque que les époux se font de leur désir. La paranoïa conjugale attribue à l'Autre la double qualité de *prostitué* (puisque le danger qu'il représente est proportionnel à l'efficacité de son racolage) et de *prostituant* (puisque rompre le contrat, pour un conjoint, c'est détourner de son destinataire légitime le génital qui lui avait été solennellement cédé).

Imaginons maintenant une autre issue à cette histoire. Gardons le rôle de la victime, mais transférons-le de la putain à la femme aimée. Celle-ci s'est donc avancée de quelques mètres. Elle se retourne, prête à sourire, à voir son époux surmonter pour elle l'épreuve de la cocotte, à l'accueillir, enfin, indemne et soumis. Si elle s'est détachée, c'est sans préméditation mais pas sans désir. Elle veut qu'il fasse acte d'allégeance. Elle attend donc, confiante, frémissante, amusée. Mais, première surprise, elle le voit qui s'arrête au lieu de poursuivre son chemin; puis, tout s'accélère : il demande du feu, ils échangent quelques mots rapides et disparaissent ensemble sous la porte de l'hôtel devant lequel elle tapinait. Question : Comment pourra-t-il faire pardonner cette cruauté à son amante? Réponse : En faisant appel au schéma dominant de la différence des sexes. « Cette passe? Moins qu'une passade, dira-t-il. Une blague, de mauvais goût, je le reconnais, mais que nous pouvons oublier ensemble, car dans ce coït minuscule, je n'ai rien engagé : j'ai garé ma bite trois petites minutes, mais, moi, je suis resté dehors. » Bref, il tâchera d'atténuer la méchanceté du geste en insistant sur la superficialité de l'accouplement. Qu'il prenne ou non, cet argument n'est formulable que par un homme. Il repose tout entier sur ce postulat silencieux : la femme est son sexe, mais l'homme en a un. Tous deux sont tenus de faire leur salut par le génital, mais pas de la même façon. Car l'homme entretient avec son pénis un rapport d'extériorité que l'ordre amoureux n'autorise pas à la femme : le vagin est intérieur — ce qui est censé justifier notre tendance à en faire le lieu même de l'intériorité. Le sexe masculin pend, et parfois se dresse. Mais fier ou penaud, il reste un appendice, une extrémité. Nous disons donc qu'il prolonge le corps, pas qu'il est le foyer de l'être. Tandis que la femme est rivée à son génital, l'homme est laissé libre de toute assignation. Il va voir les putes, pas elle. D'ailleurs, si la prostitution mâle venait à se répandre pour les femmes, ce seraient encore les clientes qu'on traiterait de putains, tant il est vrai que nous tenons pour prostitué moins le corps vendu que le corps pénétré. Seules accèdent à cette abjection les femmes, ou, à défaut, les enculés. Quand un homme multiplie les partenaires sexuelles sans s'engager dans aucune relation, on dit qu'il est mufle ou qu'il cache une blessure secrète, qu'il quête l'absolu ou qu'il cherche la performance, qu'il est orgueilleux, qu'il est instable, jouisseur, homosexuel sans le savoir, méfiant ou désabusé — on ne dit jamais qu'il est putain. Qu'une femme suive la même carrière, elle sombre : son génital, c'est elle; en l'offrant à tous, elle se prive à jamais d'elle-même.

C'est donc dans un fantasme anatomique que s'enracine l'exclusion des prostituées : ouvrir son dedans au tout-venant, c'est un peu l'expulser de son propre corps, se vider de soi-même à force de se laisser remplir. Il ne leur reste rien de propre à ces filles publiques : en vendant cela, elles ont tout vendu; leur profondeur était un mystère, elles en ont fait un musée. On s'est même étonné qu'elles parlent, qu'elles émettent des revendications bien à elles, qu'elles dénoncent la spécificité de leur oppression, tant on était habitué à les traiter en automates : machines moulées sur le désir des clients et travaillant pour le compte des maquereaux. Ces corps désertés de leur être, il était inconcevable de leur supposer une quelconque autonomie. Aussi a-t-on cherché fébrilement le sujet réel du discours dont elles ne pouvaient être que le sujet apparent. Qui, dans ces robots, avait intérêt à remplacer le programme professionnel par un programme de rébellion? Qui tirait les fils? La réponse est vite venue : les proxénètes, bien sûr, qui protestaient en jetant leur main-d'œuvre du trottoir sur la chaussée, contre les difficultés du métier. Valable ou non cette hypothèse? Ce qui importe, ce n'est pas tant sa vraisemblance que sa finalité : elle devait confirmer l'image sociale des prostituées dans le moment même où celles-ci cherchaient à s'en défaire. Une femme qui vend son génital a perdu son âme : c'est une créature, au double sens du mot : une femme méprisable, déchue; une personne qui n'a pas d'existence propre et qui tient sa consistance de ceux à qui elle est dévouée.

Les corps incertains.

Assigner la femme à son sexe : voilà l'impératif majeur sur lequel nous ne voulons pas céder. D'où la promptitude de nos réflexes ségrégatifs, et notre résistance à admettre comme femmes quelconques les inassignables putains. Il faut dire que la génitalisation du corps féminin est commode, car elle permet au désir de pouvoir d'investir le rapport amoureux, et d'avoir le dernier mot. Je sais comment capturer un être placé tout entier sous la monarchie du génital : en consentant à ce règne, il a fait la moitié du travail, son altérité se tient sagement enclose en ce lieu. Mais supposons que ce privilège soit retiré au génital, sans pour autant être transféré à un autre organe, supposons qu'un désordre irrémédiable succède à l'effondrement de la monarchie : il n'y a plus, alors, dans le corps de l'Autre de point d'ancrage pour le désir de pouvoir. L'Autre retrouve son extériorité : non pas qu'il soit au-delà de son corps, mais son corps tout entier se trouve au-delà de ma prise. Étrangeté d'autant plus inquiétante qu'elle ne se laisse pas réduire. Au sein de l'amour même, incomplaisance du corps féminin à être conquis, puis annexé : je peux bien l'envahir, en effet, cela ne veut plus dire que je m'en sois emparé. L'Autre s'offre, et pourtant je ne sais plus par quel bout le prendre. Il ne m'est jamais donné de dire ces simples mots : « je l'ai eu ». Son corps a cessé de parler un langage conforme à mes fins. Que signifie « posséder une femme » si la femme à son tour est libre de toute assignation ? Quelle certitude puis-je avoir de son allégeance, si son corps silencieux ne mandate plus d'organe pour en fournir la preuve ? Comment assouvir la volonté de maîtrise quand la pénétration d'un sexe perd sa fonction narrative de dénouement et sa valeur symbolique de reddition ?

Nous tenons au symbole génital dans la mesure même où nous demandons la clarté. Nous voulons que l'amour reste une métaphore de la guerre, et surtout nous voulons savoir à quel moment nous avons gagné. Peut-être même préférons-nous être frustré de notre victoire par un corps qui joue le jeu, plutôt que d'être privé de nos critères par des corps qui *dérèglent l'amour*, et refusent de signifier comme nous l'attendions d'eux.

Ainsi la révolte des prostituées n'attaque pas seulement l'arbitraire répressif, l'injustice, l'hypocrisie du système : elle menace d'introduire le désordre dans l'intimité de nos rapports conjugaux. Les putains : des anarchistes du corps, des pourvoyeuses d'incertitude. Ce qu'elles annoncent, ce n'est pas la prostitution généralisée, comme le voulait Sade, le « tous avec toutes, et tout de suite » qui obsède encore le rêve de la communauté sexuelle ; ce n'est pas l'appropriation collective des organes privés, l'accessibilité universelle du plaisir génital et sa gratuité. Ce socialisme de l'orgasme aménage le règne du génital, tandis que les prostituées proclament son nivellement et changent ainsi la perception du corps féminin : corps incertain, corps qui se tait même quand il semble se donner. Ce nouveau regard plonge l'amour dans l'insécurité : l'inquiétude n'est plus résorbée par la conquête, la fidélité n'a plus de preuves, l'appropriation est indécidable. L'amour possessif devient aveugle : il ne sait plus à quel organe se vouer. *Les putains régicides* nous convient à une mutation : nous sommes en train de changer de régime amoureux; un monde indéterminable succède lentement à l'ordre de la transparence.

Cet homme, à peine vous a-t-il abordée, qu'il se découvre déjà avec vous tout un passé commun, il adore la rue où vous vous trouvez, et ce quartier qu'il trouve tellement sympathique, et votre jean, il raffole des jeans. Vous avez des pieds pour marcher? Lui aussi. Des yeux pour voir? Mais lui également. Des oreilles pour entendre? C'est insensé! Vous mangez par la bouche? Quel hasard! Vous êtes née d'une femme qui s'appelle votre mère? Pas possible! mais c'est extraordinaire de se découvrir en quelques minutes tant de points communs... Ainsi va la conversation d'étonnements feints en fausses surprises et cette richesse verbale vous désole, alors excédée vous déployez vos ailes et vous vous envolez au-dessus de la ville. Cela au moins vous êtes sûre de ne pas l'avoir en commun avec lui! Mais si! Il décolle à son tour, vous rejoint et demande : Ptérodactyle en plus? Et là, vous riez tous les deux car vous vous êtes reconnus.

L'étreinte réservée

Il n'y a plus de privatisation possible de la jouissance dès lors qu'elle devient une revendication collective. Ainsi quand les femmes exigent un « SMIC minimal de plaisir » (Benoîte Groult), elles ne font pas grief à tel homme en particulier de ses piètres capacités amoureuses, elles ne posent pas le problème en termes d'efficacité, elles demandent avant tout que les sujets masculins s'arrachent à l'unilatéralité homosexuelle de leur érotique. Qu'ils ne se perdent pas dans l'accouplement pour ensuite revenir à eux, revenir à leur pays natal et tirer de cette rapide descente aux enfers un supplément de prestige, de pouvoir. Qu'ils cessent de les voir, elles, comme le petit dehors où ils feignent de s'oublier pour mieux réassurer leur dedans à eux, renforcer leur emprise.

« Que veulent-elles, alors? demande-t-il. Du plaisir? Mais quel plaisir? Et jusqu'où? » La femme ne répond pas. C'est là sa force : elle ne négocie pas sa condition, sa revendication est déraisonnable au regard du corps standard de volupté. A partir du moment où la jouissance est déconnectée du lieu génital (lieu saint des contrats et des échanges), il n'y a pas de prix assez élevé qu'elle ne soit prête à assumer. La femme ne saurait faire payer trop cher le déni auquel elle a été condamnée. Et il n'est pas trop de tous les sexologues et psychanalystes pour canaliser ce phénoménal chantage illimité dans les voies d'une saine négociation, d'une saine équivalence (équi-violence) orgastique.

Le coït n'a rien de naturel : c'est un produit historique, l'inscription d'un certain rapport de forces entre l'homme et la femme; en conséquence il est aussi de nos jours l'enjeu d'un certain combat; il serait naïf de se le dissimuler. Que des partenaires masculins soient abandonnés parce qu'ils se préfèrent, et font de leurs organes des fétiches qui leur permettent de soutenir une attitude, ne devrait pas nous surprendre non plus. Asservie, la femme ne pouvait exiger qu'un minimum ou se fier au bon vouloir de ses « protecteurs ».

Relativement émancipée, elle est libre d'exiger tout. C'est un défi. Façon d'approfondir la crise de confiance entre les sexes et de retourner contre l'homme l'exigence d'objet sexuel auquel il l'avait vouée. Revendiquer la jouissance, pour elle, c'est couper court à toute tentative du système de stabiliser ou régénérer le domaine amoureux (autour d'une nouvelle instance ou d'une quelconque philosophie du plaisir). Le féminin n'est même que cela aujourd'hui : ce qui nous empêche de rêver d'or ou de pacification, cette « faiblesse » essentielle qui nous atteint au cœur de notre force, nous échappe, défait inlassablement nos hiérarchies par la multiplicité de ses petites passions. La femme n'affirme pas sa différence dans le code de l'identique, de l'égalité, elle veut simplement que l'homme se brise à son tour comme il l'a brisée, qu'il s'ouvre, s'aliène enfin pour de bon, se mette en jeu totalement (le plus étonnant dans cette exigence étant que de plus en plus d'hommes puissent à leur tour la soutenir parce que la désaffection de la virilité s'impose à eux sous l'emprise d'une nécessité). La jouissance de la femme n'a pas de but, elle est une secousse infinie qui traverse toutes les continuités, elle n'établit pas un nouveau monde, elle crée un désordre. Il n'y a rien à attendre de ce désordre car il signifie lui-même la fin de toute attente. Le corps féminin, dans son éruption voluptueuse, est désobéissance civile à l'anatomie imposée; il induit métaphoriquement une nouvelle socialité, nouvelle démesure; et prouve ceci : que le génital et ses jouissances localisées sont un pli auquel on a contraint le corps, un jour, il y a peu.

Plaisirs du différer.

Qu'est-ce que le coïtus reservatus? Le déni d'une quelconque bienfaisance orgastique, la perversion masculine du code de la différence des sexes, perversion portant sur le sperme et non plus sur les positions ou les organes, la semence étant ici l'objet d'une négociation entre les deux parties du couple. Technique empruntée aux érotiques taoïstes, adamites et tantriques où l'homme est celui qui doit garder sa semence afin d'accueillir en lui le dehors que représente la femme et le transmuter en dedans de soi comme **immortalité, tendresse, délectation.**

« Maître Tong-Hsuan a dit : Quand l'homme sent qu'il va bientôt émettre sa semence il doit toujours attendre que la femme ait atteint l'orgasme. Une fois qu'elle y est parvenue, que l'homme donne des coups brefs et renouvelés, son membre se jouant dans l'espace qui s'étend entre les Cordes du Luth et la Caverne en forme de Grain ; que ses mouvements soient pareils à ceux de l'enfant qui happe de sa bouche le tétin de sa mère. Puis l'homme ferme les yeux et concentre ses pensées, il presse de la langue le palais de sa bouche, arque le dos et tend le cou. Il ouvre ses narines toutes grandes et carre ses épaules, ferme la bouche et aspire son souffle. Alors il n'éjaculera pas et la semence montera vers l'intérieur de son propre mouvement. Un homme peut régler entièrement ses éjaculations. Quand il commerce avec les femmes il ne doit émettre la semence que deux ou trois fois sur dix [1]. »

Car, si je n'ai pas besoin d'autrui pour jouir — postulat humaniste que toute masturbation dément — la présence de l'Autre induit un nouveau type de jouissance qui est fait d'autant de retard que de satisfaction. Différer n'est pas seulement retarder ou délayer mais aussi rendre différent.

La sexualité masculine ne nous semble peut-être aussi mystérieuse qu'en raison de son absolue simplicité qui la fait osciller en permanence entre la platitude et le non-sens : on lui enjoint d'abord de se retenir pour épouser les rythmes féminins, mais on l'invite malgré tout à s'assouvir. Il y a une aversion profonde de la sexologie officielle pour les techniques de la réserve : cette manière de s'accoupler défie toute forme de rationalité, brise à jamais la fiction nécessaire d'une histoire ; en ne jouissant pas selon des trajets spontanés, on refuse la mythologie hédoniste du corps de bonheur, on réintroduit la négativité dans le désir, on récuse l'idée d'une destination naturelle de la chair. Si l'homme par rapport à la femme est manque à jouir, il peut jouir alors de ce manque, manquer à sa jouissance, la rendre facultative, oublier cette dilapidation dérisoire qui s'appelle l'orgasme génital. Le partenaire masculin peut maintenir en soi le manque d'éjaculation (faire que la femme lui manque toujours), se procurer à soi-même une difficulté organique qu'il tentera de dépasser afin de prolonger indéfiniment le trouble érotique. Quitte à surseoir à sa jouissance, pourquoi l'homme n'y surseoirait-il

---

1. Extrait de l'*Ars Amatoria* de Maître Tong-Hsuan, cité in Van Gulik, *La Vie sexuelle dans la Chine ancienne*, p. 172-173.

pas complètement? De telle façon que pour lui le coït atteigne le plus haut degré d'intensité dans une négation totale de son principe. Comprendra-t-on que dans certaines conditions la retenue du sperme puisse être une idée, une conduite plus excitante que la libation séminale?

Il est donc possible en un sens de se préoccuper de l'érotique taoïste, adamite ou tantrique non comme le professeur qui en fait l'histoire mais comme ces personnages eux-mêmes. Et pourtant nous ne sommes ni taoïstes ni bouddhistes ni chrétiens dissidents, nous parlons ici d'un point de vue solitaire sans tradition et sans rites, nous exprimons une très ancienne expérience religieuse en dehors des religions définies. Il ne s'agit pas de proposer ou d'imposer un code nouveau ni même de ressusciter de vieilles prescriptions dont les admirables doctrines qui les ont vues éclore seraient en quelque sorte les garants idéologiques mais seulement d'envisager une pratique limite de toute la sexualité masculine sans nous soucier un instant de la systématiser. Si le Capital est la peinture bigarrée de tout ce qui a été cru, créé, vu, pensé, il faut admettre que la sexualité est aujourd'hui l'ensemble de toutes les techniques, et jamais imaginées, perversions, mais coupées, irrémédiablement, de leur ancienne finalité ontologique, morale, politique. Il n'y a plus de signification symbolique des activités charnelles, seulement des sexualités laïques, travesties des oripeaux de toutes les anciennes religions et médecines, érotismes coupés de leurs références, corps flottants privés d'images. Peu nous importe alors que le coït avec les concubines soit destiné chez les taoïstes à renforcer, par l'intensification de l'orgasme féminin, la puissance de l'homme pour qu'il s'assure — quand il s'accouplera avec son épouse légitime — le bénéfice de beaux enfants mâles, peu nous importe l'agitation du Yin et du Yang à des fins de reproduction élargie, oublions l'intention derrière l'acte, oublions les protocoles, les interdits minutieux, les visées métaphysiques (innocence, nirvana, immortalité) et même le priapisme obligatoire; l'essentiel demeurant l'ascèse de la rétention, l'ouverture fascinante à la sexualité de la femme, l'inversion du trajet du sperme dans le canal comme un fleuve qui remonterait de l'embouchure vers sa source : nous n'avons aujourd'hui aucune autre raison d'adopter ces pratiques que des raisons de plaisir. Et de passions.

A partir de cette volonté de réserve perpétuelle deux attitudes sont possibles. En premier lieu un rapport de pouvoir du mâle sur sa compagne, la reconduction plus raffinée d'un contrôle qui semble dire à la femme : mon sperme n'est pas pour toi, mon sperme n'est pour personne. Je préfère ma force à mon plaisir car mon plaisir est trop commun pour que je m'y abandonne. Volonté tyrannique d'érection continue qui trahit un fantasme d'hyper-virilisation et va autoriser toutes les moqueries : « Conscient de l'insuffisance érotique universelle de ses contemporains, un autre se pose en Superman du plaisir. Il fait jouir ses maîtresses par des caresses inlassables, des cunnilingus sans fin, il les besogne pendant des heures, les " crevant sous lui " comme les messagers crevaient les chevaux; il peut enregistrer au magnétophone les râles inextinguibles qu'il sait provoquer, et les faire entendre fièrement à ses amis. Pour rien au monde, il n'aurait le mauvais goût d'éjaculer en présence d'une dame. Il peut se faire éjaculer à la main après le départ de la visiteuse aux yeux cernés, pour éviter les ennuis de la congestion périnéo-testiculaire; plus habituellement, il éjaculera avec sa femme pot-au-feu ou une prostituée [1]. »

Si mon sperme est trop précieux pour que je te le cède, c'est que je me moque bien de toi avec qui je couche, c'est qu'en toi je ne respecte même pas l'intensité ou la brûlure qui me gagne, tu n'es qu'une parcelle du sérail secret que je me suis constitué, je ne désire ta jouissance que pour renforcer mon identité, plus tu te désagrèges, plus je m'étaye et me consolide, ton anonymat est la garantie de ma personne, je me retiens pour ne pas perdre la tête, je veux pouvoir dire moi, moi, toujours moi où tu ne fais que hurler, crier ... Intention de maîtrise donc où l'homme se réaffirme comme sujet au moment où il désarticule la femme et la renvoie aux abysses de l'impersonnel, l'autre n'étant plus celui que l'on convoite mais celui que l'on offense, que l'on précipite dans la volupté pour jouir *a contrario* de son propre sang-froid; ne pas céder au vertige de la chair pour ne s'abandonner qu'au vertige infiniment plus fort de la toute-puissance. Mission nihiliste qui vise à anéantir ce que l'autre ligne à partir de laquelle entendre le coïtus reservatus va au contraire promouvoir et que vont accréditer les pratiques d'épargne et de retenue : l'ouverture du corps masculin à la diversité de l'érotique féminine soit l'hétérosexualisation du pénis; non plus seulement l'attente courtoise du plaisir de l'autre

---

1. G. Zwang, *La Fonction érotique*, I, p. 299-300.

mais l'écoute fascinée de sa jouissance si diverse, si dissemblable.

Tout se passe comme si la sexologie ne demandait à l'homme la résorption provisoire de sa semence — que pour mieux ensuite homosexualiser les deux membres du couple et les aligner sur l'éternelle, l'immémoriale férule masculine de l'orgasme, la femme dans cette optique n'étant qu'une machine un peu délicate à ménager en raison de sa prétendue lenteur à jouir. Ce que le mâle attend en elle c'est sa propre jouissance à lui mais plus nonchalante à éclore, plus tardive d'intervenir au fond d'un ventre chaud et non comme lui en extérieur. Il est vrai que les gestionnaires du bon sexe ne progressent que dans la comparaison : ils veulent toujours que le coït soit une opération rentable, où il soit bien clair que les tensions ont effectivement chuté et que la femme est bien entrée — par tous les moyens — dans le destin fixe du plaisir masculin. Il faut absolument qu'il y ait eu dilapidation. Ce n'est pas que le mâle ait une fortune à dissiper : seulement un tas de poussière sur lequel il souffle. Mais il doit être à la fois la poussière et le souffle : il faut laver les corps du désir impur qui les habite. Nous sexologues — reichiens, master-johnsoniens, havellock-ellisiens — allons vous enseigner à retrouver l'innocence originelle des anges.

Certes le scénario mâle du soulagement des tensions est haïssable moins par ses vices essentiels que par son règne exclusif. Quand la normalité aura pris des formes polymorphes et multidimensionnelles, on pourra jouer en toute liberté des règles anciennes du comportement érotique. Quelle importance finalement que le sperme soit émis ou gardé : tant qu'il s'est retenu le partenaire masculin a fait comme si il n'allait jamais éjaculer, comme si la tumescence de sa verge n'avait d'autre fin qu'elle-même : la réserve est tendancielle dans toute copulation, elle ne fait que prolonger et radicaliser un mouvement latent, il prouve dans son extrémisme que la jouissance virile est faite autant de retenue que d'abandon ou du moins que la véritable dépossession pour le mâle réside moins dans l'épanchement que dans la disponibilité épargnante. Reste à comprendre ce qu'induit de vertige le phénomène du délai.

Le désinvestissement du génital.

Ce qui allait vers sa pente remonte donc vers sa source, un flux de semence blanche est délibérément arrêté dans sa tentative d'évasion. Le sperme comme le sang toujours prompts à s'enfuir, à quitter le corps... Par l'interruption momentanée de sa jouissance, l'homme libère l'énergie sexuelle de son corps de la seule partie qui la contenait (au double sens du terme la thésaurisait et en retenait l'élan), l'autonomise, la délie de toute attache. L'éjaculation peut toujours s'entendre comme le refoulement, par annulation, de toutes les capacités voluptueuses de l'organisme : refuser au sexe le primat idéal de la jouissance, opérer la dégénitalisation de la sexualité, c'est désormais rétrocéder la jouissance à tous les autres organes, érotiser l'ensemble du soma. Si l'apaisement de l'appareil génital s'accompagne toujours de la chute brutale du potentiel érotique masculin, la réserve sera au contraire une fête de l'Irradiation. Qu'est-ce alors que ce phallus si affectionné et tellement redouté? Un objet dispensateur d'amour et de plaisir mais qui ne possède pas lui-même la puissance qu'il symbolise parce qu'il la transmet au corps tout entier, un organe dont on ne doit pas jouir si l'on veut jouir de tous les autres. Les petits enfants, dit Fourier, font un Dieu de leurs estomacs; et il ne faut pas faire un Dieu de son phallus sinon ce Dieu vampirisera à son profit l'organisme qui le porte, mais en faire peut-être un Christ, une antenne, un terme intermédiaire maintenant le contact avec l'autre et assurant en soi-même la mobilité du plaisir, non plus l'enfer et le paradis conjugués mais ce grâce à quoi le paradis peut être immergé et refluer en nous.

L'éjaculation avec ses trois caractéristiques, passage d'un dedans à un dehors, évacuation d'un engorgement, concentration exclusive du plaisir dans un morceau de chair se trouve alors moins niée que désaxée, désorientée.

Si donc, le reservatus est d'importance pour nous, ce n'est pas en raison d'éventuelles vertus thérapeutiques (?) mais par son raffinement dans la recherche d'une mutabilité et d'une déterritorialisation de la jouissance; en ne donnant pas au plaisir de l'homme de trop impérieuses localisations, il dilate le pénis à la taille du corps, le transforme en moyen d'exploration de sensations inédites et non en véhicule obligé d'un plaisir transitoire. L'émotion ne pouvant plus être figée, stockée, arrêtée en quelque région bien définie se répand dans toutes les parties du corps, en multiplie les surfaces sensibles et fait de l'homme non plus l'aphalique mais le polyphale. Le coïtus reservatus frustre les sens de leur objet, convertit cette frustration en une faculté évocatoire de choses absentes ou inaccessibles (par exemple l'orgasme de la femme), à tel point que cette inaccessibilité devient la condition *sine qua non* de l'excitation masculine : alors le sujet engagé dans l'acte d'amour peut se représenter l'éjaculation non comme la fin de l'étreinte ou son sens contraignant mais comme une simple tentation à laquelle il cédera ou ne cédera pas selon son gré. En ne jouissant pas de l'organe pénien, l'individu jouit non seulement de toute l'extase possible de l'aimée mais aussi dans son propre corps d'une jouissance flottante, déliée, mobile, maintenant à haut niveau la tension érotique. Le sexe dressé devient à la fois le moyen et l'obstacle, ce qu'il faut animer — ne fût-ce que d'un pouce — pour entretenir la vigueur érective, ce dont il faut cependant freiner les élans, l'aveugle et brutale tendance à s'exhaler dans un soupir de foutre blanc. Toujours la semence doit être sur le point d'éclater et revenir de cette imminence, l'important étant de savoir jusqu'où le sperme peut aller trop loin dans le canal urétral. Adviennent alors de manière paradoxale non pas une raréfaction mais une intensification des messages sensitifs de la verge en même temps que son anesthésie quasi complète à l'acheminement séminal.

On perçoit là déjà ce qu'on pourrait appeler une première féminisation de l'être masculin, sa métamorphose en agencement bisexué : retenir sa semence — c'est, en quelque façon, tendre à faire du pénis une sorte de vagin : vagin non en ce qu'il serait à son tour pénétrable mais en ce que la verge, n'étant plus canal de transmission, se met en état de porosité, de disponibilité totale non seulement aux substances énergétiques enfouies dans les replis du corps féminin mais aussi aux émissions sensorielles les plus diverses de l'organisme qui la porte. L'infirmité propre à l'homme sur le plan sexuel serait au fond de ne pouvoir qu'expulser son plaisir (au double sens de le propulser au-dehors et de le chasser loin de lui), cette éviction lui interdisant de s'expulser de lui-même, de se perdre en ses propres tréfonds. Ce que le corps rejette est aussi ce qui ne le jettera pas à bas mais lui permettra de recouvrer sa maîtrise un moment contestée. L'homme n'a pas d'issue à sa tanière de renard : à l'instant où il pense voir la lumière, en ressentir la chaleur brûlante, c'est en vérité une nouvelle entrée qui apparaît et l'ombre retombe sur lui; poursuivi par un cercle vicieux, il cherche toujours un biais pour sortir de lui-même et ne trouve toujours qu'une entrée par où il revient en lui-même. Ce n'est qu'en gardant sa petite quantité de semence que l'homme peut la redistribuer dans toutes les parties de sa chair, se transmuter, s'immerger en lui-même, dans une espèce de fluidité voluptueuse, et approcher au plus près (mais évidemment sans la connaître) d'une certaine jouissance féminine. Annulant l'éjaculation comme passage d'un dedans à un dehors, l'être masculin réinvestit la semence mise en circulation par l'agitation de son pénis, la dissémine, la répand en dedans de lui-même, se livre à un travail interne d'intensification de toutes les surfaces, de tous les contacts. Qu'est-ce qu'une érection? Cet état corporal de branchement absolu où l'organisme, doté d'une dimension supplémentaire, devient attentif aux moindres sollicitations, le déploiement de mille antennes, l'ouverture au milieu du ventre d'un lieu d'accueil au monde. On s'étonnera de cette turgescence qui n'est pas l'affirmation d'une force brutale mais le déni — violent — de toute violence mâle; sur la rigidité, l'homme en rajoute, il se met absolument du côté de la loi, il feint de suivre à la lettre le conformisme viril, en réalité, il le ravage, il n'accroît sa puissance érectile que pour détruire le mythe de l'érection, il suspend toute domination par l'instrument même de la domination. Alors le pénis devient béant comme un vagin, aspire, suce, mord, frictionne et boit à pleine bouche les liqueurs féminines, se fait forme impersonnelle et anonyme pour recevoir en soi les forces qui transfusent et, par l'effort de l'ascèse, maintient ouvert l'écart (les deux bords du méat), la perméabilité du gland afin que les sensations ne se hérissent pas, ne se froissent pas, ne fuient pas éperdument. L'essentiel étant de rester ouvert, de confirmer l'ouverture, de ne pas rester sourd aux processus sensoriels minuscules qui cisaillent la peau; se jeter dans le dispersé sans se perdre en affrontant un indéterminé qui reste en somme calculé, maîtrisé pour ne pas laisser échapper les fruits de la quête voluptueuse. Advient ainsi une jouissance qui n'est plus la répétition dégradée de l'extase féminine, le pâle reflet d'une déchirure divine, mais une effusion indiscernable où les signes du plaisir ne se donnent plus dans la clarté; où le mouvement des reins, des hanches et des jambes, le frémissement de chaque grain de l'épiderme, le mélange des bouches et des salives se suffisent à eux-mêmes, suscitent au fur et à mesure de leur trajectoire l'émotion qui les embrase, joie qui ne s'étourdit sur aucune privation et ne manque de rien (et surtout pas de l'orgasme). Prenant sa sexualité naturelle à rebrousse-poil, l'homme n'est plus cette excroissance de chair qui vient boucher la faille de l'Autre féminin, il devient fente à son tour, entaille, sillon, verge dure qui a fait le vide en elle, sexe qui ne reçoit ni ne donne mais multiplie les circulations et les branchements, agite le sang avec l'eau, l'eau avec le feu, le feu avec les sécrétions marines, en aspire à leur coïncidence et rend leur distinction insoutenable.

L'esquif pénien sur le fleuve Amour.

> « Le sentiment de bonheur lors de la satisfaction d'un mouvement pulsionnel indompté du Moi est incomparablement plus intense que la satiété que procure une pulsion apprivoisée. »
>
> Freud.

Si l'activité sexuelle n'a jamais eu pour fin — sinon dans l'esprit des législateurs — la procréation, pourquoi ne pas aller jusqu'au bout et retenir en soi cette semence responsable de pullulation? Comment ne pas concevoir l'aversion particulière que l'homme voue à son sperme, à cette substance qui porte et emporte à la fois dès qu'elle s'en va toute la libido; qui, retenue, irradie le corps de tendresse mais, répandue, incite à une soumission humiliante au principe de réalité, au principe de l'échange, l'orgasme pour l'homme étant une illusion qui n'a pas d'avenir.

Ne pas éjaculer pour l'homme c'est donc demeurer un capital toujours inengagé, une disponibilité partout distribuable. La technique du coïtus reservatus n'implique aucun refoulement, ne suscite aucun tourment ni même une lente déchéance physiologique s'il est vrai que le merveilleux pour l'homme réside dans l'érection, dans le doux vertige de la greffe sur le corps féminin, beaucoup plus que dans la castration génitale du coma orgastique. Étreindre est alors se demander : quelle sexualité choisissons-nous? Une sexualité monomorphe, linéaire, circonscrite ou un érotisme polymorphe, enfantin instaurant dans le corps du sujet un espace confusionnel, créant par la maîtrise même qu'il suppose « une matrice de plaisir non sexionné par l'éjaculation, en réalité [1] ». Si l'homme épargne sa semence, ce n'est pas qu'il veuille « comme un avare garder son or [2] », le sperme n'est pas de l'or ni même le modèle réduit d'un dispositif monétaire, mais bien pour jouir autrement; car cette épargne n'est pas mortifère ou capitaliste, l'annulation de la dépense spermatique implique la levée d'une fatigue qui grevait la répétition de l'acte sexuel, donc l'accomplissement de celui-ci libre derechef de courir se placer ailleurs, de recommencer. Il faut ainsi comprendre retenue comme reviscence, recherche d'une augmentation des forces, de leur stockage et de leur remise ultérieure en circulation : de l'énergie fixée dans les bourses s'échappe de la machine éjaculatoire et va se disposer autrement, libère de la puissance et garantit la possibilité d'une répétition à l'infini de l'acte sexuel. Il y a le mouvement vers une froideur apparente et ce mouvement est brûlant : l'homogénéité de la force corporelle est investie intensément de même que la neutralisation de la verge s'accompagne de son extrême excitation. L'être ainsi libéré de sa nécessité génitale ne va pas vers l'immobilisation, il devient au contraire surface insaisissable, surface sauvage sur laquelle peuvent éclore les points d'effervescence les plus divers [3].

Le corps entièrement coulé dans l'érotisme prolonge — sans limites — le temps préorgasmique, ce temps où le plaisir est moins assuré, plus diffus, l'aspiration plus continûment vigoureuse, l'exaltation permanente et les objets brillants dans leur éclat premier. S'économiser, comme dit le Tao, car la semence peut se placer partout, négliger le marché principal et se disposer en tous lieux ailleurs; et par la retenue inclure dans la circulation du sang et des viscères de nouvelles quantités d'énergie qui multiplient

1. Lewinter, *op. cit.*
2. G. Zwang, *op. cit.*
3. La révolution comme espace-temps unique qui ramasse en lui tout le corps social et le porte au-delà est solidaire du cadre institutionnel de l'orgasme; le désir de révolution ne peut donc être que désir d'orgasme, désir d'un centre qui abolisse et décharge toutes les tensions; à l'encontre de ce jacobinisme politique et sexuel, on notera l'apparition depuis quelques années d'agitations sauvages et imprévues dans les usines, les campagnes, les lycées, effervescences semblables aux processus polymorphes de la jouissance et qu'on ne peut plus penser dans un principe unique.

sans cesse les espaces de jouissance, donnent aux pulsions partielles de nouvelles occasions de s'investir sur le corps et de rendre aléatoire l'unité de ce dernier. Le phallus devient le lieu d'une alchimie érotique, instrument de musique à plusieurs registres et l'étreinte passe de ce qui est tracé autour de l'Un à ce qui est tracé autour du pluriel, du plurien.

Freinée dans ses élans libatoires, la verge se transforme en organe de triage énergétique qui redistribue la libido : spontanément de l'énergie s'engouffre dans un conduit; il faut apprendre à la diriger ailleurs afin de la rediffuser partout, lui faire irriguer d'autres canaux, d'autres vaisseaux (et pourquoi ne pas rêver d'un sperme ou de toute autre substance similaire qui parcourrait chaque membrane, chaque circuit nerveux, chaque muqueuse, chaque veine, chaque cavité d'un corps traversé sur toute sa surface par de hautes et constantes charges électriques?). Donc ne pas vouloir se défaire de notre excitation, ne pas se libérer de nos tensions, de la pression du sang et du semen; ne pas substituer une jouissance locale et limitée à un bien-être corporel généralisé, ne pas réduire le flottant au connu, ne pas effectuer comme les sexologues un travail d'exorciste ou d'inquisiteur foulant aux pieds le corps bestial, le corps désirant, ne pas quêter un trouble suprême pour se guérir de toute espèce de trouble mais rester en état de possession permanente, jouir de ne pas avoir son corps ensemble, jouir aussi des courants, des forces qui tordent et convulsent simultanément l'être auquel on se trouve lié. Alors le plaisir séminal n'étant plus exclusif devient pour l'homme un appât supplémentaire et même une joie exceptionnelle à laquelle, selon l'heure et l'humeur, il cède ou ne cède pas mais qu'en aucun cas il ne vit comme une castration imposée.

Ces valeurs en somme (l'orgasme, l'éjaculation), il ne s'agit pas de s'y opposer, mais de les longer, de les esquiver; on prend la tangente, on va ailleurs et l'on évite l'opposition stérile bien/mal, sain/malade, normal/pathogène. En d'autres termes, on ne peut ériger la retenue du sperme en panacée ni foudroyer au nom de la toute-puissante nature les protocoles minutieux du reservatus; on ne peut faire une règle ni de la réserve ni de l'éjaculation mais les produire toutes deux comme les exceptions l'une de l'autre; et chacune comme l'écart par rapport à la règle (à l'abus) que représenterait l'emploi exclusif de son contraire. Alors on ne verra plus l'épanchement et la retenue comme des polarités inconciliables mais comme des voies d'accès divergentes à la jouissance, chacune engageant avec elle des mondes incommunicables et cependant présents en chaque homme.

Restés sensuellement excités, nous faisons l'expérience d'un décalage, d'une irrégularité, d'une vérité érotique du réel qui nous tord les nerfs; au comble de l'excitation nous déraillons, nous sortons des rails canoniques du plaisir. L'évacuation séminale étant la pente naturelle vers la mort du désir — refuser l'éjaculation équivaut à trahir cette mort programmée et trahir en même temps la loi de l'espèce en nous. Il n'est sans doute pas d'accouplement intense pour l'homme si rien d'anormal ne le dérange, si l'on ne va pas à l'anéantissement par la régulation absolue du principe de dérèglement, de violence et de perte. Faire bredouiller le corps, empêcher que l'orgasme ne prenne comme un alphabet immotivé; que la semence donc ne coule pas dans un même et grand réseau qui serait la structure unique du rapport sexuel, qu'elle ne passe pas sans transition du parlement testiculo-pénien au sénat vaginal, qu'au moins elle circule, reflue, remonte, se disperse, en haleine, tienne l'individu, annule, jusqu'à un certain point la bipartition en avant/après et devienne le préliminaire d'un acte jamais accompli parce qu'ineffectuable. Suspense si l'on veut mais dépouillé de l'avenir, sans attente particulière. L'érotique taoïste dit : coupez la semence, continuez le rapport d'une autre manière. N'éjaculez pas (éjaculation : ce qui délie, défait les liens, dénoue l'étreinte alors que la réserve effectue la déliaison au sein même de l'union voluptueuse), entrez dans un certain rapport de risque avec l'incertitude et l'ignorance, ouvrez-vous à la surprise, ne demeurez pas dans l'espace rassurant de la détumescence, ne cherchez pas à vous dégriser trop vite.

La sensation du plaisir éjaculatoire, l'homme ne peut pas ne pas l'éprouver à la fois comme une virtualité d'expériences spirituelles et charnelles de toutes sortes et aussi comme une trahison de cette virtualité. Subjectivement, certes, il ne vit pas l'orgasme comme le dernier plaisir mais comme un plaisir parmi d'autres; c'est la « Nature » qui lui joue le mauvais tour de la volupté finale, attrape d'autant plus cruelle qu'elle n'est pas désirée.

Si la réplétion s'ordonne donc spontanément sous forme de récit à travers des péripéties qui auront toutes comme caractéristique de tendre vers une fin, alors on ne peut manquer de voir le *coïtus reservatus* comme contre-narrativité, machine à retarder les échéances, essai d'ouverture à l'altérité par l'indéfinie suspension du similaire. Il ne résorbe pas le divers dans l'unité d'un soulagement mais fait de chaque sensation, de chaque morceau de peau, un chemin de traverse potentiel, le lieu possible du passage d'une intensité. L'homme n'y est pas l'égaré (celui qui a perdu sa voie et cherche la bonne route) mais le désorienté, il ne cherche rien et veut la diversité des labyrinthes, la multiplication de tous les écarts possibles.

Art d'aimer où l'on perçoit une totalité inachevée, qui aimante l'imagination mais le peu qui manque n'est pas lui-même réalisable, sa réalisation détruirait d'un coup le fragile édifice que la trêve d'émission a disposé dans le corps de l'homme. S'il faut que la verge demeure dressée en sa tumescence c'est qu'il y a dans cette exigence une manière de secret à préserver. Quand le vagin n'est plus le réceptacle du sperme, mais le lieu des errances du pénis, l'homme ne peut accéder qu'à une jouissance abstraite par l'intermédiaire d'un objet contenant la possibilité (mais seulement la possibilité) de toutes les jouissances, quand le pénis s'offre comme représentant matériel de tout le plaisir possible. Ce que la femme vit concrètement, l'être viril ne peut l'éprouver que dans l'abstrait. La rétention passionne le corps hors des objets qui la suscitent et délivre le désir masculin des archétypes qui l'assujettissent : ni affirmation de soi dans le coït (puisqu'il s'agit précisément de se déviriliser), ni usage fonctionnel d'un objet de plaisir. Ce qui advient dans cette mise entre parenthèses de l'orgasme excède toute unité, toute adéquation, toute conformité : dans la retenue indéfinie du débordement séminal bien des devenirs peuvent s'inscrire dont l'amplitude et l'extension n'ont pas de limites déterminables. Et la copulation n'aura pour l'homme l'efficacité d'une déviation que si, vide de tout sans préétabli, elle maintient ouverte et susceptible de multiples combinaisons la disposition perverse, l'indéfini des possibles de sa jouissance. Et sans doute la sexualité masculine est-elle là encore en proie à une espérance contradictoire : elle espère échapper à l'amère condition de la perte en refusant au pénis sa jouissance alors que dans le même instant elle meurt du désir de s'abandonner, d'établir pour elle enfin ce présent voluptueux infini dans lequel la femme sous ses yeux baigne, immergée. L'homme n'atteint la délivrance orgastique qu'à travers la femme tandis que lui-même se met dans l'état d'éprouver l'envie la plus forte, prélude intense d'orgasmes fantasmatiques qui devront pour ce faire n'être jamais ressentis. Alors, ne pouvant jouir de soi, l'homme jouit du sans-fin de la jouissance féminine, libérant — par la levée de tout risque impromptu d'arrêt — les richesses innombrables de ce dehors dans lequel il est pris. Si la femme doit s'exprimer c'est-à-dire, au sens littéral du mot, s'expulser hors de tout lieu, ne plus habiter, ne plus fouler aucun sol, l'être masculin, lui, dès qu'il ne veut pas tomber dans la régulation adulte du génital, ne peut que rester en soi, se « dérésider » en se comprimant — sous peine de briser irrémédiablement le rêve d'omnipotence voluptueuse que la résorption ne manque pas de susciter en lui.

Un Moïse sans terre.

> « Dans le mot amour, il y a le mot mur. »
> Edmond Jabès.

Apparemment, se couvrant de caresses, s'accablant de baisers, murmurant de douces paroles, ils tendent à l'identification... combien sont-ils les amants lorsqu'ils font l'amour? Un, quatre ou huit? Ils vous répondront que l'essentiel pour eux c'est d'être au moins deux. Rien de plus ridicule à cet égard que de présenter l'union voluptueuse en termes de réciprocité, de confusion des identités. S'il est vrai que chaque sexualité entraîne l'autre, il n'y a jamais réversibilité du tien et du mien dans l'accouplement et moins encore passage alterné de la jouissance d'un corps à un autre. Ce que l'homme et la femme partagent, ce n'est pas une communauté d'intérêts, de plaisirs, de passions mais le goût de leur étrangeté réciproque, une ignorance insurmontable l'un de l'autre. Au plus profond du jumelage des chairs, aucun miroir ne tend, avec justesse, son reflet à l'un et l'autre des partenaires, n'évoque une quelconque androgynie ou le mirage d'une complémentarité que les amants auraient esquissée ne fût-ce qu'une minute : les émotions ne se confondent pas.

Penser même que l'homme pourrait, dans l'évanescence des règles amoureuses, oublier sa petite pression du doigt gauche entre scrotum et anus, oublier sa tête, perdre sa lucidité, entrer dans un nouvel espace de singularités non mesurables, bref que le coït hétérosexuel pourrait échapper à la stratégie, c'est-à-dire au marché « à la mort incluse dans les éventualités estimées [1] », c'est construire la fiction — bien masculine — d'une indifférenciation sexuelle et croire le sujet mâle assez généreux, assez désincarné pour oublier la parcimonie de ses propres circuits érotiques, c'est passer sous silence que l'homme, tant qu'il s'en tient au seul pénis, ne dispose pas sans compter de ressources sensuelles, qu'il doit toujours comparer et introduire le négoce dans l'acte amoureux et qu'enfin il n'y a pas, dans l'érotique masculine, pureté d'un lieu intense soumis à l'irréversibilité libidinale des dépenses pures, mais toujours entremêlement du calcul et de l'abandon.

Relisons une fois encore l'*Ars Amatoria* chinois : « La Fille Choisie demanda : le plaisir de l'acte sexuel réside dans l'émission de la semence. Or si l'homme se réfrène et n'éjacule pas, quel plaisir peut-il donc en tirer? P'ong tsou répondit : En vérité après l'émission le corps de l'homme est fatigué, ses oreilles bourdonnent, ses yeux sont alourdis de sommeil, sa gorge est desséchée et ses membres sont inertes. Bien qu'il ait éprouvé un bref moment de joie, ce n'est pas vraiment là une sensation de volupté. Si au contraire il pratique l'acte sexuel sans éjaculer, son essence vitale sera fortifiée, son corps sera toute aise, son ouïe sera fine et sa vue sera perçante; même si l'homme a réprimé sa passion, son amour pour la femme augmentera. C'est comme s'il ne pouvait jamais la posséder à suffisance. Comment peut-on dire que ceci n'est pas voluptueux [2]? » Retenir le semen, c'est donc se mettre au même niveau que la femme, c'est-à-dire se trouver à même de n'être jamais rassasié à suffisance, refuser toute idée de suffisance. Ce que l'homme ne peut atteindre par l'émission séminale, il s'efforce d'y parvenir — négativement — par la retenue. Son plaisir spécifique devient alors plaisir de préhension infinie, l'ouverture à toute la part féminine du désir : par l'ascèse l'homme éveille la femme en lui et s'ouvre comme milieu pénétrable aux sollicitations de sa propre organicité. En état spontané de déficit voluptueux, il se doit de réserver sa jouissance — petit multiple qui porte avec lui la perspective effrayante d'un retrait immédiat des eaux; pour lui, seule l'inhibition quant au but est synonyme de sensibilité maintenue, de tendresse continue.

1. J.-F. Lyotard, *Eco. Lib.*, p. 249.
2. Cité in Van Gulik, *op. cit.*, p. 189.

Cela dit, deux lignes, en apparence contraires, vont ici se rejoindre dans le même mythe idéaliste de la fusion des contraires. Pour les sectateurs du coïtus reservatus cette technique « identifie en quelque sorte la dialectique sexuelle masculine à la dialectique sexuelle féminine : comme elle, elle transforme le corps en espace matriciel, elle assimile en Eros l'homme et la femme, ainsi partenaires véritablement égaux, réflexions adéquates : non plus désaccordés par différence mais accordés en identité (...) [1] ». L'étreinte comme réintégration des polarités, solidarité d'essence entre deux antinomies, voilà l'éternelle chanson des érotomanes et sexologues occidentaux : « Le moment de l'orgasme réciproque est aussi celui de la suprême communion, du suprême échange, il fait enfin des sexes complémentaires et joint le lieu par où l'Être entier somatopsychique communique largement avec l'impensable — altérité intraspécifique. Il recolle les deux moitiés de l'androgyne dans une fulgurante exaltation de l'être comblé réconcilié, dilaté de bonheur et de joie, jouissance de la si fugace mais si bienheureuse complétude sexuelle [2]. »

Or que suppose l'orgasme réciproque, prix d'excellence de la réussite érotique? Que les deux jouissances de l'homme et de la femme sont identiques, bâties sur un même modèle de décharge émotionnelle et que le succès d'un rapport sexuel (mais pourquoi dans ce domaine parler encore d'échec ou de réussite, si l'érotisme est sans but, quel est son critère de bonne marche?) ne dépend que de leur coïncidence dans le temps, problème d'ajustement, de mise en place, de réglage du tir, la femme étant sujette à des retards et l'homme à des précocités. En quoi se réentend sous un langage plus moderne la vieille parole platonicienne du Banquet : « L'amour recompose l'antique nature, s'efforce de fonder deux êtres en un seul et de guérir la nature humaine... La raison est que notre ancienne nature était telle et que nous étions un être complet : c'est le désir et la poursuite de ce tout qu'on appelle l'amour. » Comme si l'épanchement du mâle n'était pas qu'un moment dans la jouissance féminine, comme si l'instant radieux de l'orgasme partagé n'était pas aussi pour les partenaires celui de la plus grande distance. L'acmé voluptueuse n'est pas l'instant de l'union totale entre les amants, il est au contraire leur point de séparation : jamais l'homme n'est plus loin de la femme que quand

---

1. Lewinter-Groddeck, *Le Royaume millénaire de Jérôme Bosch*, p. 109.
2. G. Zwang, *op. cit.*, p. 498.

cette dernière jouit, à jamais perdue dans les sphères de son corps fabuleux. L'intimité est perception aiguë d'une distance infranchissable, rétablissement d'une déviance, d'une dénivellation profonde entre les personnes engagées : aimer c'est alors séparer, invariablement, séparer ce que la vie courante a uni dans l'indistinction aveugle du grégarisme; et porter à leur acuité maximale les plus fortes différences entre les êtres. Il n'y aurait pas de rapport charnel sans cette inadéquation fondamentale, cette impénétrabilité absolue où deux êtres partent chacun de leur côté avec leurs petites jouissances inconfondables. L'émotion voluptueuse est perception d'une déchirure qui n'ouvre à rien, ne fait pas communiquer mais s'affirme à jamais comme division, accroc, catastrophe et cette catastrophe est gaie : elle fait que nous nous désirons, qu'il n'y a entre nous que des disparités, aucune similitude. Pourquoi l'extase de l'autre m'excite-t-elle si fort sinon parce qu'elle creuse entre lui et moi l'écart irréductible d'un monde où l'autre glisse et en des régions qui me seront toujours inconnues ? Et il est vrai que le déni de jouissance marque chez l'homme un désir évident de connaître de l'intérieur l'autre face du monde humain, comme une tentative de transversalité pour faire communiquer entre eux les sexes cloisonnés. La femme ne cesse par ses convulsions de menacer l'homme, d'ouvrir des accrocs dans la robe sans couture de sa sexualité; et c'est pourquoi il maintiendra sa convoitise écartelée comme les deux pinces d'une tenaille, se maintiendra hors de soi (puisque le hors de soi de l'éjaculation n'est en fait qu'un lancinant retour à soi) en jugulant ses aspirations à la délivrance orgastique. La femme représente un modèle qui arrache le mâle à la tautologie de son érotisme et lui interdit de faire de son activité sexuelle une version de lui-même magnifiée par le désir. En imitant l'aimée, en essayant de paraître à sa ressemblance, l'homme devient candidat à être ce qu'il n'est pas, il ne contemple plus en l'autre son propre reflet inversé.

La jouissance de la femme est hors d'atteinte de toute parole, de tout commentaire, de toute explication sauf à être atteinte elle-même par une autre jouissance qu'il faudrait supposer identique en variété, du moins en intensité : on ne peut parler d'un tel ravissement mais seulement parler en lui à sa manière, entrer dans un plagiat éperdu, affirmer hystériquement un mimétisme gestuel et vocal. Ce qu'est à sa manière la rétention de semence, façon d'épouser — par défaut — l'éblouissement féminin et à travers lui de rejoindre l'indifférenciation primitive du Paradis. Mais ici la copie ne rejoint jamais le modèle, elle n'est copie que de pressentir le modèle à jamais inaccessible. L'homme est toujours au bord de la jouissance de la femme : il ne la connaît que par le regard, les yeux, la bouche, la caresse mais non de l'intérieur : veut-il y succomber à cette tentation de l'avoir (et de la savoir), de s'identifier à l'Être de l'Autre qu'alors il se retrouve en deçà de toute capacité, pénis flasque, petit garçon, organisme flétri, anéanti, éventé. L'être masculin ne peut entrer dans ce réel délectable et horrible qui se joue tout près de lui, si proche qu'il lui est irrémédiablement fermé. N'accédant au mieux qu'à un androgynat spirituel, il peut alors imaginer l'impossible, rêver que la cavité soyeuse du vagin passe en lui, qu'il en ressent les brûlures délicieuses, les joies convulsives, qu'il devient à son tour profonde cachette, glissante et brûlante pour un autre et qu'il partage enfin avec sa partenaire les turbulences d'un même voyage. L'homme ne fait l'expérience intérieure que d'une bisexualité virtuelle ou plutôt la bisexualité masculine n'est rien d'autre que le virtuel féminin. La jouissance féminine exprime un monde possible inconnu de nous. Monde qu'il faut déchiffrer, interpréter tout en sachant que nous continuerons toujours à l'ignorer. Il y a dans les orgasmes des femmes des univers inouïs dont nous tombons fous amoureux à mesure de leur distance insurmontable. Les gestes de l'aimée, au moment même où ils semblent s'adresser à nous et nous être dédiés, expriment encore ces régions obscures qui nous excluent. Et ce n'est pas là comme dans la jalousie « l'image d'un monde possible ou d'autres seraient ou sont préférés [1] » car l'image dessinée par la femme est celle d'une terre inabordable où nul ne peut être préféré parce que nul n'y a accès (seule une autre femme peut-être...). Parce que dans cette extase je n'ai plus de rival à redouter, plus de rapports de concurrence à soutenir, parce que au bord de cette frontière qui n'ouvre sur rien, nous sommes tous des exilés, butant sur une ligne qui ne sépare pas deux contrées mais qui est elle-même la séparation absolue. Si mince est la cloison entre l'homme et la femme qu'elle est irréductible, d'autant plus infranchissable qu'à sa manière elle n'est rien. Se retenant l'homme n'aura gagné que le droit au nomadisme. Rien ne lui est promis : et surtout pas une terre. Il n'aura

---

1. G. Deleuze, *Proust et les signes*.

connu l'intensification que comme horizontabilité à perte de vue, sans halte, oasis pour dresser quelque campement. Il ne séjourne dans la femme que parce que sa jouissance désormais est sans lieu.

Face aux transports amoureux de la femme, l'être masculin ne peut être ni physicien ni métaphysicien mais égyptologue, déchiffreur de signes qui ne sont pas des mensonges, ne cachent pas ce qu'ils expriment, ne dissimulent pas et ne donnent pourtant aucune réalité tangible derrière leur apparence immédiate. Tout existe dans ces zones lumineuses de la jouissance où nous pénétrons comme dans des cryptes pour y déchiffrer, à travers notre propre plaisir retenu, des hiéroglyphes et des langages secrets pour y entreprendre tels des voyageurs immobiles une initiation dont nous savons d'avance qu'elle ne nous enseignera rien. La volupté de l'aimée ce n'est même que cela ; une vérité qui ne s'énonce pas.

Un homme dit qu'il veut une femme. Entend-il par là qu'il veut la posséder furtivement pour s'y répandre? La prendre comme simple terre, réceptacle où enfouir sa semence et peu importe qu'elle s'y dépense en pure perte ou porte des fruits? Et si, au contraire, dans la femme ce n'était pas un exutoire à la pléthore de ses organes que le mâle recherche, mais plutôt la jouissance de l'autre, l'image d'une déraison souveraine dont le moins qu'on puisse dire c'est qu'elle ne lui est pas familière? Et si c'était pour parler femme, jouir (comme) une femme, entendre des cris de femme que l'homme se hasarde à la maximisation — quitte à s'y brûler — des orgasmes de sa partenaire? Nouveau Moïse, contemplant fasciné une Terre Promise qu'il ne foulera pas, dans laquelle il n'entrera pas... Les deux parties du couple ne parlent pas la même langue. Ce ne sont pas les mêmes organes, les mêmes voluptés qui les rapprochent mais la passion — indicible — qu'ils portent à leur indifférence.

Seule la Femme constitue l'aventure majeure de l'étreinte. L'acte vénérien serait l'histoire sans histoire de la mise à mort d'un désir s'il n'était constamment bouleversé par l'événement imprévisible (dans sa survenue et dans ses conséquences) de l'orgasme féminin, de la violence bacchique qui renverse tout. Dans la femme, l'homme se trouve confronté à l'inimaginable, il accède à cet état paradisiaque où l'imagination ne peut être saturée par l'expérience ou gâchée par la routine parce qu'elle n'est pas de l'ordre d'un savoir ou d'un pouvoir et que cet inimaginable, devenant réalité (sans l'intermédiaire de l'imaginable, sans la passerelle des images), l'homme est pris de panique et de vertige.

Lorsque aucun orgasme n'est à votre disposition il faut bien se résoudre à voler ceux des autres; voler au taoïsme son érotique, voler à la femme ses voluptés, jouir par dérobation, infraction. Si dans le mot amour, il y a bien, selon l'admirable parole de Jabès, le mot mur, nous dirons que le désir amoureux est toujours désir de ce mur. Car tous les murs n'ont pas la solidité, la tristesse et l'hostilité d'une enceinte de prison et les amants ne se grisent que de leurs différences. La relation sexuelle n'est pas l'élaboration d'une transparence mais la mesure d'une dissymétrie que rien n'atténue.

S'il est une loi de l'intimité amoureuse, c'est en un sens particulier que cette loi ne rassemble pas, ne rapproche pas en un tout mais au contraire règle les intervalles, les éloignements, les cloisonnements. Les amants s'aiment pour ainsi dire avec des télescopes (et non des microscopes) parce que les distances infinies qui les distinguent sous-tendent toujours des attractions infinitésimales qui requièrent de vastes perspectives. L'infinitésimal est pouvoir de télescoper des fragments, de faire rouler des univers différents, de franchir, sans les annuler, d'énormes étendues : il est amour du détail en tant que ce dernier concrétise et multiplie les écarts tous inégaux, tous fractionnés. La nudité ne me rapproche pas d'autrui, elle consacre notre séparation : les femmes ont un corps que nous n'avons pas, un corps extatique. Jamais les amants ne cessent durant l'étreinte de se vivre comme des êtres discontinus mais jamais leur discontinuité n'est aussi hermétique à tout passage, à toute fusion avec l'autre : ouverte, certes, mais à sa propre ouverture, ouverte au désir de s'ouvrir, interpellée, regardée par l'ouverture de l'autre mais ne tirant de cette béance aucune faculté de transfusion : le plaisir ne passe pas du vagin au phallus, ne traverse pas les membranes, il y a étanchéité entre l'organe qui pénètre et la cavité qui le reçoit, l'émotion est incommunicable. L'amour est épreuve exaltante de l'élision d'autrui.

L'homme peut mourir du contact comme du non-contact : il ne « s'efféminé » bien qu'en trouvant la bonne distance : ni trop près de l'aimée, trop mimétique, car il mourra foudroyé par l'éjaculation; ni trop loin dans l'arrogance d'un pur voyeurisme car il manquèra l'émotion. Il dispose au fond de deux manières de jouir avec une femme (de l'approcher par équivalence) : deux types de fusion, à vrai dire aussi peu fusionnantes l'une que l'autre : une fusion fugace, fugitive, faible par jet de semence et une fusion active par rétention du sperme qui opère — par défaut — l'identification de l'être homme et de l'être femme, étant entendu que même dans ce cas l'homme peut toujours terminer par un dénouement à la mode génitale. Manière de voyager dans l'extrême réserve, manière chinoise, adamite, tantrique (autant de termes qui ne signifient plus grand-chose et dont nous goûtons précisément le non-sens relatif), manière de se mettre en prise sur le fonds inépuisable de l'orgasme féminin, d'aviver la blessure de la sexuation, de ne pas chercher à la cicatriser : désir de durer qui veut brûler et refuse de tomber sous la loi du Temps et de la Mort. La machine est détraquée mais on chérit ses ratés. Le masculin et le féminin cohabitent, certes, mais comme deux étrangers qui ne cesseraient, en s'enlaçant, en se caressant, en se donnant un peu plus l'un à l'autre de s'échapper, de se dérouter, de se fuir; l'orgasme, les orgasmes avivant plus encore ce sentiment d'une non-coïncidence fondamentale. Je t'aime; non pas le stupide : « Je sais que tu ne m'aimes pas car tu n'aimes personne hormis toi-même! Je suis comme toi. Aime-moi » (R. Vaneighem), mais je t'aime parce qu'à ton contact je ne suis plus moi, j'émigre hors de mes limites et qu'il n'est rien qui m'indiffère plus que moi-même. Je t'aime parce que ensemble nous nous ouvrons à l'inconnu que nous ne sommes pas. Et cet inconnu n'est pas le même pour toi comme pour moi.

Qu'est-ce que l'acte hétérosexuel? Une scène où l'un des acteurs est obligé pour la bonne marche de la pièce de se mettre en marge et d'adopter le statut ambigu d'un spectateur comédien. Le duo voluptueux est une communauté divisée, décalée, boiteuse mais forte précisément de cette claudication essentielle qui la suscite. En un sens, pourrait-on dire, chaque jouissance combat pour l'hégémonie et l'acte charnel n'est que le résultat d'un compromis entre deux homosexualités fondamentales; selon que l'une ou l'autre exigence prévaut, selon que la négociation entre les amants est éludée ou affirmée, le coït penche vers le mode viril, vers la petite crise du spasme unique ou s'ouvre à une patience plus diffuse, plus continue, à la polymorphie des turbulences féminines. Ces deux exigences, on le sait, n'ont pourtant rien d'égal entre elles, ni en force, ni en intensité, ni en durée. L'homme, tout fier qu'il soit de ses colifichets ostentatoires, est spontanément défavorisé par rapport à la femme : le sperme n'est pas de l'argent dont on pourrait faire deux usages antithétiques : ou le flamber, le jouer, le perdre en dépense pure (manière dite noble depuis Bataille) ou le thésauriser, l'accumuler. Le sperme est une rareté, un bien minuscule, un capital incapable de se démultiplier, de se reproduire à grande échelle et c'est la parcimonie même de sa fabrication qui contraint l'homme à se faire épargnant.

Pourquoi alors participer à la vie érotique de la femme, se laisser entraîner dans une aventure dont on n'est pas sûr de revenir, quand on ne dispose que du mesuré, que du mesurable face à la démesure? Pourquoi sinon par protestation contre un rituel trop bien rodé, parce que la surprise est la modalité même de la jouissance. Si le défaut de réalisation du désir devient pour l'homme en tant que tel le désirable, ce n'est pas qu'il lâche la proie pour l'ombre ni même que l'ombre soit devenue pour lui la proie, simplement il n'y a plus de proie, plus de cible. Excellant à se désorienter, il goûte désormais des sensations insituables. La femme aura suscité en lui cet état redoutable et merveilleux : savoir ce dont il ne veut plus, ne plus savoir exactement ce qu'il veut.

Les dix errances des sexes.

L'écrivain chinois Tchamg-King qui écrivit à l'époque Ming une suite au *Yi-Yu-Ki*, célèbre recueil d'affaires criminelles, relate en son chapitre VII un cas historique d'hermaphrodisme. Il y expose que sous la dynastie Song, à l'époque Hsien-tch'oen (1265-1274), une famille du Tcho-Kiang avait accueilli chez elle une nonne bouddhique afin qu'elle apprît aux jeunes filles de la maison les travaux de broderie : « On découvrit un jour que l'une des filles était enceinte. Elle dit à ses parents qu'en réalité la nonne était un homme et qu'il avait couché avec elle; voici ce qu'il avait déclaré lui-même à la jeune fille : "J'ai deux sexes, quand j'ai affaire au Yang je suis une femme, quand j'ai affaire au Yin, je suis un homme." Le père traîna la nonne devant le tribunal, l'accusant d'avoir séduit sa fille. Elle nia tout, le juge la fit exa-

TOUT CE QUE VOUS AVEZ TOUJOURS VOULU SAVOIR SUR LES GODEMICHETS ET QUE VOUS N'AVEZ JAMAIS OSÉ DEMANDER

L'artefact érotique dément les deux idéologies à vrai dire solidaires de la bonne nature incorruptible (Dieu fit bien tout ce qu'il fit, nos organes nous suffisent) et du besoin comme indice d'authenticité (le vibromasseur à défaut de la personne réelle). Le godemichet comme outil-organe ne pose pas seulement un problème économique de palliatif, il est aussi de la jouissance mise en suspens, fétichisée, gelée et toujours disponible, et donc autant sécurité contre une éventuelle défaillance du corps que redoublement du corps au niveau de ses parties génitales. Il ne relève pas seulement d'un ordre de la satisfaction solitaire (comme dans l'onanisme) mais aussi du désordre de la libido : il multiplie les sexes, permet aux amants d'échapper à la fixité des rôles (la femme peut enculer son partenaire autant que la fille pénétrer sa compagne), bref il ne compense pas mais inscrit des circuits toujours plus étendus de décharge. Avec lui plus de prétendue naturalité du corps, plus d'enracinement fonctionnel des organes, plus d'irréversibilité du temps, le godemichet est de l'énergie avancée pour toujours (érection permanente) qui retourne sous forme d'énergie revenue (plaisir, trouble) : ce qu'il court-circuite, c'est la dette (la nécessité d'une réparation physique), il est comme un crédit qui ne demanderait jamais remboursement. Sous toutes ses formes possibles (pénis en matière plastique muni d'un petit moteur électrique intérieur qui lui permet d'effectuer un petit mouvement de va-et-vient, doté en outre souvent d'un voyant lumineux et d'une poire que l'on peut remplir d'un liquide tiède; boules des geishas; olisbos antiques; gadgets sexuels : ceinture d'anti-chasteté, bustier avec collier de chien, rétroviseurs pour se voir, etc.), l'appareil à faire jouir arrache le corps à sa fatalité biologique, et dit ceci : il n'y a pas d'artifice, il n'y a pas de nature, le corps copulateur est déjà lui-même une machine, une machination, une mécanique. D'où la fascination générale des érotomanes pour les complexes instrumentaux (machines sadiennes, célibataires, kafkaïennes, surréalistes — bicyclette auto-masturbatoire — machines orgonotiques du dernier Reich, réseaux téléphoniques des pervers urbains, branchements érotiques sur des circuits vidéo, data-programmées chez Ballard) : il n'y a pas de bon ou de mauvais support, le pénis est déjà une prothèse libidinale, la jambe, le bras, la bouche déjà des machines, aucune médiation n'est honteuse (la moindre position à ce titre en est une), tout est médiation, tout est support, mécanisme, levier, système machinique; ou encore, pour le dire autrement, l'érotisme n'a rien à voir avec la sexualité.

miner et l'on constata qu'elle était bien une femme. Une matrone attachée à sa garde ordonna qu'on la fît coucher sur le dos et qu'un chien vînt lécher ses parties sexuelles enduites d'un bouillon de viande. Pareil traitement fit enfler le clitoris de la nonne qui finit par prendre la forme et la taille d'un membre viril. L'hermaphrodite avoua pour lors qu'elle avait séduit bien d'autres jeunes filles et on lui coupa le cou [1]. » Pauvre nonne! Quel chirurgien ne rêverait aujourd'hui de façonner, par la chimie la plus subtile, un être identique à elle? Pourtant ce Frankenstein féminin chinois, comme il est peu androgynal, peu conforme à notre vision de l'amour : il ne confond pas les sexes, il les cumule, il ne réconcilie rien, il juxtapose, ne traduit pas, comme l'hermaphrodite occidental, la nostalgie d'une humanité délivrée de la concupiscence par la ressoudure sur chaque individu des deux sexes qui pour ainsi dire se court-circuiteraient; au contraire il redouble les convoitises additionne les deux lubricités, celle de l'homme et celle de la femme, sur un même corps! Depuis Platon, notre vision de l'Eros androgynal se caractérise toujours par une même volonté d'équilibre et d'apaisement, c'est-à-dire d'un égalitarisme si parfait qu'il gommerait l'aigu des différences et entraînerait l'extinction progressive de tout désir par la disparition de ses causes. S'il y a complémentarité du féminin avec le masculin, c'est qu'il y a proportion entre eux, chacun manque de l'autre, pénis et vagin se tiennent recto et verso comme les deux faces d'une feuille de papier, se réduisent l'un à l'autre, la femme est comme l'homme, presque l'homme, quasi-homme, faire un c'est donc toujours faire le même, toujours faire le mâle [2]. Sinistre idéal de l'androgyne : il ne se contente pas d'écarter comme contraire aux harmonies de l'amour toutes les attractions divergentes (pédérastie, saphisme, bestialité), il propose comme seul but érotique une construction close, fermée, morte où aucune chance n'est laissée à l'aventure, à l'imprévu, véritable paradis de l'asexuation mystique, restitution de force à la condition des anges « qui ne prennent ni mari ni femme [3] ».

1. Cité par Van Gulik, *op. cit.*, p. 207.
2. L'hermaphrodite dit sans doute peu sur nos désirs véritables, il est par contre très bavard sur notre conception réelle de la femme : dans toutes les gravures où il est figuré, ce sont toujours les caractères anatomiques masculins qui prédominent (appareil génital externe), la femme, elle, n'étant représentée qu'au niveau des mamelons et des hanches comme si elle n'était au fond, dans cette conception, qu'un homme capable d'avoir des enfants.
3. Évangile selon saint Matthieu, 22-30.

Jamais Eros ne tend vers l'unification et surtout pas vers celle de l'homme et de la femme. Il n'y a pas d'amertume libidinale à être divisé, si nous souffrons, c'est au contraire d'une cohésion, d'une identification trop grandes, trop parfaites. (S'il fallait réécrire à l'envers le mythe platonicien on pourrait dire : nous sommes tous des androgynes complets, recollés, qui gémissent de trop de croisements, trop d'hybridité et rêvent de n'être que des hommes ou que des femmes mais pas l'un et l'autre à la fois.)

La différence des sexes, c'est une banalité de le dire, nous n'en vivons aujourd'hui qu'un mode unique : l'assujettissement de la femme à l'homme par équivalence ou oppression, hiérarchie qui passe aussi bien entre les sexes qu'à l'intérieur de chacun. Ne tolérer qu'un état du dimorphisme sexuel, c'est tenir avant tout à la séparation stricte du masculin et du féminin parce que cette séparation va constituer un point de référence à l'aune duquel on ne jugera plus les gens sur leurs actes réels mais sur leur degré d'intégration à la norme sexuelle dominante. La différence, on n'a cessé de la dégrader en opposition, attraction des contraires, couples complémentaires donc hiérarchisés, on l'a soumise au principe du tiers exclu, on l'a rêvée réunifiée, immobilisée sous dominance virile. Cette dissemblance, on a cherché à en arrêter les effets de dérive, à en fixer les rôles une fois pour toutes, on l'a sédentarisée dans un pôle de paralysie (où être un homme devenait ne pas être une femme, ne pas faire la femme, ne pas s'efféminer et inversement, voir Freud) pour éviter que ne se développe un pôle contraire d'agitation et d'auto-multiplication. On a édifié cette fabuleuse coercition de l'hétérosexualité — qui n'est nullement le penchant d'un sexe pour l'autre — mais le cloisonnement et le contrôle des femmes, des enfants et des hommes eux-mêmes, la dispersion de leurs multitudes fluctuantes, par le biais des valeurs-signes des phallophores. Si bien que sur cette homosexualité fondamentale des rapports sociaux (étalonnage des corps par le code viril) s'est greffé un schéma de subordination par couples (actif/passif, objet/sujet, pénétré/pénétrant), schéma « hétérosexuel » dont on sait qu'il encombre et régit jusqu'aux relations des homosexuels (les) entre eux. C'est bien le cas de dire ici que l'économie libidinale masculine — tout comme l'inconscient, paraît-il — ignore l'anatomie, y compris la sienne propre, qu'elle tient la partition des sexes dans la méfiance la plus totale, ne la recon-

duit, ne la reconnaît que pour mieux la figer et soulager l'angoisse
d'une altérité réelle des espèces sexuées.

Le charme discret de la différence des sexes — dont personne ne
sait ce qu'elle est et surtout pas nous — c'est qu'on ne cesse, la
subissant, de l'oublier, de faire comme si elle n'existait pas, était
l'indifférente nature dont on se soucie peu, c'est que nous nous
moquons de remettre chacun à sa place, les hommes à droite, les
femmes à gauche, même si cette division, elle, en fin de compte,
ne nous oublie pas. Voilà un binarisme, le seul peut-être, qui ne
fait jamais deux au sens strict du mot mais toujours un peu plus
ou un peu moins, se subdivise en sous-multiples et se trouve susceptible de combinaisons illimitées. Il n'y a pas plus de dialectique
que d'accumulation possible des sexes parce qu'ils ne sont ni l'un
ni l'autre des chiffres entiers, leur dichotomie ne fait jamais 2
comme résultat de $1 + 1$ mais 2 puissance n, incalculable dualisme.
Au sein même de notre substrat anatomique spécifique, nous sommes pris en défaut, notre corps est toujours déjà compromis,
parsemé de mésalliances, l'extérieur est dans la place, nous avons
un pied chez l'ennemi, la virginité est un leurre, toujours un mixage,
un métissage déjà à l'œuvre, une formation de bâtardise à d'infinis
degrés de complication. Ainsi l'appartenance à un sexe, on peut
toujours s'amuser à la décomposer c'est-à-dire à la multiplier
comme : appartenance à une espèce (l'humaine plutôt que l'animale, la mamisphérique plutôt que l'o.v.n.i.pare, mollusque et
non crustacé) appartenance à une race, à une culture, âge de cette
appartenance (enfance, maturité, vieillesse) avec les caractères
propres à chacun de ces états, puis agencement unique dans la
morphologie et le visage des traits de ce sexe, parodie, attraction
ou répulsion de l'autre sexe en nous et donc nouvelle combinaison,
effets de singularité dus aux rencontres des codes génétiques,
jeu du hasard chimique, croisement d'une multitude de réseaux
auxquels on ne peut assigner d'origine, entassement indécidable
des strates les plus diverses, et aussi appartenance de ce corps à
un moment de l'histoire, à une classe sociale déterminée, tout cela
mêlé dans la plus aventureuse — et cependant lisible — des confi-
gurations, etc. Chaque enfant qui naît — fille ou garçon — et
voilà la sexuation écartelée, entraînée sur des chemins nouveaux.
Tu n'es pas plus une femme que je ne suis un homme, tu es cette
exception fabuleuse à l'espèce féminine, un luxe de la matière,
et à ce titre tu n'es ni mon contraire ni mon complément, seule-

ment une force qui me déborde, un flot que je ne puis endiguer.

La différence des sexes, dès qu'on déserte les codes qui lui sont liés, devient indécise et floue comme un mensonge dont on ne saurait jamais s'il est une vérité masquée ou l'indice d'une vérité impossible. Il faut partout que la décision devienne difficile et que notre désignation, « c'est un homme, c'est une femme » nous reste sur le cœur comme une bêtise profonde, une hâte rassurante contre le tremblement. Vouloir la séparation stricte des sexes, la délimitation tranchante de leurs bords et de leurs prérogatives, c'est vouloir encore sauvegarder la possibilité du vrai, le pouvoir de toujours disjoindre, trier les simulacres des bonnes copies, souci militaire de distinction et de classement.

C'est empêcher que cette différence privée de son caractère de face à face irréductible ne constitue un petit dispositif tel que la décision de nomination, de véracité ne puisse plus être prise. Ou donc nulle autorité ne puisse s'établir qui disposerait du métalangage et de la situation d'arbitre capable de renvoyer chacun dans son camp. Inspirant de ce fait une tout autre logique où il n'y aurait pas d'instance de référence (orgasme, phallus, tumescence, moi, sujet) parce que hommes, femmes et enfants, en tant que variants ou distributions de cette référence, deviendraient indiscernables selon des critères classiques, où n'existeraient alors que des sexualités toutes divergentes les unes des autres.

Quand les signes de la séparation des sexes se mettent à flotter, il devient possible d'épouser tous les caractères sexuels à partir d'une position déterminée : être tour à tour, auprès de la femme qu'on aime, pédéraste, sodomite, frère, sœur, amant, lesbienne; avec l'enfant qu'on affectionne, jouer à l'amant, au père, au fils de ce père, à l'épouse, à la sœur de l'épouse, être l'enfant de cet enfant, et le chat de sa grand-mère et la canne de l'aïeul, vivre toute hétérosexualité déclarée non seulement comme homosexualité latente (choisir, par exemple, une femme à condition qu'elle compte pour un homme et réciproquement), mais aussi comme bestialité partielle, géographie, géologie fragmentaire, délirer toute la généalogie des familles, tout l'échiquier des rôles et des compartimentages, qu'aucune sexualité ne soit plus la police d'une autre, jouer de cette disjonction, la transférer en bloc sur tel ou tel individu indifféremment de son chiffre génital, ne jamais ramener nos dilections, nos humeurs, nos caprices érotiques à la triste condition d'allégories ou de variantes d'un dimorphisme de base,

se laisser enculer par une fille (manuellement ou par des
autant qu'on peut éventuellement la sodomiser, caresse
avec la même lenteur qu'on en mettrait pour une
nubile, faire table rase des états permanents, sujets
donc à ennui (mari/épouse, muse/poète, bavard/muet), esquiver
la statique des pièces rédigées à l'avance, retrouver la libido
comme jeu, puissance de désagrégation de l'institué, force d'improvisation et de distribution anarchique (et quelle misérable
subversion que l'homosexualité elle-même tant qu'elle en reste
à une apologie gâteuse du Phallus, du Centre Absolu, à cette
obsession bureaucratique de la queue, de l'anus à défoncer, de la
verge à faire bander bien droit, bien raide, bien dure, dévergondage de militaires, de motards, de soudards, de missionnaires,
de lutteurs de foire, de culturistes, de karatékas, tous pauvres mecs
tout imbus, tout inquiets, de leur virilité, se l'essayant anxieusement
les uns sur les autres, véritables obsédés de la castration).

Le travesti, par exemple, on peut toujours écrire de lui, très
justement, qu'il est l'image parfaite du code féminin (de la femme
telle que l'homme se la représente), qu'il est « plus femme qu'une
femme parce qu'il désire être une femme à n'importe quel prix
alors qu'une femme subit son sexe » (« les Culs énergumènes », in
Recherches, *Encyclopédie des homosexualités*). Il n'empêche que
nul mieux que lui ne déçoit la demande de clarté concernant la
distinction nette des sexes, que personne ne porte avec autant
d'angoissante désinvolture cette différence sur des terrains où
nul ne l'avait jamais entraînée. Le transsexuel, même s'il fait
appel à des réserves, à des mythes bien connus, comment nier
qu'il y ait dans son plagiat trop précis, trop exact, trop minutieux
un moment de folie qui remet en cause les postulats anatomiques
les plus sûrs, un délire artistique proprement fictif où chacun est
appelé à devenir le chercheur de ses propres érotiques, l'expéri-
mentateur inlassable des transmutations possibles de son corps ?
C'est ce trop qui est fascinant, ce surcroît de féminité, cette sur-
signification qui déroute et pointe comme un phantasme la réalité
ou le peu de réalité de la division sexuelle. Le déni, par reconstruc-
tion d'apparence, de toute origine fait que le travesti n'impose
pas un sens (un nouveau sens, le troisième sens du troisième sexe)
mais qu'il est lui-même une bouteille lancée à la mer, un vivant
message, une configuration inédite de peaux, de regards et d'ossatures invitant à son tour à d'autres extraordinaires métamorphoses.

Que nous réserve la différence des sexes, qu'attendre des ressources de la chirurgie et du désir d'autotransformation ? Peut-être d'autres échappées, d'autres écarts plus inouïs encore qui vont inclure, à l'intérieur de cette bipolarité, et pour la repousser, la casser peut-être, des événements qui nous étaient inaudibles, insupportables (possibilité de métissage avec des organismes non humains, tératologie provoquée, centaurisme, etc.). Au moins le pionnier du déséquilibre génétique nous indique-t-il les voies du Grand Vertige et que seul égare ce qui fait du discontinu avec du compromis, hybridité, bâtardise chromosomique, mixage des sangs et des cellules : moins le bisexuel que le sexe caméléon. Créateur de visibilités nouvelles donnant à lire plusieurs perceptions simultanées dans un temps impossible (ubiquitaire).

Parlant de différence des sexes, on présuppose déjà ce qu'on voulait démontrer, à savoir que l'index de référence entre l'homme et la femme ne sera que le sexe (et de là insensiblement on glisse à la suprématie de l'appareil génital masculin, à la dérisoire logomachie sur le Phallus), alors qu'il faudrait parler de différence des corps ou mieux encore de différence des sexualités. Car il n'y a bien qu'un sexe qui est le sexe masculin, si l'on veut, mais un corps sexué qui est le corps féminin. Ou plutôt un corps monocentré, métonymique où la partie se prend pour le tout verrouillé sous égide phallique dans le premier cas, et un corps féminin désorganisé, déplacé, lézardant toute permanence, érodant les cloisonnements organiques, traversant les agencements immuables. Aucune révolution, fût-ce la plus radicale, n'abolira le privilège de jouissance de la femme car cette « féminité » — là précisément — est irréductible à son rôle actuel [1]. Échapper à son image actuelle pour le corps féminin, ce n'est pas abolir sa différence dans l'intersexualité ou une quelconque indistinction, c'est au contraire l'établir : le code qui la régissait ne libère en mourant que son altérité. Dans l'idée traditionnelle de la différence des sexes, les relations entre l'homme et la femme étaient des relations d'opposition à l'intérieur d'un même système défini par son appartenance à la symbolique du Phallus. Si l'on parle maintenant de différence des sexualités, c'est engager entre les deux systèmes des rapports

---

1. De cette sexualité spécifique, est-il légitime d'induire — comme le fait Hélène Cixous — un inconscient, une écriture typiquement féminine ? N'est-ce pas ressusciter l'utopie d'une bonne nature rebelle en extériorité où la femme remplacerait le prolétaire comme nouvel archange du messianisme ?

qui ne sont plus de convergence ou de divergence mais de pure excentricité. Chaque sexualité, il est vrai, est un dérangement pour la mienne propre, chacune, à sa façon, défait les attractions dites naturelles, distancie des proximités, trouble les pseudo-évidences mais aucune n'aurait ce pouvoir de perturbation s'il n'y avait de prime abord le dérèglement du corps féminin en ses voluptés. Quoi que nous fassions, la femme si l'on ose dire nous bat toujours d'un sexe. Et aucune différence ne serait possible ni même pensable si n'existait antérieurement à toute incarnation, à toute distinction embryologique le différenciant même de la différence, le non-lieu de toute corporéité, le féminin.

Ce pourquoi l'androgyne ne peut nous faire rêver car nous aspirons à beaucoup plus qu'à une simple fusion qui nous souderait dans un bloc pétrifié, nous rêvons plutôt d'être des corps sexués de partout où les sexes jailliraient comme fontaines de chaque déduit, recoin, caresse, nous rêvons de l'addition de toutes les sexualités et non de leur annulation hypothétique dans une image. Nous ne courons pas après notre identité perdue (!), nous les assumons toutes, pourvu qu'elles nous chavirent un instant. La chose dont nous souhaitons qu'elle nous advienne l'un par l'autre est un corps sans fétiche (qui ne fétichise pas l'objet génital comme sa vérité objective) doué d'une sensibilité telle qu'en tous les points de sa surface l'apparent devienne organe, orifice, lèvres, langue, source de sensations, un corps très à l'écart donc des béatitudes sucrées de l'Hermaphrodite, une monstruosité anatomique qui non seulement cumulerait sur elle, pourquoi pas ?, 2 pénis, 2 vagins, 2 clitoris, 2 rectums, 4 mamelons, 8 regards mais se voudrait gratifiée en outre du pelage soyeux des chats, de la trompe du fourmilier, de l'odorat des carnassiers, de la sensibilité solaire des fleurs ; et qui, loin d'abolir la blessure de la sexuation, ne cesserait de l'attiser, d'en multiplier les brèches et les fendillements, potentiel de frissons et de déchirements sans limites. Car nous sommes tous des puzzles reconstitués auxquels ne manque aucune pièce : et cependant nous nous cherchons encore, nous n'en avons jamais assez de nous toucher, de nous lécher, de nous caresser.

S'il y a donc aujourd'hui une relative prépondérance du devenir féminin, ce n'est pas seulement que la virilité [1] — cette très ancienne

---

1. Le virilisme se survit cependant comme valeur morte et dès lors d'autant plus redoutable qu'il se sait moribond : témoin les agressions renouvelées

norme culturelle est en train de mordre la poussière mais que la
femme d'objet de plaisir est en passe de devenir modèle de plaisir.
Toutes nos voluptés, nos émois sont à la limite échangeables dans
sa jouissance exactement comme les marchandises s'échangent
à travers la médiation de l'argent. Pourtant cette monnaie hédonique est truquée, elle ne convertit plus, n'équivaut à rien, si elle
est encore monnaie c'est au sens où en elle se dissolvent tous les
systèmes fiduciaires, tourbillon qui pulvérise les crédits et les
parités, annonce la fin des références, l'agonie des similitudes.
La jouissance féminine n'est pas plus porteuse de nouvelles
valeurs (d'un nouvel ordre qui assurerait sur sa base la fluidité
de nouveaux échanges) qu'elle n'est nostalgie d'un paradis perdu :
elle est l'indéterminé même, la mobilité des investissements
multiples, l'étourdi vagabondage des sens, le jeu avec les métamorphoses étranges, les expériences périlleuses, l'indifférence
comme recherche des plus grandes différenciations. Cette jouissance, quand elle arrive à une certaine phase d'incandescence,
d'excitation, n'est même plus un médium, un véhicule d'orgasmes
(de plaisirs finalisés et donc anticipables) mais la circulation elle-
même, le corps se visitant, se démembrant, s'arrachant, par
d'incroyables torsions, à son unité organique. Cette volupté
circule plus vite que tout le reste, demeure sans commune mesure
avec le reste, ne cesse alors d'attirer par son mouvement tous les
secteurs de l'amour. Grâce à elle plus d'instance de renvoi, d'identité sous la juridiction de laquelle galantes et galants pouvaient
échanger leurs déterminations; toutes les catégories du plaisir,
du sentiment, de l'émoi entrent en flottaison dès lors que l'équivalent voluptueux de l'étalon-or, l'orgasme, s'est volatilisé (par
profusion, excès). C'est avec la femme vraiment que la différence
devient errance, nomadisme actif des peaux, des volumes et des
langues. La femme est seule à même de déchirer la carapace
génétique de l'érotisme mâle, seule à même de désorienter les
plus anciens cérémonials sexuels, parce que son propre, paradoxalement, « c'est sa capacité de se déproprier sans calcul : corps
sans fin, sans bout, sans parties principales, si elle est un tout,
c'est un tout composé de parties qui sont des touts, non pas
simples objets partiels mais ensembles mouvants et changeants,

---

contre les femmes seules (ou les hommes « efféminés »), le nombre croissant
d'épouses battues ou maltraitées, etc.

illimité cosmos qu'Éros parcourt sans repos, immense espace astral. Elle ne tourne pas autour d'un soleil plus astre que les astres [1] ». Comment concevoir autrement que l'homme, renonçant à son propre plaisir, modifie pour elle l'économie de ses pulsions internes et aspire à quelque chose à quoi il n'a jamais accès, comme à un enchantement infiniment plus beau que ne le serait une simple satisfaction? De la sémantique à la fois imagée et inépuisable du féminin se livre une autre corporéité à l'horizon de notre présent amoureux et pour laquelle nous n'avons encore que des yeux embrumés ou clos...

Tels sont peut-être les nouveaux libertinages en perspective : l'indécidable alliance d'une phallicité déclinante, d'un féminin prépondérant puis au-delà, grâce au brouillage des codes et rôles opéré par le mouvement des femmes, un transsexualisme qui n'est nullement la non-différenciation du désir mais au contraire sa division à l'infini, sa manière de distribuer, de couper, d'accroître les particularismes, de propager la divagation de tous les flux sexuels.

La différence des sexes est en train de sortir de la double impasse qui la menaçait : impasse d'une opposition extrême qui réduisait à néant l'un des deux termes (ainsi l'exaltation de la femme mère, matrice, gardienne des morts dans l'idéologie fasciste; ou la séparation absolue des hommes et des femmes chez les Shakers), et l'impasse « démocratique » d'une affinité excessive qui anéantit elle aussi la relation par neutralisation subreptice d'un de ses éléments (le parti pris du semblable, l'unisexe moderne visage de l'oppression), l'une et l'autre de ces attitudes ayant pour résultat l'immobilité, la perpétuation de l'ordre du refoulement. Nous entrons maintenant dans une phase guerrière de rééquilibrage des forces entre les sexes, de dissymétrie polémique, d'affrontements sans espoir de paix. Et ce désordre lui-même ne gagne pas sans ébranler à son tour cette autre barrière non moins fondamentale qu'est la séparation de l'humain d'avec l'animal, le végétal, l'arboricole, l'aquatique. Nous offrant à nouveau cette possibilité de communier amoureusement avec toutes les espèces, de délirer la création, les insectes et les hippopotames, les baobabs et le gazon, le cap Horn et le Vaisseau Fantôme, la disparition des loups, la gourmandise des ours. Toujours dans une fille, un

---

1. H. Cixous, *La Jeune Née*, op. cit., p. 162.

enfant, un vieillard je peux aimer, prélever, une certaine minéralité aux contours inconnus, une géographie passionnelle sans équivalent, chez un animal retrouver des inflexions enfantines, des regards féminins, des ironies comédiennes, dans une forêt percevoir toute une gestuelle anthropomorphe, tout un théâtre de comportements pétrifiés; j'aime en chaque sexe son interaction avec les autres, sa façon de compromettre et d'enchevêtrer en lui plusieurs mondes, lunes et planètes. En d'autres termes tous nos amours sont des situations d'égarement (fussions-nous amoureux d'un lapin, d'une souris blanche ou d'un lotus), une passion meurt quand elle a trouvé sa voie unique, quand elle cesse de balancer entre le oui et le non, quand elle a fixé les vertiges qui l'éblouissaient. Il n'y a pas d'amour qui ne chérisse son aveuglement, le tremblement indécis des univers qui l'écartèlent. Sous le nom d'hétérosexualité, nous n'avons vécu jusqu'à maintenant qu'une monosexie obsédante et radoteuse qui cantonnait tout écart dans le refoulement ou l'aberration. Voici qu'arrive le temps des équivoques, des quiproquos libidinaux, l'éveil des érotiques mineures, la rencontre du sexe humain et du sexe non humain; où les hommes ne reviennent jamais aux hommes, ni les femmes aux femmes, ni les enfants aux enfants, ni les bêtes aux bêtes, ni les fleurs aux fleurs, mais les uns aux autres, de la manière la plus confuse, au niveau d'une inflexion, à travers des ensembles sociaux, des constellations mouvantes, de petits détails insignifiants. Le mot même de sexualité présuppose désormais l'hétérodoxie, la pluralité des mœurs et des attachements, la fin des marquages et des sécurités, l'altérité des désirs. L'autre n'est pas déjà en moi puisque sa rencontre est précisément ce qui va me chasser de mon lieu, me jeter dans le désarroi, la déclinaison des mondes éphémères, l'endossage des mille corps, des mille peaux : jamais mâle ou femelle, strictement, mais plus ou moins female, femanimal, femmocéane, oishomme, nubil et nubelle, angénital, homvule.

Celui-ci, quand il parle à une femme, n'a rien de plus pressé que de vilipender la phallocratie, d'abominer l'espèce mâle dans son entier, et les oppressions dont elle s'est rendue coupable. Lui-même naturellement abhorre la séduction, il n'a pas de mots assez durs pour condamner cet ignoble marchandage, il préconise la création de commandos anti-drague, etc. S'il trouve une femme un peu tiède, il s'en indigne, la déclare encore asservie aux schémas masculins et se propose noblement de l'initier aux charmes du féminisme intégral; qu'elle se détourne, alors c'est qu'elle n'est pas libérée, elle aurait voulu sans doute qu'il lui fasse la cour, pauvre petite bourgeoise, etc.

Pour celui-là, tout est possible tant qu'elle approche : elle est ravissante, enivrante, éblouissante, étourdissante; mais, dès qu'elle a décliné son invitation, elle n'est plus qu'une idiote aux jambes arquées, un gros cul avec un faciès d'abrutie, encore une gouine sans aucun doute.

L'innocence amoureuse
contre
la discipline génitale

Vers la fin de sa vie, Gustave le Rouge écrivit à l'intention des cuisinières un petit ouvrage intitulé *100 Recettes pour accommoder les restes*, apologie du ragoût, défense des bas-morceaux, éloge des métamorphoses culinaires, blanquette, bourguignon, cassoulet, civet, mironton, ratatouille, navarin, salmigondis, salpicon. Toutes proportions gardées — et pour peu qu'on ne s'offusque pas de la comparaison — l'étreinte conjugale elle aussi n'avance qu'à la condition d'*abandonner* à l'oubli, à l'anonymat, les petits objets, les restes érotiques qui ne sont pas strictement nécessaires à sa progression. Pareille au monotone rituel d'une recette unique, elle est la manière la plus grossière, la plus obstinément répétitive de jouir des corps; elle ne creuse rien, elle se rassasie vite, laissant dans son sillage de multiples scories libidinales que rien n'éveillera. Les amants ne s'aiment pas sans négliger tout ou partie de leur organisation émotionnelle : l'amour devient indisponibilité à l'amour, appauvrissement de la passion par son étranglement dans une voie unique et le coït théâtre constant d'une lutte entre les privautés colonisatrices des organes génitaux et les revendications incessantes de tous les objets pulsionnels laissés pour compte par ce choix de jouissance. Ou plutôt c'est l'obsession orgastique qui suscite une telle opposition, c'est elle qui tranche dans le sexe entre l'infantile et l'adulte, le périphérique et le central, le sain et le non conforme. Pour elle la copulation ne doit retenir, de toutes les machineries sensitives, que l'important, le significatif (ce qui concourt à un résultat évident), et glisser sur le secondaire (va-t-on honorer le talon, l'occiput, les phalanges quand le sexe appelle aux impérieux devoirs qui sont les siens?). La normalité orgastique n'a qu'une devise : « Mort à la circulation, au vagabondage, aux flâneries des voluptés, que les caresses ne s'étirent pas, ne se concentrent pas n'importe où par le fait d'une dynamique interne; que les intensités ne fassent pas tache d'encre, étalement, fuite allègre ou carence angoissée; que l'accouplement ne fasse pas éclater la perspective unique de la syncope qui doit survenir simultanément chez les deux partenaires et les délivrer du désir de l'un pour l'autre, du simple désir de désirer. Puisque tout doit concourir à l'avènement de l'orgasme libérateur, subversive, malséante, régressive, bestiale est la moindre autonomie accordée, par exemple, aux érotismes prégénitaux (à moins qu'intégrés de force, ils ne concourent, depuis leur lieu subalterne à l'avènement de l'acmé, vassaux travaillant à la gloire de leur féal). Tout cela vise évidemment à la réduction maximale d'Éros car la finalité orgastique émancipatrice occupe et investit la totalité de la copulation.

Concernant notre plaisir, nous devons porter une égale méfiance aux interdits des anciens puritanismes comme aux normes des nouveaux émancipateurs; le sexe s'apprend autant qu'il se désapprend, toujours; il ne vit pas d'une forme unique et nul n'y est jamais assuré de la maîtrise d'un savoir.

D'une certaine façon les amants, quels qu'ils soient, n'ont rien à « faire » ensemble; mais c'est à partir de ce rien à faire que tout peut avoir lieu, prendre sens et figure. Si l'angoisse délicieuse de l'amour n'est pas un pathos déterminé mais la conscience affolée d'une multitude de sensations possibles qui s'appellent, se provoquent, mais aussi se repoussent, se chassent en un passage nécessairement resserré, alors étreignant mon partenaire, je ne l'étreins jamais assez, je l'étreins aussi toujours trop. Un corps se lie à un autre corps pour donner consistance à tous les étrangers présents dans leur maison, non seulement ceux qui étaient là au moment de leur rencontre mais tous ceux qu'ils ont fait naître par cette union et tous ceux qu'ils appellent à eux. L'homme et la femme n'animent pas des corps léthargiques, ils prolongent du mouvement, greffent une motilité sur une motilité déjà présente, la combinent différemment, désorganisent ce qui était agencé, agencent un désordre croissant. C'est parce qu'il est toujours inaugural que l'accouplement voluptueux est une *aventure*, un risque, parce qu'il n'y a pas d'assurance contre ce risque (ni dans une technique éprouvée ni dans une sensation certaine), qu'il est une navigation première et sans grâce. Il n'y a pas de jouissances acquises et donc pas d'amour heureux ou malheureux *a priori*.

Une pieuse imagerie voudrait que le duo amoureux ne travaille qu'à la libre satisfaction de ses *besoins* réciproques. A cette dégradation alimentaire du désir (et là aussi quelle triste conception des voluptés gastronomiques !), la convoitise des amants, cependant, résiste : à tout prendre, rien ne les satisfait ou ne suffit à apaiser la sauvagerie qui les submerge. L'assouvissement leur semble une médiocre victoire; la démesure où ils sont plongés ne se cherche plus d'alibis (un amour à consolider, un orgasme à quêter, un trop-plein à épancher, un pouvoir à confirmer), elle n'a son principe qu'en elle-même car elle est en soi parfaite et cohérente. Il n'y a pas dans sa configuration une part d'inachèvement ou de défaut, tout ce par quoi elle ne serait que l'anticipation maladroite ou la déviation d'une norme idéale. Les amants s'attachent à l'autonomie, à l'équilibre propre de chaque moment, de chaque regard, de chaque baiser et refusent de déporter au rang d'accident aberrant tout ce que l'opinion ou la loi exilent dans le ridicule ou le dérisoire. L'accouplement, s'il veut être autre chose qu'une gymnastique génitale, ne connaît pas de voie de garage, pas de branche desséchée qui n'aurait pas droit à l'irrigation; le corps tout entier est un moignon (y compris le sexe), c'est-à-dire qu'aucune partie ne l'est plus qu'une autre. Pas de voie sans issue sur un réseau nécessairement limité mais dont les combinaisons, les possibilités d'effusions nerveuses sont elles-mêmes infinies. L'étreinte vit toujours d'une différence entre son vœu implicite et son fait réel : elle vise une certaine jubilation de la chair, certes, mais aussi un au-delà, elle ne part du connu que pour convoiter des sonorités hédoniques nouvelles, et pose la présomption d'une fin, ne serait-ce que pour en retarder l'échéance. « L'acte sexuel » n'exprime ni ne réalise un désir antérieur, il est cette altercation voluptueuse qui ouvre aux envies les plus folles, qui en apaisant les amants les affame aussi : quand les êtres se délacent, le désir ne les a pas quittés, ils sont en proie au contraire à une appréhension sans mesure du monde et de la lumière, à une irritation fascinée par les moindres éclats qui se présentent à elle.

Entre les êtres, deux types possibles de rapports sexuels — aussi grossière que soit cette schématisation : un rapport qui pare au plus pressé, va droit au but, passe sur les préliminaires, *copu-*

lation de fonction, coït de ménage, propret, luisant, coordonné, bien arrangé, bien réglé, bien étiqueté, bien épousseté, bien aseptisé, bien échantillonné, chronométrable, image d'épinalable, mesurable, enregistrable, reproductible à l'infini, variante conjugale de la passe et pour laquelle on n'a même pas besoin d'enlever sa cravate, son pantalon ou son chapeau, coït qui a l'unicité d'un projet, règne sur l'empire du similaire, du pareil, du déjà vu, déjà connu, coït sans aventure, sans événement, petit coup tiré à la va-vite, simple vidange des godets, friction des muqueuses dont on pourra faire des récits, qu'on pourra condenser en une fable excluant toute extravagance parce qu'elle obéit à un ordre logique et que sa consommation est avant tout sommation. Puis une autre manière, « dragueuse » et paradoxalement plus attentive, insouciante de toute rentabilité, manière d'aguicher le corps de l'autre, de le chérir dans ses moindres recoins, de le convoiter en chacune de ses divisions; manière qui serait de ne rien passer, de s'étourdir sur un bout d'oreille, comme sur la commissure d'une lèvre; de peser et de coller à chaque moment, saisir les glissements les plus ténus, véritable érotisme des détails, appréhension plus tactile qui n'est pas la marche triomphante vers une jouissance finale ni la hâte processive de la volupté. Ne pas aller vite ou plutôt s'emparer rapidement de ce sur quoi l'on va s'attarder, s'appliquer à faire durer chaque minute de telle façon que la variété des positions et les changements de rythmes soient intensément perçus dans leur caractère de rupture. Ne pas vouloir qu'il arrive quelque chose de racontable car ce plaisir de tactilité, ce très léger délire des sens n'est pas de l'ordre du narratif : ce qui arrive au corps n'arrive pas à l'histoire, n'est pas de l'ordre du récit. Savoir ruminer son plaisir sans courir vers la mort finale, l'embrasement instantané. Cette « mort » elle-même, la relativiser, n'en faire qu'un point dans la trajectoire infinie des enlacements. Et toujours cultiver l'écart, la variation où le rapport sexuel se complique, s'épaissit et prend un relief qui renvoie le coït « naturel » (le coït dominant) à sa nature de possibles parmi d'autres.

Tandis qu'ils s'embrassent, les amants ressuscitent tous les personnages, tous les ordres, tous les genres qui survivent en souffrance en eux : ils vont du *corps* présent aux corps possibles, du corps futur mais aussi du corps linéaire, « humain » corps passé au corps volumineux, animal, végétal, terrien. Le corps d'amour est table de multiplication. C'est un seul et immense corps en état de dérapage, de lapsus, un corps de condensation, un « singulier pluriel » : dans ce corps il y a d'autres corps mais ouverts, en spirale, d'autres organismes, d'autres systèmes nerveux en surimpression; mille corps en un, comme dans les mots-valise, mille épidermes, des univers de cellules différentes qui n'apparaissent jamais vraiment mais sont effleurées, reconnues, tremblent sous la peau, se laissent entendre à travers des chocs, des agrégats furtifs d'autres surfaces cutanées. Il y a une utopie de l'étreinte amoureuse qui nous permet de penser ce sacrilège : que chacun de nous — homme, femme, enfant — est un ensemble ouvert de pluralités corporelles, animales, végétales, aquatiques, gustatives, vocales, minérales, une infinité de profils que l'excitation voluptueuse porte à la lumière et déploie exactement comme la chaleur du soleil suscite l'efflorescence des plantes. Les amants peuplent d'aventures leurs chairs les plus inertes, les plus instrumentales, donnent à chaque caresse, à chaque rougeur, à chaque tremblement ou émission de salive la grandeur d'un événement; dans cet amour, il n'y a pas de répétitions, le même geste fût-il répété cent fois, que des révolutions, des éruptions, des permutations minuscules, porteuses de situations inédites. L'étreinte est encyclopédique par ses buts, picaresque dans ses trajets, méticuleuse dans ses occupations. Aimer est alors honorer le corps patiemment, non comme un tout dénombrable, mais comme un patchwork de peau, de muscles, de lymphe, de sang, fait de petits bouts, incollables, inconciliables, morceaux brisés que parcourt, de la façon la plus aléatoire, le flux des intensités.

Communauté sexuelle : cela a-t-il un sens? Que va-t-on mettre en commun, les organes génitaux proprement dits, ou un peu plus, inclura-t-on les cuisses, l'anus, la bouche, les oreilles, les goûts, garderai-je pour mon libre usage personnel l'ongle de mon pouce droit, ma mâchoire inférieure, mes gargouillis gastriques? Ne faut-il pas qu'il y ait d'abord « communauté » de mille autres choses avant d'y faire entrer ce qu'on appelle la sexualité? La partouze n'est-elle pas le plus souvent qu'un communisme génital, une association d'individus partageant entre eux les plaisirs du centre et ceux-là exclusivement? La communauté sexuelle se caractérise par ceci qu'on ne peut être ni pour ni contre (comme le couple) : si elle a lieu, ce n'est que par hasard, par le plus beau des hasards, nul ne peut jamais la décréter instituée, qu'elle se présente sous la forme vaudevillesque du ménage à trois, socialiste de la commune libre, fouriériste du phalanstère passionnel. Il n'y a pas d'appropriation collective des moyens de copulation sauf à satisfaire le vieux rêve masculin de la communauté des femmes : communauté sous-entendant que tout est joué d'avance, qu'il suffit de s'accoupler pour réaliser l'harmonie, que tous les sexes sont interchangeables, phantasme sinistre de la mise en sérail de l'humanité entière. Bref, nous ne ferons pas plus notre salut par le couple que par la communauté car il n'y a pas de forme privilégiée pour les singularités, pas de cage, fût-elle dorée, pour l'irruption imprévisible des différences (et comment ne pas voir que le groupisme sexuel engendre lui aussi à son niveau de nouvelles jalousies, de nouvelles exclusions, qu'il peut devenir tout aussi normatif que la morne conjugalité?). Plutôt que de militer pour l'orgie, le partage amoureux, il serait préférable de pourchasser les fausses libérations qui ne libèrent que des aptitudes d'organes, et des bonnes ressemblances; afin que les assemblées galantes (qu'on s'y encule, qu'on s'y enconne, qu'on y donne sa langue aux chattes de ses amies ou qu'on s'y broute-minoute) ne mettent en commun que des différences, mille petits écarts irréductibles. Car le plaisir n'est jamais certain et pas plus à trente qu'à deux.

Pas de matière qui ne soit pas *a priori* élément de désir pour les amants, phalanges des doigts, peaux satinées, articulations, ailes du nez, transpiration des aisselles, gouttes d'urine, moiteur des paumes, boucle des cheveux, iris de l'œil, il n'y a rien que la convoitise ne puisse s'approprier, dont elle ne puisse s'emparer pour en faire un instrument de sa conquête. Le corps ne se divise pas en organes de plaisir et en organes neutres, tout est d'emblée motif d'excitation et le sexe ne détient sur ce point aucun primat. Une étreinte se construit à partir de ces infimes matérialités, de ces *détails* libidinaux où le génital lui-même ne joue qu'un rôle de partie à côté de toutes les autres, en fonction de leur agencement, suivant le principe d'une physique que l'économie du désir recompose. Et les éléments proprement sexuels du corps, ils sont, si l'on veut, des inducteurs d'érotisme plutôt que des lieux privilégiés, ils amorcent la tumescence générale de l'épiderme, de la chair ils ne la commandent pas. T'aimer dans la plus totale déréliction, c'est éprouver soudain ton étrangeté absolue, je te désire car ton corps m'étonne, ses aspects les plus usuels me deviennent des météores lointains dont la configuration bouleverse. Je te convoite car nous n'avons rien de commun.

La beauté de l'acte d'amour se mesure à tout le faste pervers qui l'entoure, à l'état d'incandescence où s'y trouvent portés les corps par le travail de la transmutation. L'espace du commerce amoureux est un espace où les *directions* ne sont nullement équivalentes, où chaque sensation éveille tout un spectre de sensations harmoniques, où certaines plaques tournantes, certaines zones énigmatiques dessinent de brusques changements d'itinéraires, appellent à elles des retours inlassables qui ne font jamais revenir les mêmes choses; un espace encombré de lieux divers qui déforment les parcours, rendent impossible le trajet linéaire; et aussi comportant toute une série de liaisons secrètes entre ses différents points, référence subtile des seins au ventre, des bras aux hanches, du talon à la cuisse, de la nuque à la poitrine, réseau de veines invisibles qui font que les proximités vécues ne sont nullement réductibles à celles de l'anatomie ou de la physiologie. Les amants explorent méthodiquement les densités, les orientations, les modes de puissance des différents domaines de leur chair, sondent les filets nerveux qui tissent sur leur peau comme autant de méridiens, élaborent patiemment le labyrinthe de leur propre circuit érotique. Leur corps se transforme en carte de géographie sillonnée d'innombrables lignes, points, traits brisés, esquissés qui se coupent, se recoupent, se superposent mais jamais n'aboutissent ou ne se résorbent en un faisceau qui, de le réunir en un tout, les effacerait simultanément. La cartographie amoureuse ne recouvre aucun pays réel, elle est elle-même le territoire qu'elle circonscrit, elle ne fait pas mémoire des trajets qu'elle dessine, les sentiers qu'elle trace, elle n'a de cesse de les oublier aussitôt parcourus. Elle est ce catalogue d'espaces hétérogènes dans lequel, selon les caprices de l'instant, on isolera un certain nombre de nœuds, de points, de groupements remarquables étant entendu qu'aucune position n'est plus naturelle qu'une autre c'est-à-dire qu'aucune n'est moins arbitraire.

Les amants n'ont rien à se donner, rien à s'offrir, l'érotique de l'un n'est pas complémentaire ou contradictoire de celle de l'autre, elle est un hasard qu'ils célèbrent et recommencent chaque fois (si l'acte sexuel était fait de nature, il n'y aurait qu'une manière de le mener à bien). Qu'échangent les êtres ? Une impudeur éperdue : dans l'abîme où ils s'enfoncent, disparaissent toute personne, tous noms encore propres. C'est bien de toute propriété, de tout désir de pouvoir qu'il leur faut se dépouiller pour s'avancer dans cette pérégrination : vouloir, pouvoir, savoir, projets qui se rapportent encore à un soi comme même. L'étreinte n'est pas *dialogue*, aucun message ne s'y délivre, rien ne s'y dit de façon univoque. Les amants se laissent toutes les chances d'exister : ils ne se connaissent pas, ils ne veulent pas se questionner, ils se regardent, et se palpent; mettent bout à bout leurs terminaisons nerveuses et se respirent, bouleversés par la force d'inconnu que chacun représente pour l'autre; ils se reniflent, se lèchent en tous sens dans toutes les directions; ils entretiennent une tension, nouent des fils, sculptent des causes et des effets, minent des suspens qu'ils ne se hâtent pas de résoudre : l'émotion les étrangle, ensemble ils perdent pied dans un vacillement qui les ravit. Rien dans cet affectueux respect de la distance qui ne ressemble à la vivisection policière qu'est, par exemple, le pilonnage de la verge dans le vagin, la volonté herculéenne, machiste de « vider » la femme de tous ses orgasmes, de lui faire rendre gorge de ses potentialités sensuelles. Les amants ne sont pas maîtres de leur corps, mais plutôt catalyseurs d'énergie (les jouissances ont-elles répondu à leur appel ou se sont-elles servies d'eux comme moyen d'arriver à l'existence ?), apprentis sorciers bouleversés par une force qui fait dévier leurs intentions primitives, démiurges dépassés par leur propre création. L'intensité de leur conjonction, ils la mesurent à ce qu'ils y captent, à la tension qui s'insinue entre eux, à la fièvre qui les envahit. Comment pourraient-ils encore échanger quelque chose puisqu'ils ne sont plus sujets de leur volupté mais assujettis à des plaisirs qui débordent toujours le cadre sage de la satisfaction ? Deux êtres se sont aimés : qu'ont-ils fait aux yeux de *l'efficacité* sexologique, techniciste, psychiatrique, médicale? Quel est leur bilan, leur rendement, leur température, leur vitesse, combien d'orgasmes ont-il eus, par quels moyens, de quelle manière, de quelle intensité? Madame a-t-elle connu des jumeaux, des triplés, des multiples? Monsieur a-t-il découvert de nouvelles méthodes de stimulation bucco-génitale, ombilico-labiale, génuflexo-cérébrale, s'est-il retenu assez longtemps? Quelle est l'exemplarité de cet accouplement?

Il n'y en a pas. Avouons même que les êtres engagés n'ont pas joui, au sens classique du terme (ils n'ont pas évacué leur désir). Ils ont creusé un peu plus la distance qui les écartèle, ils se sont alliés comme deux parties hétérogènes qui ne fusionnent jamais, ils ont intimisé l'anonymat le plus froid de leur corps, ils sont aussi devenus, à travers une excitation et une frénésie croissantes, un peu plus étrangers l'un à l'autre; ils se sont pris sans intention précise; leur union s'est cimentée et s'est approfondie par une série de ruptures, ils ont formé une tapisserie qui n'a cessé de se tisser et de se défaire. Il n'y a pas eu entre eux de « rapport sexuel » (au sens d'une équation algébrique), ils ont connu la plus forte proximité à partir de la plus grande inconstance, leur solidarité a été une loi d'éloignement, ils se sont posé des questions qu'ils savaient sans réponse, ils n'ont été l'un pour l'autre que des hôtes de passage. Ce divorce originel, cette fission minuscule qui diffère toute fusion, ils ne l'ont pas guérie, elle est restée là, entre eux, comme la boule douloureuse d'un plexus, douloureuse et merveilleuse parce qu'en les faisant différents dans la similitude, elle les rend aussi désirables. L'union charnelle est une expérience qui n'est pas destinée à être jugée en termes de succès ou d'échec, un acte dont l'issue est inconnue. Rien ne peut garantir les amants du caractère toujours expérimental de l'amour; ni le savoir, ni l'expérience, ni les conseils n'empêcheront qu'ils se comportent comme des phénomènes dépourvus d'intention, qu'ils obéissent à des forces elles-mêmes sans but ni fin dont les combinaisons, les résultats ne sont pas donnés d'avance.

Pas de narcissisme avare, dans le coït, pas de minimum voluptueux alloué aux deux membres du couple mais un narcissisme avide où l'on cherche à faire plus d'un, plus d'une, plus de deux, où l'on n'est pas plus bi-, homo-, qu'hétéro-sexuel parce que la dynamique d'Eros entraîne les êtres dans cette région où le souci d'assouvissement est oublié au profit d'une suffocation, d'un émerveillement qui tourne la tête, désagrège l'agencement organique du corps. Jouir n'est alors pas chercher la paix des vallées à travers l'ascension des sommets, n'est pas quêter le répit par le détour d'une provisoire violence mais demeurer sous le fouet de puissantes urgences, vouloir l'exaspération de la rage, chérir l'insupportable tension qui vous brûle; jouir n'est pas mourir mais s'ouvrir à toutes les jouissances possibles, n'est pas se satisfaire mais *s'exciter* jusqu'à l'ardeur, jusqu'à l'écartèlement de tous les membres. C'est parce qu'il fait de son propre développement la matière de son sujet que l'acte sexuel est un exemple privilégié de structure ouverte. Le cercle dessiné par le duo amoureux ne peut se clore car il n'est pas miroir. Deux corps côte à côte, béants l'un à l'autre comme les deux lèvres du sexe de la femme, ne se referment jamais : au bout de l'accouplement, il y a toujours en suspens un trouble décisif qui ne reçoit pas la réponse qu'il prétendait engendrer et ne fait que se perpétuer sans répit. L'étreinte charnelle, comme l'eau, n'a pas de forme définie. Ne pas tenter de la capter, de la figer, de la normaliser dans un rituel unique, vanité de cette tentative car elle fuira, s'informera autrement, selon d'autres figures qui elles-mêmes ne seront pas définitives. L'érotisme n'est pas lié seulement au maintien ou à l'éveil de l'excitation, il en exige l'épanouissement, il en exige l'excès. A mesure que se prolonge la conjonction amoureuse, le goût des êtres l'un pour l'autre ne cesse de s'élever jusqu'à ce degré de fièvre où l'orgasme leur paraît un mouvement trop stéréotypé qui n'épuise ni ne rend compte de la somme renouvelée des ravissements qui les gagnent. L'excellence d'un rapport amoureux devrait avoir pour but de hâter la restauration des forces et d'accélérer le désir du coït suivant : la chair appelle la chair, appelle la lubricité, la souveraineté de la luxure et non la chute des tensions, l'ambiguë détente. La satiété n'est peut-être qu'une ruse de l'excitation.

Chaque fois qu'ils délaissent une position pour une autre, les amants rompent le fil narratif de leurs enlacements. Mais ce fil se rompt aussi bien au sein d'une figure déterminée, de cette manière souterraine, discrète, où l'œil et ses pouvoirs ne sont plus impliqués. Le coït avancera par écoulements successifs, petites continuités mais entre ces continuités l'homme et la femme (ou l'homme et l'homme, la femme et la femme) feront d'énormes sauts, procéderont par blocs juxtaposés; l'étreinte, elle-même, ne vivra que de déchirements irréconciliables, elle ne fonctionnera qu'en grinçant, en se détraquant, en éclatant en petites sensations, autonomes, extases périphériques; elle sera moins une œuvre à construire qu'une pratique continue de la dérive, un acte troué de petites fractures perpétuelles, un enchaînement de discontinuités qui cependant reste lisible (mais pour quelle lecture?). Délivré de tout souci de performance, l'enlacement devient comme une narration brisée à multiples entrées et sorties. *Le fragment* mime la fin, l'arrêt, le recommencement; mime l'impuissance afin d'accroître la puissance si bien que l'accouplement devient une suite ininterrompue d'interruptions où chaque chose n'a pas lieu en son temps, où il n'y a pas de place assignée d'avance aux voluptés, où tout échappe à l'alternative — acte long, acte bref — parce que la durée se brise, se hachure, résiste à la tentation du dernier mot, ressuscite l'illusion du premier instant; l'acte sexuel ne progresse pas (il n'a pas de destination, pas de but, aucun éden ne l'attend), il ne fait que recommencer, reprendre sous une multitude de formes; chacun de ses mouvements a la fraîcheur d'un début, le plaisir chavirant d'une nouveauté. La marche se fait tâtonnante, incertaine, non linéaire : les amants sont des voyageurs qui ont emprunté la même route mais qui, au fur et à mesure de leur progression, ne retrouvent pas le même paysage, les mêmes odeurs, le même partenaire. Ils s'obstinent à faire trébucher l'histoire de leur étreinte tant la continuité d'un mouvement suivi ressemble à l'immobilité; celle des morts et des légendes. L'invention exige que le risque soit pris de cette démarche brisée sans ordre préétabli, hasardeuse, de ce réseau éclaté où tout est dans les lieux, les rapports et les polyvalences.

Il y a un destin proprement *génital* dans toute conjonction amoureuse, des congestions d'organes à soulager, des afflux de sang qui exigent réparation immédiate; mais ce déterminisme érotique ne résume pas toute l'étreinte; il en est plutôt le prétexte, comme le thème d'un récit est motif à variation d'écriture; à la fois perspective unificatrice des gestes et des baisers et référence fictive qui va autoriser les dérives les plus lointaines. On ne fait pas l'amour pour étancher sa soif, on profite de ce désir pour vivre son corps et le corps de l'autre dans tous ses volumes (mais rien de plus sympathique aussi qu'un acte sexuel d'urgence, accouplement éphémère, délestage de vieille semence, de vieux foutre, petits coïts modérés qui soulagent et creusent l'appétit).

Le génital lui-même n'est pas clair : il n'est peut-être qu'une construction artificielle élaborée il y a peu (XVIIIe, XIXe s.?), un isolement d'organes que l'on n'avait jamais séparés du reste du corps auparavant. Le génital quadrille, il donne à chaque organe sa place, à chaque sexe ses attributions, à chaque plaisir son champ d'étendue, il délimite les domaines, évite les implantations collectives, les confusions d'organes, les coagulations imprévues, bref il fait du corps un espace analytique, divisible à l'infini, un filtre aux multiples grilles. Ce que le génital discipline avant tout, c'est le corps féminin (où commence, où finit le sexe de la femme, aux seins, au vagin, aux fesses, aux hanches? La réponse est indécidable, il n'y a peut-être pas de génitalité féminine), ce qu'il doit contrôler, ce sont toutes les synthèses nomades, variables de l'amour; les agrégats soudains, l'éparpillement sensitif, les voluptés marginales, il les homogénéise sous un même comportement.

Et donc pas de relation sexuelle où des vacuoles ne soient aménagées, où ne passent des coupures extra-génitales par lesquelles la libido s'engouffre pour investir de mille façons le non-génital (le non-viril) c'est-à-dire l'autre sexualité déterminée sous les espèces empiriques du plus ou du mieux jouir; indice de ce qu'il y a de non masculin dans le sexe, indice de ce qui échappe à l'espèce dans la sexualité.

Toujours trop *d'humanité* dans l'accouplement, trop de gestes policés, disciplinés, intentionnels, réglés, nœuds de papillonnés, plis de pantalonnés, trop de caresses rasées de près, trop d'haleines purifiées, d'organes pierre de poncés, trop de fesses vernies, de couilles bien repassées, de poils bien peignés, de jouissances bien programmées, pas assez d'animalité ni non plus de grâce végétale, de fulgurance solaire, de lourdeur minérale, d'impassibilité cosmique. Bestialité : ignoble qualification de bigot pour désigner les choses de l'amour, double ignorance, et de la vie sexuelle des animaux (la plus codée qui soit), et de l'exquise urbanité du corps érotique (quand il n'est que cela). S'il faut « libérer » l'amour, c'est de l'humanité des amants, de leur personnalité d'êtres humains responsables et conscients, de leur respect de soi, de leur désir d'harmonie; que l'étreinte accélère les abandons, passe des embrassades enfantines à l'obscène, transgresse moins des tabous sociaux que des normes esthétiques (la grâce, notre dernière religion), glisse d'un état à un autre, ne s'attarde en aucun, soit une appréhension gigantesque du monde et du corps. Ni bestiaux, ni pornographes, ni délicats, ni obscènes, ni sentimentaux, ni érotiques, ni épicuriens : tout cela à la fois, donc un peu de chaque et au-delà de tous. Humanistes non : mais humeurs d'anus. De toutes les façons impudiques : non par provocation puérile mais par volonté farouche d'être supris, de suffoquer.

Toujours des restes dans une étreinte, des contiguïtés incompatibles, des puzzles non reconstituables que l'amour enserre violemment. Le tout de la relation sexuelle n'est alors qu'une partie à côté de toutes les petites parties qui l'ont composé et le désir lui-même devient cette ligne transversale qui rapproche, « réentoile » (Proust) les résidus de tous les instants voluptueux. En ce sens nul ne peut dire : *J'ai fait l'amour* car l'amour n'est jamais achevé, ne s'épuise pas dans son exercice, est toujours ce qui est à faire et à refaire, il introduit une jouissance spécifique du fragmentaire qui abolit la hiérarchie des instants, fait de chacun un édifice précieux, un palais de saturation sensorielle où le seul horizon devient la procession infinie des émois, le ballet enveloppant des caresses et des baisers. Pour cette union que rien n'assouvit ni ne désaltère, il n'y a pas plus de préludes que de conclusion, il n'y a pas un moment où les amants se délacent parce qu'il n'y a pas eu un moment où ils se sont pris, le commencement et la fin sont une fiction avec laquelle on joue. Concernant les organes du plaisir, penser simplement à eux, les mouvoir silencieusement est déjà volupté. L'orgasme est aussi bouleversant que le premier baiser parce que le premier baiser était déjà aussi chavirant qu'un orgasme.

Jusqu'au XVIIIe siècle, il était interdit par l'Église de faire l'amour la nuit (de peur que les enfants issus de cette union ne deviennent aveugles). On peut dans la même veine métaphorique imaginer d'autres prescriptions de ce genre : interdiction de faire l'amour dans l'eau (de peur que les enfants ne naissent couverts d'écailles ou fripés de gerçures), de copuler dans les airs (de peur d'enfanter des êtres volages, fantasques), dans un cimetière (de peur d'engendrer un vampire), le soir de Noël (de peur que l'enfant ne soit un nouveau Messie et ne meure crucifié), le jour de Pâques (de peur de faire un œuf), le 14 juillet (de peur d'engendrer un militaire), etc. Toutes recommandations qui ne relèvent dans leur ordre d'aucune naïveté, d'aucun irrationnel archaïsant s'il est vrai que notre intimité la plus profonde est encore une manière de nous mettre en extériorité. Car enfin le décor même de nos amours n'est pas indifférent. On voit communément l'étreinte comme un microcosme du monde, un système isolé naturellement clos qui exprime l'autre et s'inscrit en lui. Il faut casser cette relation, briser la classique division du temps et de l'espace érotiques : si le coït ressemble au monde, c'est au contraire dans la mesure où il s'ouvre sur l'ouverture du monde, est toujours en train de se produire à l'image du vivant, de progresser dans une dimension temporelle irréductible et non close. L'acte charnel est coupé de coupures qui ne sont pas uniquement sexuelles : bruits extérieurs, musiques, bribes de paroles, événements intimes, événements sociaux, fatigue, variations climatiques, thermiques, toutes réalités qui entraînent toujours un remaniement de la libido, de ses figures en de nouvelles connexions. L'accouplement est par nature excentré : il est aussi bien rupture d'avec le dehors qu'*invitation* du monde aux ébats des amants. C'est pourquoi il n'y a pas de paysage, pas de lieu, pas d'heure, pas de station verticale, horizontale, pas de mouvement, pas de vitesse qui soient incompatibles avec l'union voluptueuse : les trois divinités dominantes, le sacro-saint lit conjugal, la nudité obligatoire, la belle nuit complice et privée ne peuvent plus régner unanimement sur nos amours. Ainsi, par exemple, l'adjonction de matières étrangères sur le corps (fromage blanc, chocolat, urine, salive, excrément, peinture, sucre, terre, boue, huiles, cosmétiques, lait) n'est peut-être qu'une manière de se démultiplier, de se donner d'autres épidermes, d'autres peaux, de convoquer d'autres états du monde aux épousailles sensuelles. Non pas sempiternelle recherche de la mère, du père, du phallus, comme l'affirme la quincaillerie psychanalytique mais manière de se situer autrement que du point de vue humain, de se métamorphoser, de s'animaliser, de s'arboriser, de se lacter, devenir étranger de mon corps et de l'autre. Lécher la crème que j'ai versée sur le sexe de mon partenaire, dévorer le fard de son visage, mordre jusqu'au sang le gras de ses cuisses, le renflement de ses hanches est pour moi façon innocente de le manger, de perpétuer un cannibalisme sans effets. Et plus je l'absorbe, plus je la couvre de liquides divers, plus je la suce, moins il s'altère : la tumescence de nos organes nous devient prétexte à éprouver les mille états de la matière, à endosser plusieurs corps, plusieurs sensations, plusieurs espèces.

Dans telle gravure chinoise (d'inspiration taoïste), je suis séduit par le détachement des amants : à demi-nus, ils prennent le thé, conversent; l'homme est en érection, son pénis légèrement désinséré du déduit de sa compagne, ils se sourient, leur étreinte est calme, aucun héroïsme ne l'entache. Tout cela peut prendre la forme d'une devinette : l'enlacement amoureux n'est-il qu'un détour dans le cycle de la vie ou la vie n'est-elle qu'un espace rapide de reconstitution entre deux étreintes? La flegme des amants chinois brouille cette question : ils maintiennent le désir, la convoitise tout en convoquant de vastes pans de la vie quotidienne dans l'acte sexuel. L'autre n'est pas réduit à sa chair, à la facticité de son corps, le mouvement qui me porte vers lui n'est pas un mouvement isolant, il englobe tous les entours et de proche en proche le monde entier. Interrompre la saillie — ou plutôt l'élargir — pour boire du thé, lire, rire, manger, fumer —, l'interrompre pour la recommencer ailleurs, autrement, c'est briser l'espèce de sération obligée qui caractérise l'exercice sexuel dans nos sociétés. La relative indifférence des amants (à la performance, à leur image, au sérieux de leurs jouissances) est la porte qu'ils laissent ouverte sur le monde, la distance minimale qui interdit à leur bonheur d'être un égoïsme à deux. Si bien que par un mouvement d'aller-retour, l'érotisme devenant quotidien et la vie quotidienne érotique, l'accouplement marque le double plaisir de l'intermittence et de la continuité.

La *masturbation*, on peut la voir aussi comme un appel lancé à l'autre au moyen de parties du corps qui ne sont ni à nous ni à autrui, mais internes et externes, absentes et présentes, lieux de l'étrange et du soi. L'onanisme ainsi envisagé défait la toute privatisation du génital : loin d'inscrire dans le corps un canton de propriété privée, il ouvre ces domaines clos à tous les vents (à tous les ventres), éparpille les appartenances, esquisse un partage sans limites. Mon sexe se veut tout à autrui, il bande, appelle à soi des corps absents, des contacts inconnus, il jette des ponts, tisse des liens, s'érige en organe public : le satisfaire moi-même, c'est un peu révoquer l'absence, construire l'être manquant, mimer l'intromission, la caresse, les plaisirs brûlants qui en résultent, occuper mon propre corps, peupler sa solitude par le biais de façon de faire deux en un mes parties les moins intimes. Mais non, dit le sexologue, s'autosatisfaire, c'est recenser les possibilités érotiques de son corps, établir son propre capital de jouissance, se façonner soi-même comme valeur d'échange voluptueuse, c'est le nouveau « Connais-toi toi-même » de la science érotique, la nécessaire étude de marché préalable à tout investissement, il faut savoir ce que, dans l'union sexuelle, je suis en droit d'attendre de l'autre et ce qu'il peut espérer de moi. La masturbation prélude à la comparaison qui n'est elle-même qu'une pesée, une estimation. Je vaux tant, se dit chaque partenaire, saura-t-il (-elle) m'apprécier à ma juste valeur ? Ainsi entre l'organisation industrielle et le marchandage érotique y a-t-il plus qu'une vague analogie : une véritable identité de structure.

Il est dommage que la prétendue « *maturité* sexuelle » (ce que les spécialistes appellent « la capacité orgastique totale pour l'homme comme pour la femme ») ne soit conçue unilatéralement que comme le refoulement ou du moins la mise en résidence surveillée des sexualités antérieures (enfantine, fœtale, adolescente mais aussi végétale, cosmique, animale). Plus triste encore que tout progrès érotique ne soit conçu que hiérarchiquement, s'élevant sur le silence et le muselage des autres paliers. Pourquoi ne pas vouloir une sexualité sans exclusion qui soit l'addition de tous les érotismes et non plus l'élection d'un seul au détriment de tous les autres? Qui retrouve les mystères et les joies de l'enfance à partir des acquis de l'âge adulte? Qui abouche côte à côte le fluide et le solide, l'excrémentiel et le génital, le lacté et le salé, mélange les matières les plus exquises et les plus répugnantes, joue autant du système pileux que de l'effleurement des muqueuses, transporte les odeurs sexuelles loin de leur lieu de naissance, élise des centres fictifs pour concentrer en eux de hautes doses de sensibilité, déplace sans cesse les zones érogènes, parle avec les organes génitaux, copule avec la bouche, touche avec les yeux, voie avec les mains, confonde en une polymorphie innocente tous les gestes de la perversion classique en leur compulsion répétitive; bref, qui convoque tous les incompatibles pour les faire coexister et jouisse à perdre la tête de cette coexistence impossible? Parce que la copulation est alors l'espace où toute limite se trouve pulvérisée, où le champ du désirable se dilate à l'infini car plus rien ne suffit à la rage voluptueuse; où deux états habituellement antithétiques se mêlent sans se détruire; où l'épouvante se meut en béatitude, le dégoût en appétit; où ce qui fait vomir électrise; où l'amour devient voracité sans mesure qui métamorphose chaque objet en délice, puissance aphrodisiaque d'indifférence qui ne connaît plus de contradictoires mais porte avec elle, partout où elle se pose, une égale convoitise et convoite tout dans une faim sans bornes. L'idée excessive de l'amour désigne peut-être cette tendance profonde de l'acte sexuel d'attirer dans sa sphère l'intégralité des objets partiels et des corps existants comme si l'enlacement voluptueux ne pouvait se maintenir et se justifier à ses propres yeux que par cette utopie totalitaire. Et dans ce déchaînement où les repères organiques et anatomiques se dérobent, où la tête n'est pas plus le sommet du corps que le sexe son centre (parce que ce corps n'a plus de direction, n'est plus hiérarchisé selon sa position verticale), les amants ne se défont, ne se soulagent d'une tension que pour retomber sous le joug délicieux d'une autre, et relient en tous sens le soir de leur désir avec son commencement; s'ils ne cessent de « décharger », c'est qu'en d'autres termes ils ne cessent aussi de désirer.

Le corps apaisé est le corps révélé, revenu à lui-même après la rage épuisante de l'excitation, le corps qui a rejoint le corps d'avant le coït après une longue marche où ils furent à la recherche l'un de l'autre, parfois très proches, le plus souvent très éloignés. On sait la solidarité traditionnelle entre le récit, l'entreprise libertine et l'acte sexuel, tous trois calqués sur le schéma contractuel de l'ascension et de la chute. Mais, dès que l'acte charnel intègre et joue simultanément de tous les arts d'aimer, on l'affranchit de tout préjugé narratif, on l'énonce autrement que par les sommets de l'aimé, raisonnable jouissance de l'adulte, on transfigure la manière dont nous les voyons et le racontons, on le transfigure lui-même. Dans cette union les amants introduisent des trous de *narration*, comme on dit trous de mémoire, où ils oublient qu'ils font l'amour, oublient leurs responsabilités érotiques, leur volonté de réussite sensuelle et se donnent tout entiers à la joie d'être ensemble. Échappées, dérives minuscules qui forment comme autant d'épisodes absolument significatifs en eux-mêmes et dont la variation permet aux corps de se lier et de se délier perpétuellement, de rester à la fois très absorbés par leur tâche, donc très détachés l'un de l'autre. Empêchant le développement naturel du coït (son acheminement vers l'extase), les amants empêchent aussi son immobilisation dans une gangue unique. En engageant ainsi une relation qui n'affirme aucune volonté de clôture, une relation où rien ne finit bien, que beaucoup s'y accomplisse, ou toujours quelque chose se trouve à ajouter, où l'on ajourne toute fidélité photographique aux fonctions des organes de telle sorte que le lieu d'amour devient le champ épars d'une multitude de projets avortés, de désirs résiduels; sans but, sans contraintes (sans contrats) d'assouvissement, sans objet *a priori* inadéquat parce que pouvant se poser sur n'importe quel morceau de la bande : peau, œil, cheveu, orifice; il n'y a pas non plus pour lui d'objet ou de volupté privilégiée sinon par routine ou coup de force.

Alors les amants peuvent dire « nous » sans qu'aucune espèce de communauté éternelle ne jaillisse de ce mot, nous comme réunion aléatoire de deux corps, affirmation du hasard que l'on peut scander entre chaque intervalle, conversation des doigts sur la peau, de la peau sur les yeux, dialogue de sourds qui tiendraient beaucoup à leur surdité; « *nous* », non pas la paix de l'intersubjectivité ni la sinistre conciliation humanitaire, « nous » échange d'intensités inéchangeables, fraternité de malentendus, rencontre dans la fièvre, les souffles et les cris de deux ou plusieurs surfaces non proportionnées. L'acte d'amour, quand il se dépouille de tout désir de pouvoir ou de carrière, est cette relation qui supporte sans honte la disparité des sexes, mêle toutes les dissymétries, tous les illogismes, confusion et cohabitation de jouissances qui travaillent côte à côte. Aimer l'autre, c'est préserver son étrangeté, reconnaître qu'il existe à côté de moi, loin de moi, non avec moi. Le sexe opposé ce n'est pas l'homme pour la femme ou la femme pour l'homme, c'est ce garçon aussi bien que cette fille, la corolle de cette fleur, au même titre que le visage de ce chat. En chacun vit une sexualité qui n'est pas mienne toujours; où que me portent mes penchants, vers l'homme, l'enfant, la petite fille ou le vieillard, je fais l'épreuve d'une différence, jamais d'une similitude. Le plaisir de l'étreinte est alors le surenchérissement, la conjonction inconciliable de deux bords, plaisir de dissonance, cacophonie charnelle, joie profonde, inconcevable de faire ensemble des notes toujours plus fausses, plus désaccordées, plus déchirantes. Et dans cet acte hétérologue, dans cette mise en scène d'un compromis où aucune des deux parties ne renonce à sa dysharmonie de base, rien ne peut plus nous situer, nous garantir que nous soyons en repos ou en mouvement, dans la consonance ou la pluralité, l'attirance ou la répulsion. Face à toutes les voies qui s'offrent à eux, les amants n'ont que l'embarras du choix; et s'ils choisissent en définitive l'embarras, la complication, ce n'est pas par souci de performance mais parce qu'en eux rien n'accepte d'être laissé pour compte, d'être oublié; le désaisissement absolu ne requiert que l'abandon de l'esprit d'abandon, ne connaît qu'une exigence : ne rien perdre, rassembler, goûter toutes les sensations possibles, si minimes, ridicules ou « vilaines » soient-elles.

L'étreinte porte sur des corps assujettis, formés à jouir d'une certaine manière, plusieurs fois « récrits », façonnés, produits historiques de longs siècles d'oppression. La *nudité* elle-même n'est jamais immédiate; dépouillés de nos vêtements, nous sommes encore habillés de tout un glacis social; nous ne sommes d'abord pas nus mais vulnérables, maladroits, tout hérissés de défenses et de froideurs; la mise en condition tactile du corps est lente, patiemment minutieuse, toujours aléatoire; ce n'est pas parce qu'ils sont nus que les amants ont délaissé leurs rôles sociaux; car ces rôles sont prévus également pour la nudité; nus, ils ne le deviennent peut-être que lorsqu'ils sont épidermiques, c'est-à-dire absolument superficiels, quand leur sensibilité quitte toute vision d'ensemble pour devenir fureteuse, fouineuse, attentive aux petits riens, capable de tressaillir au moindre stimulus. La nudité est une longue patience qui n'est jamais sûre.

La nudité, cependant, je ne sais pas ce que c'est. Si l'on entend par là le dernier état de la matière, la véritable nature de l'individu humain, j'avoue alors qu'elle n'existe pas. Je me sens aussi nu habillé que dévêtu, la toile, le pantalon, la chemise sont pour moi une peau au même titre que mon épiderme. Ne vaudrait-il pas mieux reconnaître que nous avons mille nudités non seulement dans le temps (peau de l'hiver, du matin, de l'après-toilette, du sommeil), mais dans l'espace; que nous sommes faits de plusieurs peaux, peaux du vagin, de l'intérieur de la verge, peau de l'anus, du coude, de la rétine, de l'iris, corne du pied, des phalanges, peau de l'haleine, du langage, du sourire, mille pellicules pulsionnelles aux touchers divers, aux caresses infinies, aux mouillures variées? Et qu'alors il n'y a pas de raison pour qu'une nudité prévale au détriment des autres, qu'il faut jouer de toutes, de leur contraste, de leur puissance de branchement, de rencontres inattendues; et qu'enfin les peaux se superposent et ne s'annulent pas, toujours une surface sous la surface, un autre état du corps sous l'état présent, un empilement de masques et de visages et non pas un seul corps authentique, le nu est lui-même un déguisement comme le costume ou l'uniforme mais ces apparences sont belles, pourquoi les simplifier, donner la préférence à l'une ou l'autre, nous n'avons jamais assez de peaux, de pelages, de pelisses (complicité dans la même bêtise entre les conceptions utilitaires du vêtement — se vêtir pour se protéger contre le froid — et le militantisme de le nudité érotique, même idéologie de l'apparence et de la réalité, du vrai et du faux, même débilité également partagée entre le conservateur et son contestataire).

La conjonction amoureuse a pu être dans les siècles derniers une transgression, une délectation des sens, un péché délicieux ou encore le résultat d'une entreprise libertine, l'aveu d'une reddition; elle est en passe de devenir, par l'action conjuguée de la psychanalyse et de la sexologie, une indiscrétion savante qui tient à la fois de la table d'écoute, de l'atelier d'usine et du gymnase; bref, un calque hédonique de la rentabilité industrielle, un processus à la fois technologique et disciplinaire qui, en privatisant les jouissances, uniformise les comportements, pénalise les déviances et rend la sexualité anxieuse d'elle-même. Ainsi de l'orgasme : il est aujourd'hui le programme commun de toutes les sexualités, leur bannière de ralliement, ce qui les justifie et les absout à la fois; pédés, sados, lesbiennes, homophiles, arcadiens, nécro, partouzards, nous passons sur vos vilains goûts, vos dégoûtantes manies, prenez-vous de toutes les manières, dans toutes les positions, mais surtout n'oubliez pas, au bout de chaque chemin, si divers soit-il, il n'y a qu'un seul but : l'orgasme, sa mystérieuse lumière, ses langues de feu; l'orgasme qui pardonne tout, lave les fautes, efface les laideurs de l'étreinte, accueille en lui les enfants du Seigneur dans le triple corps sacré de saint Reich, saint Masters et sainte Johnson.

L'orgasme, nouvelle miséricorde, nouvelle transcendance de la sexualité contemporaine; l'orgasme, moment d'hystérie figée, éternisée, piégée parce qu'on le tient condensé, immobilisé dans un long regard; pose (pause) du plaisir, instant pathétique des yeux révulsés, vérité emphatique de l'amour; l'orgasme qui implique l'imagination d'un corps fini (fini en ce qu'on peut le circonscrire et le résorber tout entier dans sa région génitale), l'orgasme avec son obstination monodique, comment ne pas voir qu'il n'est qu'un tout petit moment de l'étreinte, que ce serait faire injure aux amants, à leur ambition, que de les vouer à la quête d'une sensation unique en quoi toute leur convoitise est supposée s'engloutir. Si l'accouplement n'est que la possibilité toujours différée de l'accouplement, alors il y a en lui une infinitude sensuelle, qui, par le biais même des limites organiques, supprime toute libido mercantiliste. Et le refus du *has been*, de l'achevé, de l'accompli se traduit ainsi : aucune copulation n'a eu lieu. N'a eu lieu qu'une copulation indirecte, feignant le repos, une sensualité mimant la continence, un mouvement simulant l'impassibilité, une étreinte tremblée évitant le double écueil du coït furtif (égoïste) et du coït performance (olympique). De votre orgasme nous ne ferons pas notre nouvelle idole, le Bon

Pasteur de nos lubricités. Nous n'avons pas d'idéal, pas même d'idéal de jouissance. Nos étreintes n'ont pas de raison d'être : elles n'attendent pas d'une extase grandiose la justification de leur accomplissement. Mieux : nous voulons joyeusement le non-sens, la maladresse, l'incongruité de nos amours. De vos voluptés surgelées, harmonisées, savonnées, nous nous détacherons comme de toutes les autres croyances.

Être en état permanent d'accouplement et non pas de décharge; ne pas assigner au renversement des sens les quelques secondes de la détente orgastique mais quêter un vacillement qui dure; ne pas subordonner le paroxysme voluptueux à la copulation : afin que cette dernière ne soit pas une rapide incursion dans le monde des vérités sexuelles que suit le reste du temps l'oubli et le démenti ouvert de ces vérités; un prurit qui démange et dont on se débarrasse furtivement, scientifiquement afin d'être disponibles à d'autres tâches. L'orgasme peut alors revenir, libéré de tous les sens, y compris d'un projet plus ou moins batailien de dépense à fonds perdus, revenir comme complication supplémentaire, coexistence entre les partenaires de plaisirs asymétriques et non communicants qui s'orientent de côtés différents, chemins opposés qui se mettent à tournoyer, à tourbillonner comme les roues d'une loterie qui entraîne et mélange les lots fixes. De variations en variations, de suspens en suspens, *l'orgasme* fuse et fuit tout à la fois, ne cesse d'arriver, ne cesse de s'esquiver en tant que dernier mot, dernier plaisir, satisfaction finale. Le coït n'est pas l'ordre du fait biologique opposé à une volonté d'excitation permanente mais le milieu équivoque de leur communication, le point où leurs limites se brouillent ou encore leur trame commune. Dégager l'orgasme de sa finalité naturelle, c'est l'extraire de son être comme devant avoir lieu; il faut imaginer pour lui un temps discontinu, non pas une relation sexuelle seulement pour « jouir » mais un rapport à propos duquel intervienne en outre cette ou ces jouissances, bénéfice parallèle qui ne dévalorise pas les autres mais se surajoute à eux, dans un tourbillon sans répit et sans origine ponctuelle. État de plongée perpétuelle où l'on ne fait surface que pour respirer, où l'on préfère la perte au retour, où l'on se mange, se suce, se lèche par tous les bouts sans se soucier d'étalonner les mille plaisirs d'amour sur une volupté de référence.

Le corps d'amour est moins un corps sans *organes* qu'un corps plein d'organes, un corps souffrant d'un surplus d'organes parce qu'il est un corps désorganisé, une immense peau froide ou chaude qui déplace avec elle des affects et des intensités plus ou moins brûlantes, une vaste cellule nomade où grouillent des populations de rougeurs, de frottements, de caresses, de stimulations, de pores ouverts, d'épidermes exaspérés, pellicule revisitée, mordue, agrippée, déchirée, fouettée, animalisée où la plus petite surface prend les dimensions d'une cité, sensations lilliputiennes, territoire sillonné de caresses et d'embrassades qui ne cesseront elles-mêmes d'inventer et de brouiller leur propre grammaire.

Le corps d'amour ne cesse de prélever sur la chair de l'autre des hasards qu'il capte et convertit en ordre, règle, nécessité (démantelé, pantelant, il est peut-être le corps frontière limite entre l'érotisme et la torture). Le corps d'amour est le corps de la surmultiplication des organes parce qu'à mesure que décroît l'emprise de l'organisme, chaque morceau de chair, chaque repli, chaque lombe, chaque renflement, acquiert à son tour l'érectilité, la sensibilité des organes de plaisir, chaque bourrelet, chaque crispation de sphincter devient un monde en soi, une aventure unique, toujours plus de matière, et de fines coupures, non plus un centre sexué, mais une fédération de sexualités, un essaimage érotique, des folies convulsives dans les endroits les plus inattendus, les plus inexpugnables.

Les *postures*, en leur variation, ne sont pas automatiquement synonymes de nouveauté : elles tendent, au contraire, à concentrer le culte voluptueux dans un lieu déterminé, donnant au sanctuaire génital une suprême importance et engendrant l'attachement à un territoire particulier. Elles sont ainsi comme des images figées, des images qui retiennent parce qu'elles sont un exemple de forces bloquées, stabilisées; l'érotique est d'abord un index de formes ancestrales, stéréotypées, qui ont effacé la force qui les animait à l'origine. Et cette nomenclature comme grammaire de base de l'amour devient alors la conjugaison élémentaire que tous les corps, dès qu'ils se mêlent, déclinent. On saisit l'importance que la technologie orgastique peut accorder à cet assemblage recensé : par la précision quasi mécanique des gestes et des mouvements qu'il autorise, l'angle particulier de pénétration qu'il permet, il est une économie, une épargne de sueur et de fatigue, un adducteur de jouissance plus rapide. L'érotisme devient un art de gestion, gestion de la force dont dispose chaque individu et qu'il investit pour son propre compte dans les activités sexuelles; si cet individu est inapte ou maladroit, il dispersera ces forces en les aliénant au bénéfice de simulacres, en les éparpillant dans une mauvaise coordination; il aura le tort d'épuiser ses possibilités, de s'irriter pour rien et de n'être plus à même par la suite d'amener le partenaire et lui-même à l'orgasme simultané; au contraire, s'ils négligent d'emblée les érotismes prégénitaux, les caresses inutiles, les petites lubricités qui détournent de l'assouvissement final, l'homme et la femme récupèrent toute la force qu'il leur eût fallu consacrer à ces impulsions débilitantes, ils sortent de l'immense région du somnambulisme sensoriel où rien n'est sûr, décidé, tangible et, chose plus importante, ils tirent de ce travail d'exclusion le commencement d'une énergie véritable qu'ils pourront dès lors engloutir tout entière dans l'épanchement voluptueux.

Autrement dit la forme des positions fascine quand on n'a plus l'impulsion nécessaire pour comprendre la force qui les anime en son dedans, c'est-à-dire créer d'autres formes. Des techniques trop claires deviennent stéréotypes et bloquent l'imagination.

Le culte systématique des positions n'est possible que dans une défaite de la force, dans le mouvement de la force retombée (en quoi la sexologie est bien « science » du passé, du dépassé, de l'accompli, du constitué, du recensé, invite au ressassement, balisage monotone des aventures déjà vécues, historienne et crépusculaire par essence). La passion structurale des formes et des positions marque la dislocation d'un accord fondamental entre les amants; ils ne suscitent plus d'eux-mêmes, par une violence qui les déborde, les figures dans lesquelles ils vont s'aimer, ils se rangent à des accords préétablis consignés dans des livres, ils se plient sous l'expérience d'un très vieux savoir, ils prennent place dans un langage qu'ils n'ont pas eux-mêmes articulé et dont ils ne seront que la temporaire texture, bref ils attendent d'une fidélité à des images le réveil d'une passion qui ne s'invente plus. Or, les forces qui sont en jeu dans une étreinte n'obéissent ni à une destination ni à une mécanique mais bien au hasard du désir et de l'affrontement amoureux. Elles ne se manifestent pas comme les formes successives d'une intention antécédente; elles ne prennent pas non plus l'allure d'un résultat, elles apparaissent toujours dans l'aléa singulier de l'événement. Et la sexualité comme dérangement qui engage en tant que tel le changement de formes est une certaine équivocité qui ne laisse aucun repos ni répit aux structures fixes, aux codes immuables, aux gestes réitérés. Le désir sexuel, désir de soulèvement et de subversion incessante doit constamment se développer et se rompre sous les formes multiples. Alors tombe la passivité de l'imitation; les corps n'ont plus besoin d'une mémoire qui ordonne et redresse les énergies; les modèles de l'érotique sont à la traîne de l'histoire des amants : ceux-ci avec leur géographie intime, aux mouvances indécises, annulent les relevés classiques de topologie, géodésie, planimétrie, hydrographie, dispersent les calques, périment les anciens tracés, cassent leur suprématie. Et se moquant désormais de toute la science du Kama-Soutra ou autre livre d'amour édifient pour eux, patiemment, la carte de leur Câlin-Soutra.

Bénie soit l'étreinte, pourraient chanter les amants, qui nous délivre de la sinistre *réciprocité* du petit mercantilisme du reçu et du donné, de l'égalisation des chances de gain entre partenaires. Et bénies les embrassades qui ne font pas le compte des rougeurs, des jubilations qui n'allouent pas moitié de frissons au champignon pourpre, et moitié à la motte fluente, ne distillent pas leurs calculs d'épiciers pendant la collusion des corps. Car l'innovation majeure de la sexologie restera sans doute d'avoir introduit (et imposé) la politique de l'offre et de la demande dans l'union voluptueuse, d'avoir posé comme *a priori* que de part et d'autre les enjeux sont comparables, les mises commensurables, les finalités identiques, les amants à la limite permutables (l'homme peut être la femme, n'importe quel homme, n'importe quelle femme, cette permutation n'étant nullement un brouillage des rôles sexuels mais leur similitude absolue comme sont similaires les deux parties d'un contrat). Alors fabrication d'un corps de référence (corps génital) qui enregistre les stimuli, d'un modèle de jouissance toujours redéfini, toujours modifié, d'un emploi du temps à suivre minutieusement, d'un aller-retour obligé des gestes et des caresses, même nombre de coups de langue, même nombre de coups de reins, même nombre de saccades, avec la peur concomitante d'être floué, lésé, de ne pas avoir eu sa part de butin, peur de la fraude, rêve d'un corps bardé, d'un détecteur de mensonges, bande de machines, de fils, d'appareils électroniques qui établiraient la mesure exacte des sensations pour chaque partenaire, diraient ou infirmeraient la validité du contrat, machines orgonotiques de Reich, laboratoires de Masters et Johnson, véritables socialistes scientifiques de la sexualité, enfin!

L'accouplement normé est toujours l'histoire d'une récurrence : quoi que fassent les amants, rien n'entre dans leurs caresses qui n'y soit déjà, qui n'ait son modèle antécédent. Il n'y a pas de première fois pour eux, seule la *répétition* est première. Tout ce qui est a été et sera pareillement : duplication sans fin, égalité des sensations, pas de nouveauté bouleversante, que de petites innovations qui ne sont que les diverses facettes d'un même édifice.

Et certes aucune étreinte n'est absolument originale parce que le nombre de figures et de postures dont les corps sont susceptibles est forcément limité mais toute étreinte est aussi absolument neuve parce que ce petit nombre de prises n'est jamais vécu de la même façon d'une fois à l'autre, d'un couple à l'autre. L'amour ne cesse de jouer et de déjouer la finitude obligée des corps enlacés, le dénombrable des gestes et des organes. La copulation est capable d'une ambiguïté, d'une plasticité infinies parce qu'elle n'est pas entité close mais relation entre d'innombrables relations, relation entre des points et des objets habituellement délaissés. Chaque corps renaît à chaque union de façon différente et l'histoire d'une étreinte est au moins autant l'histoire des façons dont on la dévie que celle des manières dont on la perpétue et la confirme par rapport à toutes les fois précédentes. Les apparentes redites des amants n'indiquent pas seulement une continuité, elles révèlent une lente et incessante métamorphose. Pourquoi tous les gestes amoureux en réfèrent-ils au même Dieu — Eros omniprésent — sans se ressembler entre eux? Parce que leur seul point de convergence est dans le façonnement toujours divers de cette divinité qui donne rétrospectivement à leur rencontre un ordre et un sens : Eros est une

force sans forme préétablie et donc capable de les assumer toutes ;
si l'amour n'a pas de « visage », c'est qu'il les endosse sans fin,
chacun dans son ordre, c'est qu'il est le corps le plus monstrueux
qui soit, le plus inachevé, le plus plastique, déformable et additionnable à merci. Vouloir le figer dans une figure unique, arrêter
la prolifération des morceaux incompatibles qui viennent, telles des
particules, se greffer sur lui, le décréter génital, hétérosexuel,
androgynal, maternel, telle est son utopie, rêve de clarté, d'arrêt
de l'histoire : mascarade de poètes et d'hommes de loi, pour une
fois complices, s'il est vrai que le désir de transparence engendre
toujours la terreur. Ainsi tous les anachronismes sensuels sont-ils
justifiés : recommencer l'étreinte en son milieu, désinsérer le pénis,
entreprendre les préliminaires après l'orgasme, rire pendant la
montée de l'excitation, développer ailleurs qu'au temple génital
un foyer voluptueux — autant de manières de parcourir à l'envers
le temps et l'espace de la sexologie (l'irréversibilité de la réaction
sexuelle pour parler comme Munster et Jaune-Son) : la cause est
postérieure à l'effet qui peut à son tour susciter d'autres causes,
l'avant est à l'arrière, la source est confluence aussi bien qu'embouchure car l'éclosion des jouissances n'altère pas cet aller-retour continuel mais se contente de le ponctuer. L'amour est
alors bien cette capacité métamorphique, cet espace courbe où
les rapports les plus inattendus, les rencontres les plus paradoxales sont à chaque instant possibles. Les normes, à nos yeux
les plus intangibles de son existence et de son usage — comme par
exemple le point culminant de l'acmé ou l'ordre chronologique
de son avènement —, ne sont que des manières relatives, entre
bien d'autres, d'en aborder le sens. Une copulation n'est pas un
sens tout fait, une orientation définitive à laquelle il suffirait
d'accéder pour goûter au suprême bonheur mais une réserve de
formes qui attendent leur sens, un potentiel inépuisable d'histoires
dont aucune n'est plus déterminante qu'une autre. Les amants
ne se proposent pas un but, ils s'en proposent mille, ils n'ont pas
de plan préétabli pour s'aimer ; le caprice seul les guide et l'inextinguible soif qu'ils ont l'un de l'autre. Leur libido (leur alibi-bidon)
se déplace au gré de leur fantaisie, promenant avec elle toujours
la même intensité, il n'est pas d'objectif qu'ils ne se fixent en
priorité (repeindre la chambre, changer les draps, faire tousser la
baleine), tous leurs buts sont interchangeables, les uns avec les
autres, tous sont pareillement valorisés. Dans le monothéisme

rassurant de la révolution sexuelle toutes les copulations sont une seule copulation parce que toutes les jouissances sont une seule jouissance d'où suit qu'une seule jouissance est toutes les jouissances. Le stéréotype du coït est parfait *ab aeterno*, seuls les amants sont des amants imparfaits : faute de trouver le plaisir qu'ils quêtaient ou faute de n'en vouloir qu'un, ils en recherchent d'autres, les mêmes ou presque. Jamais je ne connais le visage de ceux que j'aime, je ne les aime que de découvrir en eux, chaque fois, un corps neuf, des mots inouïs, des sensations délectables, des mondes éphémères que nous égrenons, dispersons à tous les vents.

Les amants ne s'aiment pas seulement par le ventre, ils s'affrontent par tous les côtés dans une volonté de totalisation que rien n'apaise; ils ne se conjoignent pas seulement dans le présent, ils suscitent en l'autre, ils font venir en eux, tous les âges qu'ils ont été, toutes les stratifications qui les composent. En un mot ils ne *renoncent* à rien : ils ne renoncent pas à l'enfant qu'ils étaient, au petit être que l'ordure ne rebutait pas et qui survit avec sa volupté spécifique, à l'adolescent nubile, à l'adulte qu'ils sont, à aucune des personnalités qui les écartèlent et se partagent leur histoire. Au sein même de leur chair, rien ne renonce au privilège du plaisir, du courant sensuel bienfaisant : chaque partie tire à elle la couverture de la jouissance, ne cessant de déchirer le corps par ses exigences égoïstes; sur chaque surface, chaque lopin d'épiderme se multiplient les séries divergentes, les disjonctions, les infiltrations d'énergie, tel frémissement de narine près du sexe béant ressuscitant telle muqueuse anale, bestialisant tel carré de peau, telle odeur, montant des entrecuisses noués, prostituant par caprice tel abandon particulièrement impudique, homosexualisant l'à-plat d'une cuisse ou la courbe d'une fesse, chaque fragment du corps reprenant le rôle des organes génitaux sans s'y substituer tandis que les parties génitales sur fond de leur fonction initiale, assument elles-mêmes mille autres personnages, coquillages, plantes exotiques, branche d'arbre, caverne, labyrinthe, instrument à vent, cornet à piston, passerelle avec tous leurs attraits, leurs fonctions si bien que le corps est à la fois entièrement dégénitalisé, et totalement érotisé, sexué de partout parce que ayant noyé l'acuité proprement sexuelle dans une masse de sensations affluentes.

Au fond, la Loi ne demande aux amants que ceci : de ne pas faire les enfants; en d'autres termes, de rester pleinement génitaux. Et inversement : le corps de l'enfant demeure aujourd'hui en Occident le dernier territoire inviolable et privé, l'unanime sanctuaire interdit : droit de cité à toutes les « perversions », à la rigueur, mais chasse impitoyable à la sexualité enfantine, son exercice, sa convoitise. La subversion, si l'on y croit encore, ce serait de nos jours moins l'homosexualité que la pédérastie, la séduction des « innocents » (d'où le scandale que provoquent les livres de Tony Duvert alors qu'ils devraient stimuler, susciter des vocations, dessiller les yeux). Parce que la maturité est toujours l'histoire d'un étranglement, l'adolescence n'est pas le début de la vie sexuelle mais plutôt sa triste canalisation : à 14-15 ans, les jeux sont faits, la normalité orgastique parachève son patient travail de redressement. L'enfance, deux fois « privilégiée » par notre société (ici, pure de toute velléité érotique; là, « polymorphe perverse » asexuée à droite, hypersexuée à gauche) serait donc le continent prohibé par excellence, la terre promise que nul n'aurait le droit de fouler aux pieds : je peux être génital, je peux être infantile (ça je le suis de toutes les façons), mais surtout pas enfantin (mais ce désir d'une sexualité de l'enfantillage, pour reprendre l'expression d'Antoine Compagnon, n'est-il pas encore un mythe qui réactive la bien morne utopie de l'asexuation : avoir le double sexe, manière de ne plus avoir de sexe du tout, de faire l'ange? Faire l'ange, ça vous excite cette débilité-là?).

Je t'aime car tu es mon *semblable*, dit la théorie classique de l'amour. Les semblables s'attirent, soyons de semblables satyres. Aime ton prochain comme toi-même : mais il faut d'abord s'aimer beaucoup soi-même, se chérir délicieusement, avoir l'impression d'exister en tant qu'individu, personne à part entière; or, comment puis-je connaître mon identité pour vouloir la retrouver, en similitude, chez un autre? Car si je chavire, devant autrui, c'est plutôt de constater ce que mes similitudes comportent de différences et comment tel trait identique, tel regard varie d'un individu à un autre. Tu es une femme, je suis un homme, allons baiser, écrit un moderne discourtois (Guy Sitbon). Pourquoi le rapport de l'homme avec la femme serait-il plus naturel que le rapport de l'homme avec l'homme ou de la femme avec la femme? Pourquoi ne pas écrire alors : tu es un arbre, je suis un homme, allons baiser? (ou bien tu es éponge, tu es castor, tu es machine à écrire, etc.). Et puis : en quoi l'identité de nature impliquerait-elle l'identité sexuelle : les organes génitaux entre cette femme et moi, ce garçon et cet autre ne fonctionnent pas de la même façon, ne sont pas identiques. Le corps de l'autre, son ossature, ses zones érogènes, sont à la fois ce qui révèle la ressemblance et ce qui sert à l'annuler : même cette communauté sexuelle nous ne pouvons pas la concéder : car elle n'existe pas. Nous ne sommes pas plus égaux devant le sexe que nous ne le sommes devant la mort et il est absurde de vouloir faire du plaisir génital le commun dénominateur entre les hommes, la référence immuable, intangible de leurs relations. Toujours, partout, l'idéologie génitaliste va s'écriant : quand le zizi va, tout va, comme si le sexe, la lubricité, le dévergondage n'étaient pas des pulsions aussi partielles que toutes les autres. Le fait que tu sois sexué ne fait pas de toi mon semblable et donc mon frère comme disent les gâteux prophètes; ce que je veux mettre en commun avec toi ce sont nos différences et non nos ressemblances qui n'existent pas, ne sont qu'une illusion ou l'indice de notre commune soumission à une norme ou à un code. Ainsi il n'y a pas d'accouplement qui ne soit guerre même entre gens du même sexe); mais pas de guerre où plus que dans l'accouplement on ne souhaite la défaite, la victoire de l'autre, en un mot la surprise. Le cri de tous les amants n'est pas : « fusionnons, de nos deux êtres ne faisons qu'un », mais « étonnons-nous, soyons ensemble un poudroiement de flux incomptables, divisons-nous en mille personnages à partir de nos deux nudités entrechoquées ». Si le plaisir de l'être aimé fait partie de mon plaisir, c'est que mon plaisir est la perte et non la maîtrise, c'est que je jouis de l'égarement et non de la certitude. T'étreindre, c'est pour moi une certaine manière d'être vaincu, ma volupté est volupté de l'impouvoir. Faire l'amour n'est pas conjoindre mes colifichets génitaux avec ceux de l'autre mais affronter ma singularité pulsionnelle avec la sienne propre, il y a là combat et non pas fusion, agression peut-être, mais qui dérive loin des codes figés de l'agressivité, rapport d'émulation et non de concurrence, aventure et non balisage de trajets déjà vus. Tout autre dès lors qu'il est autre est une sexualité différente, il n'y a pas d'érotisme qui ne soit matière à combat, tactique, match nul ; bien antinomie entre l'amour et la guerre mais en ce sens que l'amour induit peut être une nouvelle vision de la guerre, une nouvelle stratégie, de nouvelles finalités, stratégie de la déroute et non de l'anéantissement, de la différence et non de la loi, ruses pulsionnelles évitant aux singularités de dégénérer en égoïsmes, normes, décrets, inquisitions. Ce que les galants partagent, ce sont de petites séparations continues, sans trêve, les distances seules les rapprochent et les rapprochements seuls les divisent. Ils ne cessent de prendre la mesure de leur étrangeté. Qui que tu sois, dès que tu deviens mon semblable, je m'ennuie avec toi.

Pas *d'unité* dans l'acte sexuel, fût-ce une unité éclatée, dispersée. Dès lors qu'on entre dans la conjonction amoureuse, on entre dans autant de temps qu'il y a d'échanges, temps qui ne sont pas la recherche d'une règle permanente, échanges qui font événement et ouvrent chaque fois une espèce d'aventure. L'orgasme, on le chérit parce qu'il fait mémoire, parce que les marques de son passage s'inscrivent sur les corps et les transforment en monuments d'une activité passée, parce qu'il ouvre l'espace d'un amont et d'un aval, d'un temps diachronique cumulatif. Or, quand il n'y a plus pour les amants un langage unique de la chair, quand ils consentent à l'égarement, au vagabondage, ils vivent alors autant d'expériences érotiques que de caresses, de baisers, de glissements, autant de sensations que de grains de peau (râpeux de la langue, lisse des lèvres, soyeux de la face interne des cuisses, cuivré du dos des fesses, strié de l'orifice anal, inondé de la vulve), chaque pigment plus ou moins pâle ou coloré, neutre ou odorant, amer ou salé, chaque plage de chair est un microcosme, une sphère isolée que seule la délicatesse de la paume, de la langue ou du sexe peut éveiller mais ces petits mondes agglutinés, ces tribus sensorielles dispersées sur toute la géographie du corps, elles n'ont plus de direction commune, ne s'orientent plus vers des centres (même des centres multiples), l'orgasme devient un plaisir parmi d'autres, on ne le ceindra pas d'une couronne, on ne se prosternera pas plus devant lui que devant, par exemple, la miction, l'érection ou l'effleurement d'une joue par le bout des doigts, le corps d'amour n'est ni chrétien, ni hébreu ni musulman, il est polythéiste, il croit en tous les dieux présents, passés, futurs et pour lui tout fait divinité, la moindre éructation comme le plus petit mouvement, il est un espace sacré de part en part pour lequel il n'est rien d'anodin, rien de ridicule, rien de trop sale, de trop organique, de trop insignifiant, corps indifférencié qui ne hiérarchise plus mais distingue, découpe, encadre, célèbre, adore, plage éruptive, amnésique que ne discipline plus aucune exigence unitaire.

Qu'est-ce qui enflamme nos corps? L'amour que nous éprouvons l'un pour l'autre ou la maîtrise avec laquelle nous nous étreignons? Effet d'un sentiment ou effet d'une *technique?* Comment savoir si c'est l'affection seule qui guide tes doigts, le mouvement de tes hanches et de tes reins ou si tu ne répètes pas avec moi un apprentissage que tu pourrais exercer avec n'importe quel(le) autre? Les amants haïssent la mécanique pure des organes et des épidermes, les mécaniciens redoutent à leur tour les effets troubles du sentiment, les court-circuits affectueux qui cassent les relations de causalité. Mais n'ont-ils pas également tort les uns et les autres? L'étreinte ne mêle-t-elle pas de façon irréparable l'inclination et le savoir-faire (bêtise alors du pur mouvement amoureux sans calcul — la passion seule fait bander ma verge, couler mon sexe — et de la pure fornication technocrate sans dérive, intensité sentimentale). L'amour est toujours technicien, compromis avec un catalogue de positions, une mémoire de formes qu'il répète, il n'est pas indépendant d'un certain « cynisme » mais ce cynisme minimal, cet enchaînement obligé de gestes, de caresses, de retenues n'est à son tour jamais sûr, aucune recette ne garantit l'éclosion des jouissances, aucune jouissance ne prouve forcément un attachement affectueux. Les amants éthérés qui se flattent le bas-ventre, les yeux noyés au ciel, le technicien qui fait craquer ses phalanges, coche sur son pénis les orgasmes de sa partenaire ont en commun une même haine de l'imprécision, du brouillard érotique : ils veulent des corps ici transis d'amour, là purement fonctionnels, des corps lisibles selon leur registre propre mais surtout pas des corps ambivalents ou pire des corps imprévisibles, aléatoires.

Le coït peut être un accouplement lourd, sclérosé, quêtant chichement de maigres joies à force de labeur et d'obstination; ou un amalgame aérien, léger, vivant sans agglutination ni pesanteur. Mais jamais il ne satisfait aucun désir de *transparence*, de droiture, de franchise, il sécrète toujours, quoiqu'en aient les amants, de l'opacité, de l'épaisseur, des instants monumentaux aux dimensions multiples. Où est le chemin pour les partenaires? Le chemin est toujours à trouver, les corps sont remplis de chemins que l'on n'a jamais fini d'arpenter. C'est pourquoi les amants ne se posent jamais que les problèmes qu'ils ne peuvent pas résoudre: parce que ces problèmes sont insolubles, parce que aucune solution ne les épuise, parce que ces problèmes n'existent pas, parce que enfin les solutions qu'ils finissent par leur donner ne sont pas contenues dans ces problèmes.

Et qu'ainsi l'accouplement reste une *violence* organisée et même que son organisation en décuple la violence, qu'il soit l'effervescence la plus rigoureusement réglée, qu'il demeure régi par un rituel précis, les protocoles les plus maniaques mais que jamais ce cérémonial ne se donne d'autre but qu'une rage décuplée (au besoin par la plus grande douceur) d'autre finalité qu'une frénésie sans limite. S'étreindre ne devant mener qu'à s'étreindre à nouveau. Et de mille autres manières, avec mille autres mondes.

V. Politiques de la séduction

LE TRIO INFERNAL

Au-dessus de chez moi, il y a une femme de 60 ans environ qui fait l'amour avec son chien. C'est sûr, elle se met à gémir en jouissant au même moment que le clebs aboie d'une drôle de façon. Moi, je suis tout seul et je bande comme un fou. Et je n'ose pas leur proposer de faire l'amour avec eux. J'ai mis un mot, elle n'a pas répondu. Mais si je glisse le journal avec mon annonce entourée, alors sûrement, elle réagira. Je demande donc à Mme G.S. de répondre à Bernard (le barbu qui a un vélomoteur) de venir chez moi avec Floppi prendre le café (porte 28). Je ferai tout ce qu'ils voudront.

(Petite annonce parue dans *Libération*.)

Don Juan l'anti-drague.

Aujourd'hui Don Juan n'est plus un scandale : il fait partie du vocabulaire. La légende du libertin unique et solitaire est devenue le nom commun dont s'affuble l'arrogance des dragueurs. Plus censurante qu'une excommunication, cette consécration linguistique ne retient de Don Juan que le séducteur : elle oublie la pure passion du nombre qui nous interpelle à travers lui. Le Don Juan contemporain c'est l'homme à succès, le play-boy qui, parce qu'il plaît aux femmes, se vante de faire le difficile. Le personnage du mythe, au contraire, ne plaît à toutes les femmes que parce que toutes les femmes lui plaisent. Le nombre de ses conquêtes récompense l'indifférence passionnée qui marque son désir. Sa puissance de séduction n'est pas une vertu magique, un fluide insaisissable, un mana. S'il ne connaît pas de rebuffades, c'est d'abord que sa propre convoitise ne prononce aucun ostracisme. Rien d'exclusif dans la multiplicité de ses ardeurs, et puisqu'il incarne le refus même de la discrimination, le hasard choisira pour lui l'objet momentané sur lequel se cristallisera son amour.

« Vous voyez des villageoises, des soubrettes, des bourgeoises, des comtesses, des duchesses, des marquises, des princesses et des femmes de tout genre, de tout âge, de tout rang! Chez les blondes, il a coutume de goûter leur douceur calme; chez les brunes, c'est leur fougue; mais chez toutes il aime la femme! Pour l'hiver, la grassouillette; pour l'été la maigrelette! Si la grande est plus noble, la petite est plus gracieuse. Les matrones sont fort bonnes, pour le petit plaisir de les inscrire. Mais sa flamme dominante, c'est la jeune débutante. Toute femme, toute fille, la vilaine et la gentille, tout ce qui porte jupe! Vous savez ce qu'il fait [1]. »

A l'inverse, les dragueurs choisissent; aussi n'ont-ils de pléthorique que le catalogue de leurs refus. Il est sans doute impératif d'avoir beaucoup de femmes, mais le registre des conquêtes est avant tout un palmarès : ce sont les belles créatures qui font le bon dragueur. Celui-ci aura donc d'autant plus de valeur à ses propres yeux qu'il saura réserver son désir aux objets qui le méritent et le soustraire aux « boudins » qui le dévalueraient. La drague est une avarice. Plus un play-boy est fameux, plus se restreint son champ libidinal. Au fond, que lui importe l'ivresse, pourvu qu'il ait le (bon) flacon.

Superbement, Don Juan ignore ce qu'exalte aujourd'hui le donjuanisme : le désir comme sélection ou, en d'autres termes, l'assignation d'un modèle au désirable. Leporello nous avait divulgué le secret de cette répétition insatiable : entre la vieille et la jeune, la noble et la paysanne, la belle et la laide, la « lista numerosa » ne fait pas la différence, car son maître n'y regarde pas. Ajoutons cette nuance : Don Juan ne regarde pas, et ce parti pris fait la vivacité de son scandale. Parce que le dragueur, lui, regarde : la vue est l'instrument de sa rapine et permet, mieux que ne le feraient le toucher, l'ouïe, ou l'odorat, de redoubler la sensation par la sentence. D'un coup d'œil, en effet, le dragueur embrasse simultanément le code et le réel, la créature qui entre dans son champ visuel et le prototype qu'elle incarne ou qu'elle caricature. Autrement dit, voir c'est toujours *voir double* : c'est contempler, en surimpression, la grisaille de la rue et la somptuosité des affiches; c'est subordonner la foule aux films, les corps blêmes, alourdis, ordinaires, laborieux, fripés et toujours un peu déficients de la réalité aux formes parfaites qu'exhibent les multiples variétés du Spectacle. La perception visuelle ne doit donc sa prééminence qu'à être à la fois un appareil d'enregistrement et un moyen d'étalonnage.

Ainsi le dragueur, dans l'exercice de sa convoitise, est le contraire d'un instinctif : ce spécialiste méticuleux du désirable dévisage la passante, contemple sa silhouette, observe sa démarche, dissèque son corps en objets reçus et en morceaux recalés, il suppute la sensualité dont elle pourrait faire preuve, il pèse le pour (grande,

---

1. Mozart-Da Ponte, *Don Juan*.

belle poitrine) et le contre (petite bouche, trop maquillée) — bref, son œil se met à lire l'Autre comme une copie d'examen. Et pour ce correcteur, de même que pour les prêtres, la perfection n'est pas de ce monde : la réalité n'offre qu'une copie dégradée des modèles qu'il véhicule. Chaque visage renvoie au code dont il est une combinaison particulière, mais du fait qu'il n'est pas ce code, il signifie aussi la distance qui l'en tient à l'écart, la dissemblance, le manque d'être qui l'en sépare. Un corps est toujours là pour un autre, il est toujours moins que ce qu'il suggère. Aussi la sanction frappe-t-elle avec une implacable immédiateté : ce qui saute aux yeux, c'est la déviance, la longueur d'un nez, des petites jambes, ou une peau boutonneuse... L'épiphanie de la Beauté est inconcevable hors de ce contexte de laideur que l'œil sévère, aigri et vigilant du dragueur vérifie dans le monde. Et c'est donc sans aucune surprise que l'on voit le regard innocemment sélectif culminer dans la manie scolaire de mettre une note sur le corps des êtres. Car, qu'ils se vouent ou non à cette pratique répugnante, les dragueurs ont toujours une grille : ils ne déchiffrent tous les visages que pour mesurer leur distance au seul visage qui les passionne : celui du code. Dans leur œil, il y a donc la loi, « cette stéréotypie générale des modèles de Beauté » (Baudrillard) qui motive leurs grimaces ségrégatives et ratifie l'excellence de leurs choix sexuels.

Puisque l'œil existe à l'état domestique, puisque l'observation est aussi une observance, Don Juan brouille l'ordre amoureux en appliquant, mais à la lettre, une de ses affirmations pivotales : l'amour est aveugle. D'où comme écrit Blanchot, « cette effronterie admirable » qui, à l'exigence de la fidélité, répond par la soif de la quantité et le plaisir de l'énumération. Aujourd'hui, *l'effronterie* solitaire de cette passion du nombre a été remplacée par une *muflerie* généralisée que peut définir le renversement même de la quantité en qualité : l'obsession qualitative hante le dragueur, lui ouvre tout grands les yeux, et soumet chaque objet désirable à une évaluation anxieuse où se mêlent inextricablement la peur d'être dupe, le vertige perfectionniste, la docilité au code, et l'inquiétude de l'opinion.

La tyrannie du regard.

« J'aime les femmes » : parole imbécile et vaniteuse de professionnel de la séduction, où il faut entendre, en réalité, ceci : « Je me présente : agrégé du beau sexe, docteur en éternel féminin; et ce que j'aime, c'est la maîtrise souveraine que cette compétence m'assure, les recettes infaillibles que j'en tire pour *tomber* les plus inaccessibles, la tête des copains quand j'en *lève* une nouvelle, le prestige qui me vient de les accumuler ». Tout le monde, bien sûr, ne raisonne pas ainsi, et ce discours comme la pratique qu'il implique ne sont pas majoritaires. Pourtant, ceux-là mêmes qui prennent leurs distances, fuient la drague dans le mariage, la combattent par l'aventure, la méprisent du haut de l'amour fou, gardent le même *esprit de surveillance* que le collectionneur exécré. Le tendre époux sentimental et timide qui préfère le couple stable aux accouplements furtifs, le libertin partouzard qui s'intéresse davantage à l'invention des poses qu'à l'inventaire des corps, le rêveur romantique qui, l'écharpe au vent et les cheveux en boucles, se prépare à la rencontre de l'Unique, tous communient avec le drageur dans la rage d'exclure et le désir d'être inclus, le regard inquisitorial et l'obsession de plaire au regard d'autrui. Ils voient le monde avec les mêmes yeux méchants, et travaillent inlassablement leur image pour contraindre le monde, en dépit de la concurrence, à la remarquer.

Tel est le premier paradoxe de la séduction : minoritaire comme marché, elle est omniprésente comme regard. Les transactions sont rares, l'obsession universelle. La rue est cet espace étrange et cruel où l'on ne cesse de s'évaluer et où l'on ne se rencontre pratiquement jamais. L'examen perpétuel auquel chacun se livre sur chacun ne débouche qu'exceptionnellement sur l'échange effectif. L'ordre séductif c'est d'abord cette incroyable disproportion entre les dépenses de désir et l'énergie dépensée pour être désirable. Dans ce bazar pétrifié, le dehors, tout le monde est acheteur, tout le monde est marchandise, et personne ne fait d'affaires. Ça ne circule pas, ou à peine, ça ne parle pas : mais que de fièvre dans cette immobilité, que de brutalité dans le silence de ces estimations oculaires! On regarde les autres pour fixer mentalement leur prix, on regarde leur regard pour vérifier sa propre cote; pas d'événement sur la scène séductive, pas de drame apparent : rien que des tropismes impalpables, des êtres avides d'images, des images assoiffées de reconnaissance, une immense foire prostitutive et figée. Il arrive, bien sûr, que les corps sortent de cette paralysie, mais il faut un coup de chance ou de bluff ou de baguette magique, car la rencontre n'est jamais l'aboutissement du regard, elle en est toujours l'exception.

« T'as la bite en fleur? C'est le printemps? Tu cherches un trou pour baiser? » Cette réplique qui foudroie, parfois, le bellâtre entreprenant s'attaque à ses prétentions, pas à ses normes. La haine vindicative pour l'individu dragueur (sa morgue, son sexisme, son baratin, son aisance du mec à qui on la fait pas et qui connaît la recette, son côté chasseur de primes et de beaux trophées) coexiste avec une conformité scrupuleuse à ses modèles. Tout se passe comme si l'autodiscipline du corps, l'ascèse quotidienne pour assujettir son image aux prescriptions de la mode ne détestait rien tant que le témoignage de son propre succès. L'expression du désir dérange alors même que le besoin d'être désirable a force de loi. Mais l'accosteur éconduit aurait tort de se plaindre, de crier à la mauvaise foi, de dénoncer l'hypocrisie ou la provocation. Il y a eu seulement malentendu. Il a pris, ou feint de prendre, pour une invite ce qui n'était qu'une question que le corps se posait à lui-même. Il a cru, il a voulu croire que la volonté de plaire supposait celle de rencontrer, que le désir d'être universellement convoitée impliquait la disponibilité à n'importe quel désir. Il s'est senti sollicité par la sollicitude de la femme pour sa propre image. Ce qui, bien loin d'accomplir la séduction, en cassait le mécanisme : vouloir un corps échangeable ne veut pas dire vouloir échanger son corps. Au contraire : le fait de séduire permet de se dispenser de l'aventure. La virtualité est préférable au contact et le rend facultatif. Il suffit pour s'en convaincre de comparer les destins antinomiques de la femme qui triomphe sur la scène du regard — le corps mannequin — et de celle que le regard rejette impitoyablement parce qu'elle est disgracieuse, trop grosse, tassée, banale — le boudin. Celle-là circule d'autant moins qu'elle obtient sans cesse l'assurance de plaire; celle-ci circule pour se consoler de ne pas être échangeable. Elle est facile à prendre parce qu'elle est exclue du regard; elle passe de main en main parce qu'elle n'est pas faite pour le plaisir des yeux. La hiérarchie est sauve : la vue demeure le sens noble, tandis que le toucher n'est que le dépotoir où sont jetées les laissées-pour-compte de la contemplation. Disqualification au fond très bienséante de la matérialité par l'image. Ce sont les corps sans éclat, les corps ordinaires ou miteux, qui, faute de pouvoir apparaître, couchent. Le regard n'est donc pas le prélude indispensable à la séduction : il tend, de plus en plus, à en devenir la finalité : les conditions d'admissibilité au spectacle séductif sont à ce point draconiennes que les heureuses élues jouissent de leur intégration, alors que les recalées se rabattent mélancoliquement sur les plaisirs de la chair : la chair est triste, hélas, c'est l'enchère qui est désirable.

Sur le thème rebattu de la coquetterie féminine, Freud a naguère apporté une contribution tout à fait ingénieuse. Dans *Pour introduire le narcissisme*, en effet, il remet à leur vraie place (la poubelle) les substantialismes qui célèbrent la grâce mystérieuse émanant de la femme ou qui mettent en garde contre sa perfidie. Freud le premier, peut-être, historise le narcissisme féminin en montrant que c'était pour se dédommager de leur oppression que les femmes se consacraient à leur beauté. Elles retournaient sur leur propre corps un désir qu'il leur était interdit d'extérioriser. Elles s'aimaient jusqu'à se suffire à elles-mêmes comme pour se venger de n'être pas libres de leurs choix d'objet. Elles n'étaient donc ni déesses ni diables, et il y avait une raison très précise à leur inaccessibilité. Cette explication avait l'immense mérite de faire taire les légendes et de substituer le langage de l'histoire aux salades religieuses. Mais aujourd'hui, le contexte social a radicalement changé : le capital qui intègre les femmes au travail ne peut jouer sur tous les tableaux à la fois : avec l'indépendance économique, elles accèdent inéluctablement à l'autonomie affective, leur désir est libre de choisir, et de reprendre ses choix. Aussi la cause du symptôme narcissique est-elle en voie d'extinction. Or, que se passe-t-il? Le symptôme ne régresse pas, il se généralise, il transcende l'opposition masculin/féminin, il est unisexe. C'est une même frénésie qui s'empare maintenant des phallophores. Voilà même la seule chose qu'il nous soit immédiatement donné de partager avec les femmes : l'obsession séductive, le travail incessant, anxieux, de notre image corporelle. L'Homme était regard, la Femme était objet : désormais chacun joue simultanément les deux rôles. Nous sommes tous surveillants et surveillés, inquisiteurs et victimes, car c'est du corps que nous attendons le salut. Pour rendre compte de ce phénomène, l'explication freudienne ne convient plus : on ne peut pas dire que nous nous aimions nous-mêmes à défaut de pouvoir répandre notre désir au-dehors. Non : nous faisons fructifier notre patrimoine organique, nous investissons éperdument notre corps pour avoir le droit de nous aimer. C'est notre désirabilité qui nous juge : c'est donc elle, sans relâche qu'il nous faut entretenir et fignoler. Notre narcissisme ne procède pas de la fascination, mais de la vigilance : nous ne sommes pas amoureux de notre corps, nous sommes inquiets de son image, car notre valeur en dépend. Il faut plaire : cet impératif a tué le puritanisme, mais c'est pour en prendre la place, pour occuper exactement la même position. Qu'importe, en effet, les contenus variables que l'histoire accroche au « il faut » : il faut travailler ou maximiser ses jouissances, avoir un compte en banque fleuri ou mille voyages à raconter, réussir dans les études ou faire son chemin dans la Marge... Toutes ces oppositions maintiennent la permanence de la Loi : le « il faut » qui met le sujet en défaut et qui le condamne à une quête éternelle de l'impossible plénitude. Il faut plaire : recherche de l'absolu. Inquiétude inapaisable (nous sommes tous déficitaires : proxénètes de notre corps, nous nous sommes soupesés, évalués, préférés, dissimulés dans un incessant travail de comparaison et de renvois. Nous savons quelles sont les régions belles et laides, le bon profil, les couleurs qui ne nous vont pas; et nous savons aussi, de notre intimité douloureuse avec nous-mêmes, que nous ne serons jamais assez beaux, jamais assez pierrerie, diamant, monnaie vivante). Insinuation de l'éthique dans le narcissisme et du surmoi dans la libido : séduire n'est pas bon, mais bien; ce n'est pas une ouverture au plaisir, mais le plaisir édifiant et précaire d'être dans la Loi.

Et pourquoi faut-il plaire? Parce que aujourd'hui c'est la laideur qui est pornographique, c'est elle la nouvelle obscénité. Inconvenance majeure : avoir une sale gueule; et il est devenu presque aussi malséant de laisser voir ses rides, qu'il pouvait l'être jadis d'exhiber son cul. Le Spectacle a dénudé les corps : plus rien, semble-t-il, n'est *obscène*, puisque tout est *sur scène*, tout aujourd'hui est montrable : le sexe de la femme, la tumescence du pénis et toutes les formes de pénétration; il n'y a plus de sale petit secret, rien qu'une ostentation gigantesque, un hyperréalisme des voluptés génitales. La seule chose qui soit interdite à l'affichage, c'est la disgrâce physique. Et si le Spectacle la cache, ce n'est pas simplement parce qu'il fait acte d'allégeance au code esthétique, mais parce qu'il mène une croisade contre les anomalies. Quand la publicité, par exemple, déshabille ses images, elle ne s'adresse pas seulement à la concupiscence du passant, elle l'interpelle dans sa propre chair. Elle l'invite à l'achat parfois, à la comparaison toujours. Dis, qu'as-tu fait, toi que voilà, de ton épiderme? Elle présente, en un mot, la nudité comme un paradis défendu aux moches. Tu ne pourras offrir ton corps aux regards, dit-elle au promeneur, que lorsque tu auras su leur soustraire la laideur dont tu es empoissé. Élimine cette cellulite qui tremblote à tes cuisses, change ce slip qui te ridiculise, veille, par des crèmes, à colorer ta peau tristement blafarde, rehausse à force d'onguents tes seins fatigués, s'ils sont trop éminents demande à un chirurgien qu'il te les dégonfle, extermine cette bedaine qui t'embourgeoise — alors, alors seulement, tu accéderas à la vraie nudité. Être nu, c'est un privilège, une aristocratie, une sainteté. Nous autres vilains, nous autres pauvres pécheurs, ce n'est pas notre corps qu'on voit quand nous sommes dévêtus, c'est notre mocheté.

Dans les Mystères de la Consommation, dans les Églises du Spectacle, la laideur tient le rôle du Malin. Nous répondons de notre corps comme on le faisait de ses actes au confessionnal, sauf qu'il n'est plus besoin désormais de confesseur. La Faute s'étale aux yeux de tous. Elle s'incarne en difformité. Comme agent du regard social, chacun de nous est le prêtre de cette nouvelle piété; comme objets du regard, nous sommes tous coupables par rapport à sa loi. Mais pour que la laideur soit le Mal, pour nous convaincre de notre responsabilité corporelle, encore faut-il destituer la Nature. Et il y a quelque chose d'admirable dans cette voracité du capital, dans cet impérialisme qui colonise jusqu'au donné congénital, dans cette violence qui dérobe à la Nature ses privilèges les moins discutés : la grâce n'est plus une grâce, c'est une valeur — au double sens moral et monétaire. Elle n'échoit pas à l'individu comme un cadeau du ciel, elle s'acquiert à la fois par l'argent et par la discipline. Une femme comme il y en a mille a été prise en charge par le journal *Elle*, dans le dessein de prouver que notre monde a donné vie aux fées : toute une armée d'esthéticiennes, de coiffeuses, de maquilleuses, de couturières expérimentaient leur pouvoir de métamorphose, et nous, lecteurs, nous étions conviés au miracle : le corps s'enchantait sous nos yeux, la matière profane se transmuait en image sacrée, la créature insignifiante accédait à la dignité spectaculaire. Sans doute le *compte des fées* est-il, pour la plupart, inabordable; mais la morale de l'histoire dit autre chose : elle chuchote que cette beauté chèrement acquise, seule une vigilance perpétuelle peut l'empêcher de sombrer. L'argent ne fait pas le beau corps, il y faut aussi la continuité et la tension de l'effort. Notre corporéité est une entreprise : à nous, par une gestion rigoureuse, de faire les bons placements, de combler les déficits, d'éviter ou, à tout le moins, de différer la banqueroute; car l'art de plaire c'est aussi l'art de surseoir à sa propre exclusion. Dans l'investissement contemporain du corps se conjuguent le geste consommateur de la dépense et le geste puritain de l'épargne, la pulsion d'achat et l'ascèse implacable de toutes les pulsions.

Mais si la beauté est la condition du désir et s'il faut plaire pour être un bon objet sexuel, pourquoi ne pas applaudir à cette défaite de la fatalité, à cette dénaturalisation de la laideur? Armés d'autodiscipline et de repentir sincère (presque) tous les moches peuvent être rachetés. Le code esthétique est toujours sévère, mais, fait nouveau, ses portes ne sont plus hermétiques. Ce nouveau rigorisme fabrique sans doute plus de corps échangeables que l'ancienne résignation aux caprices de la nature. Malheureusement, l'augmentation des stocks n'a pas pour effet d'animer le commerce galant, de précipiter ou de multiplier les rencontres. Au contraire : il n'est pas de meilleur moyen de bloquer le marché séductif que d'obséder les sujets sur leur puissance de séduction. La beauté n'est arrachée à la Nature que pour être surmoïsée, devenir à elle-même sa propre fin. On consacre à la représentation l'énergie même que l'on retire au désir : la libido n'est plus ouvertement réprimée, mais canalisée, rabattue par le sujet sur sa propre image. Ce ne sont plus des interdits extérieurs qui empêchent les individus d'entrer en contact et de tisser des liens, c'est leur hantise de plaire et leur manière immédiatement séductive de s'évaluer. Les corps s'offrent assurément, mais au Dieu Regard, et non les uns aux autres. Il n'y a pas d'un côté la séduction, et de l'autre, la morale. Il y a une morale de la séduction, un devoir de séduire, une aliénation du corps à son image qui entrave le rapprochement des corps entre eux avec plus d'efficacité, sans doute, que la meilleure des répressions.

Ecoutez votre désir ou le racisme à fleur de peau.

Nos temps sont ceux d'une double libération : d'une part, nous parlons de la sexualité — nous bavardons, nous écrivons, nous conférençons, nous filmons, nous pédagogisons, nous philosophons, nous table-rondons, bref nous nous émerveillons d'avoir levé le tabou qui en faisait un sujet interdit; d'autre part la sexualité parle en nous : nous laissons s'exprimer notre corps. Méfiants à l'égard des directives répressives de la conscience, nous nous mettons à l'écoute de notre libido et nous nous efforçons de déchiffrer et d'appliquer les messages qui nous en parviennent, car notre éthique, s'il nous en reste une, est de vivre sous sa dictée. Tâche ardue, tâche rendue presque impossible par les instances anti-désir qui ont encore un pouvoir redoutable en nous comme hors de nous, et font sans cesse obstacle à nos bonnes résolutions. Il reste que, de plus en plus souvent, au lieu de nous justifier de notre désir nous nous justifions par lui. Nous avons inventé cette nouvelle légitimité : la peau. Ainsi l'accusé pulsionnel est devenu procureur dans le meilleur des mondes paranoïaques possible où l'Autre, l'étranger c'est l'indésirable, et l'indésirable, sans aller chercher plus loin, celui qu'on ne peut pas désirer. Car le langage que le désir parle le plus spontanément est celui du refus, de la ségrégation. Le corps a ses métèques que la raison entérine, et, en guise d'oracles, nos pulsions libérées prononcent des ostracismes. Nous attendions le déferlement d'un désir-fleuve, la divagation des flux sexuels hors de tout domicile imposé, l'effusion généreuse de la libido sur l'ensemble du champ social, et nous vivons, en fait, sous le despotisme d'un désir avare qui raréfie ses investissements, d'un désir oculaire qui fonctionne par rejets, d'un désir féroce qui oppose toujours la singularité de ses engouements à la profusion de ses dégoûts, d'un désir, enfin, qui, à peine sorti de prison, édifie ses propres barrières, ses infranchissables cloisonnements.

Aujourd'hui où le plus profond, c'est la peau, toutes les exclusions sont prononcées *au nom du corps*. Par une étrange convergence, le désir affiche tranquillement ses fondements racistes, au moment même où le racisme ne se cherche pas d'autre justification que libidinale. Il n'y a plus de théorie ségrégative, il n'y a désormais que *des réactions*. C'est une même intolérance physique, un même réflexe discriminatoire qui bannit, chez les uns, les vieux parce que leur sénescence se voit, les moches parce qu'ils sont moches, les jeunes cadres pour leur coupe de cheveux, et, chez les autres, les Noirs parce qu'ils sentent fort et les hippies pour leur prétendue malpropreté. En se somatisant, le racisme trouve comme une nouvelle innocence. Mais pourquoi la répugnance serait-elle mieux fondée dans le corps que dans un grand principe? Quand le corps se met à avoir des têtes de turcs, faut-il couper les têtes ou interroger le fonctionnement raciste du corps?

Une telle question, certes, ne fait pas plaisir : elle met à mal nos croyances les plus enracinées. Si la ségrégation fait appel au désir, et non au préjugé, c'est tout l'optimisme des Lumières qui s'effondre : la méchanceté ne provient pas de l'erreur, et jamais la Vérité n'abolira le racisme. Cette idée meurt lentement que l'on pourra venir à bout de la discrimination par des exposés ou des conférences. Et puis, surtout, nous avions misé sur la subversion sexuelle : il n'est jamais très agréable, même si l'on commence à en prendre l'habitude, de voir un ordre s'édifier au nom des principes dont on attendait une révolution. Bien sûr, il nous est toujours loisible d'appliquer à cette déconfiture des schémas qui ont déjà servi ailleurs à renflouer l'espérance : de même que Staline a dévoyé Marx et trahi le léninisme authentique, de même le Spectacle a captivé, c'est-à-dire capturé le désir : le contrôle par l'image se substitue au contrôle par la répression. La sexualité n'est plus interdite, mais c'est la dictature du code qui parle aujourd'hui le langage de la liberté. Cette redistribution des cartes, ce New Deal du sexe impose un nouveau radicalisme à notre modernité : mettre fin au Spectacle et détruire les codes. Le désir bavarde, mais le vrai désir est absent. Le puritanisme l'avait bâillonné, privé de parole; c'est un usurpateur maintenant qui parle en son nom. Au sein même de notre désarroi, nous voici rassurés : il y a un vrai désir. Nous pouvons vivre dans la promesse eschatologique du bonheur. Notre sexualité est aliénée et donc malade, nous la guérirons en l'émancipant de cette aliénation.

Et si c'était le contraire qui était vrai? Si nous ne souffrions pas d'être aliénés, mais de l'être trop peu? Si nous n'étions pas encore assez malades? Notre désir n'a pas besoin de vérité, de démystification, mais de tant de mythes qu'à la fin il ne sache plus où donner de la fête. Nous ne demandons pas la mort du Spectacle, mais plus de spectacles encore! A ceux qui nous disent que nous sommes submergés par la variété des images, nous répondrons que nous sommes pilonnés par la répétition des mêmes modèles. La prolifération des hard-core, par exemple, ne doit pas faire illusion. Une pornographie bien-baisante, majoritaire écrase impitoyablement les hétérodoxies sexuelles et esthétiques. *Il nous faut une multitude de pornographies pour que plus rien ne soit pornographique,* pour que les laideurs, les déviances, les sexualités extravagantes — celles qui ne disent pas, avant l'assaut : « Génital nous voilà ! » — toutes les nouvelles obscénités sortent du purgatoire, et qu'enfin notre érotisme au lieu de se cristalliser sur les mêmes images, assiste à l'émiettement de ses propres archétypes. Ce que nous reprochons au Spectacle, c'est la parcimonie de ses figures, la violence de ses exclusions, les races, les comportements, les êtres qu'il confisque au désir en les chassant de la représentation. C'est en multipliant ses captures qu'on libérera le désir, c'est en aggravant sa malléabilité, en l'affolant de critères, en pluralisant ses codes, qu'on agrandira ses territoires. Plutôt qu'arracher les pulsions au Spectacle, nous voulons arracher le Spectacle à son avarice, le rendre enfin à la polymorphie. Qu'il ne nous donne pas toujours la même chose à aimer ; qu'après avoir transgressé les limites imparties au regard, il mette toute son audace à élargir l'espace étriqué de notre convoitise. De quoi voulons-nous guérir : d'une surpopulation de fantasmes, ou d'un malthusianisme draconien ? De nous investir sur ce que montrent les images ou de nous désinvestir de ce qu'elles ne montrent pas ? D'une sexualité aliénée ou d'une sexualité mesquine ? Au lieu de la déplorer, profitons de notre flexibilité libidinale, faisons-la jouer à plein : et comme seul le Même agit sur le Même, répondons au racisme des images par des images et non par des arguments, pulvérisons spectaculairement cet ordre immuable d'exclusion qui s'appelle aujourd'hui désir, pour vivre, non pas bien sûr l'indifférencié d'une sexualité omnivore, mais des exclusions variables, des choix aléatoires, des séductions imprévisibles. Vœu pieux, ce beau programme ? Moins religieux, moins utopique, en tout cas, que le discours de la désaliénation. Il est plus réaliste de programmer le dérèglement du Spectacle que sa disparition. Des pornographies d'ailleurs, cela existe déjà : pluriel, timide, souterrain, surveillé. Mais qui nous dit qu'il n'y aura pas, un jour prochain, un film tendre et cochon, un film enfin *métissé*, racontant les amours d'un pédéraste et d'une saphienne, déployant une orgie merveilleuse sans athlète d'exception, où des vieillards copuleront avec des enfants, où d'exquises rombières seront les « gigolotes » de jeunes éphèbes blonds, où des Arabes toucheront la femme blanche. Tout est à faire pour fusiller un à un nos refus. Tout est affaire de ruse, d'opportunisme, de compromission pour entrer dans la place et retourner contre la ségrégation sexuelle les grands moyens spectaculaires sur lesquels repose son pouvoir.

Contre Don Juan.

Tout à l'heure, nous faisions l'éloge de Don Juan : nous exaltions ce désir qui proclame d'abord son avidité insatiable et non ses exclusives. Car rien ne nous paraissait plus abject que la rétention du dragueur, que ses engouements parcimonieux. Don Juan, au moins, ne soumet pas sa sexualité au modèle scolaire et n'a pas besoin de noter une femme pour qu'elle le fasse bander. Mais il se crève les yeux pour illimiter sa concupiscence, comme s'il n'y avait que la cécité volontaire qui puisse mettre en échec l'exercice professoral du regard. Le mythe de Don Juan n'offre pas d'autre issue à l'avarice que l'aveuglement : tragédie triste où les deux côtés ont tort en même temps.

Mille et trois femmes, dit le grand séducteur : ce qui n'est jamais que le même désir décliné mille et trois fois. Certes, il ne classe pas ses conquêtes : il reste qu'il les compte. Au lieu de soumettre les femmes à un principe d'équivalence unique : la Beauté, il les additionne au nom d'un principe d'identité : le Sexe. Le dragueur maltraite les différences en les hiérarchisant, Don Juan ne semble accueillant que parce que sa violence est plus grande : il anéantit les différences ne laissant à leur place que cette tautologie meurtrière : les femmes sont les femmes. Puisque l'anatomie les a toutes rendues pénétrables, Don Juan, indifférent au reste, compte pour siennes celles qu'il a pu pénétrer. Il n'a pas, c'est vrai, les délicatesses et les aversions de l'esthète, mais le plaisir d'inscrire qu'il leur substitue n'est qu'une hospitalité « d'utérophile ». Le regard pauvre du dragueur (qui, nous l'avons vu, est, pour une large part, aussi le nôtre) ne voit jamais qu'un code — ses bonnes copies, et ses vilains simulacres, ses beaux graphismes conformes et ses affreux pâtés. Le désir pauvre de Don Juan réduit les femmes à l'abstraction invariable de leur féminité. Le premier, comme un enseignant surchargé de classes, note, admet, recale, fiche, répartit, récompense et blâme; le second, dans sa course folle, ne poursuit jamais que le Même. Sa passion inclusive s'élève sur une exclusion fondamentale et cachée. Il prend toutes les femmes, après les avoir toutes, à l'avance, vidées de leurs singularités.

Si c'est pour déboucher sur l'effroyable monotonie génitale, où tout revient au même, à quoi bon cesser de choisir ? Le dragueur a l'œil fixe, Don Juan a l'œil clos, mais ils ressentent tous deux une seule et immuable convoitise. Ce qu'il faut imaginer, aujourd'hui, c'est un regard multiple *embarrassé de références*, c'est une séduction soustraite à l'illusion de critères objectifs, naturels, déterminables, c'est un désir non pas aveugle, mais déséduqué, c'est la coexistence en un même œil de plusieurs normes contradictoires, ce sont des choix labiles, diversement fondés, et non pas l'absurde abandon de l'idée de choix.

Le baratin, l'ancien et les nouveaux.

« Autrefois pour faire sa cour, on parlait d'amour » (Boris Vian). La bienséance fabriquait des prétendants éthérés, appliqués à camoufler leurs aspirations sensuelles, à jouer avec conviction le rôle sentimental, à célébrer l'empire que la femme avait pris sur leur âme, en des termes dictés par une exigence séculaire de travestissement. Le langage amoureux était comme un bal masqué qui n'accueillait les pulsions que méconnaissables sous leur déguisement affectif. On disait cœur pour sexe, on formulait en termes de sentimentalité des obsessions génitales. C'était une métonymie conventionnelle, un alibi codifié, le plaidoyer du désir qui s'excusait d'être et s'efforçait de se dissoudre dans l'immatérialité, pour obtenir une satisfaction matérielle. On sourit aujourd'hui de ce pieux subterfuge, sans s'apercevoir de sa commodité : ainsi l'inavouable pouvait être avoué; ainsi surtout la séduction disposait d'une rhétorique étendue, accessible, d'un inépuisable trésor de lieux communs qui garantissait efficacement contre l'angoisse du « quoi dire ? ». La littérature, alors, rendait un inappréciable service : elle soufflait des répliques, elle permettait de draguer.

Nous avons dénoncé l'hypocrisie de ces tirades amoureuses : n'importe quel néophyte de la stratégie séductive, n'importe quel soupirant passionné sait aujourd'hui qu'à moins de gâcher ses chances et de sombrer dans le ridicule, il ne doit pas parler d'amour. L'ardeur sentimentale était un impératif de la séduction : elle est devenue son interdit majeur. Nous avons mis les points sur les i, nous avons vendu la mèche : le cœur est un cache-sexe. Ce qui ne veut pas dire que la séduction peut désormais parler *à sexe ouvert*. Même s'il est la référence principale de nombre de discours, même s'il est l'argument ultime de toutes les exclusions, le désir ne peut encore prétendre à plaire. Nul ne se prévaut de sa convoitise pour obtenir l'objet convoité. Nous en sommes, de ce point de vue, au même point que le marquis de Sade, et les maisons de libertinage qu'il imaginait pour parfaire l'œuvre de la Terreur restent le fantasme secret de la séduction.

« Différents emplacements sains, vastes, proprement meublés, et sûrs dans tous les points, seront érigés dans les villes; là, tous les sexes, tous les âges, toutes les créatures seront offerts aux caprices des libertins qui viendront jouir et la plus entière subordination sera la règle des individus présentés [1]. »

Appliquée à la jouissance, la Révolution est une économie puisqu'elle soulage le débauché du temps consacré à rendre désirable son propre désir. L'exigence pulsionnelle ayant force de loi, l'assouvissement devient un dû. Ce qui fait de la sociabilité sadienne un *échange de mauvais procédés :* dans l'espace instauré par cette nouvelle politesse, chacun s'engage à souffrir sans murmurer la tyrannie fantasmatique de tous ceux (ou celles) dont il aura suscité la convoitise, à la condition expresse de jouir lui-même d'une autorité libidinale absolue sur les objets qui le polarisent. En d'autres termes le républicanisme sadien instaure l'égalité par l'assujettissement réciproque, et substitue le devoir d'obéissance de l'individu désiré au devoir de plaire du sujet désirant. Inversion pure et simple de la règle séductive sous laquelle nous vivons encore : le désir a beau avoir pignon sur rue, ce n'est pas plus un pouvoir discrétionnaire qu'un argument de séduction. Il n'y a rapport séductif, doit-on même ajouter, que parce qu'aujourd'hui

---

1. Sade, *La Philosophie dans le boudoir*, « 10/18 », p. 227.

comme hier, l'instinct charnel ne peut être à lui-même sa propre légitimation. Il doit se faire pardonner pour avoir la chance qu'on l'écoute. Quand l'humanité avait une âme et un corps, et vivait son existence sous l'égide de cette dualité, l'amour était le rédempteur, le désir était le péché : on enveloppait d'idéal l'accouplement malpropre, on dissimulait derrière les voiles du sentiment et de la tendresse le sale assouvissement de l'instinct. Nous avons mis cette vieille machine métaphysique au rebut, où seuls l'entretiennent quelques curés nostalgiques, nous sommes monistes, nous ne taxons le corps d'aucune impureté, le visage n'est pas plus spirituel, sublime, que le sexe n'est matériel, ou bas — et pourtant celui-ci demeure coupable : non pas de bassesse, mais d'impersonnalité. Le désir n'est plus vicieux, il lui reste le défaut d'être anonyme. Ne disant rien sur l'individu qui le porte, il ne peut, en tant que tel, être accrédité par son destinataire. Car nul n'entre sur le marché séductif, s'il n'est apte à décliner sa différence. Il faut être individu pour espérer nouer un contrat libidinal. Cette évidence est, en fait, tout l'enjeu de la drague : ce qu'on appelle l'art de plaire n'est rien d'autre que l'effort réussi pour faire consacrer sa singularité. Le désir devient monnayable une fois corrigé de son indétermination première; *ça marche*, quand on a su se donner forme, convertir en personne distincte l'interchangeabilité de sa libido. Si, au contraire, prétendant timide ou anachronique, on n'a rien d'autre à proposer que des lieux communs amoureux ou un *désir sans qualités*, on est sûr d'être impitoyablement débouté : rien de plus stéréotypé que les mièvreries affectives, rien de plus banalement naturel que les aspirations des sens : le discrédit où nous tenons la généralité commande donc de trouver autre chose. Dans l'ancienne séduction, le désir était tabou au nom de l'amour : dans les travaux d'approche de la nouvelle, ils le sont tous deux au nom de la différence.

Parler d'amour est ridicule; parler libido n'est pas opératoire. Qu'est-ce alors qu'une parole séductive? Expulsée de son code traditionnel, la séduction contemporaine n'a pas trouvé de discours de rechange, ou plutôt elle les a trouvés tous. Faute d'un domicile fixe, elle est vouée à l'errance et au parasitage universel. Puisque la drague est privée de langage, il n'y a pas de langage qui, à l'occasion, ne puisse se mettre à draguer. D'autant plus que la teneur du message séductif a changé : si elle a lieu, la déclaration d'amour ne se formule *qu'après*, quand il ne s'agit plus d'obtenir les faveurs de l'Autre, mais de garder sa présence. C'est : « je suis autre... je vaux le coup... viens consommer ma différence » que dit désormais le texte dragueur. Et dans cette course à l'originalité, dans ce procès effréné de faire-valoir, tous les discours peuvent servir, seuls sont bannis le silence embarrassé et le honteux stéréotype. Maintenant qu'on ne drague plus à l'amour, on drague à n'importe quoi : à la révolution, à l'écologie, à la musique pop, à la défonce, à la peinture à l'huile, aux voyages en Afghanistan, au fric, à la bagnole de sport, au vélo hollandais, à la pédagogie moderne, aux after-shave de Givenchy, au bricolage, à la cuisine exotique et à la peinture à l'eau : tout ce qui peut faire dire au destinataire : « chouette, ce type (cette fille), pas banal(e) » ; le contraire de : « bof... il (elle) a rien »... le contraire de ce péché capital : l'indétermination.

Le séducteur, jadis, était un comédien cynique qui déguisait la fureur des sens sous la ferveur des sentiments. Son plaisir pervers, et sa loi, c'était la contrefaçon. La drague exige, de nos jours, de tout autres qualités. Il ne s'agit plus d'être duplice mais échangeable. La mascarade séductive a fait son temps : nous vivons l'ère transparente et objective de l'examen. On juge l'Autre pour ce qu'il est et non pour la passion qu'il affiche. On le rejette quand il n'est rien, quand il ne sait pas se constituer une image. La séduction était un art de la dissimulation ; la drague est un art de la détermination. Le séducteur faisait hypocritement acte d'allégeance aux valeurs régnantes de la société : l'honneur, la vertu, l'amour. Le baratin du dragueur implique un effort de mise en forme, et non un travail de déformation. Le premier travestissait son personnage ; c'est à être un personnage que s'évertue sans relâche le second.

Séduire c'était donc mentir : aussi tous les individus sincères, aimant d'amour ou croyant à la vertu se situaient-ils automatiquement en dehors de la séduction. Dieu n'avait aucun mal à reconnaître les siens : mais, aujourd'hui, qui ment? Qui fraude? Qui joue cartes sur table? Qui peut affirmer : « La drague, connais pas, je ne connais que la rencontre »? L'ancienne clarté se brouille, Dieu se gratte la tête : il n'y a plus d'opposition de méthode entre les charmeurs professionnels, les tendres sentimentaux et les gens à principes. La drague est le point de passage obligé de tous les échanges, l'incontournable contrainte de l'intersubjectivité amoureuse.

A l'École qui sont les meilleurs élèves? Ceux qui peuvent jouer sur les deux tableaux de la norme et de l'écart. Ils ont assimilé les connaissances et les méthodes du maître, ils ont traité le sujet, mais ils l'ont fait *brillamment* : en d'autres termes, ils y ont mis ce je ne sais quoi qui les singularise et les distingue sans équivoque du petit camarade bûcheur juste capable de produire exactement ce qu'on exige de lui, et qui s'attire cette appréciation dédaigneuse : scolaire! L'École normalise, mais elle n'aime pas les gens qu'elle a trop bien normalisés : son pouvoir les écrase et leur reproche ensuite de s'être laissé faire.

De même, dans l'examen séductif, ce ne sont pas forcément les plus consciencieux qui sont les mieux classés. Il faut savoir appartenir à un code, tout en le dispersant, tout en opérant par rapport à lui un décrochage subtil. Il faut être capable de susciter un double sentiment de reconnaissance (« c'est le genre marginal, j'aime... ») et d'étonnement (« il a quelque chose en plus, c'est pas le hippy stéréotypé »). Fragile mariage du Même et de l'Autre, position acrobatique à la fois dedans et dehors, équilibre savant dont la rupture peut conduire au désastre. L'absence de marque est aussi dangereuse qu'une marque excessive. Un genre trop fixe pèse comme une copie scolaire; pas de genre du tout, et l'on se trouve recalé pour inconsistance.

Par où commencer?

Au moment où je vais provoquer une rencontre, cette question s'interpose toujours entre moi et l'Autre. Qu'elle soit trop angoissante, que je ne trouve pas immédiatement une réponse qui me satisfasse, et le lien projeté se défait avant même d'avoir été tissé. Par où commencer? Autant, peut-être, que la contrainte de leurs occupations et la tyrannie du regard, c'est cette interrogation silencieuse qui maintient les individus à distance, et fait du dehors ce théâtre désespérant où l'ordre le plus inflexible revêt les apparences du chaos, où tout pourrait se passer sans qu'il se passe rien, où l'événement surgit mais au conditionnel.

Et pourquoi le commencement est-il une question? Pourquoi cette anxiété initiale? Parce que commencer ce n'est pas partir de rien. Ce n'est pas tant un début qu'une rupture. Quand j'aborde l'Autre, je me mets hors-la-loi. Je me présente sans avoir été présenté. Je prends le risque d'une rencontre qu'aucune médiation n'autorise : en ne passant pas par un tiers — personne ou institution — je commets une sorte de scandale. Je dérange. Dans le savoir-vivre rigoureux qui, même et surtout chez les plus spontanés, règle, distribue et raréfie les rapports entre les gens, commencer reste une offense. Le fauteur des commencements est un trouble-solitude, et l'on sait que notre monde fait de l'isolement le premier et le plus sacré des droits. Par où commencer ? Par l'excuse. Il faut justifier et, si possible, effacer l'illégalisme. Je suis le démarcheur de moi-même, et comme un représentant qui doit éviter qu'on lui claque la porte avant qu'il ait eu le temps de proposer sa marchandise, il me faut déployer des trésors d'astuce pour métamorphoser instantanément la grimace de l'Autre en sourire, et son recul en curiosité. C'est l'écrasante responsabilité des premiers mots : trouver une brèche dans la forteresse du quant-à-soi, se faire absoudre, en commençant, du scandale de commencer.

Voilà pourquoi, sans doute, la plupart des gens se dérobent à cette angoisse et à cette responsabilité : ils séduisent certes, mais ils ne commencent pas. Ils aiment les institutions, ces espaces structurés dans lesquels le lien précède les êtres, alors que dans la rue, les êtres précèdent toujours le lien. Lieux professionnels, lieux ludiques, lieux culturels, lieux militants, où mon rapport avec les autres anticipe le contact que j'ai avec eux, où c'est donc (très commodément) la relation qui crée la rencontre. Deux mouvements caractérisent cette ruse des « faibles » pour entrer dans la séduction, en dépit de leur timidité : ils *contournent* l'obstacle du commencement, et ils *détournent* le rapport officiel à leur profit. Ces adeptes de la drague indirecte sont donc des pervers puisqu'ils distraient les institutions de leur finalité sérieuse, et qu'ils mettent à dériver un lien tout le savoir-faire qui leur manque quand il s'agit de trouver une parole inaugurale.

Si la séduction frontale est si peu (ou si mal) pratiquée, c'est aussi parce qu'il n'existe pas de recette du commencement. Il y a certes une norme dragueuse : mais au lieu d'être une référence admise et respectée, elle sert de repoussoir. Les lieux communs ne sont plus ces auberges aménagées par la tradition dans le langage pour accueillir les discours hésitants du novice. Ce ne sont plus des stéréotypes indispensables au protocole de la séduction, ce sont les écueils que tout sujet en état de drague doit savoir éviter. Il faut violer la norme séductive pour être admis à séduire.

Trouver d'autres mots que ceux qui vous viennent. S'arracher au code de la drague. « Vous habitez chez vos parents ? »; « C'est quoi ce que tu lis ? »; « T'achètes *Charlie-Hebdo* tous les jours ? », « Ne vous ai-je pas déjà rencontrée au casino de Saint-Moritz, ou bien était-ce au buffet de la gare, à Bécon-les-Bruyères ? »; « Tu viens souvent à la piscine ? »; « On vous a déjà dit que vous étiez très jolie ? »... Moins on emploie les paroles du dragueur, plus on s'écarte de son personnage conventionnel, et plus on a de chances de plaire. Les seules bonnes séductions sont les séductions buissonnières, les seuls bons commencements sont ceux qui esquivent les stéréotypes du commencement. Par où commencer ? Par la fuite. Cours, dragueur, la vieille drague est derrière toi ! Il y a donc deux exigences en une seule : trouver un début au rapport, et que cette ouverture soit inédite. Dans le geste du commencement, l'invention doit redoubler l'initiative.

Sans aucun doute, la position des femmes sur le marché séductif a changé : elles étaient les Muses, inspiratrices et réceptacles du discours masculin; voici qu'elles prennent la parole. Elles étaient les Idoles du culte : elles sont sorties du temple et se mettent à exister. Privées des commencements, elles n'avaient que la liberté de vouloir bien ou de refuser les propositions masculines. Désormais elles ont droit à l'initiative.

Un symptôme de cette modification : la désuétude sans doute irrémédiable du Compliment. Ce « topos » séductif encadrait les femmes, les immobilisait dans leur qualité d'œuvre d'art et leur réalité de marchandise. La cour des prétendants, c'était un peu comme une salle des ventes diversement animée selon l'ouvrage mis aux enchères, et chacun disait son prix, dans l'espoir que la femme, succombant au vertige de sa propre valeur, récompenserait le poursuivant le plus assidu, le plus emphatique et le plus prodigue en paroles idolâtres. *Or, le superlatif est une monnaie qui n'a plus cours* dans un monde où les femmes sont aussi acheteuses, et ne se contentent pas de se donner au mieux offrant, mais prennent, selon leurs propres critères, l'être qu'elles désirent. L'émancipation des femmes a périmé la liturgie galante de l'éloge. Nous avons mis en place d'autres cérémonies tout aussi contraignantes, sous l'apparence de la désinvolture et de la spontanéité, mais l'abandon du compliment protocolaire prouve au moins que le marché séductif se rééquilibre, et que les deux sexes s'y affrontent, de plus en plus, à égalité.

Pourtant, malgré ce mouvement irréversible vers la parité des compétiteurs, on ne peut parler de progrès. Car les femmes vivent aujourd'hui deux expériences contradictoires du désir masculin : la réciprocité dans l'espace séductif, mais aussi, hors séduction, le risque perpétuel de l'agression. Un désir qui veut plaire et un désir qui veut prendre. Ceux qui se soumettent à l'examen, jouent le jeu, et ceux qui renversent en rapport de force le rapport d'évaluation que la séduction instaure. D'un côté le marché de la drague; de l'autre, la menace du viol. Car la modernité ne remplace rien, elle ne dissout pas les archaïsmes, elle cohabite avec eux. Les rôles se brouillent et commencent (timidement) à s'échanger, la bataille se déroule désormais à armes égales, et puis, simultanément, la femme reste l'être à qui le dehors fait peur, car il est, pour elle spécifiquement, le théâtre d'une brutalité aux mille formes. Il y a ceux qui sifflent, il y a ceux qui s'entremettent et bouchent le passage, les indécollables qui suivent à cinq mètres, les peloteurs qui chapardent et se vengent de l'inaccessibilité des corps par des attouchements furtifs, il y a les spécialistes des nichons et les pinceurs de fesses, il y a ceux qui surgissent dans les rues sombres, ceux qui viennent parler à l'oreille ou ceux qui agrippent le bras, il y a les roublards du métro aux heures de pointe, ou les planqués dans l'ascenseur aux heures tardives, bref il y a la virtualité omniprésente et polymorphe de l'agression[1].

Et cette violence ordinaire interdit toute spontanéité des rencontres. Pour entrer en contact avec une femme, il faut que je *l'aborde*, c'est-à-dire que j'emprunte les mêmes voies que la brutalité agressive. Je dois donc choisir le moment, le lieu, et les mots où aucune ambiguïté n'est possible, où l'on ne prendra pas pour une attaque ma volonté de tisser un lien. Ce n'est pas de ma propre violence que je dois me garder mais de celle que l'Autre vraisemblablement me suppose. Aussi le commencement n'est-il pas seulement une question d'invention ou d'initiative, mais un pro-

---

1. Bien loin de régresser sous l'effet d'un progrès inéluctable, cette violence est aujourd'hui d'autant plus quotidienne, rageuse et affolée que les femmes se libèrent. L'émancipation féminine ne liquide pas l'agression, elle lui ajoute l'odieuse dimension du ressentiment. Attaquer une femme, ce n'est pas une attitude instinctuelle, sauvage de primate, c'est la réaction d'un propriétaire à l'abolition de l'esclavage. La nostalgie d'un pouvoir révolu commande le recours à la force. Tout homme qui frappe une femme, aujourd'hui, ou la siffle, ou l'insulte ou l'agrippe, affirme, du même coup, son appartenance au Ku-Klux-Klan de la masculinité déchue.

blème d'opportunité : commencer, pour un homme, c'est attendre l'instant où il ne fait pas peur.

Timidité des premières paroles : à ce moment crucial de l'examen, aucun faux pas n'est toléré. Or, la timidité est précisément cet état où mon langage m'échappe, s'emballe ou se bloque, et dit à l'Autre le contraire de ce que je voulais lui faire entendre. Dans la panique, ce sont mes propres mots qui me font mal, *qui disent du mal de moi*. Je voudrais m'offrir, faire circuler mon image, et je ne produis, sous l'empire d'une force immaîtrisable, qu'un simulacre, qu'un faux grossier, qu'une calomnie. L'être qui apparaît, ce n'est pas moi, c'est un con et je suis comme effacé par cet usurpateur. Ma maladresse me diffame, je reste sec précisément parce que l'Autre me juge, je perds mes moyens quand il est *trop* impératif que je les mobilise, je cède aux stéréotypes comme à une sorte de vertige, et je m'abîme dans la bêtise tellement est violent mon désir d'y échapper. Bref, je n'ai pas d'ennemi plus médisant que ma bouche. Alors, bien sûr, je rêve d'une séduction bouche cousue, une cérémonie muette aussi ritualisée que le manège animal qui ne supprimerait pas le choix, mais qui déplacerait les critères ; cette façon que j'ai de rester stupide en situation d'examen ne me réduirait plus à la solitude. Débarrassé des mots, je n'éviterais pas l'évaluation, je serais simplement prémuni contre la défaillance. Je rêve, en somme, d'une histoire sans paroles : ce qu'était la coutume paysanne du maraîchinage.

« Les jeunes filles sont réunies et circulent sur les places ou dans les rues. Les jeunes gens ont abandonné les cabarets et leurs parties de cartes... Ils recherchent du regard la Maraîchine qui passe et qui leur convient. Les fillettes, attendant avec impatience l'assaut qu'elles vont subir, continuent à se promener causant entre elles... Les maraîchins les suivent un instant ou, parfois, débouchant d'une rue, les atteignent en courant.

« C'est alors que commence l'attaque. Quand l'un d'eux a fait son choix, il aborde vivement la jeune fille, en tirant fortement par-derrière son bouton de frise ; d'autres fois, il procède à la première attaque en lui posant la main sur l'épaule gauche et en passant ensuite le bras autour du cou. Puis il cherche à saisir le parapluie.

« Si la jeune fille est consentante, elle le laisse prendre par le haut du manche, tandis qu'elle continue elle-même à le retenir [1]. »

1. Cité dans Jean-Louis Flandrin, *Les Amours paysannes*, coll. « Archives », Gallimard-Julliard, 1975, p. 195.

Rien dans ces gestes minutieux n'est laissé au hasard, rien n'est laissé au langage non plus, comme si le désordre et le risque devaient forcément s'introduire dans la rencontre, avec les mots. On se choisit sans se parler : c'est le corps ou c'est le nom qui est un passeport séductif. Le rite protège les êtres de leur propre timidité; le silence les sauve de la bêtise.

La ville nous a dépouillés de cette liturgie, mais, curieusement, c'est aujourd'hui dans la drague homosexuelle que se survit le gestuel amoureux des campagnes. Même rapidité prédatrice, même mutisme dans les manœuvres d'approche et d'assaut, même formalisme enfin. C'est l'ignoble police hétérosexuelle qui a rejeté ceux qu'elle médicalise sous le nom d'invertis dans un ghetto érotique, et qui n'a donné pour décor à leurs rencontres que la pénombre d'endroits clandestins. Mais parce que cette répression a eu pour effet d'accélérer les contacts, ce sont parfois les normaux, les majoritaires qui fantasment comme un privilège les cachettes des pédés. Ceux-ci savent où aller pour jouir. Et dans ces lieux opaques, la séduction est transparente : quand il faut dissimuler ses manigances aux honnêtes gens, on ne s'embarrasse pas, entre soi, de précautions dissimulatrices. Quand on est condamné aux amours furtives, on réduit au minimum les préliminaires verbaux. Dans l'obscurité répressive, les corps se touchent avant que les sujets ne se parlent, et la solidarité minoritaire tisse un lien assez fort pour dispenser des mots.

Mais peut-on appartenir aux deux mondes en même temps, partager la normalité triomphante avec les persécuteurs et la connivence silencieuse avec les persécutés? Non, bien sûr : les rites de la drague homosexuelle sont interdits à l'hétérosexualité, car celle-ci est vouée au *naturel*, c'est sa légitimité et c'est son martyre. Partout chez elle, elle ne s'installe et ne s'affirme en nul endroit précis. Toutes les formes lui étant données, elle n'a pas droit à la sécurité d'un formalisme. Langage régnant, elle ne peut pas, autrement qu'en rêve, échapper au langage. La parole est son destin.

Quitte à ne pas sortir des mots, on peut aujourd'hui esquiver la violence polie de l'échange verbal en pratiquant la séduction par correspondance. Un nouvel espace est apparu où dire sa singularité, se brancher sur le dehors, s'apparier : la petite annonce. Sur ce marché parallèle, ce n'est pas le silence qui détrône la parole et prend en charge les commencements, c'est l'écriture.

Au prix, diront les nostalgiques, de l'aléa, de la stupéfaction, du jamais vu, bref de la Rencontre. Dans la vie, c'est l'Autre qui fait naître la passion, dans l'annonce c'est nécessairement le désir qui prélude au contact. Un désir avec attaché-case qui veut du rationnel, de l'objectif, du sur-mesure. Une convoitise cybernétisée qui programme son partenaire. Au hasard des êtres qui se découvrent semble succéder l'agencement des corps complémentaires. Ce qui disparaît, avec ces combinaisons calibrées, c'est le traumatisme de l'étonnement. L'Autre ne doit plus être autre puisque la petite annonce, comme une embauche, le sélectionne sur des critères de conformité. Altérité s'abstenir. Fin du romanesque : l'annonce étend au marché séductif les méthodes d'investigation propres au marché du travail.

Beau réquisitoire, émouvant, mais qui souffre de s'adosser à un mythe : la Rencontre n'existe pas. Il y a autant de précaution, de retenue, de méfiance inquiète dans l'échange visuel et verbal que dans l'annonce la plus maniaquement détaillée. Il faut mettre fin au préjugé séculaire qui fait de la parole le lieu de l'imprévisible. Le recours à l'écriture ne signifie pas le passage de la spontanéité à la prévision, c'est une tentative pour arracher la séduction à l'ordre séductif. Celui-ci condamne les timides à la solitude, et voici qu'ils refusent le jugement, et n'accomplissent pas leur peine. Ils deviennent petits annonceurs exactement comme Rousseau est devenu grand écrivain : pour rétablir leurs droits, pour donner d'eux-mêmes une image plus juste, plus flatteuse, plus rentable.

« Le parti que j'ai pris d'écrire et de me cacher est précisément celui qui me convenait. Moi présent, on n'aurait jamais su ce que je valais [1]. »

De même ce n'est pas l'allergie à l'Autre qui fait les annonceurs, c'est la défiance de soi. Ce n'est pas le désir de rationaliser les rencontres mais la volonté farouche de les rendre possibles envers et contre la parole. A la stratégie de l'assaut, ils substituent celle de l'absence. La drague pluralise ses méthodes. On ne se cache plus pour cause d'exclusion ; on peut plaire désormais en se cachant.

Car malgré le tout petit espace qui leur est imparti, les annonces draguent. Celles de *Libération*, en tout cas, qui seules font événement dans la mesure où elles se refusent à la pratique niveleuse de l'abréviation, et laissent les auteurs libres de composer un texte. Il y avait un lexique militaire de la séduction classique : siège,

---

1. *Confessions, op. cit.*

charge, conquête. C'est un lexique littéraire qu'il faut appliquer au « Chéri je t'aime » hebdomadaire de *Libé :* l'art du style à côté de l'art de la guerre. Dans ce rendez-vous de tous les désirs, dans cette foire aux manies, dans ce festival de croyances et d'idéologies diverses, un souci commun : celui de séduire en quatre mots. Lyrisme du révolutionnaire qui attend des « grandes passions qui secouent le corps et ébranlent la société »; autodérision du phallocrate qui « recherche jeune femme poussant cris mélodieux au moment de l'orgasme »; humour du pédé pornographe « en état de manque (affectif) qui recherche messieurs de quarante ans ou plus pour recevoir sa dose d'amour vital. Quantité indispensable : trois injections par nuit. Seringue de préférence très longue et très grosse. Bienvenue à tous les secouristes éventuels ». Joli canular de l'ancien catéchumène : « désirerait connaître bonne sœur pas trop mystique pour étancher vieux fantasmes sexuels ».

Ces annonces-là, parfaitement représentatives, ne sont pas des messages codifiés mais des billets doux adressés à un destinataire inconnu, des bouteilles à la mer moins soucieuses de véhiculer un contenu précis que de trouver quelqu'un pour les saisir, des demandes en habit d'apparat. Là encore le désir même le plus franchement exprimé doit plaire (et pas seulement convenir) pour être agréé. Là encore, les premiers mots ont mandat de surprendre, et la concurrence règne entre ces annonces juxtaposées, comme elle règne dans le monde, sur la scène de la parole et du regard. Alors, rien de nouveau sous le soleil séductif? Si pourtant : les commencements sont à la fois plus faciles et dotés d'un pouvoir plus grand. Commencer, ce n'est pas seulement inventer, ce n'est pas seulement prendre l'initiative, c'est aussi créer. Le message est animé d'une puissance virtuelle d'engendrement. Au lieu d'être simplement disponible, on devient l'instigateur de ses propres surprises, on provoque l'événement sans savoir ce qu'il sera, on se paye ce luxe inouï de prendre rendez-vous avec un interlocuteur sans visage.

Il faut, en effet, soutenir ce paradoxe : il y a du luxe dans ces messages et pas seulement de la misère. Même si les petites annonces sont tristes, même si elles représentent parfois l'ultime recours contre la dépression et la mort, elles apparaissent aussi comme le lieu d'une nouvelle puissance. Il y a un côté hospice des cœurs solitaires, armée du salut de la drague qui tendrait à faire croire que trouvent uniquement place dans l'annonce les recalés de la séduction royale. Et puis il y a autre chose : contre la tyrannie oculaire, et la paralysie des premiers mots, un espace où ça bouge, un refus en acte de se résigner à l'immobilité; dans l'appel de détresse nous entendons aussi une quête positive de l'étonnement, un désir de draguer l'inconnu, une affirmation joyeuse : il n'y a pas de fatalité de l'exclusion, pas de fatalité de l'échec ou de la bêtise. Et même si j'ai été sans voix devant le passage de l'Autre, la non-rencontre n'est pas tout à fait irrémédiable, il me reste la chance fragile de l'écriture. Tout ce que le regard n'a pas laissé dire s'investit dans l'annonce : on drague désormais avec l'esprit d'escalier :

« Recherche pour liaison, affection et projets divers une demoiselle d'une vingtaine d'années à qui j'ai demandé mon chemin un mercredi après-midi à Versailles. »

Les deux rêves de l'amour.

La drague est sans cesse hantée par le vertige de son propre dépassement. Parce qu'elle rend la sexualité anxieuse d'elle-même, parce qu'elle plonge le désir dans l'incertitude de son destin et l'individu dans l'inquiétude de son image, la séduction rêve, en contrepartie, d'un espace sûr où l'Autre serait toujours offert car il aurait déposé son pouvoir de dire non, où l'assouvissement ne serait pas l'enjeu d'une bataille, où le génital ne se négocierait pas, où, enfin, il ne faudrait plus passer d'examen pour accéder à la jouissance.

Mais, d'autre part, le manège amoureux suppose une planification minutieuse, tout un cérémonial rigide sous les dehors de l'improvisation : aussi engendre-t-il le contre-fantasme d'une transparence instantanée : un déclic qui divulguerait les affinités, un contact véridique qui court-circuiterait les codes, un rapport dont le déroulement déjouerait tout programme. En somme deux postulations inspirent à l'amour leurs mirages contradictoires : *un désir d'institution* pour conjurer le hasard, mettre fin au risque de l'exclusion, se prémunir à tout jamais de la solitude et du refus; *un désir d'aventure*, pour échapper au rituel dans l'évidence de la rencontre.

On trouverait facilement dans notre texte la trace de cette double hantise. L'échappée romanesque et le républicanisme de la volupté ont pu servir de références inavouées à telle de nos critiques. Mais il serait dérisoire d'élever au rang de *solutions* de l'amour ces deux rêves d'aventure et d'institution. Il faut se garder de la tentation thérapeutique. La séduction n'est pas cette mauvaise forme dont il s'agirait de guérir les relations affectives pour les rendre à leur vérité. Ni l'utopie communautaire — maison de libertinage, amour de groupe, prostitution gratuite et réciproque — ni le romantisme indécrottable du coup de foudre ne mettront fin aux marchandages amoureux. La fluidité des échanges sera toujours tempérée par l'impérialisme des individus. On ne peut sauver l'amour des exclusions qu'il pratique, des compromis qu'il passe avec le monde, des blessures qui le menacent et de l'incertitude où il baigne. Ce qui ne signifie pas, bien sûr, qu'aucun mieux-être n'est possible, qu'aucune transformation n'affecte le théâtre pulsionnel et sentimental : mais ces changements perceptibles (pluralisation des critères, émergence du désir féminin [1], fin de l'ancien cérémonial, multiplicité des dragues pour contourner la Drague) ne sont pas des symptômes d'agonie : nous n'assistons pas aux convulsions du vieux monde, l'amour n'est pas en train d'abandonner les mauvais lieux transactionnels pour investir enfin un espace d'innocence, nous ne sommes les porteurs d'aucune bonne nouvelle, il n'y a pas d'au-delà de la séduction.

---

1. Dès lors que les femmes accèdent en masse à l'égalité séductive, elles rejettent tous les comportements liés à leur assujettissement, dans le domaine de l'agression et du viol. Non qu'on puisse les disculper, elles-mêmes, du marchandage amoureux : personne aujourd'hui n'est innocent du devoir de plaire, de choisir et d'être choisi. Il n'y a pas d'authenticité de la rencontre (à moins d'appeler hommage, les regards de ceux qui vous plaisent, et viol les coups d'œil de ceux qui sont trop laids ou trop inéchangeables pour vous émouvoir). S'il y a effet de féminité possible à ce niveau, il ne se manifeste pas dans l'abolition du rapport séductif, mais dans une mutation radicale des manœuvres dragueuses, dans l'adoucissement, la subtilité, la réciprocité des approches : changement discret, ténu et pourtant d'une autre importance, pour nous, que les rêves fracassants de choix sans motivation, de hasard objectif d'où toute inégalité serait bannie.

L'IMPÔT DU VISAGE

Il y a quelques années de cela, les autorités décrétèrent que tous les gens laids devraient porter des masques pour sortir dans la rue et déambuler dans les lieux publics. Comme nul ne désirait s'avouer disgracieux, presque tout le monde continua à vivre visage découvert et l'État dut nommer des inspecteurs qui traquaient les contrevenants et leur imposaient de lourdes amendes. Aussitôt la vente des cagoules (car elles étaient payantes) connut un essor prodigieux et la moitié de la population se mit à vivre masqué pendant le jour. Peu après une autre loi vint renforcer la première : non seulement les gens laids devaient se couvrir en sortant de chez eux mais ils devaient rester déguisés sur les lieux mêmes de leur travail afin de ne pas infliger leur disgrâce à leurs compagnons. Alors la fabrication des cagoules se diversifia, on en émit de toutes sortes, de toutes qualités, de tous prix et certains allaient même par coquetterie jusqu'à en changer plusieurs fois dans la journée. Puis cet été une troisième loi est venue aggraver cet état de fait : désormais doivent porter le masque tous ceux dont la maladie, la fatigue ou les contrariétés altèrent la physionomie, brouillent la mine. La loi cependant reste imprécise sur un point : elle ne dit pas à partir de quel degré d'altération de la peau le visage doit être caché. En quelque sorte elle laisse le particulier libre de son choix : c'est à chacun de nous de décider chaque matin devant sa glace s'il est assez beau et convenable pour sortir à figure découverte. Et malheur à l'étourdi : car si les citoyens ne savent pas déterminer exactement la qualité de leur visage, l'État le sait lui d'un savoir infaillible : et ses fonctionnaires font payer très cher les exhibitions injustifiées : amendes d'abord, prison ensuite, puis pour les récidivistes, incision au rasoir sur les joues, la bouche, le nez, les yeux. Si bien que nous vivons presque tous déguisés malgré la chaleur et l'incommodité des cagoules. Une pléiade de mouchards et d'indicateurs eux-mêmes masqués s'est infiltrée parmi nous.

Il paraît cependant que d'autres décrets sont en préparation : que le port du masque sera bientôt obligatoire 24 heures sur 24, que des contrôles inopinés auront lieu à toute heure du jour et de la nuit, on murmure même que l'État veut maintenant modifier la silhouette des citoyens, qu'il élabore des cagoules qui cacheront les corps.

Conclusion
La charge du désordre léger

« On ne trouve rien à la Samaritaine. »
Mao Tsé-toung.

Qu'en est-il, aujourd'hui, du XIXᵉ siècle? Qu'avons-nous gardé de l'idéal ascétique dont le capitalisme conquérant faisait sa raison d'être? Que reste-t-il, en un mot, de la figure austère, épargnante, familiale du Bourgeois? Rien, à première vue, puisque la morale moderne se caractérise par son acharnement à pourchasser les moindres résidus de puritanisme, puisqu'elle démultiplie les besoins et les dépenses, et qu'elle entretient avec la police médicale qui vouait les branleurs à la folie, les célibataires à la névrose, les sodomites à la pourriture, un rapport de stupeur horrifiée. L'ère de la glaciation victorienne apparaît comme le Moyen Âge de notre modernité permissive et sexologique. Mais les choses ne son pas si simples.

Les années 1850 célèbrent les noces de l'ordre médical et de l'ordre répressif. Le positivisme triomphant annonce une bonne nouvelle — « Dieu est mort » — doublée aussitôt d'un correctif rassurant : « la morale est sauve ». Vérification faite, la morale sort de l'effondrement religieux non seulement indemne, mais renforcée. La médecine met à durcir la répression sexuelle une cruauté d'autant plus implacable qu'elle se veut scientifique. Auprès de ce dépistage minutieux des déviances, les condamnations en bloc de l'Église pèchent par douceur et complaisance. Bref, Dostoïevski s'était complètement trompé : si Dieu n'existe pas, alors plus rien n'est permis et la déchristianisation n'entraîne pas l'immoralité ou l'anarchie, mais leur contraire : la Terreur [1].

Car si la médecine règne au XIXᵉ siècle, c'est parce qu'elle sait faire peur à ceux-là mêmes que les curés font rire. En matière de

---

1. John Stuart Mill : « Même les individus les plus prévenus doivent admettre que cette religion sans théologie (le positivisme) ne saurait être accusée de se relâcher sur le plan des contraintes. Bien au contraire, elle les pousse jusqu'à l'outrance. » (Cité dans Thomas Szasz, *Fabriquer la folie*, Payot, 1976, p. 178.)

culpabilisation et d'épouvante, le clergé doit s'avouer battu : ses délires antisexuels ne sont qu'enfantillages, comparés aux descriptions froides des cliniciens. Après le travail de sape des Lumières nul ne croit plus aux marmites de Belzébuth, aux grils et aux diables à queue fourchue, mais qui peut éviter de croire, quand l'objectivité supplante l'obscurantisme, aux conséquences désastreuses de l'incontinence sexuelle? Portant sur les effets organiques de la débauche, la menace médicale est de loin plus terrorisante que la menace religieuse : ce que risque désormais le libertin, ce ne sont pas des supplices éternels dans l'au-delà, mais, bel et bien, l'enfer, ici-bas, dans son corps. En se somatisant, la justice s'exerce sans délai : la masturbation, par exemple, est bien pire qu'un péché mortel, puisque, nous disent les bons docteurs, elle détériore l'organisme lui-même et réduit le sujet qui en est affligé à l'imbécillité, la tuberculose, la folie, l'impuissance, la cécité, la prostration et la mort. L'ordre thérapeutique se présente ainsi comme une entreprise de bienfaisance qui ne pratique la répression du désir que pour assurer le salut physique des individus.

Aujourd'hui le discours médical a cessé de parler le langage de la répression. Les sciences cliniques et humaines ne servent plus de fondement à la contrainte. A l'inverse, c'est maintenant la violence répressive qui devient le faire-valoir de l'attitude thérapeutique. Les anciennes valeurs de renoncement sont mortes, mais, même moribondes, elles continuent de hanter l'ordre médical comme sa justification et son alibi. Les docteurs victoriens s'étaient donné ce glorieux mandat révolutionnaire : sauver l'humanité de l'emprise des prêtres; c'est du puritanisme et de son cortège grisâtre de refoulements, d'inhibitions, de blocages et d'ignorances que veulent maintenant nous sortir les médecins. Guérir et progresser restent à l'ordre du jour mais il ne s'agit plus de guérir l'homme de l'animalité, en lui enseignant à maîtriser son désir, et à en raréfier l'expression. Ce n'est pas tant l'individu qui est malade du sexe que le sexe qui est malade de la censure : l'idéal de l'épanouissement succède à celui de l'ascétisme[1]. Le modèle

---

1. A première vue, l'infléchissement permissif du pouvoir médical, c'est le coup de grâce donné aux confesseurs, la charge ultime et décisive menée contre l'obscurantisme religieux. Les docteurs ne sont plus ces nouveaux prêtres, tout occupés à mettre de l'ordre, de la précision, des différences et des singularités dans le domaine confus du péché, légué par leurs prédécesseurs. Mais cette mutation n'est peut-être, au fond, qu'un changement d'Église :

thermodynamique qui assimilait la dépense pulsionnelle à la dégradation de l'énergie a été réfuté : ce qui signifie, en clair, que la libido n'est pas nocive. Aussi la morale moderne désaffecte-t-elle l'ordre familial qui devait garantir les sujets contre les divagations et les dévastations de leur propre désir. Ce qu'elle met en place, c'est un ordre génital dont la mission hédonique est de soustraire les êtres aux dangers que la continence, l'immaturité, la petite enfance, les fixations perverses etc. font peser sur leur bonheur érotique. L'ordre ne tient plus le discours impératif de la loi, ni le discours objectif de la clinique : c'est avec une affection toute maternelle qu'il indique aux individus les chemins de la plénitude.

Cette mutation s'insère dans une stratégie beaucoup plus générale de contrôle et d'intégration, une nouvelle donne qui affecte sans priorité tous les domaines que le capitalisme naissant vouait à l'exclusion. Le New Deal rooseveltien, c'était ce moment charnière où le Capital modifiait ses structures pour absorber la poussée ouvrière au lieu de la combattre, et pour faire de l'antagonisme de classe le moteur même de son expansion. Au concept d'une classe ouvrière tout entière en dehors du système et uniquement opposée à lui, succède l'institution d'une classe ouvrière *dans* et *pour* le développement. De même, le new deal libidinal veut mettre un terme à l'incompatibilité du système et des pulsions : prendre en charge la sexualité, ne pas marginaliser le désir (avec tous les risques de *retour* incontrôlable que comporte cette pratique de forclusion), mais l'accueillir et l'aseptiser, en lui assignant sa place, sa norme, et son régime énergétique, l'amener à désinvestir tout ce qui échappe à l'impérialisme de son propre code — tel est le mandat de l'ordre génital.

---

le bon usage protestant du corps suppléant le péché catholique de la chair; le dispositif érotique centré autour de l'interdit et de la transgression avec primat officiel de la reproduction, s'effondrant au profit d'une éthique productiviste du plaisir, d'un transfert de la morale calviniste dans le domaine de l'Éros : définition d'une nouvelle positivité en termes de refoulement et d'épanouissement, souci du bon rendement hédonique des corps, nouvelle libido fonctionnelle qui planifie et pacifie l'organisme et reporte sur les parties génitales le millénarisme des anciens idéaux révolutionnaires. Mais ce fol espoir mis dans les puissances de la copulation, ce scandinavisme pulsionnel, qui croit canaliser toute violence et toute cruauté par le biais d'une bonne sexualité, connaîtra bientôt, connaît déjà son propre désespoir : non, les nazis, les staliniens n'étaient pas des refoulés sexuels, une vie érotique normale est tout à fait compatible avec la plus abjecte des violences. Et l'idée de refoulement est une idée non seulement stupide mais oppressive, car elle suppose, en contrepartie, le modèle totalitaire d'une *jouissance comme il faut*.

L'ordre est donc devenu une instance douce qui répudie l'autorité et lui préfère le langage de la sollicitude. Mais il ne faut pas prendre cette générosité pour une libération. Le système génital inaugure un type de coercition charitable qui engendre la misère et la culpabilité dont il s'efforce ensuite de délivrer les êtres. Les statistiques qu'il diffuse, le rôle d'intimidation qu'il assigne aux grands nombres, suscitent une nouvelle rade de fautifs : non pas les infracteurs, mais les minoritaires. Ce n'est plus Dieu, ni même la science qui font la loi, c'est le comportement sexuel de la majorité. Quant au modèle de l'orgasme, imposé avec une force et une intensité inouïe, il engendre, à son tour, de nouveaux misérables : tous ceux (ou toutes celles) qui ne peuvent reconnaître dans leur sexualité les signes sacrés de la transe, et que cette carence renvoie impitoyablement à leur médiocrité libidinale. La norme orgastique fabrique l'humanité dégradée dont elle fait sa clientèle [1]. L'enfer ce n'est plus la transgression (il n'y a pas de loi transcendante); ce n'est plus l'excès (il n'y a pas de justice

---

1. En témoigne cet article paru dans le journal officiel d'un grand campus américain « Atteindre l'orgasme : quand peut-on en être sûr ? » (*The Daily Californian*, 19 janvier 1977). Il s'agit d'une femme qui ne sait pas si le plaisir qu'elle ressent mérite le prestigieux label orgastique, si elle a le droit de millésimer ainsi sa jouissance, et cette incertitude la tourmente, elle et son partenaire, au point qu'elle confie à son conseiller sexuel son embarras et son angoisse : Que faire? Le terrorisme sexologique se parachève dans cette question : il faudra bientôt, après chaque rapport, téléphoner à son médecin, ou bien enregistrer l'étreinte, et lui passer la bande, pour savoir si oui ou non, on a *eu* l'orgasme. A quand les brevets d'extase sexuelle décernés exclusivement par les gynéco-sexologues pouvant répondre de sept ans d'études, plus quatre années de spécialisation?

Quant à l'article lui-même, il ne vise qu'à désangoisser la « patiente » : chaque orgasme, y lit-on, est différent du précédent, chaque femme, en plus, peut avoir sa propre manière de jouir. A quoi bon, enfin, se polariser sur la transe finale? C'est encore le meilleur moyen de ne pas y parvenir : il faut ne pas la chercher, pour que, peut-être, on la trouve. Devant ce ruissellement de libéralité, face à cette médecine cool, déculpabilisante, compréhensive, etc., une seule remarque : c'est précisément d'être indéfinissable qui rend l'orgasme terrorisant. On fait mine de l'ouvrir à la diversité des expériences charnelles, mais garder le même mot pour la multiplicité des plaisirs, c'est encore les indexer sur un étalon unique, tout en irréalisant celui-ci. Résultat : l'orgasme cumule deux intimidations. Il a le pouvoir hiérarchisant de la Norme et la puissance imprévisible de la Grâce. L'extase est obligatoire et, en même temps, elle n'est jamais sûre. C'est une référence d'autant plus féroce qu'elle est floue, une obsession inapaisable parce qu'on n'est jamais certain d'avoir satisfait à ses exigences : le libéralisme new look de la sexologie aggrave la violence médicale puisqu'il nous fixe un idéal et nous retire toute certitude d'y accéder, puisqu'il nous contraint d'obéir à une injonction pure, ce commandement préalablement vidé de tout contenu : l'orgasme.

immanente : aucune maladie ne sanctionne la lubricité); l'enfer, c'est d'être autre. L'ordre normalisateur n'autorise, en effet, que deux vécus de la différence : la mauvaise conscience et le manque. Ma spécificité, c'est tout ce qui me sépare des autres, tout ce qui m'empêche aussi d'atteindre le véritable épanouissement. Le puritanisme voulait protéger les individus contre leur désir; l'idéal de la plénitude prend la relève pour protéger le désir contre sa propre diversité.

Alors, en un sens, bien sûr la morale moderne a enterré le XIXe siècle : le capitalisme contemporain se défait de l'idéologie bourgeoise qui avait légitimé son avènement et facilité son triomphe. Mais il brandit, pour justifier cette liquidation, les mêmes étendards que le puritanisme : comme l'ordre moralisateur, l'ordre normalisateur parle progrès, et parle médecine. Cette continuité lexicale est plus révélatrice que la métamorphose des contenus. Le besoin d'assainissement et de purification inoculé à l'amour, l'optimisme historique de l'innovation et de la marche linéaire vers le mieux-être, accomplissent le triomphe sémantique du XIXe siècle. Nous sommes tous enfants d'Auguste Comte et de la reine Victoria : l'affect est passé définitivement sous juridiction médicale et son histoire est ascensionnelle [1].

A quoi se reconnaît le totalitarisme thérapeutique? A ce qu'il ramène toute souffrance à un symptôme morbide. A ce qu'il fonde en évidence la perception pathologique de la douleur. A cette certitude dont il nous conforte que si nous avons mal, c'est en référence à un modèle de santé dont notre détresse exprime à la fois l'absence et la nostalgie indéfectible. Cette prise en charge médicale de la souffrance prescrit nécessairement aux pulsions des satisfactions saines, c'est-à-dire claires et reproductibles. Telle est la réalité du vouloir-guérir que nous inculque l'ordre thérapeutique : vouloir d'un code pour son désir, d'un code qui l'arracherait à ses propres errances en lui garantissant des joies reconnaissables, des intensités familières et accessibles. Il n'est peut-être pas dans la nature des pulsions de poursuivre une fin déterminée : si l'énergie libidinale investit aussi passionnément la finalité, si elle se réfère de manière aussi dévotieuse à un étalon

---

1. « La police médicale se situe presque invariablement au XIXe siècle du côté qu'il est convenu d'appeler la gauche. Elle est tout animée de l'idéal progressiste de la Science, héritière directe des Lumières et du Jacobinisme. » (Jean Borie, *Le Célibataire français*, Sagittaire, 1976, p. 104.)

de jouissance, c'est afin d'échapper au nouveau : il n'y a de *code* libidinal qu'afin que rien n'arrive au désir, que tout soit prévu, conforme, intelligible. Car dans la mesure même où l'événement dérange les catégories qui l'accueillent, bouleverse les modèles qui voudraient l'absorber et lui donner un nom, son irruption est indiscernablement jouissance et souffrance. Et c'est cette ambivalence qui est intolérable à l'hédonisme médical : on ne peut souffrir l'intensité, dit-il; si l'on souffre, c'est que l'on est malade. L'insupportable se soigne. Le nihilisme thérapeutique ne voit dans les expériences douloureuses où s'aventure la libido que des plages marécageuses où elle s'ensable. Un désir médicalisé est donc un désir que hante la peur du nouveau, le refus de l'événement, la haine de toute passivité.

C'est encore à la médecine que fait allégeance l'avant-garde érotique : la mise en cause de l'orthodoxie hétérosexuelle et génitale s'effectue le plus souvent en termes thérapeutiques, au nom d'une autre bonne nature : la polymorphie du désir. Le libertinage avancé et la sexologie de pointe délivrent un nouvel idéal sanitaire auquel s'adossent les activistes de la jouissance pour traiter les autres d'inhibés, de roturiers d'Éros, de gagne-petit de la braguette. Nous avons en nous toutes les manies, toutes les perversions répertoriées, affirment-ils : il faut donc les *faire*, un peu comme un touriste fait les pays les plus exotiques afin d'écraser ensuite l'entourage sous la variété de ses expériences. A côté d'une violence qui retourne contre les hommes leur prétention à la maîtrise, il y a dans les livres de Sylvia Bourdon et de Xaviera Hollander l'autosatisfaction agaçante de prix d'excellence en sexe. A croire que nous sommes dorénavant écoliers vingt-quatre heures sur vingt-quatre et que la compulsion de classement n'épargne pas même la vie érotique. Le mépris affiché pour l'École est contemporain de la diffusion et de la généralisation du modèle scolaire : le but d'une vie sexuelle intense est de pouvoir dire : « c'est moi le meilleur », et la place de premier ne s'obtient plus seulement au nombre des conquêtes (comme au temps du donjuanisme) mais à la multiplicité des érotismes que l'on pratique. Un indice : la naissance récente d'une gastronomie libidinale qui distribue deux ou trois étoiles au partenaire selon les spécialités qu'il affiche.

Tous les libertins, militants du désir, esprits larges, avant-gardistes du Kama-Soutra, tous les athlètes de la partouze, décathloniens de la libido, contempteurs des petites joies, tous ses derniers idéalistes de l'amour, ils se disent libres, très libérés, engagés dans une sexualité sans frontière, et cependant, ils sont eux-mêmes les curés, les cagots qu'ils condamnent : ils croient encore à la vérité du désir, de leur désir. Ils ont encore un dieu tyrannique devant lequel ils se prosternent; ils ont la foi en une valeur par excellence, qu'elle se nomme le corps, l'accumulation, l'excès ou la fête... Moyennant quoi, ils peuvent faire la leçon aux ignares, et proposer, ces happy few, à l'humanité malade des remèdes qui la sortiront de son infirmité.

Telle est l'essence de l'ordre : non pas un contenu particulier, mais l'obligation de nous penser soit comme médecins soit comme malades, le fait de ne pouvoir échapper à l'alternative thérapeutique. Il y a concurrence des santés sur le marché médical, mais il y a consensus sur le besoin d'assistance, la nécessité de guérir. L'ordre a cessé de donner des ordres, il fait des ordonnances.

Parce que le pouvoir a gagné en complexité, qu'il n'est plus ni tout à fait prévisible ni complètement localisable, on le nomme aujourd'hui : le système. Il y a dans ce terme incantatoire tous les sortilèges d'une providence inversée. Appeler l'ordre système, c'est lui faire crédit d'une omniscience et d'une logique implacables, c'est lui supposer la maîtrise de tous les événements qui se déroulent en lui. Mais c'est aussi reconduire, au sein d'une réalité nouvelle, la très vieille antinomie du pouvoir et de ses assujettis : « eux », les détenteurs ou les suppôts du système, on ne dit pas très bien qui ils sont, ni où se trouvent les bureaux qui les abritent, mais ce que l'on présuppose, derrière cet anonymat, c'est qu'il n'y a rien de commun entre « eux » et « nous ».

Or, si le pouvoir n'est pas assignable, ce n'est pas parce qu'il serait entré dans la clandestinité, à côté des individus (dans la coulisse) ou au-delà (dans une invisible transcendance), mais précisément parce qu'il est devenu impossible à quiconque de se disculper de l'ordre, de s'en décharger sur une instance extérieure. Ce que je sais du système, c'est ce que me dicte ma propre paranoïa. L'ordre amoureux n'est rien d'autre que le rapport d'intimidation réciproque qui régit les différences. Le terrorisme est consubstantiel à ceux-là mêmes qui le subissent, puisqu'ils n'ont qu'une issue pour sauver leur propre peau : faire honte aux autres de leurs lacunes et de leur fragilité. Par un renversement étrange, la jouissance, loin d'être l'expérience d'un dessaisissement devient l'enjeu d'une compétition acharnée pour la maîtrise.

Et c'est en cela que les minorités sont un scandale. Au lieu de jouer le jeu, elles ont déplacé le sens de la bataille. Car l'ordre n'admet et ne sollicite que les contestations sérieuses : celles qui, pour justifier leur combat, apportent la preuve de leur aptitude à remplacer l'autorité ou la norme qui les gouverne. Or, la revendication minoritaire est frivole, puisqu'elle s'attaque à un système sans faire acte de candidature à sa succession, puisqu'elle accélère la décadence de la norme, mais affirme simultanément sa réticence à mettre quelque chose à la place, et surtout pas la singularité (érotique, culturelle, sociale) qu'elle défend. Une dissidence, quelle qu'elle soit, se vit comme minorité quand sa finalité n'est plus d'occuper mais de vider le centre. Aussi faut-il distinguer l'affirmation minoritaire (qui destitue un ordre sans vouloir s'y substituer) de l'hérésie (qui se dit toujours plus orthodoxe que l'orthodoxie qu'elle récuse).

Il ne peut y avoir d'ordre minoritaire, contradiction dans les termes : les minorités sont le désir en acte d'une *hétérodoxie généralisée*. Dans le domaine amoureux, les groupes marginaux (homosexuels, lesbiennes, travestis, sadomasochistes, pédérastes...) délaissent l'attitude critique qui, dans un premier temps, avait présidé à leur constitution : protester contre l'écrasement, la persécution, ou même la dissymétrie inhérente au rapport de tolérance (l'écart *subit* la norme; la norme *tolère* l'écart), ce n'est plus réclamer le renversement de la sexualité majoritaire. On peut s'affirmer sans fonder, du même coup, une nouvelle médecine, on peut dire une santé qui ne suppose pas automatiquement que les autres soient malades. L'ordre aime être défié : les minorités le désaffectent. Le Père nous a façonnés à désirer sa mort pour mieux le remplacer : les minorités sont orphelines.

Dans l'espace de coexistence que ménagent les sexualités hors statut, l'érotisme dominant peut revenir, mais déchu de sa position hégémonique, dépouillé de sa souveraineté et de son arrogance. Les perversions ne détruisent pas, elles destituent : elles proclament *le devenir minoritaire de l'hétérosexualité*. Une fois débarrassée de sa prétention à figurer l'universel, celle-ci peut bien rester numériquement majoritaire : elle se donne à vivre non plus comme norme, mais sur le mode mineur d'une singularité parmi d'autres.

Un espace collectif se pose contre l'ordre qui voulait l'effacer,

mais le territoire ainsi reconstitué n'a rien d'une avant-garde.
Le groupe qui s'y rassemble ne prend pas rendez-vous avec l'histoire : il ne prépare ni n'attend le moment où il deviendra majoritaire. L'affirmation immédiate de la différence n'est pas subordonnée à la conquête lointaine de la norme; le présent s'émancipe de sa colonisation par le futur. Bref les minorités désinvestissent cette valeur religieuse : l'espoir, et cessant d'espérer, elles ne cessent d'entreprendre.

Pour l'ordre, il n'y a pas de minorité : il n'y a que des inégalités ou des individus. Autrement dit, l'ordre traite la différence soit en la hiérarchisant, soit en l'indexant sur le sujet qui la porte, en la réduisant à un trait de caractère. De ce point de vue, les femmes sont la minorité exemplaire, puisqu'elles subissent simultanément ces deux formes de persécution insidieuse. D'une part, elles accèdent à l'identité sous le signe du manque : elles sont moins que l'homme, et cette minorisation n'épargne aucun aspect de leur existence : rien de ce qui est féminin n'échappe au discrédit viril. D'autre part, atomisées, dissoutes en autant de créatures particulières, elles sont inexorablement requises d'individualiser leurs problèmes, de vivre leurs difficultés ou leur détresse éventuelle comme des malheurs privés. Victimes à la fois de l'oppression et de la sollicitude. Du pouvoir (phallocentrique) et de son interprétation (psychologisante). Et c'est ceci que l'ordre ne pardonne pas aux femmes : avoir déprivatisé leur désarroi et leur désir, avoir suscité des communautés là où nos évidences ne voulaient voir que des individus. Au nom de quoi, ces groupes, ces lieux collectifs, toute cette effervescence minoritaire ? Dans quel dessein ? Au nom du refus d'assumer le destin individuel que l'ordre impose à ses sujets (les minorités, ce sont d'abord des êtres en grève d'individualisation). Dans le dessein, ensuite, d'affirmer une singularité qui ne se pense pas comme un écart par rapport à une norme, ni comme une norme injustement écartée du centre par une autorité usurpatrice, mais d'emblée comme une différence qui côtoie d'autres différences sans vouloir les englober, les classer, ou les abolir.

Où l'on décrète le noble et l'ignoble, il met le terme égal; où l'on pointe un ridicule, il révèle un émoi; le détail, il le dit essentiel, le goût de la vérité, il le proclame terreur. Le désordre a un premier visage qui est le catalogue, l'aplat brutal de toutes les valeurs, la mise côte à côte de fragments qui n'ont entre eux que des rapports de différence sans relation à une totalité originelle perdue ni même à une totalité résultante à venir. Le catalogue est la figure moderne de l'amour, l'égalisation absolue de toutes ses formes : cette coexistence n'est pas simple, elle est même insupportable si on la réfère à notre habitude séculaire de hiérarchiser. Elle signifie d'abord que l'on peut désormais conférer rang de dignité amoureuse aux liens les plus éthérés comme aux accointances les plus sordides et baptiser d'érotiques d'humbles idylles comme d'intenses accouplements. Elle fait aussi qu'il n'y a plus de sottises, plus de soucis mesquins dont il faudrait rougir, car nous sommes tous au même titre des petites gens de l'amour et de grands seigneurs libertins à la fois pétris de tact et embourbés dans nos problèmes. S'il n'y a plus d'unité du temps amoureux, plus de progrès, plus d'avant-gardes sexuelles, si aucun sujet ne représente de façon privilégiée l'humanité sentimentale, c'est que l'amour lui-même devient une fiction comme le sont ses masques successifs, mais chacun de ses masques est également vrai, également fictif au regard d'un devenir qui n'en favorise aucun et les visite tous. Nous entrons aujourd'hui dans l'époque des sexualités exclusives qui ne s'excluent plus. Chaque position érotique (fidélité/inconstance, actif/passif) devient une diversion par rapport à son contraire, l'on passe du couple au papillonnage, de la timidité à l'initiative, non pas comme du bien au mieux mais comme d'une exception à une autre, rien ne domine sur rien, aucune forme de souffrance ou de bonheur ne prévaut. (Bientôt pensable peut-être l'indistinction de la débauche et de la chasteté.) Car en cette nouvelle égalité pulsionnelle, il n'y a pas plus de blocages que de « tendances déviées quant au but », pas plus de perversions que de refoulement, le centre, le but, ont tous deux disparu, la réticence équivaut à la réalisation, l'art de vivre devient l'art de cumuler les règles de vie, d'embrasser la pluralité des mœurs. Le désordre nous libère du monothéisme coercitif d'Éros et délivre tout le menu peuple érotique, faunes, satyres, nains, sorcières que ce monarque maintenait prisonniers; acte de paganisme intégral qui ne récite plus l'athéisme codé du « Ni Dieu, ni Maître » mais déclare : « Mille Dieux, mille maîtresses, mille passions » afin qu'aucune d'elles ne prédomine en particulier.

Par libération sexuelle, on a longtemps voulu dire développement de nouvelles formes d'amour émancipées des liens pervers, monétaires, dégradés, transparence réalisée du désir et de la satisfaction; on peut l'entendre aujourd'hui dans un sens moins spéculatif comme : juxtaposition de tous les accords sentimentaux, accueil des diversités affectueuses, mise en place d'un réseau de compatibilité de tous les érotismes. Parce qu'il étale les déterminations de l'ordre dans l'espace de la nomenclature, le désordre casse les derniers espoirs révolutionnaires qu'on avait pu placer dans l'amour, interdit qu'on le charge d'un message ou qu'on donne aux ébats voluptueux un autre sens que celui de manifester l'exubérance de la vie. Contre la belle cohérence des utopies génitales, il restitue la temporalité sauvage des manies, l'anti-calendrier des pulsions, la déraison suave des caprices.

Le désordre, pourtant, est léger et dans tous les sens du terme, à savoir frivole, de peu de poids, embryonnaire : il n'annonce pas l'aurore d'un nouveau monde mais le matin d'une fine altération de celui-ci; n'est pas l'anarchie qui précède une autre loi et moins encore la consolante crise qui bégayerait un nouvel univers. Il n'a pas de but, ne dit plus « il faut » et se contente de déstabiliser la longue suite de processus de domination qui ont imposé l'état institué, c'est assez pour qu'il paraisse fragile, étroit, vain. Il ne tue pas l'ordre, permet seulement que ses ultimatums cessent de légiférer, et que son emprise diminue; il désinvestit moins les contenus (tel type de sexualité, de jouissance) que les rapports hiérarchisés entre les contenus, soit le jeu même du code amoureux, empêchant ainsi que les différences soient vécues comme dissidences ou pire comme idéaux. Car s'il faut engager aujourd'hui une lutte dans le domaine amoureux, ce ne peut être qu'une lutte pour la coexistence : ne se faire le militant d'aucune voie du désir en particulier, combattre pour que toutes les figures de l'éros puissent jouer simultanément dans un espace non discriminant. Ce n'est pas ma lubricité, mes goûts, mes fantaisies que je veux voir régner, mais je veux pouvoir m'acoquiner avec d'autres personnes qui les partagent, je veux donc qu'ils aient leur place dans la société où je vis comme j'accepterai à mes côtés d'autres sexualités divergentes de la mienne. Finies les apologies de la bonne génitalité, les condamnations des déviances au nom du phallus, de l'orgasme, soyons ensemble différents, que les incompatibles fraternisent. Des slogans, mais en tant qu'ils sont tous contradictoires, plus de combats exemplaires à valeur pédagogique, des kyrielles de sexualités libres et gratuites, remboursées par la Sécurité sociale.

Léger, le désordre l'est aussi en ce qu'il ne défie pas l'ordre mais « l'occupe », le prive de son sérieux libidinal, fluidifie ses institutions. Léger, le désordre qui n'est pas triomphant mais cynique, qui parasite le « système », utilise les quelques plaisirs qu'il permet sans souffrir de leurs inconvénients, profite de ses règles pour se dérégler, entre dans des accommodements qui ne lui coûtent rien, et transforme la désertion désirante en un phénomène complexe fait d'autant de compromis que de ruptures : où remontent à la surface les petits démons enfouis par la norme, tandis que du ciel retombent durement sur le sol les grandes divinités et archétypes de l'amour. Vacarme des rois détrônés, cris de joie des clandestins accédant à la lumière, véritable innovation horizontale dont on ne mesure pas encore toutes les suites. Ne pas oublier ceci : la nouvelle discontinuité libidinale qui voit le jour timidement à notre époque n'est pas révolutionnaire, elle s'oppose sans se poser elle-même (sans préfigurer un autre ordre, une autre positivité), elle n'est pas preneuse de pouvoir puisqu'elle les neutralise tous. Le désordre n'est jamais que le mouvement de l'ordre en train de se désorganiser (et de se recomposer), la volonté gourmande de ne rien perdre, la possibilité que tout fasse événement y compris le plus bas, le plus insignifiant. « Rien n'étant vrai, tout devient permis » (Nietzsche), la corrosion des structures régnantes multiplie les petites alternatives et empêche simultanément toute alternative d'être la dernière et de fonder les autres en droit.

Il reste cependant une dernière idole devant laquelle nous nous prosternons encore : la fameuse polymorphie perverse, l'idée selon laquelle existerait en nous le catalogue de tous les érotismes, mandat nous étant donné de les développer un par un. Comme si l'on contenait en soi tous les événements sensuels qu'on pourra connaître, comme si la liste des occurrences « perverses » était close et d'avance parachevée ! Je ne veux pas être polymorphe, je ne veux être que malléable, ouvert aux singularités d'autrui sans prétendre d'emblée les reprendre à mon compte. Les rapports entre sexualités ne sont pas d'imitation, mais d'interférence, de fécondation réciproque par transport : il n'y a pas de programmation érotique innée pour tous. L'Autre en ses petits dispositifs me révulse autant qu'il me tente, ses inventions sont des surprises qui me révèlent et me troublent, il faut imaginer les contiguïtés érotiques traversées de refus et d'attirances indiscernables.

C'est pourquoi on ne peut mépriser les territoires amoureux : ils sont le premier pas vers la liquidation de l'Empire génital sur la base d'affinités minuscules et irrépressibles. Mais d'autre part, la passion minoritaire est une passion que la satisfaction accomplit et qui, dès qu'elle se constitue, atteint toujours son objet. Cela serait bien fade et lourd de chauvinismes si derrière chaque minorité et comme malgré elle le mouvement souverain du désordre ne veillait pour la relayer et interdire son renfermement, sa clôture sur elle-même. Que veut chaque minorité dans son programme? La fin de sa situation, marginale la reconnaissance du libre exercice de sa spécificité. Qu'est-ce qui l'anime? L'impossibilité de se plier à la loi dominante; la volonté d'avoir une place, le droit à l'existence. Mais chaque minorité veut pour elle-même cette place également : cela fait un geste exemplaire qui prend une dimension cacophonique où les sexualités s'entrechoquent, s'affrontent, s'interrogent dans une transfusion sans limites. La diaspora libidinale est une exigence si démesurée qu'elle oblige non seulement tout le paysage amoureux à se modifier mais chaque province à se réorganiser en fonction de toutes les autres. Le catalogue suscite simultanément la sécurité et le déséquilibre, la distinction des catégories et le mélange des genres. L'ordre sépare et disjoint sous le centralisme du code; le désordre commence quand se rassemblent ceux que la société avait séparés. Mais cette cohabitation prépare ensuite la contamination. Le métissage est le troisième visage du désordre quand à l'Empire et ses confins se substituent la mosaïque et ses fissures, en sorte que le dérèglement n'a d'effet qu'à mesure de ses dérobades, de ses dérapages. Trois mouvements donc, inextricablement liés dans une bataille dont rien ne dit que nous verrons bientôt la fin : unité hétéro-génitale de l'ordre, pluralités libertines des minorités, circulation et morcellement du désordre. Prédominance d'un centre, pureté des différences, chaos de l'indistinct : notre modernité combine ces trois postulations selon des aléas qui ne cessent de varier.

Des courts-circuits érotiques émergent et bouleversent de l'intérieur les classifications acquises, menaçant les conservatismes, déboulonnant les corporatismes locaux, faisant se côtoyer les

espaces, s'ouvrir les voisinages, les connexions, les déchirures[1].
La morne plaine des émois codifiés se plie, se creuse, penche, fait scission, se couvre d'affluents, toutes les énergétiques amoureuses échappent à leur propriétaire en titre, aux armées qui les gardent closes. L'amour même ne cesse de s'étendre, de devenir incompréhensible, de se dissimuler dans des formes qui paraissent le contredire : et, plus il s'incarne diversement, plus la notion même d'idéal amoureux perd en crédibilité; c'est le côtoiement de tous les désirs qui tend désormais à se substituer aux anciens modèles.

Les inoculeurs de désordre se multiplient, saccageant les grands rêves modernes de guérison et de salut. Entre leur turbulence et la passion médicale de l'ordre un combat est engagé. En vérité nous n'avons encore rien vu.

---

[1]. Par exemple, je n'ai pas forcément la passion de l'excrément. Je peux me satisfaire de boire occasionnellement l'urine de ma compagne ou de recevoir ses pets dans ma bouche sans aller au-delà. Il n'y a pas d'identité perverse, pas de délimitation stricte des caprices amoureux : je peux flirter avec la coprophagie sans être pour autant mangeur de merde; les manies voluptueuses sont des territoires ouverts qui n'appartiennent à personne et que chacun occupe ou traverse à son gré. Exiger des gens qu'ils aillent « jusqu'au bout de leurs désirs », c'est, sous couleur de défoulement, vouloir qu'ils entérinent le contenu stéréotypé de la perversion telle que l'ont définie vingt siècles de christianisme, et cinquante ans de psychanalyse.

Table

Conte du radis rose et de la crevasse rouge 7

I. ARITHMÉTIQUES MASCULINES 13

Visibles jouissances ou le contrat de l'orgasme 15

— Les avatars du porteur d'obélisque 17
— Des émois étroitement surveillés................ 25
— Le roman canonique de l'orgasme 36
— Le prépuce-roi.................................. 40
— L'exception, seule loi possible en amour 46

Pornograal ou la république des testicules 53

— Le leurre du manque-à-voir 58
— Les organes sans corps 60
— L'antirécit 63
— Misérable miracle 65
— Dicter la femme............................... 68
— Connais-toi moi-même!........................ 73

Prostitution I : Un équilibre par soustraction 86

— Le corps-client................................ 88
— Le corps prostitué 97
— La passe...................................... 107

II. LA FORMULE : « JE T'AIME » 119

— La volupté ridicule 121
— L'allergie..................................... 124
— Le tumulte 128
— De quoi avez-vous peur?....................... 130
— La dissimulation 134

— La catastrophe du fantasme	135
— Couples polygames	138
— La fin du modèle conjugal	140

III. JOUISSANCE DE LA FEMME 147

IV. LES ÉQUIVALENCES NEUTRALISÉES 169

Prostitution II : La révolte ou la fin des religions génitales 171

— Mille et trois raisons, aujourd'hui, d'être client 171
— Les filles de joie, cancres de la révolution 175
— Sur le mot « putain » 178
— Les marchandes du temple 185
— Marx et Ulla : le travail tout court 189
— La politique de la clarté 192
— Les corps incertains 199

L'étreinte réservée 203

— Plaisirs du différer 204
— Le désinvestissement du génital 209
— L'esquif pénien sur le fleuve Amour 212
— Un Moïse sans terre 217
— Les dix errances des sexes 225

L'innocence amoureuse contre la discipline génitale 238

V. POLITIQUES DE LA SÉDUCTION 271

— Don Juan l'anti-drague 273
— La tyrannie du regard 276
— Écoutez votre désir ou le racisme à fleur de peau.... 282
— Contre Don Juan 285
— Le baratin, l'ancien et les nouveaux 286
— Par où commencer ? 290
— Les deux rêves de l'amour 298

CONCLUSION : La charge du désordre léger 301

FIRMIN-DIDOT S.A. PARIS-MESNIL (11.82)
D. L. 2ᵉ TR. 1979. — N° 5219-4 (0526)

Collection Points

SÉRIE ACTUELS

DERNIERS TITRES PARUS

A24. Le rugby, c'est un monde, *par Jean Lacouture*
A25. La Plus Haute des solitudes, *par Tahar Ben Jelloun*
A26. Le Nouveau Désordre amoureux
  par Pascal Bruckner et Alain Finkielkraut
A27. Voyage inachevé, *par Yehudi Menuhin*
A28. Le communisme est-il soluble dans l'alcool ?
  par Antoine et Philippe Meyer
A29. Sciences de la vie et Société
  par François Gros, François Jacob et Pierre Royer
A30. Anti-manuel de français
  par Claude Duneton et Jean-Pierre Pagliano
A31. Cet enfant qui se drogue, c'est le mien, *par Jacques Guillon*
A32. Les Femmes, la Pornographie, l'Érotisme
  par Marie-Françoise Hans et Gilles Lapouge
A33. Parole d'homme, *par Roger Garaudy*
A34. Nouveau Guide des médicaments
  par le Dr Henri Pradal
A35. Rue du Prolétaire rouge, *par Nina et Jean Kéhayan*
A36. Main basse sur l'Afrique, *par Jean Ziegler*
A37. Un voyage vers l'Asie, *par Jean-Claude Guillebaud*
A38. Appel aux vivants, *par Roger Garaudy*
A39. Quand vient le souvenir, *par Saul Friedländer*
A40. La Marijuana, *par Solomon H. Snyder*
A41. Un lit à soi, *par Evelyne Le Garrec*
A42. Le lendemain, elle était souriante, *par Simone Signoret*
A43. La Volonté de guérir, *par Norman Cousins*
A44. Les Nouvelles Sectes, *par Alain Woodrow*
A45. Cent ans de chanson française, *par Chantal Brunschwig, Louis-Jean Calvet, Jean-Claude Klein*
A46. La Malbouffe, *par Stella et Joël de Rosnay*
A47. Médecin de la liberté, *par Paul Milliez*
A48. Un Juif pas très catholique, *par Alexandre Minkowski*
A49. Un voyage en Océanie, *par Jean-Claude Guillebaud*
A50. Au coin de la rue, l'aventure
  par Pascal Bruckner et Alain Finkielkraut
A51. John Reed, *par Robert Rosenstone*
A52. Le Tabouret de Piotr, *par Jean Kéhayan*
A53. Le temps qui tue, le temps qui guérit
  par Dr Fernand Attali
A54. La Lumière médicale, *par Norbert Bensaïd*